W0069424

OTFRIED HÖFFE Kleine
Geschichte der Philosophie

OTFRIED HÖFFE Kleine
Geschichte der Philosophie

VERLAG C.H.BECK

Mit 180 Abbildungen, davon 85 in Farbe

Die Deutsche Bibliothek – CIP-Einheitsaufnahme

Höffe, Otfried:
Kleine Geschichte der Philosophie / Otfried Höffe. –
München : Beck, 2001
ISBN 3 406 47533 7

ISBN 3 406 47533 7

© Verlag C.H.Beck oHG, München 2001
Satz und Lithographie: Amann, Aichstetten
Druck: Appl, Wemding
Einband: G. Lachenmaier, Reutlingen
Printed in Germany

www.beck.de

Inhalt

Warum Philosophie?

Wir erwarten von der Philosophie, daß sie sich grundlegenden Fragen stellt, um sie ebenso grundlegend zu beantworten. In der Tat befaßt sie sich mit Grundfragen, die sogar die gesamte Menschheit bedrängen und sich zu drei Leitfragen bündeln lassen: (1) Was ist die Natur, und was können wir von ihr wissen? (2) Wie sollen wir als einzelne Personen und als Gemeinwesen leben? (3) Was dürfen wir von einem guten Leben erhoffen, sei es in diesem oder einem künftigen Leben? Dazu kommen Fragen, die eine ganze Epoche bewegen, etwa die Frage nach dem Verhältnis von Vernunft und Offenbarung oder die nach einem Fortschritt in der Geschichte.

Manche halten die Philosophen zwar für lebensfremd. Schon wer ihre allgemeinmenschlichen Fragen näher betrachtet, entdeckt aber bald Teil- und Unterfragen, die alles andere als lebensfremd sind: (1a) Gibt es einen Ur- und Grundstoff, aus dem die gesamte Natur entsteht und besteht; gibt es, was der Ausdruck «A-tom» wörtlich meint: letzte, nicht mehr teilbare Bausteine der Natur? (1b) Ist die Natur räumlich und zeitlich unendlich oder eher endlich und dann das Werk eines Schöpfers, einer Gottheit? Wenn nicht schon diese Fragen ein existentielles Gewicht haben, so zweifellos die nächsten: die Fragen (2a) nach Gut und Böse, (2b) nach der Freiheit, insbesondere der Freiheit des Willens, und (2c) nach der Gerechtigkeit von Recht und Staat. Schließlich wollen wir wissen, (3a) ob unser Wohlergehen, das Glück, von unserem Wohlverhalten, einem moralisch guten Leben, abhängt: Zahlt sich moralische Rechtschaffenheit aus, oder ist der Rechtschaffene letztlich der Dumme? (3b) Und falls der Ausgleich nicht «in diesem Leben» stattfindet, besteht dann Hoffnung auf eine unsterbliche Seele, auf ein ewiges Leben und auf einen Lohn im Jenseits? Weil sich derartige Fragen vielleicht verdrängen, aber schwerlich abweisen lassen, darf man sagen: Philosophieren tut not. Die Philosophie will nicht die Welt, in der wir leben, verzaubern oder ihr eine mystische Tiefe geben. Schon gar nicht schafft sie Illusionen, vielmehr sucht sie zu kaum vermeidbaren Grundfragen überzeugende Antworten. Bei der Suche kann sie sich freilich gezwungen sehen, den Erwartungshorizont für die Antworten und nicht selten sogar die Fragen selbst zu verändern.

Die Philosophie im engen und strengen Verständnis ist relativ jung, nach Auskunft der überlieferten Quellen nicht viel mehr als

Philosoph mit Laterne. – Fresko von Raffael.

Nach einem verbreiteten Verständnis ist der Philosoph ein intellektuelles Schreckgespenst. Weltfremd und mit abstrusen Wörtern hantierend, lebt er in luftigen Höhen und stellt ebenso unverständliche wie unnütze Behauptungen auf. Wahr ist, daß große Philosophen die uns vertraute Welt kennen, daher erfahrungsgesättigt denken; sie schauen sich die Welt aber gründlicher an und dringen dabei in neues, noch unvertrautes Gelände vor. Dabei kann es notwendig werden, neue Ausdrücke einzuführen. In der Regel geschieht dies aber behutsam. Selbst ein Fachausdruck wie «Idee» stammt aus der Umgangssprache, allerdings aus der Umgangssprache der ersten Philosophen, dem Griechischen.
– Jean Tinguely: ‹Nietzsche beim heftig Denken› aus der Reihe ‹Die Philosophen und andere Schreckgespenster›, 1989.

zweieinhalb Jahrtausende alt. Die unvermeidbaren Fragen stellen sich aber schon lange vorher und werden auch später noch außerhalb der Philosophie behandelt. Infolgedessen braucht es für die Philosophie mindestens einen zweiten Grund: Sie entwickelt sich erst dort, wo man mit der bisherigen Art, die Fragen zu stellen oder sie zu beantworten, unzufrieden ist. Aus einer grundlegenden Unzufriedenheit, aus einer Radikalkritik, bildet sich eine neuartige Frage- und Antwortweise heraus, eine neue Weise, der Wirklichkeit zu begegnen und über sie zu reden.

In der Regel erzählen Philosophen nicht, was die Griechen Mythen nennen: Geschichten von Göttern und Helden, vom Anfang und der Ordnung sowohl der Natur als auch der Gesellschaft. Philosophen berufen sich auch nicht auf eine religiöse Offenbarung, ein Wort Gottes, oder auf die Überlieferung, eine Tradition. Selbst wenn sie diese zum Gegenstand machen, arbeiten sie ausschließlich mit Mitteln

der allgemeinen Menschenvernunft: mit (sachgerechten) Begriffen, mit (widerspruchsfreien und erklärungskräftigen) Gründen, Argumenten, und mit elementaren Erfahrungen, beispielsweise daß es eine Welt gibt, die von verschiedenartigen Wesen bevölkert ist, und daß unter ihnen sprach- und denkfähige Lebewesen vorkommen. Bei allen drei «Mitteln»: Begriff, Argument und Erfahrung, suchen Philosophen eine weitreichende, oft sogar allgemeine Gültigkeit. Selbst wenn sie ihnen nicht gelingt, ist zumindest deren «kleine Schwester», eine allgemeine Überprüfbarkeit, zu erwarten.

Weil jedes der drei philosophischen Mittel in der Mehrzahl existiert, erweitert sich die Philosophie bald um die Suche nach einem geordneten Zusammenhang. Sowohl die Begriffe als auch die Argumente, nicht zuletzt ihre Ordnung und deren sprachliche Gestalt heißen bei den Griechen *logos*. Das Lebenselixier der Philosophie besteht im Logos mit seinen vier

Philosophie ist wie eine ungestillte Wißbegier, bei der nicht die Menge des Wissens zählt, sondern die Gründlichkeit, mit der man das Wissen sucht. Sie setzt die Fähigkeit zum Staunen voraus, freilich weniger zum bewundernden Staunen: zur Hochachtung vor der Harmonie in der Natur oder in der Gesellschaft, als zum sich wundernden Staunen. Bestimmt durch Fragen, die sich im Rahmen des bisherigen Wissens oder der bisherigen Lebensordnung nicht beantworten lassen, entsteht Philosophie in Zeiten von Konflikt, Kritik und Krise. Wo Erklärungs- oder Lebensmuster sich bekämpfen oder gegen die Religion und gegen sinngebende Instanzen Zweifel laut werden, dort braucht es die Fähigkeit, Bekanntes in Frage zu stellen: methodisch, aber auch in Kenntnis der Welt, gründlich und unter Einbezug der eigenen Voraussetzungen. – Gelehrter durchbricht das mittelalterliche Weltbild. Holzschnitt von 1888 im Stil um 1520.

10   Gesichtspunkten: Begriff, Argument, «logische» Ordnung und Sprache. Durch die Sprache wird das Philosophieren zum Gespräch, sogar zum Streitgespräch: zum Disput sowohl mit Zeitgenossen als
auch mit den großen Philosophen der Geschichte. Denn nicht aus
einem Schatz ewiger Wahrheiten besteht die Philosophie, wohl aber
aus einer mit- und gegeneinander durchgeführten Suche, ohne daß
man dabei mit einem linearen Fortschritt rechnen könnte.

Begriffe und Argumente tauchen schon im Alltag auf, entsprechendes gilt für die Wissenschaften, so daß es für die Besonderheit
der Philosophie einen dritten Grund braucht: Zur Philosophie kommt
es erst dort, wo man den Mut aufbringt und zugleich die Fähigkeit
entwickelt, Grundfragen des Alltags oder der Wissenschaften – «Was
ist richtig?», «Was ist der Fall?» und für beide: «Warum?» – auf die
Spitze zu treiben. Dann bewegt man sich freilich bald in Höhen, in
denen es einem schwindlig werden kann. Philosophieren heißt daher
zu lernen, im Denken schwindelfrei zu werden, nicht notwendig absolut, weitgehend schwindelfrei aber doch. Noch ein anderes Bild
erläutert die Besonderheit der Philosophie: Wer «Warum?» fragt,
bohrt in die Sache hinein, wobei Philosophen tiefer und tiefer zu
bohren pflegen, radikal im wörtlichen Sinn: Sie gehen unter die Oberfläche und suchen die Wurzeln der jeweiligen Sache. Dabei ist ihrem
bohrenden Was- und Warum-Fragen nichts entzogen. Auch das
Selbstverständlichste wird in Frage gestellt, die eigene Überlieferung
eingeschlossen: Die Selbstkritik ist ein wesentlicher Bestandteil der
Philosophie.

Warum aber soll man das Was- und das Warum-Fragen auf die
Spitze treiben, warum soll man tiefer und tiefer bohren? Im einzelnen – so zeigt die Geschichte – fallen die Antworten unterschiedlich
aus, gleichwohl gibt es eine gemeinsame Antriebskraft: die Wißbegier. Zu Recht beginnt ein Hauptwerk der Philosophie, Aristoteles'
Metaphysik, mit dem Satz: «Alle Menschen streben von Natur aus
nach Wissen». Die Philosophie unternimmt nichts mehr, freilich
auch nichts weniger, als eine natürliche Antriebskraft, die Wißbegier, voll zu entfalten. Daraus ergibt sich kein Vorteil im üblichen
Sinn, kein Nutzen, außer dem vollentfalteten Wissen selbst. Die
Philosophie sucht kein Sonderwissen neben anderen Bereichen des
Wissens zu entwickeln, sondern die dem Menschen innewohnende
Berufung zum Wissen zur Vollendung zu bringen. Schlechthin neu
ist ein vom Nutzen befreites Wissen allerdings nicht. Im Gegenteil
kennt jeder ein Wissen als Selbstzweck, sichtbar in einer Lust der
Sinne: in der Freude zu sehen, zu hören, zu schmecken und zu füh-

len. Nicht zufällig leitet sich ein Element der Philosophie, der Begriff, von der Tätigkeit ab, mit der sich bereits Säuglinge die Welt erschließen, vom Be-greifen. Und weil sich die Philosophie letztlich nur der natürlichen Wißbegier verdankt, kann sie im Niederländischen «wijsbegeer» heißen.

Wer ein Wissen oder eine Fertigkeit vollendet beherrscht, den nennen wir Maestro oder Meister; die Griechen sagen *sophos*: Weiser. Während andere in einem Handwerk, in Rechtsgeschäften («Juristen»), bei der Heilung von Krankheiten («Ärzte») oder in politischen Geschäften Meister sind, suchen Philosophen die Meisterschaft im Wissen. Und weil diese sehr schwer zu gewinnen ist, beanspruchen sie nach Platon nicht die *sophia* selbst, sondern lediglich eine *philosophia*: die Liebe zur Weisheit. Der Zusatz *philo* drückt freilich auch die Vertrautheit mit Gegenwärtigem und nicht das Streben nach Unerreichbarem aus. Für Platon ist der *philo-sophos* ein *philo-mathēs*, einer, dem das Lernen Freude macht und der dabei unersättlich ist. Ein zweites kommt hinzu: Während man üblicherweise über Sachverstand nur für einen schmalen Bereich verfügt, sucht die Philosophie den Sachverstand für das Allgemeine und Ganze: ein Wissen über die ganze Natur, ein Wissen über das allgemein und schlechthin Gute und Gerechte, nicht zuletzt ein Wissen über das Wissen überhaupt. Sie sucht zu klären, was ein sachgerechter Begriff und was ein triftiges Argument ist und wie man Begriffe und Argumente in einen geordneten Zusammenhang bringt.

Obwohl sich die Wißbegier als natürliche Anlage bei allen Menschen und in allen Kulturen findet, entwickelt sich die Philosophie im strengen Sinne bloß in einigen Kulturen und selbst in ihnen nur bei wenigen Menschen. Nach bisheriger Kenntnis gibt es das auf die Spitze getriebene Was- und Warum-Fragen vor allem bei den Griechen und den sich daran anschließenden Kulturen. Auch aus Indien und China sind weit mehr als nur Ansätze der Wißbegier bekannt; in Indien sind sie allerdings häufig mit religiösen, in China mit Staats- und Sittenlehren verknüpft (siehe Kap. IV).

Daß wir von anderen Regionen bestenfalls Vorläufer der Philosophie kennen, mag an fehlendem Wissen über diese Kulturen liegen, so daß eine fortschreitende Kenntnis auch für sie eine entfaltete Philosophie zutage fördert. Es gibt aber noch einen anderen Grund: daß die Selbstvollendung des Wissens, die Philosophie, an drei anspruchsvolle Vorbedingungen gebunden ist. Erstens bewahrheitet sich das Sprichwort: «Vor den Preis haben die Götter den Schweiß gesetzt». Wie jede Anlage, so vollendet man auch die Wißbegier

12   nicht ohne Anstrengung. Zweitens gelangt man zum Gipfel des Wissens erst, nachdem man Vorgipfel bezwungen hat. Die Philosophie entsteht nur dort, wo schon die einfachen Was- und Warum-Fragen entfaltet sind, namentlich die Lebensweisheit und die gewöhnliche Wissenschaft, etwa als Astronomie. Für den Raum, in dem die griechische Philosophie entsteht, für das östliche Mittelmeer, kennen wir die Vorgipfel vor allem aus Ägypten und Babylon. Die Griechen selbst beanspruchen nicht, Wissenschaft und Philosophie erfunden zu haben, sondern billigen diese Leistung den Ägyptern zu. Ein vom Nutzen freies Wissen kann sich schließlich nur der leisten, der von der elementaren Nutzensuche entlastet ist. Erst wenn das Lebensnotwendige gesichert ist – für die ganze Gesellschaft oder für eine gewisse Gruppe –, hat man die Muße, sich dem Nicht-Lebensnotwendigen, der Philosophie, zuzuwenden. Das Lebensnotwendige ist freilich eine bescheidene Voraussetzung; Philosophie gedeiht keineswegs erst in wohlhabenden Gesellschaften.

Die Besonderheit der Philosophie hat eine glückliche Zutat. Wer sich weder auf das Herkommen noch die Überlieferung oder eine religiöse Offenbarung beruft, wer keine andere Autorität anerkennt als eine allen Menschen offene Erfahrung und eine allen Menschen gemeinsame Vernunft, der gewinnt Einsichten, die für alle Menschen jedweder Kultur von Belang sind. Traditionen können die Menschen trennen, das Philosophieren verbindet sie. Aus diesem Grund eignen sich Philosophen zu Lehrern des Menschengeschlechts. Ohnehin haben sie das Selbstverständnis und die Weltorientierung der Menschen entscheidend geprägt und darüber hinaus die soziale Welt tiefgreifend verändert. Mit der ersten glücklichen Zutat verbindet sich eine zweite: Die Philosophie hat einen weltbürgerlichen Charakter; wer bei ihr in die Schule geht, ist ein geborener Kosmopolit, ein Bürger der allen Menschen gemeinsamen Welt. Nicht zuletzt schaffen große Philosophen auch literarisch bedeutsame Werke; in der weiten Familie der Weltliteratur haben diese nicht den geringsten Rang.

Eine illustrierte Geschichte der Philosophie verstrickt sich allerdings in drei Schwierigkeiten. Die kleinere Schwierigkeit

Zu den Wegbereitern der praktischen Philosophie gehört die Lebensweisheit. Zwei Beispiele zeigen, wie hoch sie schon in Ägypten entwickelt ist. (1) Hilfsbereitschaft: «Hilf jedermann. / Befreie einen, wenn du ihn in Banden findest; sei ein Beschützer des Elenden. / Gut nennt man den, der nicht die Augen zumacht. / Wenn eine Waise sich an dich wendet, / die hilflos ist, da ein anderer sie verfolgt, / um sie zu Fall zu bringen, / so fliege zu ihr hin und unterstütze sie, / sei der Retter für sie. / Das wird gut sein im Herzen Gottes, / und die Menschen loben es.» (2) Goldene Regel: «Tu niemandem etwas Böses an, um nicht heraufzubeschwören, daß ein anderer es dir antue.» – Die ägyptische Göttin Ma'at, hier um 1250 v. Chr., ist Symbol von Ordnung und Wahrheit, von Recht, Gerechtigkeit und Rechtsgesinnung.

teilt sie mit jeder Geschichte: Aus dem schier unerschöpflichen
Reichtum der Philosophie, einer Enzyklopädie des menschlichen
Geistes und zugleich eines Kernstücks der Weltkultur, greift sie nur
einen Bruchteil heraus: wichtige Beispiele jener Themen, Personen,
Schulen und Werke, die sich durch besondere Originalität und Be-
deutsamkeit auszeichnen.

Die mittlere Schwierigkeit: Als das Geistige schlechthin sperrt
sich das Medium der Philosophie, der Gedanke, gegen das heute
vorherrschende Medium, das Bild. Philosophen greifen zwar bei
der Darstellung ihrer Gedanken gern auf Bilder des Sehens zurück;
Platons Begriff der Idee beispielsweise bedeutet den reinen Anblick.
Die Gedanken selbst lassen sich aber nicht verbildlichen, sondern
nur Dinge, die gegen den Gedanken so gut wie gleichgültig sind,
etwa Personen, Orte oder graphisch schöne Buchtitel. Entsprechende Abbildungen kann man jedoch um Graphiken, um die Hervorhe-
bung wichtiger Zitate und vor allem um moderne, selbst abstrakte
Bilder ergänzen, durch die man auf philosophische Probleme hinge-

Zu den Vorläufern der theoretischen Philosophie gehören Mathematik und Naturforschung. Aus Babylon kennen wir planmäßige Himmelsbeobachtungen und Messungen zum Aufstellen von Kalendern und zur Vorausberechnung von Mondfinsternissen. Ein Hilfsmittel ist der Tierkreis («Zodiakus»), der die von der Sonne im Laufe eines Jahres am Himmelsgewölbe durchlaufene Bahn in zwölf Teile gliedert. In Babylon entstehen die Rechen- und Meßverfahren ebenso wie in Ägypten und China aus der Praxis der Feldmesser und Bautechniker, und ihre Einsichten werden rezeptartig überliefert. Bei den Griechen dagegen wird die Mathematik zu einer Gründe angebenden, beweisenden Wissenschaft und ist dadurch der Philosophie verwandt. – Alter arabischer Tierkreis.

wiesen und zum Nachdenken angeregt wird. Zusammen mit längeren Bilderläuterungen schaffen die Abbildungen insgesamt einen «medialen Kontrapunkt» zum Haupttext.

Die größte Schwierigkeit liegt in der Philosophiegeschichte selbst. Wer erzählt, was einmal war, droht, seinen Gegenstand zu verfehlen. Denn er stellt die Gedanken als Vergangenheit vor, obwohl sie auf Gegenwart zielen: Der Begriff soll die Sache treffen und das Argument die Warum-Frage beantworten. Um trotzdem ihrer Sache gerecht zu werden, darf eine Philosophiegeschichte ihren Gegenstand nicht wie ein Anatom als tote Gedanken vorstellen, sondern muß versuchen, Begriffe und Argumente «zum Sprechen zu bringen» und darüber hinaus auf gewisse Verbindungslinien hinzuweisen. Beides wird durch den Umstand erleichtert, daß sich die Philosophen selbst mit ihren Vorgängern auseinandersetzen: Die Geschichte der Philosophie ist auch ein Streitgespräch der (großen) Philosophen mit- und gegeneinander, wobei allerdings viele gern die eine Königin sein wollen, die im emsigen Bienenstock des Denkens allein regiert. Tatsächlich erweist sich die Philosophie aber als ein radikal offenes Projekt: offen in den Antworten und in den Wegen («Methoden») zu den Antworten, offen in den Qualitätskriterien sowohl für die Wege als auch die Antworten; nicht zuletzt bleibt offen, worin die für eine Epoche oder die ganze Menschheit entscheidenden Fragen liegen. Will man dieses Projekt genauer kennenlernen, so muß man die großen Philosophen selbst lesen. In einer Zeit, in der mit philosophischen Grundkenntnissen nicht überall zu rechnen ist, wird hier auf dem Weg einer knappen Geschichte eine für die Sache selbst werbende Einführung versucht. Dabei liegt ein Akzent auf den klassischen Texten, die man am besten kritisch und zugleich *con amore* liest. Jedes Kapitel schließt mit einer Lektüreempfehlung, auf daß man unter Anleitung der großen Philosophen selber zu philosophieren: lebendig zu denken, lerne.*

* Text und Bildvorschläge wurden in einer Vortragsreihe 1999/2000 an der Universität Tübingen erstmals vorgestellt. Ich danke dem hochinteressierten Publikum und für mannigfache Hilfe meinem Mitarbeiter Christoph Wolgast.

I. Anfänge. Vor Sokrates

Wie die geistige Entwicklung eines jungen Menschen, so ist auch die Ausbildung der Philosophie ein längerer Vorgang. Der Übergang «vom Mythos zum Logos» erfolgt nicht plötzlich, durch eine innere Erleuchtung. Erst nach und nach geht dem Menschen die Frag-Würdigkeit der Welt auf, weshalb sich keine scharfe Grenze ziehen läßt. Wenn der böotische Dichter Hesiod (um 700 v. Chr.) in der *Theogonie* («Götterentstehung») die überlieferte Religion kritisiert, so greift er der Philosophie als Religionskritik vor. Und in seiner nachdrücklichen Unterscheidung von Falschem und Wahrem deutet sich Erkenntniskritik an.

Die Philosophie im engeren Sinne beginnt im kulturell offenen, handeltreibenden und Kolonialstädte gründenden Teil Griechenlands, in Ionien. Ihr Ursprung liegt in kleinasiatischen Hafenstädten wie Milet, Kolophon und Ephesus, auf Inseln wie Samos und in «Kolonialgriechenland», in Unteritalien. Die frühen Denker, zu denen spätere Philosophen immer wieder zurückkehren, sind aber nicht bloß Philosophen, sondern auch Naturforscher, überdies «Weise», nämlich Ratgeber der Politiker und des Volkes, nicht zuletzt bedeutende Meister der Sprache.

Weil Sokrates einen bedeutenden Einschnitt markiert, heißen die Philosophen vor ihm – von Thales bis zu Demokrit und den Sophisten – Vorsokratiker. Ihr Denken richtet sich zunächst auf die Natur als ganze und deren Ordnung und *Die Vorsokratiker entdecken die «logische» Ordnung der Natur. – Astronomie. Deckenfresko von Raffael.* Schmuck, den Kosmos, sodann auf die religiöse Welt. Die Philosophie fängt als Naturphilosophie bzw. Kosmologie und als Religionskritik an. Es folgt ein Nachdenken über alles, was ist, die Ontologie. Die menschlichen Angelegenheiten drängen sich erst später in den Vordergrund und mit ihnen Ethik und Politische Philosophie. In dieser Entwicklung, die sich über mehr als zwei Jahrhunderte erstreckt, bilden sich nicht nur unterschiedliche Richtungen der Philosophie, sondern auch verschiedene Gestalten und Stile aus. Sie greifen freilich ineinander. Wer sie erkunden will, stößt auf schwierige Texte und auf die zusätzliche Schwierigkeit, daß sie bloß in Bruchstücken und späteren Zeugnissen vorliegen: als «Fragmente der Vorsokratiker», die sich nur dem kreativen Interpreten erschließen.

18   Die Hauptbegriffe der frühen Philosophen heißen *physis*: Natur; *archē*: Prinzip im Sinne von Ursprung oder Anfang, und zwar der Zeit, der Entstehung oder dem Rang nach; *logos*: Begriff und Argument, Ordnung, Vernunft und Sprache; *kosmos*: die geordnete und in ihrer Ordnung erkennbare, überdies schöne Welt. In diesen vier Begriffen zeichnet sich die weltgeschichtliche Bedeutung der Vorsokratiker ab. Sie entdecken, daß die uns vorgegebene Welt als ein Ganzes anzusehen ist (*physis*), das eine Ordnung hat (*kosmos*), die erkannt werden kann (*logos*), aber nicht an der Oberfläche liegt (*archē*), und deren Erkenntnis – so ein weiteres Element – vom Irrtum bedroht ist.

Thales (um 624–546 v. Chr.), Naturphilosoph, Naturforscher und Mathematiker, politischer Ratgeber und einer der Sieben Weisen. Er vertritt als Ursprung oder Prinzip der Welt das Wasser und begründet damit einen ersten Stil des Philosophierens. – Hellenistische Bildniskopie.

Pythagoras (um 572–480 v. Chr.) gründet in Unteritalien eine einflußreiche ordensähnliche Gemeinschaft. In ihr zeigt sich die dritte Gestalt des Philosophierens: die Verbindung eines theoretischen Bildungs- mit einem praktischen, asketischen Lebensprogramm. – Klassizistische Büste.

Heraklit (geb. um 540 v. Chr.) pflegt den vierten Stil des Philosophierens: den aphoristisch zugespitzten Sinnspruch. Dessen orakelähnlicher Charakter trägt ihm die Beinamen «der Dunkle» und «der in Rätseln Sprechende» ein. – Kopie nach klassizistischem Vorbild.

Der Wandersänger («Rhapsode») Xenophanes (geb. um 570 v. Chr.), von dem keine Büste überliefert ist, ergänzt die Naturphilosophie und Erkenntniskritik um die zweite Gestalt, um eine teils negative, teils konstruktive Religionskritik; er vertritt einen Monotheismus.

MILESISCHE NATURPHILOSOPHIE   19

Thales. Die frühe Naturphilosophie fragt nach dem Ursprung bzw.
Prinzip, aus dem die Natur in all ihren Erscheinungen hervorgeht.
Sie sucht ein umfassendes und zugleich einheitliches Woraus: das
Eine im Vielen und das Allgemeine für alles Besondere. Der erste
Vertreter, Thales aus Milet (um 624–546 v. Chr.), sieht Aristoteles
zufolge den Ursprung in etwas Stofflichem, in einem «Ur- oder
Grundstoff», dem Wasser. (Weil damit die Welt durch ein einziges
– griech. *monos* – Prinzip erklärt wird, heißt ein solches Denken
Monismus.) Mit Hilfe des Wassers erklärt Thales auch ungewöhn-
liche Naturerscheinungen; so greifen bei ihm Naturphilosophie und
Naturwissenschaft ineinander. Zugleich werden mythische Erklärungen hinterfragt und entmachtet, womit Religionskritik anklingt:
Thales erklärt Erdbeben nicht mehr mit dem Eingreifen des Gottes
Poseidon, sondern mit Bewegungen des Wassers, auf dem die Erde
«wie ein Stück Holz schwimmt». Außerdem bietet er Erklärungen
für die jährliche Nilüberschwemmung und den Magnetismus an
und sagt die Sonnenfinsternis vom 28. Mai 585 v. Chr. voraus.
Überdies gehen auf Thales streng allgemeine Sätze der Geometrie
zurück, z. B. der nach ihm benannte Satz, daß der Peripheriewinkel
eines Dreiecks im Halbkreis ein rechter ist. Im entsprechenden Beweis zeigt sich Thales nicht bloß als ein bedeutender Mathematiker.
Er nimmt auch den für die Philosophie grundlegenden Übergang zu
allgemeingültigen Aussagen vor.

Nach einer berühmten, von Platon überlieferten Anekdote ist Thales das Muster eines lebensuntauglichen Philosophen: Beim Umher-
gehen sei er, weil in die Beobachtung des Himmels versunken, in einen
Brunnen gestürzt und darüber von einer thrakischen Magd ausge-
lacht worden. Gegen seine angebliche Lebensuntauglichkeit sprechen
aber Berichte über bedeutende politische und lebenspraktische Ratschläge, die Thales als Spruchweisheiten formuliert und derentwegen
er als einziger Philosoph zu den Sieben Weisen zählt: «Sei nicht reich
auf schimpfliche Weise»; «Etwas Lästiges ist Untätigkeit. Etwas
Schädliches Unbeherrschtheit. Etwas Schwererträgliches Unbildung»;
«Beneiden laß dich lieber als Bemitleiden» und «Halte Maß». Nicht
zuletzt verfügt Thales über unternehmerische Weitsicht: Als man ihm
seine Armut vorhält, mietet er, da er dank astronomischer Kenntnisse
eine reiche Olivenernte voraussieht, im Winter zuvor alle Ölpressen
an und erzielt bei der Ernte einen satten Gewinn. Daraus schließt Aristoteles, «daß es für Philosophen leicht ist, reich zu werden, wenn sie
nur wollen, daß ihnen aber daran nicht viel liegt».

Thales' Prinzip, das Wasser, wirft drei Schwierigkeiten auf, an deren Lösung die nachfolgenden Philosophien arbeiten. Erstens ist die Funktion des Prinzips mehrdeutig: Ist etwas gemeint, aus dem alles besteht («alles *ist* Wasser») oder aber alles entsteht («alles kommt vom Wasser her»)? Und: Gilt das Prinzip unmittelbar oder nur in letzter Instanz, womit sich schon bei Thales der später oft vertretene «metaphysische» Schnitt zwischen der wahrnehmbaren Welt und ihrem nicht wahrnehmbaren Grund andeuten würde? Zweitens ist der Gehalt des Prinzips mehrdeutig. Für Thales ist das Wasser nicht lediglich Stoff, sondern auch Leben, Bewegung, sogar Seele. In diesem Sinn ist seine Behauptung zu verstehen, alles, *pan*, sei voll von Göttern, was man später Pantheismus nennt. Für die Lebendigkeit des Wassers kann Thales an eine Erfahrung anknüpfen: an das Nilwasser als die dort entscheidende Quelle der Fruchtbarkeit.

Anaximander. Thales' «Verwandter, Schüler und Nachfolger» Anaximander (610/9–547/6 v. Chr.) gibt das Prinzip Wasser auf. Zu den Gründen gehört eine dritte Schwierigkeit, und bei ihrer Lösung tritt eine Form philosophischen Fortschritts zutage: Bei einem radikalen Weiterfragen bemerkt man, daß nicht nur die bisherige Antwort, sondern sogar das Antwortmuster («Urstoff») zu verwerfen und durch ein neuartiges zu ersetzen ist: Wenn die Erde ihre Stabilität dadurch gewinnt, daß sie auf dem Wasser ruht, so fragt sich, worauf denn das Wasser ruht. Nennt man als Antwort einen anderen Stoff, so wiederholt sich die Frage, worauf dieser denn ruhe. Und an die neuerliche Antwort stellt sich erneut die Frage, so daß es einem in der Tat schwindlig wird: Das Weiterfragen verweist ins Unendliche. Anaximander gibt daher die Vorstellung auf, die Erde ruhe auf etwas. Nach seiner Ansicht beharrt die Erde schwebend im All, weil sie zu dessen Grenzen in jeder Richtung denselben Abstand hält. An dieser Antwort ist weniger die (falsche) Annahme von der Erde als dem Mittelpunkt des Kosmos interessant als das «moderne» Erklärungmuster: Im Gleichgewicht durch gleiche Abstände klingt der Gedanke der Schwerkraft an und die Erkenntnis, daß sie auf Massenanziehung beruht.

Bei Anaximander tritt an die Stelle des Prinzips Wasser das *apeiron*. Es bedeutet einerseits das Unbegrenzte: Die Welt ist räumlich, vielleicht auch zeitlich unendlich, so daß das *apeiron* eine unerschöpfliche Quelle für alles Entstehen ist. Andererseits ist etwas (qualitativ) Unbestimmtes gemeint: Der Ursprung liegt nicht in den

uns vertrauten Stoffen, etwa den vier «Elementen» Feuer, Luft, Wasser und Erde. Denn die Stoffe haben einander entgegengesetzte Grundeigenschaften: heiß (Feuer) und kalt (Luft), feucht (Wasser) und trocken (Erde), weshalb man sie nicht auf einen einheitlichen «Urstoff» zurückführen kann. Statt dessen – so Anaximander – besteht zwischen den verschiedenen Grundstoffen eine «kosmische Gerechtigkeit».

Der älteste im authentischen Wortlaut überlieferte Satz der griechischen Philosophie stammt von Anaximander und lautet: «Woraus aber das Entstehen für die Dinge ist, die existieren, dahinein erfolgt auch ihr Vergehen gemäß der Notwendigkeit; denn sie zahlen einander gerechten Ausgleich und Buße für ihre Ungerechtigkeit nach der Ordnung der Zeit.» Gemäß diesen Bildern aus dem Rechtsbereich herrscht in der Welt eine zweiteilige Gesetzmäßigkeit («Notwendigkeit»): Wenn beispielsweise das Heiße vorherrscht, so wird das Kalte zurückgedrängt; ihm geschieht ein «Unrecht», jedoch nur vorübergehend. Durch ein späteres Übergewicht des Kalten wird ein «Ausgleich» geschaffen, der zugleich dem

Im überlieferten Mythos ist der Regenbogen die Erscheinung einer Göttin namens Iris. Xenophanes setzt an deren Stelle eine natürliche Erklärung: «Und was sie Iris nennen, auch das ist nur eine Wolke, purpurn und hellrot und gelbgrün anzuschauen». Darin treten zwei Gestalten der Philosophie zutage: das Bemühen um eine «rationale» Erklärung der Natur und die Religionskritik, da die Gottheit nicht länger als eine sichtbare Naturerscheinung gilt.

Heißen Unrecht tut usw. Die Gesamtheit der Naturprozesse besteht nun in einem dynamischen Gleichgewicht. Von Anaximander stammt auch eine «Theorie» sowohl kosmologischer als auch biologischer Evolution: Die Gattung Mensch sei aus nichtmenschlichen, im Wasser lebenden Tieren hervorgegangen.

Anaximenes. Anaximanders Schüler Anaximenes (gest. um 525 v. Chr.) verbindet die Einsichten seines Lehrers mit einem gewissen Rückgriff auf Thales. Er hält das Prinzip der Natur für zwar unbegrenzt, aber (qualitativ) bestimmt. Er nimmt wieder einen «Urstoff» an, überdies einen einzigen, die Luft: «Durch Verdünnung wird sie Feuer, durch Verdichtung dagegen Wind, dann Wolken, bei noch weiterer Verdichtung Wasser, dann Erde, dann Steine, alles andere aber entsteht aus diesem». Anaximenes entgeht Anaximanders Kritik dadurch, daß er den Urstoff qualitativ nur minimal bestimmt. Er spricht der Luft keine der bekannten Grundeigenschaften zu, sondern erklärt sie insgesamt durch die Grundprozesse der Verdichtung und Verdünnung. Daß er trotzdem die Luft privilegiert, dürfte sich einer etwas gewagten Verallgemeinerung verdanken: Wie die Atemluft das lebensstiftende Prinzip für den Menschen ist, so verhalte es sich mit der Luft überhaupt im Blick auf den gesamten Kosmos.

RELIGIONSKRITIK

Xenophanes (geb. um 570 v. Chr. in Kolophon), ein Wandersänger («Rhapsode»), der durch die griechischen Länder, vor allem Sizilien und Unteritalien, zieht, knüpft an die Naturphilosophie der drei Denker aus Milet an. «Alles, was entsteht, ist Erde und Wasser.» Er stützt sich dabei auf scharfsinnige Beobachtungen: auf den Fund steinerner Abdrücke von Meerestieren und Muscheln im Landesinneren und auf das in Höhlen herabtropfende Wasser. Er relativiert gewisse Wahrnehmungsurteile und verbindet generelle Zweifel an der Erkenntnis – es gibt nur Annahmen, nicht Wissen – mit dem Gedanken eines allmählichen Erkenntnisfortschritts. Vor allem ist er für eine zweite Gestalt der Philosophie von Bedeutung: für die Religionskritik und die philosophische Theologie. Seiner Originalität und Radikalität wegen gehört er hier zu den Großen.

Religionskritik klingt schon dort an, wo Xenophanes den Regenbogen zu einer natürlichen Erscheinung erklärt. Noch schärfere Kritik übt er, wenn er die überlieferten Götter als durch und durch un-

göttlich entlarvt, etwa als Projektionen der verschiedenen Völker –
«Die Äthiopier behaupten, ihre Götter seien stumpfnasig und
schwarz, die Thraker, blauäugig und blond» – oder als schlechte
Vorbilder: «Alles haben den Göttern Homer und Hesiod angehängt,
was bei den Menschen Schimpf und Tadel verdient: Stehlen und Ehe-
brechen und gegenseitiges Betrügen.» Und vor allem demaskiert er
die Götter als gattungsbezogene Projektionen: «Wenn aber die Rinder, Pferde und Löwen Hände hätten und mit den Händen malen
könnten und Werke schaffen wie die Menschen, dann würden die
Pferde pferdeähnliche und die Rinder rinderähnliche Bilder der Götter malen und Körper bilden von der Gestalt, die sie selber haben.»
   Xenophanes bleibt bei der (negativen) Religionskritik nicht stehen. Aus dem Widerspruch zur überlieferten Volksreligion gewinnt
er einen neuen, «aufgeklärten» Gottesbegriff: «Ein einziger Gott,
unter Göttern und Menschen der Größte, weder an Gestalt den
Sterblichen ähnlich noch an Gedanken.» In dem hier vertretenen
Monotheismus tauchen schon vier der entscheidenden Elemente eines philosophischen Gottesbegriffs auf: daß Gott ein einziger ist,
daß er sich durch einen «absoluten» Superlativ auszeichnet – er ist
der Größte, überdies (ganz) Andere –, daß er Geist und, schließlich,
Urheber von allem ist: «Ohne Mühe bringt er alles in Gang durch
seines Geistes Denkkraft».

PYTHAGORAS

Zuverlässige Zeugnisse über Pythagoras sind rar; Schriften hat er
nicht hinterlassen. Einigen Forschern gilt er nur als ein religiöser
Magier und Prophet, andere halten ihn für einen bedeutenden
Philosophen, Mathematiker und Musiktheoretiker, während ihm
sein Zeitgenosse Heraklit «Vielwisserei» und «kunstvolle Gaune-
rei» vorwirft. Seine Schüler halten ihn für den vollkommenen Weisen und zugleich für eine Verkörperung Apollons, weshalb sie ihm
göttliche Verehrung zollen. Folgendes darf als gesichert gelten: Um
572 auf der Insel Samos, unweit von Milet, geboren, wandert Pythagoras nach 530 v. Chr. aus politischen Gründen nach Unteritalien aus. Hier gründet er eine auch Frauen zulassende ordensähnliche Gemeinschaft, die erheblichen politischen Einfluß erlangt,
und stirbt um 480 v. Chr. Unter dem Leitsatz «Folge Gott» suchen
die «Pythagoreer» einen Nachvollzug der göttlichen Weltordnung,
indem sie die wissenschaftlich-philosophische Erkenntnis mit einer
moralisch-religiösen Lebensführung verbinden, zu der eine Güter-

24

gemeinschaft, die Pflege einer bedingungslosen Freundschaft und zahlreiche Verhaltens- und Speisetabus gehören. In der Einheit von (theoretischer) Erkenntnis und (moralisch) gutem Leben liegt eine dritte Gestalt: die Philosophie als Bildungs- und Lebensprogramm. Dessen charismatisches Vorbild, Pythagoras, dürfte in sich die Eigenschaften eines Gurus und eines Gelehrten vereint haben.

Orpheus

Wahrscheinlich von Orphikern (den Anhängern des mythischen Sängers Orpheus, der zuerst die Unerbittlichkeit des Todes besiegt haben soll) oder durch Eingeweihte der Eleusinischen Mysterien, vielleicht aber auch durch Ägypter beeinflußt, lehrt Pythagoras die den Griechen weitgehend fremden Gedanken von der Unsterblichkeit der Seele, der Seelenwanderung und einer Zusammengehörigkeit alles Beseelten. Er selber soll sich an frühere Leben erinnert haben. Weil die Seele auch in einem Tier wiedergeboren werden könne, ist Fleischverzehr verboten («Vegetarismus»).

Pythagoras nimmt eine grenzenlose Leere (*kenon*) an, deren Einatmung durch den Himmel zur Weltentstehung geführt habe. Berühmt ist er für die Erkenntnis der Zahlenverhältnisse in den musikalischen Grundintervallen: der Oktave (1:2), der Quinte (2:3) und der Quarte (3:4). Die Übertragung dieser Proportionen auf die gesamte Natur, insbesondere die Welt der Gestirne, führt zu einer «kosmologischen Zahlenlehre». Ihr zufolge ist die Welt nach Zahlenverhältnissen geordnet. Und weil große Körper beim Fallen Geräusche erzeugen und die Geschwindigkeiten der riesigen, folglich lauten Gestirnskörper den musikalischen Grundintervallen entsprechen, erzeugt ihre Kreisbewegung einen harmonischen Klang: die Sphärenharmonie. Als ein unveränderlicher Hintergrundklang läßt sie sich freilich nur vom «göttlichen» Pythagoras wahrnehmen und nicht vom Durchschnittsmenschen.

Zukunftsweisend an Pythagoras' Zahlenlehre ist die erkenntnistheoretische Annahme, nur Zahlenverhältnisse könnten erkannt werden; Platon läßt sich von ihr in seinem mündlichen Unterricht inspirieren. Darüber hinaus klingt ein Gedanke der modernen Naturwissenschaft an: daß man Naturgesetze mathematisch formuliert. Der nach Pythagoras benannte Lehrsatz

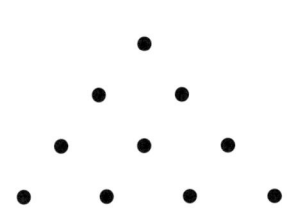

Für Pythagoras und seine ordensähnliche Gemeinschaft, die Pythagoreer, gilt die Summe der ersten vier Zahlen, die Zehn, als vollkommene und zugleich heilige Zahl: Heilige Vierheit («Tetraktys»). Dargestellt wird sie als ein gleichseitiges Dreieck, dessen Seiten je eine Vier bilden. In der Vierheit sind auch die drei für die gesamte Wirklichkeit als grundlegend erachteten Zahlenverhältnisse enthalten. Sie entsprechen den musikalischen Intervallen der Oktave (1:2), der Quinte (2:3) und der Quarte (3:4): In Pythagoras' «kosmologische Zahlenlehre» geht eine mathematisch-musikalische Harmonielehre ein.

für das rechtwinklige Dreieck «a^2 + b^2 = c^2» ist allerdings schon den Babyloniern bekannt.

Der über fast zwei Jahrhunderte (530–350 v. Chr.) höchst einflußreichen Gemeinschaft der Pythagoreer gehören sowohl Philosophen als auch Mathematiker und Naturforscher an, ferner Ärzte, Musiktheoretiker und Gesetzgeber, selbst Bildhauer, Dichter und berühmte Athleten. Vom bedeutendsten der jüngeren Pythagoreer, Philolaos von Kroton (um 470–390 v. Chr.), dürfte Platon einen Großteil seiner Naturphilosophie für den Dialog *Timaios* übernommen haben. Philolaos gibt übrigens das geozentrische Weltbild auf und stellt in den Mittelpunkt des Kosmos ein Zentralfeuer, um das alle Himmelskörper kreisen.

Für Heraklit bildet der Fluß ein Sinnbild für die Gesetzmäßigkeit der Welt, für ihren Logos. Der Fluß zeigt sowohl die stete Veränderung in der gesamten Wirklichkeit und in uns an, da wir uns mitverändern, als auch die Möglichkeit, im Veränderlichen etwas, das sich gleich bleibt, zu erkennen. – In einem japanischen Text heißt es: «Unaufhörlich strömt der Fluß dahin, gleichwohl ist sein Wasser nie dasselbe. Schaumblasen tanzen an seichten Stellen, vergehen und bilden sich wieder – von großer Dauer sind sie allemal nicht. Gleichermaßen verhält es sich mit den Menschen und ihren Behausungen.» (Kamo no Chōmei, ‹Aufzeichnungen aus meiner Hütte›, jap. ‹Hōjōki›, 1212). – Ando Hiroshige: Flußlandschaft mit aufgehendem Mond.

HERAKLIT

Heraklit (geb. um 540 v. Chr.) entstammt einer vornehmen Familie aus Ephesus, ebenfalls Ionien. In seinen Texten, oft einem einzigen Satz, tritt eine eigene, vierte Gestalt des Philosophierens zutage: der wohlkomponierte, aphoristisch zugespitzte Sinnspruch. Weil er einem Orakelspruch ähnelt, heißt ihr Verfasser «der Dunkle» und «der in Rätseln Sprechende». Wie die Naturphilosophen, so fragt auch Heraklit nach der allgemeinen Gesetzmäßigkeit der Welt. Er nennt ihr Grund-Gesetz, die Welt-Formel: Logos. Dieser betrifft nicht mehr bloß die außermenschliche Natur, sondern auch den Menschen, sein persönliches und soziales Leben. Heraklit öffnet die Kosmologie zur Ethik und Politischen Philosophie. Von seinem Grund-Gesetz glaubt er, daß die meisten es «nicht verstehen, auch wenn sie es vernommen; sie sind wie Taube. Das Sprichwort bezeugt's ihnen: Anwesend sind sie abwesend». Dieser Spruch besagt zweierlei: daß die Gesetzmäßigkeit im Leben von jedermann gegenwärtig («anwesend») ist, sich aber nicht an der Oberfläche («abwesend») zeigt. Denn: «Die Natur (hier als die Gesetzmäßigkeit oder das Wesen der Dinge verstanden) pflegt sich zu verbergen.» Und «worauf sie täglich stoßen, ist ihnen fremd».

Heraklit entfaltet die allgemeine Gesetzmäßigkeit («aus allem eines und aus einem alles») unter vier Gesichtspunkten: (1) Es gibt einen Urstoff, der aber nicht in Wasser (Thales) oder Luft (Anaximenes), sondern in einem «ewig lebendigen Feuer», modern gesprochen: in Energie, besteht. (2) Aus dem steten Entflammen und Erlöschen des Feuers ergibt sich die Dynamik der Welt. (3) Heraklit benennt Gegensatzpaare, die sich trotz aller Verschiedenartigkeit durch zwei Gemeinsamkeiten auszeichnen. Tag und Nacht, Winter und Sommer, Krieg und Frieden, Leben und Tod, Wachen und Schlafen, feucht und trocken, hinauf und hinab, Abfall und Gold – in all diesen Fällen treten die Elemente nicht selbständig auf, sondern verweisen wie gegensätzliche Pole aufeinander. Und bei ihrer Wechselwirkung – Heraklit sagt «Krieg» und nennt ihn «aller Dinge Vater, aller Dinge König» – handelt es sich um einen natürlichen Vorgang, der die Gegensatzpaare zusammenhält.

(4) Die berühmten Sätze «Alles fließt» und «Man kann nicht zweimal in denselben Fluß steigen» stammen zwar nicht von Heraklit; andere Flußfragmente sind aber als echt anzusehen. Heraklit sieht im Fluß sowohl «naturphilosophisch» und zugleich «ontologisch» ein Sinnbild für die stete Veränderung in der gesamten Wirklichkeit als auch «erkenntnistheoretisch» ein Bild für die Art

und Weise, wie man selbst im Veränderlichen etwas, das sich gleich
bleibt, denken und erkennen kann. Nach Heraklit unterliegt alles
einer Gesetzmäßigkeit der Veränderung.

PARMENIDES UND ZENON

Parmenides (geb. um 540 v. Chr.) lernt in Unteritalien die Lehren
von Xenophanes und Pythagoras kennen. Für seine Heimatstadt
Elea war er ein hervorragender Gesetzgeber. In der Philosophie begründet er die Lehre dessen, was ist (griech. *on*): die Lehre vom
Seienden oder Ontologie. Die provokative Gestalt, die er der Ontologie gibt – das Seiende ist ungeworden und unvergänglich, eines
und einheitlich, unveränderlich und vollkommen –, beeinflußt die
gesamte folgende Philosophie, etwa Platons Theorie der Ideen, Aristoteles' Gottesbegriff und den Begriff, den die Atomisten Leukipp
und Demokrit für die kleinsten Bestandteile der Wirklichkeit entwickeln.

Wie Xenophanes und Heraklit, so prüft auch Parmenides die
Möglichkeit menschlicher Erkenntnis. Er unterscheidet dabei streng
zwischen der durch Sinne vermittelten Erfahrung und der durch
den Logos erschlossenen Erkenntnis. Zusätzlich behauptet er, nur
der Logos erlaube eine wahre Erkenntnis und diese betreffe ausschließlich das unvergängliche Seiende. Diese Zusatzbehauptung,
Parmenides' gesteigerte Provokation, gibt dem entsprechenden Text,
einem Lehrgedicht, die Gliederung vor: Der erste Teil handelt über
Wahrheit und das Seiende («denn dasselbe ist Denken und Sein»),
der zweite Teil von den «trügerischen Meinungen der Sterblichen».
Und im Wissen um das Ärgernis dieser Lehre stellt Parmenides beiden Teilen eine «Vorrede» voran, die seine Lehre als eine göttliche,
von der Vernunft zu prüfende Botschaft darbietet.

Sinn und Tragweite dieser Lehre sind umstritten. (1) Die ontologische Frage lautet: Bestreitet Parmenides die Wirklichkeit der Erfahrungswelt? Oder zieht er, «bescheidener», den bei Thales erst
angedeuteten «metaphysischen Schnitt» und unterscheidet scharf
zwischen der erfahrbaren Welt und ihrem nicht mehr erfahrbaren
Grund? (2) Die erkenntnistheoretische Frage: Vertritt Parmenides
einen extremen Rationalismus, der nur dem vollständig erfahrungs-
freien Denken die Möglichkeit einer wahren Erkenntnis zubilligt?
Oder behauptet er, «bescheidener», zur wahren Erkenntnis gehöre
ein Moment des Unveränderlichen, und ausschließlich dieses Moment stehe für die Wahrheit der Erkenntnis ein? Da dieses Moment

Nach einer von Zenons Parado-xien kann der schnelle Achill die langsame Schildkröte nie einho-len. Denn angenommen, er läuft hundertmal so schnell wie die Schildkröte und diese hat einen Vorsprung von 100 m, so gilt folgendes: Gelangt Achill zu der Stelle, an der die Schildkröte war, so hat diese sich um einen Meter weiterbewegt. Während Achill zu dieser Stelle läuft, bewegt sich die Schildkröte erneut, jetzt einen Zentimeter, weiter, so daß ihr Vorsprung zwar immer kleiner wird, aber stets gegeben bleibt. Zenon macht damit auf die Schwierigkeit aufmerksam, ein Kontinuum zu begreifen. Aristote-les löst die Paradoxie, indem er zwei Bedeutungen von «unend-lich» – unendliche Ausdehnung und unendliche Teilbarkeit – unterscheidet, so daß eine der Ausdehnung nach endliche, der Teilbarkeit nach aber unendliche Strecke in endlicher Zeit durch-laufen werden kann. – Wettlauf-szene, 6. Jhd. v. Chr.

die gewöhnliche Wirklichkeit übersteigt (lat. transcendere) und zugleich die Bedingung für ihre Erkennbarkeit darstellt (Kant wird «tran-szendental» sagen), stößt Parmenides auf eine Wirklichkeit, bei der einem im wörtlichen Sinn Hören und Sehen vergeht: Er entdeckt eine transzendente und zugleich transzendentale Wirklichkeit. Für das bescheidene Verständnis spricht der Umstand, daß Parmenides die all-tägliche Weltsicht: die Rede von Entstehen und Vergehen, von Vielheit und Verschiedenheit, zwar als trügerisch verwirft, sich aber trotzdem mit ihr befaßt. Im zweiten Teil sieht er nämlich die Welt aus zwei Elementen – Licht und Nacht – aufgebaut, erklärt das Entstehen der Dinge aus einer Mischung beider und billigt auch die-ser «Erklärung», so scheint es, eine gewisse Gültigkeit zu, allerdings nicht den hohen An-spruch der Wahrheit.

Um Parmenides' provokative Lehre zu ver-teidigen und den Spott an ihr seinerseits zu ver-spotten, hat Zenon (ca. 495–445 v. Chr.) be-rühmte Paradoxien aufgestellt. In ihnen tritt eine weitere Gestalt des Philosophierens zutage: ein konstruktiver Scharfsinn, verbunden mit ei-

nem pädagogischen Genie. Denn bei den Paradoxien handelt es
sich um Widersprüche, in die sich der Alltagsverstand verstrickt
und die ihn sowohl zum Nachdenken als auch zur Selbstbeschei-
dung auffordern.

EMPEDOKLES, ANAXAGORAS UND DIE ATOMISTEN

Im Gegensatz zu Zenon wollen Empedokles (um 500–um 430 v.
Chr.), Anaxagoras (um 500–428 v. Chr.) und die Atomisten Leukipp
(Anfang 5. Jhd.) und Demokrit (um 460–um 370 v. Chr.) «die Phänomene retten». Sie versuchen, Parmenides' provokative Ontologie
und Erkenntnistheorie mit der Erfahrung in Einklang zu bringen.
Nach Empedokles besteht der Kosmos aus vier unveränderlichen Ur-
stoffen, jetzt Elemente genannt: Feuer, Luft, Erde und Wasser; nur
ihr Mischungsverhältnis ändere sich. Bei den Atomisten dagegen
wird das eine Seiende zu einer unzählbaren, aber nicht unendlichen
Menge kleinster, nicht mehr teilbarer Dinge, den Atomen (*atomos*:
nicht teilbar), die sich im leeren Raum bewegen. Seele und Geist bestehen aus den besonders leichten, fast immateriellen und besonders
beweglichen Feueratomen. (Auch Anaxagoras' bewegende Kraft, die
Vernunft: *nous*, besteht aus feinster Materie.) Und das Sehen kommt
durch feine Abbilder zustande, die die Dinge ausstrahlen und die auf
Ausströmungen des Auges treffen.

Die Atomtheorie stellt einen wichtigen Schritt auf dem Weg zur
modernen Naturwissenschaft dar. Demokrit scheint um eine
Schwierigkeit des Atombegriffs gewußt zu haben: daß die Atome
als ausgedehnt und doch unteilbar gelten. Er versucht sie durch die
Unterscheidung einer mathematischen von der physikalischen Betrachtung zu lösen. In Texten zur Ethik setzt sich Demokrit für Besonnenheit und für moralische Selbstachtung ein («Vor sich selbst
vor allem muß sich schämen, wer Schlechtes tut»), für Eintracht
der Bürger, für Unterstützung der Armen durch die Reichen und für
die Demokratie, da sie Freiheit gewährleiste.

SOPHISTEN

In den Sophisten zeigt sich erneut ein anderer Typ des Philosophen:
der soziale Aufklärer, auch Gelehrte und Intellektuelle. Der Sophist
stammt nicht mehr wie die meisten älteren Philosophen und noch
Platon aus der Aristokratie und bietet deshalb seine Dienste gegen
Honorar an. Als professioneller Wanderlehrer unterrichtet er die

Söhne der Oberschicht in der Kunst, ihre Interessen und Meinungen in den Organen der Demokratie, der Volksversammlung und vor Gericht, erfolgreich zu vertreten; denn Anwälte gibt es noch nicht. In Athen Fremde ohne Bürgerrecht, werden die Sophisten oft mit Mißtrauen und Geringschätzung betrachtet. Andererseits werden nicht wenige reich und berühmt.

Auf die Sophisten gehen mindestens fünf Neuerungen zurück. Als erstes stellen sie sich der Herausforderung ihrer Zeit, sozialen und politischen Strukturveränderungen, und werfen ihretwegen neue Fragen auf. Stand bisher weitgehend der Kosmos im Mittelpunkt, so ist es jetzt der Mensch: sein Reden und Handeln, sein Gemeinwesen und die Legitimation politischer Macht, nicht zuletzt seine Befähigung zur Erkenntnis. Nach Cicero hat Sokrates «als erster die Philosophie vom Himmel herunter gerufen, sie in den Städten angesiedelt, sie sogar in die Häuser hineingeführt und sie gezwungen, nach dem Leben, den Sitten, dem Guten und Schlechten zu fragen». In Wahrheit verdanken wir die thematische Wende – nach Ansätzen bei Heraklit – den Sophisten. Auch Sokrates steht im Zusammenhang ihrer Aufklärungsbewegung, die die Philosophie aus enger Genossenschaft auf den öffentlichen Markt führt.

Als zweites entwickeln die Sophisten ein neues Verhältnis zur Sprache. Sie entdecken den «agonalen», auf den Sieg der eigenen Meinung ausgerichteten Charakter der Rede. Für diese Seite, die Sprache als ein Machtinstrument, entwickeln sie eine Kunst der Rhetorik und der Argumentation. Dabei interessieren sie sich – drittens – für die Struktur und das «Wesen» der Sprache. Sie treiben Sprachphilosophie, fragen beispielsweise, ob den Wörtern ihre Bedeutung von Natur aus (*physei*) zukommt oder durch Konvention (*nomō*): aus Gewohnheit und Vereinbarung. Indem sie für die Verbindlichkeiten des Zusammenlebens dieselbe Frage aufwerfen, formulieren sie – viertens – die entscheidende Alternative im Nachdenken über Moral und Recht: Gibt es Moral und Recht von Natur aus («Naturrecht»), so daß sie allgemein: für alle Menschen und alle Zeiten, gelten, oder verdanken sie sich nur Konventionen, was auf einen moralischen Relativismus und Skeptizismus hinausläuft? Für die erste Auffassung spricht, daß Moral und Recht das Gemeinwohl und die Einigkeit eines Staates (*polis*) schützen, für die zweite Auffassung, daß man sich über moralisch-politische Ansichten streitet, daß Demokratien ihre überlieferten Gesetze ändern und andere Völker andere Sitten haben. Nach dem bedeutendsten Sophisten, Protagoras (481–411 v. Chr.), hat der Mensch, ein Män-

gelwesen, eine soziale und sittliche Naturanlage. Gorgias – er soll 109 Jahre alt geworden sein (483–374 v. Chr.) – vertritt dagegen ebenso wie Sokrates' Zeitgenossen Thrasymachos und Kallikles das Recht des Stärkeren, während Antiphon und Hippias eine naturgemäße Gleichheit aller Menschen behaupten. Sie ziehen daraus aber nicht die demokratische Konsequenz rechtlicher und politischer Gleichheit.

Versteht man die Rhetorik als bloße Technik, so kann man den Hörer von beliebigen Ansichten zu überzeugen suchen. Einer derartigen Kunst des Redestreits (Eristik) entspricht ein Relativismus des Erkennens, der einen moralischen Relativismus und Skeptizismus ergänzt. Protagoras faßt ihn in dem berühmten Satz zusammen: «Aller Dinge Maß ist der Mensch, der seienden, wie sie sind; der nichtseienden, wie sie nicht sind.» Und darin liegt – fünftens – eine radikale Herausforderung an die künftigen Philosophen: Wie lassen sich trotz der sophistischen Einwände noch allgemeingültige Aussagen gewinnen?

Unter dem Einfluß ihres entschiedenen Gegners, Platons, gelten die Sophisten als Gefahr für die Gesellschaft: als Zerstörer ihrer Moral und als Meister der rhetorischen Täuschung sowie einer Disputierkunst, mit der sich alles beweisen und widerlegen läßt: als «Händler mit Scheinwissen» (Aristoteles). Tatsächlich verdankt die Philosophie ihnen eine thematische Wende zum Menschen, ein Interesse für Sprache und Sprachphilosophie und allgemein eine Haltung der Aufklärung, die nichts als wahr anerkennt, was sie nicht selbst geprüft hat. Im Triptychon von Ina Lindemann hat der Titel «bar jeder Vernunft» den Doppelsinn, daß einerseits ein Ort für jegliche Vernunft angezeigt wird («Bar») und daß andererseits alle Vernunft fehlt («bar»).

LEKTÜREEMPFEHLUNG: Für die Naturphilosophie (von Thales bis Demokrit und den Pythagoreern) lese man Aristoteles, *Metaphysik*, Buch I, Kap. 3–5, zu Parmenides die von seinem Lehrgedicht übriggebliebenen *Fragmente*; zu Zenons Paradoxien: Aristoteles, *Physik*, Buch VI, Kap. 9, zu den Sophisten, freilich mit Vorbehalt, Platons *Protagoras* und *Gorgias*. Ein ausführliches Gesamtbild der Epoche vermitteln G. Kirk/J. Raven/M. Schofield, *Die vorsokratischen Philosophen. Einführung, Texte und Kommentare* (Stuttgart 1994).

II. Hoch-Zeit in Athen

Nach zwei Jahrhunderten vorsokratischen Denkens erlebt die Philosophie in Athen eine Blüte, die ihr weder vorher noch nachher je beschert wird. Auf das Vor- und Urbild abendländischer Philosophie, Sokrates, folgen zwei der überhaupt größten Denker der Menschheitsgeschichte: Platon und Aristoteles. Es ist ein Glücksfall der Geschichte, daß zunächst Platon bei Sokrates, später Aristoteles bei Platon in die Lehre geht und damit zweimal hintereinander ein überragender Denker bei einem überragenden Denker «studiert», um an dessen wohlüberlegten Ansichten sich die eigenen zu erarbeiten.

SOKRATES

Sokrates (etwa 470–399 v. Chr.) selbst hat nichts Schriftliches hinterlassen. Wir kennen ihn jedoch aus den Dialogen seines «Schülers» Platon, namentlich aus dessen «frühen Dialogen». Während er in Xenophons *Erinnerungen an Sokrates* (*Memorabilia*, um 370/360 v. Chr.) als ein tugendhafter, aber etwas biederer Bürger erscheint und der Komödiendichter Aristophanes ihn in den *Wolken* (423 v. Chr.) als atheistischen Naturphilosophen verspottet, ist er nach Platon der «trefflichste, weiseste und gerechteste Mann unter den damals Lebenden». Durch Platons Dialoge wird er zu einer «weltgeschichtlichen Person», die nach der Devise «Tugend ist Wissen» Philosophie und Leben zu einer vollkommenen Einheit führt.

Sokrates' Methode besteht in einer faszinierend geschickten Gesprächsführung: einer «Hebammenkunst», die den Partnern eine Wahrheit zu gebären hilft, um die sie nicht ausdrücklich wußten, die sie aber schon unbewußt in sich trugen («Lehre der Wiedererinnerung»: *anamnēsis*). Zu diesem Zweck verhält sich Sokrates wie ein «Zitterrochen» und «Zauberer», der seine Partner in Verwirrung stürzt, indem er sie in Wider-

Das berühmte Bild stellt die zwei bedeutendsten «Kirchenväter der Philosophie» in den Mittelpunkt. Platon, den naturphilosophischen Dialog ‹Timaios› (‹Timeo›) in der Linken, zeigt mit einem Finger der Rechten nachdrücklich nach oben, in den Himmel (der «Ideen»). Aristoteles trägt dagegen seine ‹Ethik› (‹Etica›) und weist mit einer mäßigenden Gebärde zu Boden. In diesem Gegensatz spiegelt sich die beliebte Ansicht wider, auf den Philosophen der Ideenlehre, den «Idealisten» Platon, folge der Philosoph des Alltagsverstandes, der «Empirist» und «Realist» Aristoteles. Wahr ist, daß Aristoteles die Ideenlehre kritisiert; die Kritik fällt aber subtiler aus, als daß sie Platons Idealismus einen schlichten Realismus bzw. Empirismus entgegenstellte. – Ausschnitt aus Raffaels «Schule von Athen».

Bis heute wird Sokrates für ein «gnadenlos bohrendes» Fragen bewundert, das die Ansichten der Gesprächspartner als nur vermeintliches Wissen entlarvt, ohne zu beanspruchen, es besser zu wissen: «Ich weiß, daß ich nichts weiß.» Im Peloponnesischen Krieg nimmt Sokrates an drei Feldzügen teil; als Ratsmitglied zeichnet er sich durch mutiges Auftreten aus. Sein «Philosophieren auf dem Markt» trägt ihm aber die Anklage ein, die Jugend zu verderben und neue Gottheiten einzuführen, statt an die überlieferten Götter zu glauben. In Platons Dialog ‹Apologie› (‹Die Verteidigung›) weist Sokrates die Anklage entschieden zurück. Getreu seinem Grundsatz, lieber Unrecht zu leiden als Unrecht zu tun, weigert er sich aber – so Platons Dialog ‹Kriton› –, mit Hilfe der Freunde zu fliehen, und stirbt lieber durch den Schierlingsbecher. – Hellenistische Skulptur.

sprüche ihrer Ansichten über das Gute und Gerechte verwickelt. Das Sokratische Gespräch besteht in einer Lebensprüfung mit dem Ziel, das Leben von Grund auf zu ändern: Aus einer Erschütterung der bislang vorherrschenden Wertvorstellungen sollen jene neuen Vorstellungen hervorgehen, die das Leben wahrhaft lebenswert machen. Im *Euthyphron* beispielsweise geht es um die Frömmigkeit: Sokrates, der soeben von der gegen ihn erhobenen Anklage, neue Götter zu erdichten, gehört hat, trifft Euthyphron auf dem Weg zum Gericht. Unter Berufung auf das, was sich frommt, will dieser seinen betagten Vater wegen fahrlässiger Tötung anklagen. Von Sokrates zur Rede gestellt, gelingt es ihm nicht, das Fromme und sein Gegenteil, das Ruchlose, überzeugend zu definieren. Deshalb bleibt Sokrates doppelt unmutig zurück: Euthyphron erhebt eine Anklage, bevor er weiß, ob sie nicht vielleicht ruchlos ist, und Sokrates hat für sich nichts erfahren, womit er die gegen ihn erhobene Anklage auf Unfrömmigkeit abwehren könnte.

PLATON

Vom Leben des so berühmten Philosophen haben wir nur spärliche Kenntnis: Platon (428/7–348/7 v. Chr.) stammt aus einer reichen aristokratischen Familie Athens und wird Sokrates' «Schüler». Durch Kratylos lernt er Heraklits Denken kennen, später bei Studienreisen

nach Ägypten und Unteritalien auch ägyptische Weisheit und Pythagoras' Zahlenmetaphysik sowie durch Euklid von Megara, zu
dem er nach Sokrates' Tod zieht, Parmenides' Philosophie. Platon
kann daher so gut wie das gesamte vorangehende Denken verarbei-
ten. Versuche, mit seiner politischen Philosophie Einfluß auf den
Herrscher von Syrakus zu gewinnen, scheitern. Auf einem Grund-
stück am Rande Athens gründet er seine Schule, die Akademie. Diese wird bald zu einem internationalen Treffpunkt von Wissen-
schaftlern und Philosophen: zu einem intellektuellen Mekka der
Epoche mit einer kaum je wieder erreichten Einheit von Forschung
und Lehre. Die Akademie besteht mit Unterbrechungen fast tausend
Jahre, bis Kaiser Justinian sie 529 n. Chr. schließt.

Lern-Prozeß: Dialoge. Während die Philosophen vor Platon ihre
Einsichten in Sprüchen und Lehrgedichten «verkünden», entfaltet
Platon sie in kommunikativen Denk-Prozessen: in Dialogen. Diese
sind weder (sophistische) Rededuelle, noch belaufen sie sich auf
eine Zustimmungs-(«Konsens-»)Theorie der Wahrheit. Denn der
Sokrates, den Platon in seinen Dialogen als Protagonisten auftreten
läßt, will «lieber mit allen anderen Menschen uneins als mit sich
selbst in Widerspruch sein». Es sind Argumentations-Dramen, die
so meisterhaft gestaltet werden, daß man oft nicht einmal Philosoph sein muß, um einer Bühnenaufführung «atemlos» zu folgen.
Unübertrefflich an Platons Dialogen ist das Ineinandergreifen verschiedener Ebenen, die jeweils eine eigene Art von Einsicht vermitteln: (I) Die Szenerie des Dialogs verbindet
sich mit (II) dem Drama der Argumente und
(III) dem Charakter der argumentierenden
Personen. Hinzu kommen gelegentlich (IV)
eingestreute Lehrvorträge und (V) Gleichnisse («Mythen»), (VI) Verweise auf vorläufig nicht Erklärtes oder nicht Erklärbares
und (VII) die Erläuterung der Dialogform:
   (I) In einem «Vor-» und «Nachspiel» erhält das jeweilige Thema einen «Sitz im Leben». Zusätzlich kann eine philosophische
Aussage vermittelt werden: Daß zu Beginn
des *Staates* die Freunde Sokrates «zum Gespräch zwingen», greift einem Gesichtspunkt
des Höhlengleichnisses vor: daß Philosophen
lieber denken als herrschen.

Platon.
Römische Büste nach griechischem Original.

36   (II) Die verhandelten Sachfragen bestehen im Fall der «frühen Dialoge» in einer Definition grundlegender Begriffe: Was ist bzw. was meinst du mit Tapferkeit (*Laches*), Besonnenheit (*Charmides*), Frömmigkeit (*Euthyphron*), Freundschaft (*Lysis*)? Was ist Rhetorik und wozu dient sie (*Protagoras, Gorgias*)? Die «mittleren Dialoge» erörtern menschliche Grundgegebenheiten: die Liebe bzw. Eros (*Symposion/Gastmahl*, auch *Phaidros* und *Lysis*) und den Tod (*Phaidon*), die Sprache (*Kratylos*) und die Gerechtigkeit in ihrer personalen und politischen Dimension (*Politeia/Der Staat*). Die «späten Dialoge» widmen sich der Ontologie (*Parmenides*), der Dialektik (*Sophistes*), der Mathematik und der Kosmologie (*Theaitetos, Timaios*) sowie erneut dem Staat (*Politikos/Der Staatsmann, Nomoi/Gesetze*). In den frühen (auch *Menon* und *Protagoras*) und mittleren Dialogen fordert der Gesprächsführer, Sokrates, seine Gesprächspartner auf, eine allgemeine Aussage zu wagen, beispielsweise «Gerechtigkeit ist: jedem das Seine zukommen zu lassen und den Freunden Gutes, den Feinden Böses zu tun». Auf die Antwort folgt Sokrates' kritische Prüfung. In ihrem Verlauf sieht sich der Antwortende zu Zugeständnissen gezwungen, die seiner ersten Aussage widersprechen. Der Dialog wird zum Widerlegungsgespräch (er ist «elenktisch»), das als planvoll herbeigeführte Erschütterung eines nur vermeintlichen Wissens beginnt. Die frühen Dialoge enden sogar damit; ohne positives Ergebnis, sind sie «aporetisch».

(III) Im Verlauf der Sachprüfung werden auch die diskutierenden Personen, ihr Charakter, geprüft. Durch die Art und Weise, wie die Gesprächspartner mit den Fragen und miteinander umgehen, erhält man Aufschluß über ihre intellektuelle (Einsicht) und ihre moralisch-praktische Zuständigkeit (Wohlwollen und Freimütigkeit). Philosophische Einsichten sind für Platon keine Angebote eines Supermarkts, auf die jeder Zugriff hat, sondern hängen vom intellektuellen und moralischen Können der Nachfragenden ab. Auf der anderen Seite vermag die Einsichten nur der zu vermitteln, der schon über sie verfügt. Daß die frühen Dialoge ohne ein positives Ergebnis enden, kann daher dreierlei bedeuten: daß kompetentere Gesprächspartner fehlen, daß auch Sokrates noch nicht die entscheidende Einsicht, die der Ideenlehre, besitzt oder daß er nicht bereit ist, sie vor ungeeigneten Zuhörern zu entwickeln. Jedenfalls gehört zu Platons Dialogen eine Entsprechung von Argument und (moralischem und intellektuellem) Charakter der Personen. Im *Staat* beispielsweise treten zunächst zwei weitläufige Freunde von Sokrates auf, Kephalos und Polemarchos. Sie sind ehrbar und gutwillig, haben aber keinerlei philosophische Ambitionen. Statt dessen beruft sich Polemarchos auf ein Wort des Dichters Simonides, für Platon ein Sprachrohr der Volksmoral. Es folgt die erste, unterste Stufe eines Philosophen: der überhebliche «Aufklärer» und Gegner von Sokrates, der Sophist Thrasymachos, der die Ehrbarkeit bewußt provoziert. Zugleich vertritt er eine zweite, aber negative moralische Haltung: Weil er für sein Auftreten Geld verlangt, sich überdies «wie ein wildes Tier» aufführt, steht er für Mehrwollen und Maßlosigkeit. Das im

Platons Schriften zählen zu den bekanntesten Werken nicht bloß der Philosophie, sondern der Weltliteratur. Dialoge wie ‹Phaidon›, ‹Politeia› (‹Der Staat›) und ‹Symposion› (‹Das Gastmahl›), aber auch die ‹Apologie›, ‹Gorgias›, ‹Kratylos›, ‹Protagoras› und ‹Timaios› haben den Rang von welthistorischen Texten, die von ihrer Entstehung an bis heute einen kaum zu unterschätzenden Einfluß auf die Bildung des menschlichen Geistes nehmen. Der Dialog ‹Phaidon›, die vielleicht größte Leistung griechischer Prosa, stellt Sokrates am letzten Lebenstag dar. Im Gespräch mit seinen Freunden, aber ohne Platon («Platon aber, glaube ich, war krank»), bestimmt Sokrates die Philosophie als Kunst, sterben zu lernen. Darin liegt keine Absage an das Leben, wohl aber eine Relativierung des bloßen «Überlebens» zugunsten des guten Lebens, verbunden mit dem Glauben an eine Art Vorsehung: daß dem Guten, weil die Gottheit ihn führt, letztlich kein Übel zustößt. In vier Argumenten («Beweisen») sucht Platon die Unsterblichkeit der Seele glaubhaft zu machen. Das erste Argument beruft sich auf das Entstehen aller Dinge aus ihrem Gegenteil (die Seelen der Lebenden gehen aus denen der Toten hervor, deren Seelen also «erhalten» bleiben). Das zweite Argument behauptet, Erkenntnis sei Wiedererinnerung, so daß es ein Leben vor dem jetzigen Leben geben müsse. Das dritte Argument zielt auf die Verwandtschaft der Seele mit dem «Göttlichen, Unsterblichen, Vernünftigen» und das vierte Argument auf die «Idee des Lebens»: Die Seele könne unmöglich das Gegenteil dessen annehmen, was sie mitbringe, das Leben. – Die Totenrichter Aiakos, Minos und Rhadamanthys.

38   eigentlichen Sinne philosophische Gespräch beginnt erst nach dem
Verschwinden des Thrasymachos. Es wird mit Personen geführt,
die «weder verstockt noch zweifelsüchtig noch übelwollend» sind,
mit zwei Freunden, Glaukon und Adeimantos. Dabei findet eine
Kritik der sophistischen Kritik, mithin eine Aufklärung über Aufklärung statt. Sie hält jedoch insofern am Kern der Aufklärung fest,
als sie weder die überlieferte Volksmoral noch deren Sprachrohr,
die Dichter, wieder ins Recht setzt.

(IV) Für die großen Einsichten sind die Freunde nur Stichwort-
geber. Sokrates entwickelt die entscheidenden Aussagen wie in
einem Lehrvortrag. (V) Um das Verständnis des Schwierigen und
Außergewöhnlichen der Kernaussagen zu erleichtern, trägt er sie im
Staat in Form dreier Gleichnisse – von Sonne, Linie und Höhle –
vor: Hier weicht die dialogische Argumentation vollends einer
monologischen Unterweisung. (VI) Statt alles voll zu entschlüsseln,
behält Platon die «allergrößte Einsicht» dem mündlichen Unterricht,
der «ungeschriebenen Lehre», vor. Und (VII) statt die Sach- und
Personenprüfungen nur durchzuführen, erläutert er sie auch: Die
Philosophie denkt über sich und ihre Methode nach.

In dieser kunstvollen Dramaturgie tritt eine Stufenfolge des Wissens zutage, die man als eine «Phänomenologie» der Wissensformen
auffassen und mit den Stufen des Höhlengleichnisses zusammen-
bringen kann. Die Abfolge beginnt mit (1) Einfalt, verbunden mit
einem Glauben an die Autorität der Überlieferung und mit Bescheidenheit («ich weiß, daß ich nichts weiß»). Sie führt über (2) hoch-
fahrende Aufklärung und (3) eine Aufklärung über Aufklärung
schließlich zu (4) wirklichem Wissen, das noch (5) von der Einsicht
in schriftlich nicht mitteilbare letzte Prinzipien überboten werden
kann. Gemäß der Einheit von Erkennen und Handeln entspricht der
Stufenfolge des Wissens im Höhlengleichnis eine Stufenfolge des
Moralisch-Praktischen im gesamten Dialog: Auf (1) naive Ehrbarkeit bzw. konventionelle Sittlichkeit (Kephalos, Polemarchos, Simonides) folgen (2) ungestümes Begehren (Thrasymachos), (3) Tatkraft
und musische Bildung (Glaukon) und ein erster Anteil an der Vernunft (Adeimantos). Die vorläufige Spitze bildet (4) die nicht mehr
nur anteilige Vernunft (Sokrates), auf die (5) eine im Dialog nur an-
gedeutete Spitze, die ungeschriebene Lehre, folgt.

Nicht zuletzt gehört zu Platons Dramaturgie eine Stufenfolge des
der Einsicht angemessenen Gesprächsraumes. Der Dialog entwickelt
sich vom vollständig öffentlichen Raum, der Straße zum Piräus (0 =
Vorspiel), über (1) die dreiviertelöffentliche Diskussion mit weitläu-

figen Freunden und (2) mit Gegnern zum (3) halböffentlichen
Freundeskreis und führt schließlich (4) zum bloßen Lehrvortrag und
(5) der Andeutung des geschlossenen Kreises der Eingeweihten.

Wissen: Ideen. Der bekannteste Gedanke Platons besteht in seiner
Lehre der Ideen. Ihr Gewicht darf man aber nicht überschätzen. In
vielen Dialogen spielt sie nämlich entweder keine oder keine prägende Rolle. Selbst dort, wo sie wichtig ist, etwa im *Staat*, kommt
ein Großteil der vorgetragenen Gedanken ohne sie aus. An der
Ideenlehre entscheidet sich also nicht die Frage, ob Platons gesamte Philosophie «scheitert». Das Wort «Idee» (*idea*) stammt aus der
griechischen Umgangssprache und bedeutet «Aussehen», «Gestalt».
Platon versteht unter der Idee die reine, selbst nicht sichtbare, aber
allem Sichtbaren zugrundeliegende Gestalt. Mit ihr will er vor allem
zwei Fragen beantworten, zum einen, was für Gegenstände Zahlen
und geometrische Figuren, ferner das Gute und Gerechte und die
Schönheit sind, zum anderen, inwiefern es viele und in vieler Hinsicht unterschiedliche Dinge geben kann, etwa verschiedene Menschen oder verschiedene Tische, die trotzdem dasselbe, ein Mensch
bzw. ein Tisch, sind. Beide Fragen lassen sich zur einen Frage zusammenfassen, wie nicht wahrnehmbare Gegenstände gleichwohl
sein und erkannt werden können. Die erste Frage richtet sich auf
überhaupt nicht wahrnehmbare Gegenstände, die zweite Frage
auf die nicht wahrnehmbaren Allgemeinbegriffe von wahrnehmbaren Gegenständen. (Aristoteles wird diese Begriffe, die «Universalien», anders als Platon verstehen, und an diesem Gegensatz
entzündet sich eine der großen Debatten des Mittelalters: der Universalienstreit.)

Die Antwort auf die doppelte Frage besteht in einem «idealen»
Gegenstand: Die Idee ist etwas, das (1) ewig und unveränderlich ist
und (2) gesondert von den gewöhnlichen Gegenständen besteht. Infolgedessen macht Platon den «metaphysischen Schnitt» und nimmt
zwei «Welten» an: die der (gewöhnlichen) Gegenstände und die der
Ideen. (3) Die Idee gibt das Vor- und Urbild ab, (4) sie ist das Eine
und Allgemeine in einer Vielzahl von Gegenständen, die (5) durch
Teilhabe (*methexis*) an den Ideen ihr «Sein» erhalten. Als allgemeine Vorbilder für die Gegenstände, die selber nur als deren Abbilder
gelten, verfügen Ideen nicht nur über eine eigene, sondern sogar
über die eigentliche Wirklichkeit. (6) Diese Vorbilder werden nicht
wie ihre Abbilder auf die übliche Weise, mittels Wahrnehmung, erkannt, sondern lediglich gedacht. Den zwei Welten entsprechen da-

Platons Dialog ‹Symposion› (‹Gast-mahl›, ‹Gelage›) bildet das «Gegen-stück» zum Dialog ‹Phaidon› mit der dort vertretenen Kunst, sterben zu lernen. In dramatisch sich steigernden Reden wird der Gott Eros von ver-schiedenen Sprechern gefeiert: von Phaidros als der älteste Gott, der im Menschen das Beste hervorbringt; von Eryximachos als das universale Prin-zip der Natur, das Gegensätzliches vereinigt; von Aristophanes als die tiefste Sehnsucht des Menschen nach seiner verlorenen anderen Hälfte und von Agathon als der jüngste, in der Seele entspringende Gott, aus dessen Schönheit und Güte alles Gute bei Göttern und Menschen entsteht. Die-sen Lobreden auf den Eros stellt So-krates die «Wahrheit» entgegen, in die er durch die Seherin Diotima einge-weiht sei: Als daimonisches Zwischen-wesen zwischen Gott und Menschen, an Aphrodites Geburtstag vom «wa-gemutigen» Poros und der «bedürf-tigen» Penia gezeugt, steht Eros nicht selber für das Schöne, wohl aber die Liebe zum Schönen und Guten. Dabei ist das Schöne weniger ästhetisch als moralisch zu verstehen; gemeint ist, was Wohlgefallen erregt und Zustim-mung findet: das rundum und in sich Gute. – Szene eines Symposions.

her zwei grundverschiedene Erkenntnisfor-men: die *Wahrnehmung* der gewöhnlichen Gegenstände und das *reine Denken* der Ideen. Und weil das reine Denken vornehm-lich Gott zukommt, gelingt dem Menschen, sofern er die Ideen erkennt, eine zeitweilige «Angleichung an Gott». Innerhalb der Ideenwelt gibt es noch eine Rangordnung. Deren Spitze bildet die Idee des Guten. Als das letzte Ziel der Erkenntnissuche ist sie zwar nicht nur für das (persönliche und po-litische) Handeln zuständig, zeigt aber einen Vorrang der praktischen vor der theoreti-schen Vernunft an.

In seinem berühmtesten Gleichnis, dem Höhlengleichnis, entwickelt Platon eine viel-schichtige Lehre der Erkenntnis und der Wirklichkeit: Gefangene, die seit ihrer Kind-heit in einer Höhle angekettet sind, sehen auf deren Innenwand die Schatten von Figu-ren, die hinter ihrem Rücken vorbeigetragen werden. Die Höhle steht für die sichtbare Welt des Werdens, die Erfahrungswelt, die Welt außerhalb der Höhle für das unverän-derliche und rein denkbare Sein. Die Gefan-genen entsprechen all denen, die sogar ihre

Ansichten über gewöhnliche Sachverhalte, einschließlich über Gerechtigkeit, aus zweiter Hand («Schatten») beziehen. Diese Menschen befinden sich auf der ersten Stufe des Wissens, einem Mutmaßen (*eikasia*). Der Weg zur wirklichen Erkenntnis, der Aufstieg (*anabasis*) zur Wahrheit, ist ihnen so schmerzhaft wie der Weg aus langer Finsternis ans helle Licht. Weil dieser Weg drei Phasen hat, besteht der Aufstieg aus dem Dunkel des vorphilosophischen Bewußtseins aus insgesamt vier Phasen bzw. vier Wissensstufen. Wer von den Ketten gelöst und zum Aufstieg gezwungen (!) wird, unterzieht sich einer Umwendung der ganzen Seele. Er dreht sich von den Schatten, den verbreiteten, aber ungeprüften Ansichten, weg und gewinnt – so die zweite Wissensstufe – das Fürwahrhalten (*pistis*), ein zutreffendes Wissen von den Dingen der Höhlenwelt, sprich: der sichtbaren Welt, im Bereich des Politischen: von den staatlichen Gesetzen. Verläßt er die Höhle, so erkennt er bei allmählicher Gewöhnung ans Tageslicht als nächstes Schatten und Spiegelbilder, womit vor allem mathematische Gegenstände gemeint sind. Die entsprechende dritte Wissensstufe besteht im diskursiven Denken und der Mathematik (*dianoia*). Erst auf der vierten Wissensstufe sieht man die Dinge selbst; ein intuitives Denken (*noēsis*), die Ideenschau, erfaßt die Urbilder der Dinge. Nach weiterer Gewöhnung erblickt man die Sonne, «die alle Zeiten und Jahre schafft und alles ordnet in dem sichtbaren Raume und auch von dem, was sie dort sahen, gewissermaßen die Ursache ist». Die Sonne entspricht einer Idee höherer Stufe, der Quelle alles Seins und aller Weisheit: der Idee des Guten. Wer so weit gelangt ist, kehrt nicht freiwillig zurück. Der Philosoph, der den Staat nach Maßgabe seiner Kenntnis der Idee des Guten regieren soll, muß zum Abstieg (*katabasis*) in die Höhle gezwungen werden. Weil er bei der Rückkehr in die dunkle Höhle zunächst nichts sieht, triumphieren die ewigen Gefangenen; denn der Aufstieg hat scheinbar geschadet. Und sobald der Rückkehrer die Gefangenen zu befreien sucht, töten sie ihn, um selber dem Schaden zu entgehen. Dieser Hinweis hat für Platon ein existentielles Gewicht: Wie Sokrates' Beispiel zeigt, kann das Eintreten des Philosophen für die wahren Prinzipien des Handelns tödlich enden.

Platons Ideenlehre verdient zwar eine Feinkritik; als weltfremde Spekulation kann man sie aber nicht abtun. Denn der Kerngedanke überzeugt: daß selbst das alltägliche Wissen auf Elemente angewiesen ist, die man nicht wahrnehmen, sondern «nur» denken kann. Fragwürdig sind jedoch die Verselbständigung bzw. «Verdinglichung» der Ideen, die sogenannte «Zwei-Welten-Lehre», die Geringschätzung der Erfahrungswelt und das Erbe der jenseitsorientierten pythagoreischen Religiosität: daß die sichtbare Welt lediglich als das (unvollkommene) Abbild der eigentlichen, idealen Welt gilt. All dies wird freilich von Platon selbst problematisiert: im Dialog *Parmenides*, der für Hegel «das größte Kunstwerk der alten Dialektik» darstellt.

Gerechtigkeit. Der Dialog *Politeia* bzw. *Staat*(sverfassung) kündigt im Titel nur eine Staatstheorie an und im Untertitel «Über das Gerechte» zusätzlich eine Ethik. Da aber weder der Staat noch der einzelne Mensch «von allein» gerecht sind, sieht sich Platon zu einer Fülle weiterer Überlegungen gezwungen, die sich insgesamt auf eine Enzyklopädie der Philosophie belaufen: Der *Staat* enthält auch eine Pädagogik und in ihrem Rahmen eine Theorie der Musik, eine Theorie von Gott und Religion (philosophische Theologie) und – wegen ihrer irrigen Gottesvorstellungen – eine Kritik der Dichter. Es geht ferner um eine Theorie der menschlichen Antriebskräfte (philosophische Psychologie) und in der Ideenlehre um eine Erkenntnis- und Gegenstandstheorie. Wir greifen nur einige Gedanken heraus:

(1) Auf die Frage «Wozu Gerechtigkeit» antwortet Platon nicht: «Sie dient – bloß – den anderen», sondern: «Sie dient auch mir selbst». Denn nur Gerechte leben in wechselseitigem Vertrauen miteinander und finden außer der Selbstachtung die Achtung derer, an denen ihnen liegt. Der Ungerechte lebt dagegen sowohl in Zwietracht mit seinen Mitmenschen als auch in Zwietracht mit sich selbst, da seine widersprüchlichen Begierden einander bekriegen.

(2) Die Gerechtigkeit allein reicht für das Wohlergehen nicht aus. Wegen ausufernder Begehrlichkeit braucht es zusätzlich Besonnenheit, angesichts von Gefahren Tapferkeit und zum Zweck der Wohlberatenheit Weisheit. Und zusammen bilden diese Tugenden das seitdem bekannte Quartett von Haupt- oder Kardinaltugenden. In ihm verschränkt sich die Ethik mit der Psychologie und der Politik. Nach Platons Seelenlehre hat der Mensch drei Antriebskräfte. Ihnen entsprechen drei Vortrefflichkeiten («Tugenden») und drei Berufsgruppen («Stände»): Dem Begehren sind die Besonnenheit und die Gruppe der Handwerker, Bauern und Kaufleute zugeordnet, dem Empfinden von Lust und Unlust die Tapferkeit und die nichtregierenden «Wächter», der Vernunft schließlich die Weisheit und die Philosophen-Könige. Dazu kommt, viertens, die Gerechtigkeit, die für ein harmonisches Zusammenspiel sorgt: beim einzelnen für eine Harmonie seiner Antriebskräfte und beim Gemeinwesen für eine Harmonie der Berufsgruppen. Wer nun die vier Kardinaltugenden (lat. cardo: die Türangel) besitzt, ist ein rundum vortrefflicher Mensch.

(3) Damit ein Gemeinwesen gerecht regiert wird, müssen seine
Herrscher gerecht sein. Aus diesem Grund und weil zum Philosophen auch Weisheit gehört, stellt Platon genau in der Mitte des
Staates eine bewußt provokative Behauptung auf, den wohl ehrgei-
zigsten Gedanken der gesamten Philosophiegeschichte: «Wenn
nicht entweder die Philosophen Könige werden in den Staaten oder
die jetzt so genannten Könige und Gewalthaber sich aufrichtig und
gründlich mit Philosophie befassen, und wenn dies beides nicht in
eins zusammenfällt, politische Macht und Philosophie ..., gibt es
kein Ende des Unheils für die Staaten.» Die hier angesprochenen
Philosophen brauchen freilich außer einer intellektuellen auch jene
charakterliche Bildung, die sich im Besitz der vier Kardinaltugenden niederschlägt. Darüber hinaus müssen die Betreffenden bereit
sein, das Philosophieren, obwohl es ihnen lieber ist, zumindest in
der Zeit ihrer Regentschaft zurückzustellen, um statt dessen dem
Gemeinwesen zu dienen.

(4) Platon verläßt sich nicht bloß auf Erziehung und zusätzlich
auf Begabung; er trifft auch institutionelle Vorkehrungen: Damit
weder die Herrscher noch die Beamten («Wächter») sich durch das
Streben nach Reichtum oder die Sorge für ihre Familie vom Dienst
am Gemeinwohl ablenken lassen, erhebt er Forderungen, von denen er weiß, daß sie höchst anstößig sind: Nicht etwa allen Bürgern, wohl aber den «Wächtern» (einschließlich der Herrscher)
werden Privateigentum, Ehe und Familie verboten; sie verpflichten
sich auf eine Frauen- und Kindergemeinschaft und verzichten auf
jede «verweichlichende» und «enthemmende» Musik.

(5) Weil Platon weiß, daß seine Bedingungen höchst selten, unter
besonders glücklichen Umständen, zusammentreffen, hat sein Mo-
dellstaat einen gewissen utopischen Charakter. Später entwickelt er
aber eine Staatsphilosophie nicht des «Glücksfalles», sondern des
Normalfalles. Ohne den Gedanken des Philosophen-Herrschers als
des guten Herrschers zurückzuweisen, legt Platon in seinem Alters-
werk, den *Gesetzen (Nomoi)*, mehr Gewicht auf gute Institutionen
und Gesetze.

Aristoteles

Aristoteles schafft ein universales Werk philosophischer und einzelwissenschaftlicher Forschung, das auf einzigartige Weise Begriffs-
schärfe und Spekulation mit Erfahrung verbindet. Zugrunde liegt
ihm ein außergewöhnlich reiches Material: eigene oder überlieferte

44

Beobachtungen der Gestirne, des Wetters, der Pflanzen und Tiere sowie Erfahrungen, die der Mensch im persönlichen Leben, in Familie, Freundeskreis und Staat macht, nicht zuletzt Beobachtungen der Sprachformen, der Argumentations- und der Redekunst. Mit diesem empirischen Interesse verbindet sich die analytische Intention, die verschiedenen Phänomene für sich und im Verhältnis zueinander zu bestimmen, sowie die wissenschaftlich-spekulative Aufgabe, sie durch einen Rückgang auf Gründe bis zu schlechthin ersten Gründen, den Prinzipien, einsichtig zu machen. Aristoteles grenzt zum ersten Mal aus der einen Philosophie einzelne Forschungsgebiete aus; er begründet Spezialforschungen und Einzelwissenschaften. Dabei schlägt er die verschiedenen Forschungsbereiche nicht etwa über den Leisten einer einheitlichen Methode; im Gegenteil praktiziert er ein hohes Maß an Flexibilität und Toleranz. Außer der Logik und dem wissenschaftlichen Beweis schätzt er auch die Dialektik und die Geistesgeschichte, nicht zuletzt die Rhetorik und die Dichtung.

Platon mißtraut der Rhetorik. Aristoteles hingegen sieht in ihr die Möglichkeit, das jeweils Glaubhafte überzeugend vorzutragen. In seiner *Rhetorik* untersucht er sowohl die logischen als auch die ethischen, psychologischen und ästhetischen Grundlagen, mit deren Hilfe man die Zustimmung der Zuhörer gewinnt. An weit mehr als an pragmatischen Ratschlägen eines bloßen Praktikers interessiert, behandelt Aristoteles auch die gesellschaftliche Verflechtung

Aristoteles (384–323 v. Chr.), der «Schüler» und Kritiker Platons und Erzieher Alexanders des Großen, ist in Athen «Beisasse»: ein niedergelassener Ausländer, der aus Stagira (Chalkidike) stammt. Er ist nicht nur ein überragender Philosoph, sondern, vor allem als Zoologe, auch einer der bedeutendsten Naturforscher der Antike. Das griechische Original der hier abgebildeten römischen Kopie eines Portrait-Kopfes ist wahrscheinlich vom Hofbildhauer Alexanders des Großen, Lysipp, angefertigt. Der etwa sechzigjährige Aristoteles ist mit einer auffällig hervorstehenden Stirn dargestellt: ein Zeichen überragender Intelligenz und Konzentration. Wegen seines enormen Lektürepensums nennt ihn die Antike «den Leser» und wegen seines scharfsinnigen Argumentierens «den Geist der (schulgerechten) Erörterung». Die Spätantike spricht vom «göttlichen Aristoteles», das christliche, islamische und jüdische Mittelalter von «dem Philosophen»; und bei Dante heißt er «Meister aller Wissenden».

der Rede, entwirft eine Zuhörer- und eine Kriminalpsychologie und
befaßt sich mit Stimmungen und Affekten. Nicht zuletzt spricht er
über Stil und Sprache, selbst literarische Prosa. Auch in der *Poetik*
setzt sich Aristoteles gegen seinen Lehrer ab. Zugleich gibt er der
abendländischen Dichtungstheorie wichtige, freilich oft mißverstandene Begriffe vor.

Während Platon trotz aller Liebe zur Poesie und seiner Verehrung
Homers die Dichtung aus moralischen Gründen verwirft, gehören
für Aristoteles die Dichter zu den besten Lehrern des Volkes. Die
mimēsis, die er ihnen aufgibt, meint nicht etwa eine naturalistische
«Nachahmung». Im Gegensatz zu phantastischen Erfindungen sollen vielmehr Ereignisse und Charaktere dargestellt werden, in denen
sich die Menschen wiederfinden können. Und *katharsis* (Reinigung)
bezeichnet einen ästhetischen Genuß, mit dem Aristoteles sich im
Unterschied zu Platon nicht bloß für ein Erziehungs-, sondern auch
für ein Vergnügungstheater einsetzt: Die Tragödie soll beim Zu-
schauer einen Schock von Affekten, von Mitleid und Furcht, auslösen, etwa Mitleid mit Ödipus, der nur begrenzt Schuld auf sich lädt
und trotzdem in äußerstem Leid endet, und zugleich die Furcht, es
könne einem ähnlich ergehen. Am Ende soll es zu einer Reinigung
der Affekte kommen, wobei das Abklingen der Affekte als Erleichte-
rung: als Genuß, empfunden werde.

Aristoteles folgt in seinem Denken vier methodischen Maximen.
(1) «Phänomene sichern»: Statt die Gegebenheiten nach einer vor-
gefaßten Theorie zurechtzubiegen, sollen sie zur Kenntnis genommen
und sachgerecht verarbeitet werden. (2) «Lehrmeinungen erörtern»:
Aristoteles setzt sich intensiv mit den Gedanken seiner Vorgänger
auseinander, erkennt deren Leistungen neidlos an, überwindet aber
Engführungen und Schwierigkeiten («Aporien») und verhilft auf diese Weise der Philosophie zu deutlichen Fortschritten. (3) «Schwierigkeiten durcharbeiten»: Aus der genauen Kenntnis der «A-porien»,
der «nicht gangbaren Wege», entwickelt er die «Eu-porie», den «gut
und leicht zu gehenden Weg». (4) Ein wichtiges Verfahren ist die
Sprachanalyse; Buch V der *Metaphysik* beispielsweise, das erste und
bis heute lesenswerte Begriffslexikon der Philosophie, stellt dreißig
philosophische Grundbegriffe in der Vielfalt ihrer Bedeutungen vor.

Zu den relativ autonomen Einzeldisziplinen, zu Logik und Be-
weistheorie, zu Naturphilosophie, Kosmologie, philosophischer
Psychologie und verschiedenen Bereichen der Zoologie, zu Gegenstandstheorie (Ontologie) und philosophischer Theologie, zu Ethik,
Politik, Poetik und Rhetorik, verfaßt Aristoteles je eigene Lehr-

46   schriften. Bis heute bilden sie das Urbild philosophischer Abhandlungen; in ihnen findet die Philosophie ihre seither kanonische Textform. Und viele der dabei eingeführten Begriffe sind ein wesentlicher
Teil unserer Weltorientierung. Weil sie aber längst ins allgemeine Bil-
dungsgut eingedrungen sind, übersieht man leicht, daß sie sich Aristoteles' außergewöhnlicher Anstrengung des Denkens verdanken.

Logik und Dialektik. Aristoteles macht die bahnbrechende Entdeckung, daß es Argumentationsformen gibt, über deren Schlüssigkeit man aufgrund der Form allein, unabhängig von allem Inhalt, entscheiden kann. Diese Entdeckung begründet die formale
Logik. Einen Teil davon, die Lehre des dreigliedrigen Schlusses (*syl-
logismos*: Syllogismus), handelt er in einer bis heute vorbildlichen
und immer noch gültigen Form ab. Bei Aristoteles dient die Syllogistik aber nicht nur der Ableitung («Deduktion») des Schlußsatzes
aus dem Vordersatz. Ihm kommt es auch auf «Explikation», auf
Erklärung oder Begründung, an: Zu einem schon bekannten Sachverhalt werden die erklärungskräftigen Vordersätze aufgesucht, auf
daß ein bloßes Meinen zu einem begründeten Wissen werde. Um zu
zeigen, daß es bloß auf die formale Struktur ankommt, arbeitet Aristoteles mit Begriffsvariablen (A, B, C ...) und einem dreigliedrigen
Bedingungssatz. Sein rein formaler Schluß besteht aus zwei Vordersätzen (*protaseis*: Prämissen), aus denen der Schlußsatz (*symperas-
ma*: Konklusion) «mit Notwendigkeit» folgt:

Wenn die Sterblichkeit (=A) allen Menschen (=B) zukommt
und Menschsein (=B) allen Athenern (=C),
dann kommt (mit Notwendigkeit) die Sterblichkeit (=A) allen
Athenern (=C) zu.

Als Formel: AB & BC → AC.

Der Qualität nach unterscheidet Aristoteles bejahende und verneinende, der Quantität nach allgemeine und besondere (partikula-
re) Aussagen. Die mittelalterliche Schulphilosophie bildet später für
die gültigen Schlüsse dreisilbige Merkwörter. Beim weitaus wichtigsten Schluß, B*arbara*, leitet man wie im genannten Beispiel aus
zwei bejahenden Allaussagen (*a*): AaB & BaC eine bejahende Allaussage ab: AaC. Der nächstwichtige Schluß ist C*elaren*t. Hier folgt
aus einer verneinenden (*e*) und einer bejahenden (*a*) Allaussage eine
verneinende Allaussage (*e*): «Wenn Lebendgebären keinem Vogel
zukommt und Gefiedert-Sein nur den Vögeln, dann kommt das Lebendgebären keinem zu, der Federn hat.»

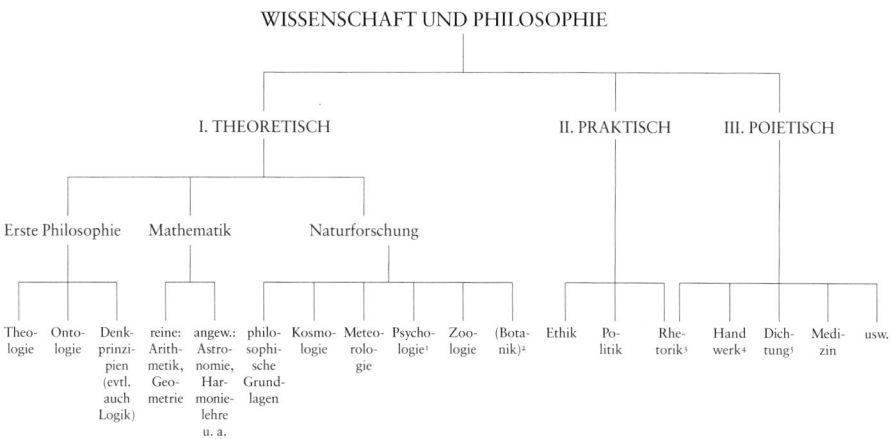

WISSENSCHAFT UND PHILOSOPHIE

1 Sekundär gehört die Psychologie teils zur Mathematik, teils zur Ersten Philosophie.
2 Sie wird erst von Theophrast betrieben.
3 Die Rhetorik gehört auch zu II., aufgrund ihrer Wertneutralität aber vornehmlich zu III.
4 Von Aristoteles selbst nicht betrieben.
5 Bei Aristoteles nur als »Theorie«.

Je nach Stellung des Mittelbegriffs (B) kennt Aristoteles drei Figuren (*schēmata*); dabei steht x für die Modi der allgemeinen bejahenden (*a*), der allgemeinen verneinenden (*e*), der besonderen bejahenden (*i*) und der besonderen verneinenden Aussagen (*o*):

Figur I: $AxB \ \& \ BxC \rightarrow AxC$;
Figur II: $BxA \ \& \ BxC \rightarrow AxC$;
Figur III: $AxB \ \& \ CxB \rightarrow AxC$.

Im anderen Teil der Aristotelischen Logik, der Dialektik (entwickelt in der Schrift *Topik*), geht es gemäß der ursprünglichen Bedeutung von *dialegesthai*: sich unterreden, um die Kunst zu argumentieren. Wie der wissenschaftliche Beweis, so bedient sich auch die Dialektik eines Schlusses. Der Unterschied liegt nicht in der formalen Schlüssigkeit, sondern im Wahrheitsanspruch der Vordersätze. Der Beweis geht von selbstevidenten Aussagen aus, der dialektische Schluß dagegen von Sätzen, die entweder wie Binsenwahrheiten von allen oder aber von den Fachleuten für wahr gehalten werden und bei den Fachleuten wiederum

Nach Hegel, dem großen Aristoteliker der Neuzeit, ist Aristoteles «eines der reichsten und umfassendsten (tiefsten) wissenschaftlichen Genies, die je erschienen sind». In der Tat beläuft sich das Gesamtwerk des Aristoteles auf eine wahre Enzyklopädie sowohl der Philosophie als auch der Einzelwissenschaften. Deren Einteilung in theoretische, praktische und technische («poietische») Disziplinen ist insofern «modern», als sie die Frage nach dem Gegenstandsbereich mit derjenigen nach dem leitenden Erkenntnisinteresse verknüpft: Die theoretischen Wissenschaften richten sich auf das Unveränderliche und tragen den Zweck in sich; sie dienen allein dem Wissen. Die praktische Philosophie behandelt die persönliche und politische Praxis mit dem Ziel ihrer moralischen Verbesserung. Und die poietischen Wissenschaften (poiēsis: Herstellen) erlauben, gewisse Dinge, einschließlich Kunstwerke (daher «Poetik»), herzustellen oder, wie die Medizin die Gesundheit, wiederherzustellen.

48

Eine Form der «Dialektik», die Übungsdebatte zwischen zwei Personen, wird nach festen Regeln durchgeführt. Jemand wirft eine Alternativfrage auf, etwa: «Ist ‹ein auf zwei Füßen gehendes Sinnenwesen› die Definition des Menschen, oder ist sie es nicht?» Daraufhin macht sich der Verteidiger eine der beiden Thesen zu eigen (z. B. «Es ist die Definition»). Sodann versucht der Angreifer, den Verteidiger in Ungereimtheiten oder sogar Widersprüche zu verwickeln, so daß er seine These zurücknehmen muß. In den mittelalterlichen Universitäten lebt die Dialektik als Institution der «Disputation», als wissenschaftliches oder philosophisches Streitgespräch, fort. – Logik und Dialektik (Aristoteles und Platon). Relief von Luca della Robbia, um 1438.

von den meisten oder den bekanntesten. Die Dialektik dient vor allem drei Aufgaben: In schulgerecht durchgeführten Übungsdebatten lernt man, «professionell» zu argumentieren. Im Gedankenaustausch mit ungeschulten Leuten geht man von deren eigenen Meinungen aus. Und in der wissenschaftlichen oder philosophischen Debatte wird der Reichtum aller Hinsichten entfaltet und deren Für und Wider erörtert. Hier dient die Dialektik einer intellektuellen Streitkultur, deren Muster im Gerichtsprozeß liegt: Nur wer die Argumente möglichst vollständig ausbreitet und sorgfältig gegeneinander abwägt, ist zu einem sachgerechten Schlußurteil gerüstet. Neben intellektueller Gewandtheit braucht es dafür eine gute (moralische) Anlage: die Bereitschaft zur Wahrheit.

Philosophie der Natur. Die Neuzeit geht mit Aristoteles, dem Naturforscher, scharf ins Gericht. Denn angeblich hält er den naturwissenschaftlichen Fortschritt für viele Jahrhunderte auf. Nach Leibniz sind jedoch Aristoteles' Aussagen über die naturphilosophischen Grundbegriffe «vollkommen wahr». Und in der Zoologie leistet Aristoteles einen so großen Beitrag, daß noch Darwin in ihm einen der größten, wenn nicht den größten Beobachter sieht, der je gelebt hat.

Während neuzeitliche Naturforscher die Naturkräfte auch zu beherrschen suchen, geht es Aristoteles lediglich um Erkenntnis. Dabei ist ihm die strenge Trennung von philosophischer und einzelwissenschaftlicher Forschung fremd; Aristoteles befaßt sich mit beiden. In den Mittelpunkt stellt er die Begriffe der Veränderung (*metabolē*) und Bewegung (*kinēsis*). Um deren Wesen («Was») zu verstehen, führt er zwei das abendländische Denken prägende Begriffspaare ein: sowohl Stoff bzw. Materie (*hylē*) und Form (*eidos, morphē*) als auch Möglichkeit (*dynamis*) und Wirklichkeit (*energeia*): (1) Wie der Ziegelstein der Stoff ist, aus dem man ein Haus baut, aber auch die Form, zu der man die Tonerde brennt, so kann etwas in einer Hinsicht Stoff, in anderer Hinsicht Form sein. Stoff und Form sind für Aristoteles nicht zwei relativ selbständige Gegenstände. Sie bedeuten vielmehr zwei Rollen oder Funktionen, deren Zusammenspiel die Entstehung eines Gegenstandes erklärt. Mit seinem «Hylemorphismus», der Lehre, daß Form (*morphē*) und Stoff (*hylē*) aufeinander angewiesen sind und in der Regel nur zusammen vorkommen – selbst die Geistseele existiert nicht unabhängig vom Körper –, will Aristoteles sowohl den Dualismus von Parmenides und Platon als auch den Materialismus der Atomisten aufheben. (2) Das zweite Begriffspaar löst das bloße Vorhandensein eines Gegenstandes auf und gibt dessen Sein einen zweifachen Sinn. Die ungeformte Tonerde «ist» schon ein Ziegelstein, die Ziegelsteine «sind» schon ein Haus, der Maurerlehrling «ist» schon ein Maurer, der Samen schon ein Baum – allerdings nur im Vorgriff, als Möglichkeit. Die geformte Tonerde dagegen, ebenso das gebaute Haus, der ausgebildete Maurer und der ausgewachsene Baum «sind» das, was sie sind, in voller Wirklichkeit.

Für Aristoteles haben selbst die niedrigsten Tiere etwas Bewundernswertes an sich. Bei der deshalb gerechtfertigten Erforschung der gesamten Tierwelt trägt er ein derart immenses Beobachtungsmaterial zusammen, daß man es einer einzigen Person nicht zutraut. Nach einer Anekdote soll Aristoteles von seinem früheren Schüler, Alexander dem Großen, einige tausend «Hilfskräfte» erhalten haben. In Wahrheit verdankt er sein Material teils eigener Beobachtung, teils der Literatur, etwa den hippokratischen medizinischen Schriften. Und vor allem zieht er Erkundigungen ein: bei Fischern, Hirten, Jägern, Bienenzüchtern und anderen Fachleuten. – Mosaik, Pompeji.

50   Für Aristoteles unterscheidet sich die Wissenschaft (*epistēmē*) von bloßer Erfahrung (*empeiria*) durch die Frage: «Warum?» Unter den zugehörigen Antworten, den *aitiai*, sind all die Faktoren zu verstehen, die am Zustandekommen einer Gegebenheit «schuld» sind. Das Lateinische übersetzt mit «causa», das Deutsche mit «Ursache», manchmal paßt aber besser «Grund». Während sich die Neuzeit vornehmlich bloß mit einer Art von Ursachen, der Wirkursache (causa efficiens), befaßt, sieht Aristoteles vier Arten, «Warum» zu fragen, kennt entsprechend vier Klassen von Ursachen und setzt dieses umfassende, pluralistische Verständnis mit Stolz gegen die vorsokratische Naturphilosophie und gegen Platon ab. Vor allem die vierte Klasse, die Ziel- oder Zweckursache (Finalität, Teleologie), wird in der Neuzeit scharf kritisiert. Für Aristoteles ist sie aber vor allem dort zu Hause, wo man ihr auch heute nicht jeden Sinn abstreitet: in der Biologie. Zu Recht geht er von der Erfahrung aus, daß sich Lebewesen auf eine bestimmte Gestalt hin entwickeln und daß es unter den ausgewachsenen Pflanzen und Tieren vollkommenere und weniger vollkommene, beispielsweise verkrüppelte, Exemplare gibt.

Fundamentalphilosophie: Metaphysik. An die Spitze allen Wissens stellt Aristoteles eine Disziplin, die für viele Jahrhunderte als Königin der Wissenschaften gelten wird, später aber zum Gegenstand scharfer Kritik, sogar Verachtung wird: die Metaphysik. Der Ausdruck stammt nicht von Aristoteles, sondern von einem späteren Herausgeber seiner Werke und bedeutet «Jenseits (*meta*) der Naturdinge (*physika*)». Aristoteles selber verwendet andere Ausdrücke. Er nennt die zuständige intellektuelle Fähigkeit Weisheit (*sophia*) und versteht darunter jene höchste Stufe des Wissens, die nicht irgendwelche Gründe, sondern die schlechthin ersten Gründe und Prinzipien erkennt. Wird die Fähigkeit auch ausgeübt, so spricht er von *theoria* und bei der entsprechenden Disziplin, einer Grundwissenschaft oder Fundamentalphilosophie, von der (rangmäßig) «Ersten Philosophie». Von ihr erwartet man zweierlei. Thematisch rechnet man mit Auskünften über Gott, über die Unsterblichkeit der Seele und über Freiheit, verbunden mit der Erwartung, dadurch den Sinn menschlicher Existenz zu entschlüsseln. Und methodisch denkt man an ein «System», das alles Wissen in einen Zusammenhang bringt, der allem Seienden, einschließlich des Menschen und seiner Zwecke, den Platz im Ganzen zuweist. Aristoteles hat ein anderes, durchaus noch aktuelles Verständnis. Er erhebt weder einen Sy-

stemanspruch – seine Metaphysik ist bescheidener –, noch denkt er
über ein Jenseits nach, dem unsere diesseitige Existenz ihren Sinn
verdanke. Ihm geht es vielmehr um die Erklärbarkeit *dieser* Welt.
Dabei erhält die Erste Philosophie eine dreifache Gestalt:
Die Fundamentalphilosophie ist *erstens* eine Theorie allgemeiner
Denkprinzipien. Aristoteles nennt sie «Axiome» (*axioein*: für würdig befinden) und versteht darunter Voraussetzungen, die in jedem
Argumentieren, selbst jedem Handeln gemacht werden. Für das
sachlich erste Axiom, den Satz vom Widerspruch («keine Aussage
ist zugleich wahr und falsch»), inszeniert er ein dialogisches Be-
weisspiel, das einen radikalen Skeptiker ebenso subtil wie scharfsinnig widerlegt: Wenn der Gegner überhaupt redet, bezeichnet er
etwas, das für beide Gesprächspartner dasselbe sein soll. Und in
dieser minimalen gedanklichen Leistung, dem Bezeichnen, liegt eine
Eindeutigkeit, die den Widerspruchssatz schon als gültig voraussetzt: «*Dieses* Stück Wirklichkeit ist gemeint, nicht jenes.» Wer als
Ausweg gar nichts mehr sagt, tritt, wie es bei Aristoteles anschau-
lich heißt, als Mensch ab und gleicht einer Pflanze. Dieses widerspricht aber jeder tatsächlichen Lebenspraxis. Niemand handelt
bar jeder Bestimmtheit und stürzt sich etwa in einen Abgrund, nur
weil dieser zufällig auf dem direkten Weg liegt. Insofern erweist
sich der Widerspruchssatz als Bedingung der Möglichkeit sowohl
aller theoretischen als auch aller praktischen Vernunft.
Aristoteles' Fundamentalphilosophie ist *zweitens* eine Lehre
(*logos*) vom Seienden (*on*) als Seienden: eine Ontologie, die als
Rahmenwissenschaft sowohl für die Alltagswelt als auch die Wissenschaften die allem Seienden gemeinsamen Strukturen und Prinzipien untersucht. Aristoteles behauptet eine mehrfache Bedeutung des Ausdrucks «seiend»; er unterscheidet drei Klassen und
zugleich Rangstufen von Seiendem und fragt dann nach dem aus-
gezeichnet Seienden, der *ousia*, wörtlich «Seiendheit» (Substanz).
Im Gegensatz zu Platon räumt er den ontologischen Vorrang den
Einzeldingen oder Individuen ein. Sie, etwa Sokrates, heißen erste
Substanzen, da nur ihnen das Kriterium einer Substanz, die Selbständigkeit, in vollem Sinn zukommt. Die Arten (z. B. Menschsein)
und Gattungen (z. B. Lebewesen) gelten dagegen als zweite Substanzen. Nach einem zweiten Kriterium, der Erkennbarkeit, liegt
freilich der Vorrang bei ihnen. Folglich läßt sich der Vorrang des
Einzeldinges nur dadurch aufrechterhalten, daß das Einzelding zugleich «als» Exemplar eines Allgemeinen, einer Art, angesprochen
wird, beispielsweise Sokrates als Mensch, und daß genau darin sei-

ne «wesentliche» Identität liegt (*ti ēn einai hekastō*: das jeweils zugehörige Sein, die einer Sache wesentliche Bestimmung). Den klarerweise geringsten Rang nehmen die Eigenschaften ein (*symbebēkos*: Hinzukommendes, Akzidenz), da sie nicht selbständig, sondern nur «an» einem anderen vorkommen.

Auch Aristoteles erkennt Allgemeinbegriffe an. Im Gegensatz zu Platon hält er sie aber weder für eigenständige noch für höherrangige Wesenheiten, vielmehr für Art- und Gattungsbegriffe, deren Wirklichkeit ausschließlich *in* den Einzeldingen (in re), nicht *vor* ihnen (ante rem) liegt: Die Gesundheit existiert nur als Eigenschaft individueller Lebewesen, die gesund sind, und das Menschsein bloß als das, was die einzelnen Menschen vor allen anderen Lebewesen auszeichnet.

Schließlich entwickelt Aristoteles die Metaphysik als Wissenschaft vom Göttlichen: von jenem Ewigen und Unbewegten, dem sich alle Bewegung in der Natur letztlich verdankt. Unter Kritik der überlieferten Volksreligion skizziert er einen Monotheismus in einer ungewohnten, kosmologischen Form. Aristoteles' Gottheit verfügt nicht über die uns vertrauten Eigenschaften: Allmacht, Allwissenheit und Allgüte. Sie ist kein persönliches, sondern ein unpersönliches Wesen: ein reiner Geist, der sich weder um die menschlichen Angelegenheiten noch um andere Dinge in der Welt kümmert. Als «Denken des Denkens» (*noēseōs noēsis*) richtet sich der Geist nur auf sich selbst. Trotzdem soll die Gottheit der – selber unbewegte – Beweger der gesamten Natur sein, dieses aber nicht im Sinne einer schöpferischen Urkraft oder eines kosmischen Steuerungszentrums. Einem Geliebten vergleichbar, übt die Gottheit eine Anziehungskraft aus; sie ist keine Wirk-, sondern eine Zielursache. Sie ist das höchste Ziel, auf das sich alles Begehren in der Natur richtet und das die Natur auf diese Weise in Bewegung hält.

Ethik und Politik. Für Aristoteles bilden Ethik und Politik zusammen die «Philosophie der menschlichen Angelegenheiten»: eine philosophische Anthropologie mit universalistischem Anspruch. In ihrem Rahmen erörtert die *Ethik* sowohl die gemeinsamen Begriffe, namentlich den normativen Leitbegriff, das Glück (*eudaimonia*), als auch das Handeln des einzelnen, aber nicht vereinzelten Menschen. In einer ungewöhnlichen Vielfalt von Gesichtspunkten und stets auf einem hohen phänomenalen und analytischen Niveau befaßt sich Aristoteles mit den Grundbegriffen einer Handlungstheorie: freiwillig, wissentlich und Vorzugswahl bzw. Entscheidung.

Er untersucht die sittlichen Tugenden (*aretē*: Vortrefflichkeit) wie Tapferkeit, Freigebigkeit, Besonnenheit und Gerechtigkeit und die intellektuellen Tugenden wie Weisheit und Klugheit. Besonders ausführlich erörtert er die Willensschwäche, die Lust und die Freundschaft. Die *Politik* wiederum fragt, warum der Mensch ein politisches Lebewesen ist; sie erörtert den Begriff des Staatsbürgers, die politischen Institutionen und Verfassungen und widmet sich den Bedingungen einer idealen Polis.

Beide Disziplinen entwickelt Aristoteles so gut wie ohne theologische und metaphysische Grundannahmen; für ihn sind es säkulare Philosophien ohne Metaphysik. Die Frage «Wozu soll der Mensch Fundamentalphilosophie bzw. Metaphysik treiben?» gehört dage-

*Aristoteles' vielfach mißverstandene Ursachenlehre läßt sich am Beispiel einer Marmor- oder Bronzestatue erläutern: (1) Das Woraus, der Grund- und Rohstoff, ist der Marmor bzw. die Bronze; die Schulphilosophie wird von Materialursache, causa materialis, sprechen; (2) die Form oder das Muster (causa formalis) besteht im Entwurf, den der Bildhauer im Kopf hat und nach dessen Maßgabe er den Stoff bearbeitet; (3) das Woher, der Anstoß zur Veränderung (causa efficiens: Wirkursache), liegt beim Bildhauer, der die Statue herstellt, oder auch beim Auftraggeber, ferner bei den Eigen-*schaften und Möglichkeiten des benutzten Grundstoffes; (4) das Worumwillen oder der Zweck (causa finalis: Zielursache) liegt etwa in der kultischen Verehrung oder im Schmuck. Die Ursachen (2), (3) und (4) können in gewisser Weise zusammenfallen: Die «Form» eines Löwen ist zugleich der Zweck, auf den die Entwicklung vom befruchteten Ei bis zum erwachsenen Tier zuläuft. In Gang gesetzt wird die Entwicklung durch die Zeugung von seiten eines Exemplars derselben Tierart: Löwen zeugen nur Löwen, nicht Tiger oder Zebras. – Montage einer Bronzestatue in der Gießerei, 490–480 v. Chr.*

54   gen in den Aufgabenbereich der Ethik. Denn es handelt sich um eine praktische, sogar existentielle Frage.

Aristoteles versteht unter dem normativen Leitbegriff, dem Glück, nichts, was man passiv an sich herankommen läßt, weder den glücklichen Zufall eines Lottogewinns noch die Erfüllung aller Hoffnungen und Wünsche, das Sehnsuchtsglück. Im Gegenteil kann und muß man sich das Glück erarbeiten. Es ist kein Geschick, das sich dem Zufall oder äußeren Mächten verdankt, sondern ein «Strebensglück», für das man selber verantwortlich ist. Für die bis heute umstrittene Frage, worin dieses Glück besteht, kann zumindest Aristoteles' erste Teilantwort noch immer überzeugen: Es kommt weder auf eine private Innerlichkeit, etwa auf einen vorübergehenden Zustand höchsten Wohlbefindens, an noch auf jene überragenden Einzelleistungen, von denen die Dichtung des archaischen Griechentums erzählt. Das Glück, das sich mit ziemlicher Verläßlichkeit erreichen läßt und auch vielen offensteht (hier zeigt sich eine Demokratisierung des Glücks), bedeutet vielmehr eine Qualität, die man seiner Biographie als ganzer verleiht. Das Strebensglück besteht in einem insgesamt guten, einem gelungenen Leben. Zu den Lebensformen oder Lebensstrategien (*bioi*), die ein derartiges Glück strukturbedingt verfehlen, gehört für Aristoteles die nur auf finanziellen Gewinn gerichtete Existenz; denn sie erhebt den Wohlstand, der sinnvollerweise ein bloßes Mittel ist, zum Selbstzweck. Auch ein nur auf Ehre oder Macht gerichtetes Leben taugt nicht zum Glück, wohl aber ein Leben gemäß den sittlichen Tugenden und der Klugheit. In noch höherem Maß trifft es auf das wissenschaftlich-philosophische Leben zu, die *theōria* im Dienste der Fundamentalphilosophie. Denn hier

Eine besondere Bedeutung für das abendländische Staatsdenken gewinnt Aristoteles' Lehre der drei guten und drei schlechten bzw. entarteten Staatsformen: Eine schlechte Verfassung dient bloß den Interessen der Regierenden, eine gute dem Gemeinwohl. Je nachdem, ob einer, ob wenige oder ob alle an den Staatsgeschäften teilnehmen, gibt es drei positive: Königtum, Aristokratie, «Verfassungsstaat»/Politie, und drei negative Staatsformen: Tyrannis, Oligarchie, Demokratie. Die modernen rechtsstaatlichen Demokratien entsprechen aber nicht etwa dem, was bei Aristoteles auch Demokratie heißt: einer Staatsform, die sich an keine Gesetze bindet und die Armen bevorzugt. Sie ähneln eher dem «Verfassungsstaat», in dem nicht der fehlbare Mensch, sondern das vernünftige Gesetz herrscht. – Marmorstele, ‹Dekret gegen die Tyrannis›.

gelangt das Wesen des Menschen zur Vollendung: die in der natür- 55
lichen Wißbegier hervortretende Sprach- und Vernunftbegabung.
Zu Beginn der *Politik* entwickelt Aristoteles die berühmte These,
der Mensch sei von Natur aus ein politisches Lebewesen. Mit dieser Grundaussage politischer Anthropologie behauptet er nicht, der
Mensch sei von Geburt an politisch oder werde es aufgrund rein
biologischer Entwicklungsprozesse. Ebensowenig sieht er wie später Hobbes im Staat die Korrektur eines Notstandes, des tenden-
ziellen Krieges aller gegen alle. Vielmehr soll der Mensch seine
grundlegenden Intentionen, Begabungen und Chancen erst in einer
Polis voll entfalten können, das heißt: in einem Gemeinwesen von
Freien und Gleichen, das von der Idee der Gerechtigkeit bestimmt
ist. Große Teile der Bevölkerung, so die Frauen und die Sklaven,
fallen allerdings aus der Gemeinschaft der Freien heraus.

Aristoteles' *Politik* wäre nicht eines der wichtigsten staatsphilosophischen und politikwissenschaftlichen Werke, wenn sie nur die
politische Natur des Menschen untersuchte. Im weitaus größten
Teil der Schrift entwickelt Aristoteles die Grundzüge einer Ökonomie («Hauswirtschaftslehre»), erörtert bekannte Verfassungstheo-
rien und Staatsverfassungen, setzt sich mit verschiedenen Formen
von Demokratie und Aristokratie auseinander und stellt eine
Mischverfassung, die Politie, vor. Auch analysiert er die Voraussetzungen, unter denen Verfassungen zerfallen oder aber stabil bleiben. Und am Ende skizziert er einen idealen Staat, angefangen mit
dessen günstigster Lage, Größe und Bauart bis hin zu seinen Ver-
fassungsprinzipien.

LEKTÜREEMPFEHLUNG: Bei Platon beginne man mit einem Frühdialog, z.B.
mit der *Apologie* oder *Menon*. Dann lese man *Phaidon* und sein Gegenstück,
das *Symposion*. Schließlich versuche man es mit der *Politeia*, hier zunächst den
Büchern I–II und V–VII. Bei Aristoteles fängt man am besten mit dem Einlei-
tungsbuch der *Metaphysik* an, bes. Kap. 1–2, und dem der *Nikomachischen
Ethik*, bes. Kap. 1–6. Anschließen können sich das erste Kapitel der *Tierkun-
de*, die ersten Kapitel der *Kategorien*, ferner aus der *Metaphysik* Kapitel IV
4–6 und aus der *Politik* die Kapitel I 1–3, III 7–9. Später lese man den Anfang
der *Physik* und von der *Metaphysik* Buch XII.

III. Hellenismus und Spätantike

Nach Platons Tod verliert seine Akademie an philosophischem Glanz, und Aristoteles' Schule widmet sich mehr und mehr den Einzelwissenschaften. Daher können drei andere Schulen in den Vordergrund treten. Sie, die Schule Epikurs, die Skepsis und die Stoa, sind von älteren Denkern mitbeeinflußt: von Parmenides, Demokrit und (über die mit Platons Akademie konkurrierenden «kleinen» sokratischen Schulen) von Sokrates. Weit davon entfernt, Epigonen: schwache Nachgeborene, zu sein, entwickeln sie Gedanken, die das Abendland kaum weniger als Platon und Aristoteles prägen. In den nachklassischen, «hellenistischen» Schulen zerbricht die Einheit von (politischer) Moral und Eigenwohl. Politische Institutionen verlieren an Gewicht; selbst das Weltbürgertum der Stoa, ihr Kosmo-politismus, ist meist apolitisch. In einer Zeit, in der nach dem Untergang der griechischen Stadtstaaten der einzelne fast jede Möglichkeit zu politischer Mitwirkung verloren hat, weicht der Gedanke der politischen Natur des Menschen einer individuellen, aber nicht mehr als *theōria* bestimmten Glückssuche.

Trotz unterschiedlicher Ansätze und Akzente vertreten die drei Schulen hinsichtlich der Sorge um das eigene Wohl dasselbe Grundverständnis. Sie sehen das «privatisierte» Glück in einer inneren Ruhe und Unabhängigkeit. Epikur und die Skepsis bestimmen das Lebensziel als *ataraxia*: Gleichmut und Seelenruhe, die Stoa als *apatheia*: Leidenschaftslosigkeit im umfassenden Sinn eines Freiseins von allem, was dem Menschen gegen seinen Willen widerfährt. Statt wie in der Neuzeit eine wachsende Macht über die äußere Natur zu suchen, fügt man sich in das Unabänderliche und begrenzt die eigenen Ansprüche. Man will nicht die natürliche und die soziale Welt, sondern lieber sich selbst beherrschen, seine Gedanken und Antriebskräfte: Damit wir können, was wir wollen, müssen wir wollen, was wir können. Wer dieses Ideal einer tiefen

Durch Platon und Aristoteles wird Athen zum unumstrittenen Zentrum griechischer Philosophie. Hier entstehen die für Jahrhunderte wirkungsmächtigen Schulen, benannt nach den Orten, in denen man gemeinsam philosophiert, teilweise auch gemeinsam lebt: Platon erwirbt einen Garten, der dem mythischen Heroen Akademos geweiht ist: die «Akademie»; Aristoteles wirkt im Lykeion (vgl. Lyzeum), auch «Peripatos» (Wandelhalle) genannt, Epikur im «Kēpos» (Garten) und der Stoiker Zenon von Kition in einer «Stoa» (Säulengalerie). Athen zieht allerdings mehr fremde Philosophen an, als daß es – außer Sokrates und Platon – eigene hervorbrächte. Aus Athen stammen weder Aristoteles noch sein Nachfolger Theophrast oder der Peripatetiker Aristarch, der Begründer eines heliozentrischen Weltbildes lange vor Kopernikus, auch nicht Epikur, Zenon oder der Gründer der Schule des Skeptizismus, Pyrrhon. – Leo von Klenze: Athen, 1846.

58 Gelassenheit erreicht, der Weise, wandelt «wie ein Gott auf Erden». Ein weiteres ist den hellenistischen Schulen gemeinsam: Die letzte Grundlage des Erkennens und des Handelns bilden (dort theoretische, hier praktische) Wahrnehmungen.

EPIKUR

Unter einem Epikureer versteht man heute einen Genußmenschen. Für Epikur (341–270 v. Chr.) selbst besteht die wahre Lebenslust im «Freisein von körperlichem Schmerz und seelischer Aufregung». Diesem Ziel, einer heiteren Gelassenheit und «Windstille der Seele», dient seine gesamte Philosophie. Kein Wissen gilt als Selbstzweck, alles ist Teil einer zwar philosophisch begründeten, aber konkret gemeinten Lebenskunst, deren Botschaft lautet: Das Glück, verstanden als höchste Lust des einzelnen, liegt in der eigenen Hand. Dazu gehört die Überwindung einer vierfachen Furcht: Gott braucht man nicht zu fürchten, da er nicht in den Lauf der Welt eingreift, und unerfüllbare Wünsche nicht, da man zum glücklichen Leben wenig benötigt. Auch übergroße Schmerzen braucht man nicht zu fürchten, denn sie dauern nicht lange, lassen sich überdies kompensieren. Selbst der Tod ist nicht zu fürchten, da jedes Gut oder Übel in einer Empfindung besteht, der Tod aber im Verlust der Empfindung.

In der Erkenntnistheorie vertritt Epikur einen (gemäßigten) Sensualismus (sensus: Sinn, Wahrnehmungsorgan). Gegen Parmenides und Platon rehabilitiert er die subjektiven Sinneswahrnehmungen; denn sie gelten als die letzte und zugleich untrügliche Grundlage aller Erkenntnis: Wie über Schmerzempfindungen, so kann man sich auch über Wahrnehmungen nicht täuschen; Irrtum ist erst bei Aussagen über sie möglich, beispielsweise dadurch, daß man einer Aussage zustimmt, ohne die Bestätigung oder aber Widerlegung durch eine eindeutige Wahrnehmung abzuwarten. Gleichwohl erschöpft sich die Erkenntnis nicht in den Wahrnehmungen. Denn nur ein Teil der Allgemeinbegriffe («Vorbegriffe») entsteht durch wiederholte Wahrnehmungen desselben Gegenstandes. Andere Begriffe verdanken sich einer gewissen Verstandestätigkeit. Zum Beispiel überträgt man mittels Analogie gewisse wahrnehmbare Eigenschaften: Gestalt, Schwere und Größe, auf Nichtwahrnehmbares wie die Atome. Ebensowenig stammen aus der Wahrnehmung jene Regeln, die festsetzen, wann eine Aussage wahr oder falsch ist.

An den Anfang seiner Naturphilosophie («Physik») stellt Epikur drei ontologische Prinzipien. Während ihr Gehalt von Parmenides

Epikur bildet mit Hilfe seiner Ontologie Demokrits Atomlehre fort: Das All setzt sich aus (wahrnehmbaren) Körpern und dem leeren Raum zusammen, in dem die Körper durch Zusammenballung und Trennung der Atome entstehen und vergehen. Die letzten Bausteine, die Atome, sind nicht bloß unteilbar, sondern auch unveränderlich. Um Aristoteles' Einwänden gegen Demokrit zu begegnen, hält Epikur die Atome für nur physikalisch unteilbar, mathematisch aber teilbar. Denn das Atom hat eine bestimmte Gestalt, an der man verschiedene Teile unterscheiden kann, die ihrerseits als mathematisch unteilbar gelten. Andernfalls müssen die Atome, wie der Epikureer Lukrez (1. Hälfte des 1. Jhd. v. Chr.) in dem einflußreichen Lehrgedicht ‹De rerum natura› (‹Über die Natur der Dinge›) sagt, unendlich groß sein, da sie sich aus unendlich vielen Teilen zusammensetzen. – Hellenistische Skulptur.

beeinflußt ist, erfolgt ihre Begründung «sensualistisch»: (1) Nichts entsteht aus Nichtseiendem. Denn das Gegenprinzip widerspricht der Erfahrung, daß jedes Wesen aus einem oder mehreren anderen Wesen, beispielsweise dem Samen, entsteht. (2) Nichts vergeht in das Nichtseiende. Auch hier widerspricht die Gegenannahme der Erfahrung, denn andernfalls würde nichts mehr existieren, da wir einerseits einen steten Prozeß des Vergehens beobachten und andererseits aus dem so entstehenden Nichts wegen des ersten Prinzips nichts Neues entstehen könnte. (3) Das All war immer so, wie es jetzt ist, und es wird immer so sein; denn dieses Prinzip folge aus den beiden ersten Prinzipien.

Auch Werturteile haben ihre letzte Grundlage in einer subjektiven Wahrnehmung. Dem Sensualismus der Erkenntnistheorie entspricht ein (egoistischer) Hedonismus in der Ethik: Erstrebenswert ist allein die Empfindung von Lust, *hēdonē*, einschließlich der Abwesenheit von Schmerz: «Ich spucke auf das sittlich Gute, wenn es keine Lust verschafft». Epikur unterscheidet zwischen eingebildeten und natürlichen Begierden, trennt letztere in notwendige (Hunger, Durst), deren Nichterfüllung Schmerz verursacht, und in nur natürliche Begierden (z.B. Sexualität) und sagt bloß von den notwendigen, daß sie erfüllt werden müssen. Dem beliebten Einwand, nicht jede Lust sei gut, begegnet Epikur, indem er ein nüchternes Berechnen der Lust mit einer aufgeklärten Kenntnis der Welt ver-

Nach Epikurs Lebenskunst werden nicht die äußere und die innere Natur den eigenen Zwecken, sondern die Zwecke der Natur angepaßt. Auf der einen Seite wird alles, was beunruhigen könnte, ausgeschaltet: das Ungewöhnliche, weil es als erklärbar, das Unerreichbare, weil es als belanglos, und das Unvermeidbare, weil es als hinnehmbar gilt. Auf der anderen Seite verringert man seine Wünsche. Für das epikureische Glück braucht es nicht viel, mit Nietzsche: «Ein Gärtchen, Feigen, kleiner Käse und dazu drei oder vier Freunde – das war die Üppigkeit Epikurs». Selbst von philosophischen Gegnern wie Seneca wird diese Lebensweise als vorbildlich gerühmt. Allerdings stilisiert sich Epikur auch zu einer absoluten Autorität und läßt sich als «Erlöser» feiern. – Fresko aus Pompeji.

bindet: Wir vermeiden eine Lust, aus der wir einen größeren Schmerz erwarten, und lassen uns auf einen Schmerz ein, der durch einen künftigen Zuwachs an Lust aufgewogen wird. Statt der überlieferten Vielzahl von Tugenden gibt es für Epikur im wesentlichen nur noch die Besonnenheit. Denn die Tugend sieht er als Bedingung lustvollen Lebens, die Leidenschaften und Laster dagegen als Krankheiten der Seele an. Die Rechtsordnung versteht Epikur als einen Vertrag, einander nicht zu schädigen. Auch die Freundschaft beginne aus Nutzenerwägungen und werde erst bei längerer Dauer um ihrer selbst willen geschätzt. Schließlich rät Epikur: «Lebe im Verborgenen». Weil man sich nämlich gegen die Mitmenschen, ihre Mißgunst und Intrigen, am wenigsten schützen kann, soll man sich nicht exponieren und weder Ämter noch Würden, weder Ruhm noch Ehre anstreben.

In der Antike, belegt bei Aenesidemus (1. Jhd. v. Chr.) und Sextus
Empiricus (um 200 n. Chr.), entwickelt sich eine derart radikale
Skepsis, daß sie in der Neuzeit zwar durch Denker wie Montaigne,
später Hume wiederentdeckt, in ihrer Schärfe aber selten erreicht
und noch seltener übertroffen wird. Seit ihrem ersten Vertreter, Pyrrhon von Elis (ca. 365–ca. 275 v. Chr.), ist die antike Skepsis nicht
nur eine intellektuelle Haltung, sondern auch eine Lebensform. Bei
Pyrrhon könnte sie von Asketen und Magiern beeinflußt sein, die
er möglicherweise als Teilnehmer des Alexanderzuges in Indien
kennengelernt hat. Trotz seines zurückgezogenen Lebens genießt
Pyrrhon bei seinen Mitbürgern hohes Ansehen; sie wählen ihn zum
Oberpriester und gewähren seinetwegen allen Philosophen Steuer-
freiheit.

Die Skeptiker verstehen die Seelenruhe bescheidener als Epikur.
Von der Hinfälligkeit alles Lebens überzeugt, pflegen sie selbst gegen das Glück eine distanzierte Gelassenheit und begnügen sich mit
einem mittleren Affektzustand (*metriopatheia*). Um ihn zu erreichen, legen sie sich drei Fragen vor: erstens, wie die Dinge in Wirklichkeit sind; zweitens, welche Einstellung wir zu ihnen einnehmen
sollen; drittens, was sich aus der Einstellung ergibt. Beim Versuch,
die erste Frage zu beantworten, stößt der Skeptiker nicht bloß auf
widerstreitende Ansichten, sondern auch auf eine gleich starke Überzeugungskraft der Argumente für und gegen die eine oder die andere Ansicht (*isostheneia*: Gleichkräftigkeit). Weil er sich deshalb
außerstande sieht, den Streit zu schlichten, enthält er sich jedes Ur-
teils bezüglich der ersten Frage und beantwortet zugleich die zweite Frage. Darüber hinaus findet er sich unvermutet im erstrebten
Ziel, womit die dritte Frage beantwortet ist: Die Urteilsenthaltung
(*epochē*), insbesondere der Verzicht auf alle Werturteile, schenkt
ihm den inneren Frieden (*ataraxia*). Und nachträglich geht ihm auf,
daß der Friede nur durch den Urteilsverzicht selbst hinsichtlich der
Werte erreichbar ist. Wer nämlich etwas als gut beurteilt, wird in
innere Unruhe versetzt: Wer das Gute – Reichtum, Ruhm und andere Güter – nicht besitzt, will es erwerben, und wer es besitzt, be-
fürchtet den Verlust.

Sokrates behauptete zu wissen, daß er nichts wisse. Nach Arkesi-
laos, einem späteren Leiter der Platonischen Akademie (seit 268 v.
Chr.), kann man nicht einmal das wissen. Der Skeptiker erhebt für
seine Skepsis keinen Wahrheitsanspruch, weshalb man ihm kaum
mit dem Einwand des Selbstwiderspruchs beikommen kann. Aller-

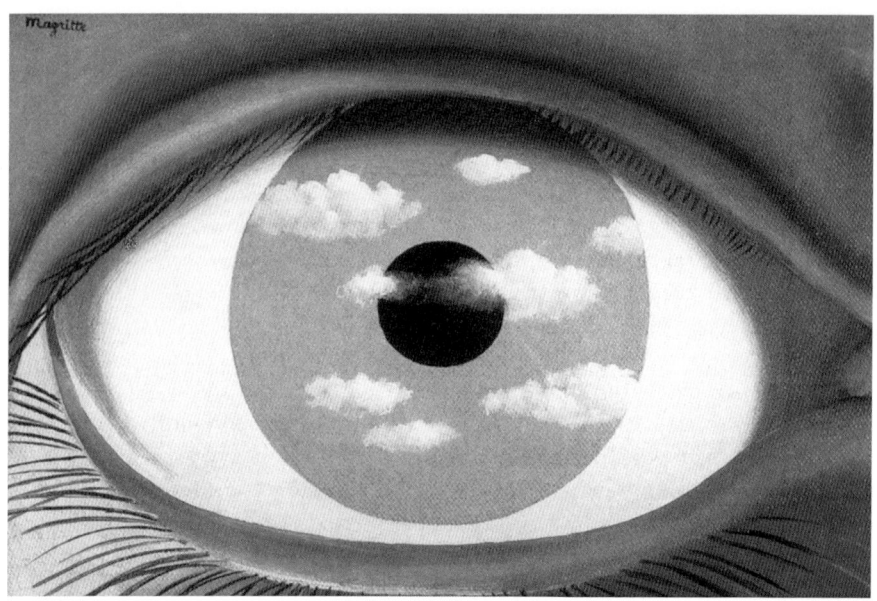

Die Skeptiker verschärfen Epikurs Sensualismus und verwerfen jede Annahme einer nicht unmittelbar wahrnehmbaren Wirklichkeit. Sie bestreiten die Möglichkeit objektiver Aussagen und halten es beispielsweise nur für zulässig zu sagen, etwas erscheine uns als etwas, nicht dagegen, es sei dieses etwas. Schon dabei – würde Aristoteles einwenden – erkennt aber der Skeptiker zumindest den Widerspruchssatz an: Niemals würde ihm im selben Sinn etwas als beispielsweise süß und als nichtsüß erscheinen. Und nach Augustinus kann niemand daran zweifeln, daß er lebt, sich erinnert, sogar urteilt: «Denn auch wenn er zweifelt, lebt er; wenn er zweifelt, erinnert er sich, woran er zweifelt; ... wenn er zweifelt, urteilt er, daß er nicht voreilig zustimmen darf.» – René Magritte: Der falsche Spiegel, 1935.

dings will auch er, so würde Aristoteles entgegnen, nicht wie eine Pflanze leben.

Weniger am Überzeugen als am Verunsichern interessiert, pflegt der Skeptiker die Urteilsenthaltung als eine Kunst, sich von jeder Behauptung freizuhalten. Zu diesem Zweck stellt er Listen von «Tropen» (*tropoi*: Wendungen) der Entgegensetzung auf. Eine Liste von zehn «Wendungen» beginnt mit dem Hinweis, daß den Lebewesen wegen ihrer Verschiedenheit dieselben Dinge als verschieden erscheinen. Die zweite «Wendung» beruft sich auf die Verschiedenheit der Menschen, die dritte auf den unterschiedlichen Bau der Sinnesorgane und die letzte auf die Verschiedenheit der Sitten, Gesetze und Mythen. In später hinzugefügten «Wendungen» findet sich jenes «Münchhausen-Trilemma», das schon Aristoteles behandelt und das im 20. Jahrhundert im Kritischen Rationalismus eine große Rolle spielt: Eine Begründung, die jede gefundene Begründung wiederum zu begründen versucht, mündet in einen unendlichen Regreß, in unbewiesene Voraussetzungen oder in einen Zirkelschluß.

Um die Notwendigkeit der Urteilsenthaltung vorzuführen, wird ein späterer Leiter der Akademie, Karneades (Mitte des 2. Jhd. v. Chr.), bei einem Besuch in Rom jeweils eine Rede für und eine gegen die Gerechtigkeit halten. Dem Skeptiker bleiben für die praktische Orientierung bloß die vorfindlichen Konventionen; denn für deren Preisgabe fehlen ihm die Argumente. An die Stelle der Objektivität tritt «der Väter Sitte». Auf diese Weise verbinden die Skeptiker ihre De-Intellektualisierung des Lebens mit einem gegenüber Reformen gleichgültigen Traditionalismus.

STOA

Als «stoisch» bezeichnet man heute Menschen, die alle Unbilden des Lebens in Gelassenheit: mit «stoischem Gleichmut», ertragen. Dieses Lebensideal des Weisen, der auch unter widrigen Umständen seine innere Freiheit wahrt, zeichnet in der Tat die Stoa aus. Ihre Philosophie reicht aber weit darüber hinaus. Von Zenon von Kition (ca. 332–262 v. Chr.) und Chrysipp (gest. 208/4) begründet und von Panaitios (ca. 185–109 v. Chr.) und Poseidonios (ca. 135–50 v. Chr.) fortgebildet, besteht die stoische Philosophie in einer Einheit von Logik (einschließlich Erkenntnistheorie, Sprachphilosophie und Rhetorik), Physik (im Sinne von Naturphilosophie) und Ethik. Erst in ihrer Spätzeit erhält die Stoa Züge einer Popularphilosophie. Bei Seneca (4 v. bis 65 n. Chr.), dem Erzieher und für einige Zeit einflußreichsten Minister Kaiser Neros, bei Epiktet (um 50–138 n. Chr.), dem freigelassenen Sklaven eines kaiserlichen Hofbeamten, und beim Kaiser Mark Aurel (121–180 n. Chr.) treten die grundsätzlicheren Überlegungen zur Logik und Naturphilosophie hinter sittlicher Ermahnung und praktischer Lebensweisheit zurück.

Logik. Im Gegensatz zu den Skeptikern halten die Stoiker ein objektives Wissen für möglich. Dabei vertreten auch sie einen gemäßigten Sensualismus: Einerseits gleicht die Seele bei der Geburt einer unbeschriebenen Tafel, in die sich die Außendinge «wie Siegel in das Wachs» eindrücken. Von den auf diese Weise hervorgerufenen Vorstellungen (*phantasiai*) bleiben in der Seele Erinnerungsbilder zurück, durch deren Verknüpfung Erfahrung entsteht. Andererseits hält die Stoa gewisse, allen Menschen gemeinsame Begriffe, sogenannte natürliche Vorannahmen, für eine Bedingung wahrer Erkenntnis. Diese Erkenntnistheorie ergänzen die Stoiker um eine Sprachtheorie und erwerben sich gerade hier beachtliche Verdien-

Nach dem Untergang der griechischen Stadtrepubliken wird der Gedanke eines Weltbürgertums (Kosmopolitismus) zum Grundzug der Epoche. Der Stoiker Zenon skizziert eine staatlich homogene Weltrepublik («Kosmopolis»). In ihm sind alle Menschen wie eine Herde, die sich gemeinsam ernährt und ein gemeinsames Recht teilt. Meist ist das stoische Weltbürgertum aber apolitisch: Die Weltrepublik ist ein nicht näher bestimmter Lebensraum, der nicht durch globale Institutionen und ein gemeinsames Recht entsteht, sondern durch Teilhabe aller an der einen Vernunft. – Die Erde als Scheibe, vom Ozean umflossen. Buchmalerei des 15. Jhds.

ste. Seit den Sophisten fragt man sich, ob die Beziehung zwischen den sprachlichen Zeichen und der bezeichneten Wirklichkeit naturgegeben sei oder auf bloßer Übereinkunft beruhe. Nach stoischer Auffassung ahmen die Laute die Qualität des Gegenstandes nach, und die Wörter bilden die Natur der Dinge ab. Die Etymologien, mit denen diese Ansicht untermauert werden soll, wirken aber oft weit hergeholt.

In der formalen Logik stand die Stoa lange Zeit im Schatten des Aristoteles; tatsächlich hat sie ein eigenständiges Gewicht. In Aristoteles' «Begriffslogik» ergibt sich der Schlußsatz aus dem Umfang der in den Vordersätzen verwendeten Begriffe, in der Stoa aus der Bedeutung der logischen Verknüpfung der Aussagen (Junktoren). Die Stoa, hier ein Vorläufer der modernen Aussagenlogik, stellt schon fünf elementare, bis heute gültige Schlußregeln auf:

(1) Wenn p, dann q; nun aber p; also q (modus ponens: bejahende Schlußregel).

(2) Wenn p, dann q; nun aber nicht q; also nicht p (modus tollens: Aufhebung der ersten Aussage durch die zweite).

(3) Nicht sowohl p als auch q; nun aber p; also nicht q.

(4) Entweder p oder q; nun aber p; also nicht q.

(5) Entweder p oder q; nun aber nicht q; also p.

Physik. Die Stoa betrachtet die gesamte Natur als einen einzigen Organismus, der von zwei Prinzipien durchwirkt ist: von der passiven, eigenschaftslosen Materie und vom aktiven Logos, der die Materie zu einer Weltordnung, einem Kosmos, gestaltet. Der Logos läßt sich als «Weltgesetz»: als Inbegriff all jener Bau- und Prozeßpläne, verstehen, die alles Geschehen in der Natur steuern. Als ein beseeltes, vollkommenstes Wesen, das die Welt leitet und sich – im Gegensatz zu den Auffassungen des Aristoteles und Epikurs – um die Menschen kümmert, wird der Logos mit Gott gleichgesetzt: Die Stoa vertritt einen sowohl kosmologischen als auch providentiellen, von Vorsehung geprägten Pantheismus («alles ist Gott»). Dabei soll die Überzeugung von der Existenz Gottes im Menschen von Natur aus angelegt sein, und der wichtigste Grund für diese These sei das spontan überwältigende Erlebnis der Schönheit in der geordneten Bewegung der Gestirne.

Ethik. Vom Ansatz her steht die Stoa in schroffem Gegensatz zu Epikur. Denn als letzter Maßstab gilt die Natur, während die Lust nur eine Folgeerscheinung ist, die sich dort einstellt, wo ein Lebewesen das seinem eigenen Sein Zuträgliche erreicht. Das Lebensideal der Unerschütterlichkeit ist aber mit Epikurs philosophischen

Der Stoiker Zenon vergleicht die Erkenntnis mit einer Hand: (1) Die flach gespreizte Hand entspricht einer den Gegenstand erfassenden Vorstellung. (2) Wegen deren Zuverlässigkeit stimmen wir ihr freiwillig zu, symbolisiert durch das Zusammenziehen der Finger. (3) Wir erkennen die Wirklichkeit in Form eines Wahrnehmungsurteiles: durch die Verbindung von Vorstellung und Zustimmung, vergleichbar der den Gegenstand fassenden Faust. (4) Von einem strengen Wissen kann man aber erst dann reden, wenn die zur Faust geballte Rechte von der Linken zusammengepreßt wird, das heißt: wenn das Wahrnehmungsurteil in einen umfassenden Begründungszusammenhang eingeordnet wird, so daß es durch keine Argumentation angefochten werden kann. – Raffael: Studie für «Apollo im Parnaß», Ausschnitt.

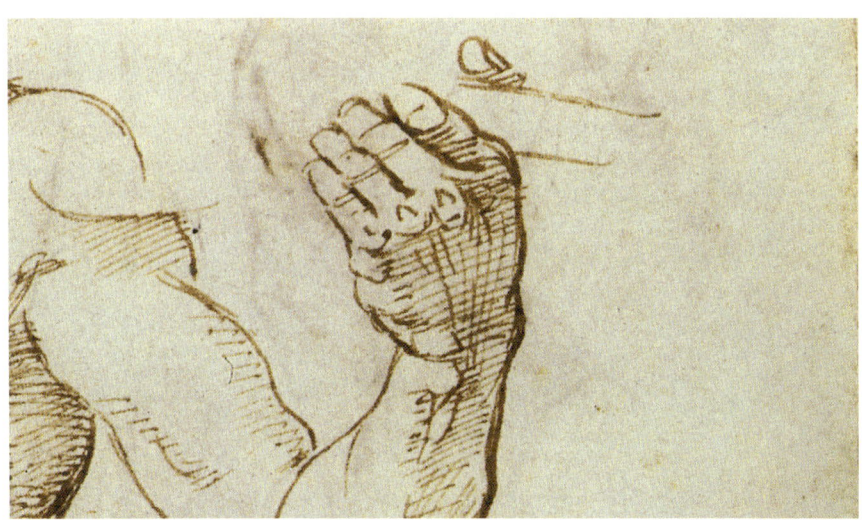

66

Einige Ratschläge stoischer Lebenskunst. Seneca, ‹Der Weise›: «Ein Weiser hat es nicht nötig, furchtsam und zaghaft aufzutreten, er besitzt genügend Selbstvertrauen, um es zu jeder Zeit mit dem Schicksal aufnehmen zu können.» «Der Weise gebraucht den Reichtum wie einen Sklaven, beim Toren ist er Herr.» – Epiktet, ‹Handbüchlein der Moral›: «Nicht die Dinge selbst beunruhigen die Menschen, sondern die Vorstellungen von den Dingen. So ist zum Beispiel der Tod nichts Furchtbares ..., sondern die Vorstellung, er sei etwas Furchtbares.» «Der Ungebildete macht andern Vorwürfe, wenn es ihm übel ergeht. Der philosophische Anfänger macht sich selber Vorwürfe. Der wahrhaft Gebildete tut weder das eine noch das andere.» – Mark Aurel, ‹Selbstbetrachtungen›: «Die vernunftlosen Tiere ... behandle als vernünftiger Mensch hochherzig und edel, die Menschen aber, weil sie Vernunft haben, behandle mit geselliger Liebe; bei allem aber rufe die Götter an.» «Das ist ein echtes Zeichen sittlicher Vollkommenheit, wenn man jeden Tag, als wäre er der letzte, hinbringt, fern von Aufwallung, Erschlaffung und Verstellung.» – Mark Aurel, zeitgenössische Bronzemedaille.

Idealen verwandt. Die stoische Grundmaxime «in Übereinstimmung mit der Natur leben» verlangt vom Menschen, seine leiblichen, gefühlsmäßigen, intellektuellen und moralischen Fähigkeiten ganzheitlich zu entfalten. Eine entsprechend harmonische Persönlichkeit wird allgemein anerkannte Zwecke, angefangen mit der Selbsterhaltung und der Sorge für die Nachkommen, überlegt («mit Vernunft») verfolgen, indem sie die eigenen Triebe lenkt und gegebenenfalls korrigiert. Beim richtigen Handeln unterscheidet die Stoa zwei Stufen. Während man die «mittlere», gemeine Pflicht *(kathēkon, officium commune)* schon aus aufgeklärter Selbstliebe erfüllt, vermag nur der von allen äußeren Gegebenheiten unabhängige Weise das sittliche Ideal, die vollkommene Pflicht *(katorthōma, officium perfectum)*, zu erfüllen. Weil er einen vollkommenen Charakter mit einer vollkommenen Urteilskraft verbindet, fallen bei ihm Tugend und Glück in eins.

NEUPLATONISMUS

Im dominierenden Denken der Spätantike, dem Neuplatonismus, vollzieht sich weit mehr als nur eine Erneuerung der Lehren Platons. Die großen Vertreter: Plotin, Porphyrios und Proklos, suchen auch eine Synthese mit Aristoteles, weshalb man ebenso von einem Neu-

aristotelismus sprechen könnte. Allerdings überwiegen die Platoni- 67
schen Gedanken, und weder der Naturforscher noch der Verfas-
sungstheoretiker Aristoteles spielt eine Rolle. Die Ethik wird thematisch eng begrenzt, und die Politische
Philosophie fehlt ganz. Statt dessen greift *In den philosophischen Zentren der*
man das Logos-Denken der Stoa und – über *Zeit, in Athen, Alexandria und Kon-*
den Neupythagorismus vermittelt – ein my- *stantinopel, werden philosophische*
stisches Element auf. Außerdem findet eine *Lehrstühle für Neuplatonismus aus*
Art von Theologisierung der Philosophie *öffentlichen Mitteln finanziert. Vor*
statt, denn der Gottesbegriff erhält ein weit *allem in Alexandria werden schon*
größeres Gewicht. Zugleich spielt gegenüber *vorher die philosophischen Autori-*
dem Übergewicht des Lebenspraktischen in *täten, Platon und mehr noch Aristo-*
den hellenistischen Schulen wieder die *teles, kommentiert. In Alexandria*
theōria die größere Rolle, jetzt aber mit der *begegnen sich auch Neuplatonismus*
Gefahr einer «idealistischen» Überbewer- *und Christentum, etwa bei den*
tung verbunden. Der Neuplatonismus ent- *Kirchenvätern Klemens (gest. vor 216)*
faltet eine enorme Wirkung. Über die Kir- *und Origenes (ca. 185–253). Und*
chenväter vermittelt, prägt er die christliche *vorher vertritt der hellenisierte Jude*
Philosophie und Theologie fast des ganzen *Philon (25/13 v. Chr. – 41/50 n. Chr.)*
Mittelalters, ferner das islamische und das *eine allegorische Auslegung der*
jüdische Denken. Später beeinflußt er den *Genesis, die jüdische und platonische*
italienischen Humanismus, die Schule von *Theologie miteinander verbindet.*
Cambridge (17. Jhd.), Leibniz, die Deut- *Er sieht in Gott den transzendenten*
schen Idealisten Schelling und Hegel, nicht *Grund alles Seienden und in den*
zuletzt auch Herder, Goethe und Novalis. *Ideen die ewigen Gedanken Gottes,*
die schon vor Erschaffung der Welt
existieren. – Bibliothek von Alexan-
dria. Holzschnitt des Petrarcameisters.

68   *Plotin.* Die überragende Gestalt des Neuplatonismus und der nach
Platon und Aristoteles wirkungsmächtigste Denker der Antike, Plotin (205–270 n. Chr.), interessiert sich im wesentlichen nur für ein
Thema, für eine theologisch inspirierte Metaphysik des (von Platon
übernommenen) Einen-Guten. Der Zeitgenosse der ersten Kirchenväter verbindet die klassische griechische Philosophie mit der eigenen mystischen Erfahrung zu einer kühnen Spekulation. Diese
kommt den Religionen entgegen, schafft für sie aber auch neue Probleme. Plotin fragt nach der ersten Ursache der Welt, interpretiert
die Ursache als Gott und versteht den Weg zur ersten Ursache mit
Platons Höhlengleichnis als einen Aufstieg. Diesen deutet er als einen Weg des Menschen zu sich selbst und über sich selbst hinaus,
als jenen Heimweg in den Urgrund der Seele, der in der mystischen
Vereinigung des Geistes mit dem Einen-Guten gipfelt: Die Seele findet dort ihre Selbstverwirklichung, wo sie zu ihrem Ursprung zu-
rückkehrt. Bei Plotin taucht übrigens zum ersten Mal das Ich (*to
egō*) als philosophischer Begriff auf.

Für Platon und Aristoteles ist die ewige Anwesenheit des *eidos*,
der Idee oder Form, letztlich fraglos. Plotin problematisiert diese Annahme, indem er überlegt, wie die Anwesenheit denn sein könne.
Nach Plotin geht alles Seiende aus der überströmenden Fülle eines
höchsten Ursprungs hervor: die Ideen aus dem Einen-Guten und die
Einzeldinge aus den Ideen. Dieser Gedanke eines Ausstrahlens (*ek-
lampsis*) oder Hervorfließens (*aporrhoia*: Emanation) kehrt den neuzeitlichen Gedanken der Evolution um; an die Stelle einer Entwicklung des Höheren aus dem Niedrigen tritt eine Entwicklung des

Niedrigen aus dem Höheren. Plotin meint
freilich keinen zeitlichen, sondern einen metaphysischen Prozeß: die ontologische Abhängigkeit aller Wirklichkeit vom höchsten Prinzip. Zugleich gliedert sich die Wirklichkeit in
Rangstufen: «Hypostasen» (wörtlich: Stütze,

*In seiner Abhandlung ‹Über das Schöne› knüpft
Plotin an die Diotima-Rede aus Platons ‹Symposion› an. Er geht von der Erfahrung körperlicher
Schönheit als einer Harmonie aus, die man nicht
bloß bewundert, sondern auch begehrt. Als Grund
der Schönheit gilt die Form (eidos), die das Eigentliche des Seienden und damit auch der betrachten-
den Seele selbst ausmacht. Die ästhetische
Erkenntnis wird daher als Wiedererinnerung verstanden: Beim Anblick des Schönen erinnert die
Seele «sich ihrer selbst und dessen, was sie in sich
trägt». – Venus mit jungem Paar, um 25 v. Chr.*

Plotin erläutert seine Lehre der Wirklichkeitsstufen (Hypostasen) mit einem treffenden Bild: Die erste Stufe, das Eine-Gute, ist die höchste Lichtquelle. Aus ihr geht der (göttliche) Geist wie das Licht aus der Sonne hervor; er bedeutet den ersten vom Guten ausstrahlenden Glanz. Als Ort der ewigen Gedanken Gottes, der Ideen, ist der Geist der Inbegriff des eigentlich Seienden und zugleich der Beginn der Vielheit. Von der Seele an abwärts findet eine ständige Lichtminderung statt, bis man schließlich die unterste Stufe, die radikale Finsternis der Materie, erreicht. – Helmut Schober: Perpetuus transitus 3, 1994.

Grundlage, lat. subsistentia). Dieser Ausdruck ist in der Spätantike eines der wichtigsten Elemente philosophischer und theologischer Spekulation. In der christlichen Lehre der Dreifaltigkeit bezeichnet er die drei göttlichen Personen: Vater, Sohn und Geist.

Plotins erste drei Stufen von Wirklichkeit sind schlechthin vollkommen und übersinnlich: (1) das Eine (*hen*) und zugleich Gute (*agathon*), (2) der Geist (*nous*) und (3) die Seele (*psychē*). Wie wenn eine unerschöpfliche Quelle alle Flüsse der Welt hervorbrächte, ohne selber dabei zu versiegen, so bringt der absolute Anfang, das Eine-Gute, aus einem Überfluß schöpferischer Kraft die gesamte, hierarchisch geordnete Wirklichkeit hervor. Sie beginnt, von oben nach unten gesehen, mit dem (göttlichen) Geist (erste Rangstufe bzw. Hypostase), dem Geburtsort jenes wahrhaft Seienden, der Ideen, die zugleich eine erste Vielheit beinhalten: zweite Hypostase. Aus dieser Zuordnung entsteht später, etwa bei Augustinus, die Ansicht, die Ideen seien Gedanken Gottes. Die dritte Hypostase, die Seele, versteht Plotin teils kollektiv als Weltseele, teils als individuelle Seele von Menschen, Tieren und Pflanzen. Die Welt gilt nämlich als ein einheitlicher Organismus, der von der Seele sowohl im ganzen als auch in den Teilen regiert wird. Während die Weltseele ganz der übersinnlichen und unvergänglichen Welt gehört, sind die Einzelseelen eine gleichsam in die Körperwelt (später: vierte Hypostase) her-

70   abgestiegene und sie gestaltende Kraft. Durch die Ver-Körperung der idealen Denkinhalte der Weltseele in realen Gegenständen entsteht ein raum-zeitliches Auseinander: die sinnenfällige Welt. Die Zeit ist das in die Vielheit auseinandertretende Bild der Ewigkeit, das durch die Selbstentfaltung der Seele entsteht.

Plotin schließt daran seine Ästhetik an: Dank der geistigen Welt fällt auf die sinnliche Welt ein Abglanz der (überirdischen) Harmonie und Schönheit. Der Streit und die Vergänglichkeit, die in der materiellen Welt vorherrschen, verweisen auf die schlechthin unterste Stufe und den absoluten Gegensatz zum Einen-Guten: den Stoff bzw. die Materie (später fünfte Hypostase). Als Abwesenheit von aller Form und allem Guten ist sie reiner Mangel. Und weil sie jede ihr aufgeprägte Form wieder zerstört, ist sie, der selbst nicht mehr sichtbare Grund der sichtbaren Welt, das Urböse. Auf Plotin geht der Begriff des Bösen als Beraubung (*sterēsis*) von allem Guten zurück.

Die von oben nach unten in fünf Stufen aufgebaute Welt ist für Plotin die Bühne, auf der sich das Drama der menschlichen Einzelseele abspielt. In die Körperwelt gefallen, steht die Seele – so Plotins neuartige Ethik – vor einer existentiellen Entscheidung: Will sie sich der Körperlichkeit, also dem Bösen, hingeben oder in einer mehrstufigen Reinigung (*katharsis*) davon freiwerden? Wer sich für die zweite Möglichkeit entscheidet, setzt zunächst mit Hilfe der gewöhnlichen, «bürgerlichen» Tugenden den sinnlichen Leidenschaften eine Grenze, um sodann in einem intellektuellen Aufstieg von der Wahrnehmung über das begriffliche (diskursive) Denken zur überbegrifflichen, intuitiven Schau des Übersinnlichen zu gelangen,

bei der der Mensch – für einen Moment – zu einem zweiten Gott werde. Denn die «Rückkehr» vollendet sich in der Ekstase: einem Außersich- und Entrücktsein, das in der Einswerdung (*henōsis*) mit dem Einen-Guten als dem absoluten Urgrund besteht. Gemeint ist kein Zustand der Schwärmerei, sondern eine «intellektuelle Verzückung». Sie findet sich in der intellektuellen Mystik eines Meister Eckhart und eines Cusanus wieder und wird von Nietzsche als eine der «naivsten und überzeugendsten Wünschbarkeiten» geschätzt.

Plotins Schüler, der Universalgelehrte Porphyrios (234–305), entwickelt einen trinitarischen Gottesbegriff, auf den die christlichen

Plotin. – Skulptur, um 250 n. Chr.

Kirchenväter zurückgreifen. Seine *Einleitung (eisagōgē) in die Aristotelischen Kategorien* (um 270) erläutert diese mittels einer logischen und zugleich ontologischen Deutung der «fünf Prädikabilien» (Gattung, Differenz, Art, Eigentümlichkeit/Proprium und Eigenschaft/Akzidenz). Besonders die Frage nach der Seinsart der Allgemeinbegriffe (Universalien): der Gattungen und Arten, beeinflußt über viele Jahrhunderte das mittelalterliche Denken. Der dritte große Neuplatoniker, Proklos (412–485), für Hegel ein Vorläufer der eigenen Dialektik, befaßt sich vor allem mit dem Verhältnis von göttlicher Vorsehung, Naturnotwendigkeit und menschlicher Freiheit. Proklos bestimmt das Böse zwar mit Plotin als Beraubung bzw. Mangel: als eine wesenlose Fehl-Wirklichkeit. Deren Prinzip bildet aber nicht mehr die Materie, weshalb es für ihn kein absolut, sondern nur ein relativ Böses gibt.

GNOSIS

In ihren verschiedenen Richtungen mischen sich magische, religiöse und philosophische Elemente zu einem elitären Geheimwissen. In der hellenistischen Spätantike entstanden, fordert die Gnosis (gr. Wissen) seit dem 2. Jahrhundert n. Chr. die Kirchenväter zur Auseinandersetzung heraus. Während die Philosophie seit den Vorsokratikern und das Alte Testament die Welt als Kosmos: schöne Ordnung, ansehen, treten in der Gnosis das Leiden aller Kreatur, die Schlechtigkeit des Menschen und eine Leibfeindlichkeit in den Vordergrund. Nach der Gnosis gibt es einen scharfen Gegensatz (Dualismus) von Geist und Materie, von Gott bzw. göttlichem Urgrund und Welt sowie von Gut und Böse. Der Mensch soll die Selbstentfremdung, in der er lebt, durch eigene Kraft überwinden, wobei es vor allem auf die Erkenntnis Gottes, seines Heilsplanes und der Geheimnisse der Welt ankommt: Erlösung durch Wissen.

LEKTÜREEMPFEHLUNG: Von Epikur lese man zunächst den *Brief an Menoikeus*, der mit einer philosophischen Gotteslehre beginnt und dann in Lebensweisheit übergeht. Oder man lese Lukrez' Lehrgedicht *Von der Natur der Dinge*. Zur Skepsis empfiehlt sich Sextus Empiricus' *Grundriß der pyrrhonischen Skepsis*, Buch I. Das Denken der Älteren und Mittleren Stoa ist nur in Fragmenten überliefert. Für die stoische Lebenskunst eignen sich sowohl Senecas Schriften, z. B. *Vom glücklichen Leben*, als auch Epiktets *Handbüchlein der Moral* oder Mark Aurels *Selbstbetrachtungen*. Beim Neuplatonismus beginne man z. B. mit Plotins Abhandlungen *Über die Glückseligkeit* (sog. Enneade – Neuner-Schriftgruppe – I 4) und *Über das Schöne* (Enneade I 6).

IV. Ein Blick nach Indien und China

Philosophieren ist kein Privileg des Westens; seit den Alexanderfeldzügen wird der Westen vielleicht sogar von Indien beeinflußt. Was manche die östliche Philosophie nennen, heißt aber besser östliches Denken. Denn in Indien befaßt man sich zwar auch mit Logik, Erkenntnis- und Sprachtheorie sowie mit Kosmologie und Ethik. Aber erst spät, in der Mitte des ersten Jahrtausends n. Chr., setzt sich ein selbständiges Denken gegenüber praktischer Wegweisung durch. Die Hauptgestalten des indischen Geistes: der Hinduismus, Buddhismus und Jainismus, sind dagegen eng mit Religion verknüpft, zwar nicht notwendig mit einem Schöpfergott, aber mit Erlösung und Heil; und als menschliches Vorbild gilt der Erleuchtete. Die Hauptgestalten aus China wiederum: der Daoismus, Konfuzianismus und Legismus, sind teils kultisch-religiöse, teils lebenspraktisch bestimmte Schulen. Und in beiden Kulturräumen haben Autoritäten: heilige Schriften, vorbildliche Lebensweisen und herausragende Persönlichkeiten, oft ein größeres Gewicht als das philosophische Argument.

INDIEN

Seit der Einwanderung der Arier in der Mitte des zweiten Jahrtausends v. Chr. bildet sich in Indien eine Fülle religiös-philosophischer Lehren heraus. Die meisten von ihnen unterscheiden «philosophische» Ansichten (*darsana*: Schau, Prüfung, Lehre) von religiös-praktischen Verbindlichkeiten (*dharma*), ordnen jedoch beide demselben Ziel, einer Erlösung von den Schranken individueller Existenz, unter. Und nach westlichem Verständnis bleiben Mythos und Logos noch miteinander verknüpft. Die hierarchische Ordnung der Welt erinnert an Aristoteles: Alle Lebewesen bilden eine Stufenleiter, die mit den einfachsten Pflanzen beginnt und mit den Göttern endet. Anders als bei Aristoteles ist die Welt aber von einem sittlichen Vergeltungsgesetz beherrscht, dem *karma* (Sanskrit: Handlung, Opfer, Schicksal), demzufolge jedes Handeln gemäß seinem guten oder bösen Charakter gute oder böse Früchte abwirft. Hinzu kommt die Lehre von einer Seelenwanderung und einem Kreis-

Im Lehrgedicht ‹Bhagavadgita› («Gesang des Erhabenen») belehrt Krischna («der Schwarze»), eine menschliche Erscheinung des Gottes Vischnu, einen Prinzen über das Wesen von Gott, Welt und Seele. – Krischna in kosmischer Gestalt als Verkörperung des Universums.

74   lauf der Wiedergeburten (*samsara*). Denn zum großen Teil findet die Vergeltung für böses Handeln nicht im jetzigen, sondern erst im jeweils folgenden Leben statt. Insofern weist das Karma jedem Wesen aufgrund der guten und bösen Handlungen des früheren Daseins seinen Platz auch im gegenwärtigen Dasein an.

Hinduismus. Der Hinduismus, Inbegriff der «orthodoxen» Richtungen des indischen Denkens, erkennt die in einem Zeitraum von tausend Jahren (etwa 1500–500 v. Chr.) entstandenen und über Priesterschulen vermittelten Texte, die *Veden* (Sanskrit: [heiliges] Wissen), als absolute, unfehlbare Autorität an. Innerhalb des großen Epos *Mahabharata* besitzt die *Bhagavadgita* den Rang eines «hinduistischen Glaubensbekenntnisses». Sie handelt von den vier Zielen des Menschen: Gerechtigkeit (*dharma*, wörtlich: «das Fragende», gemeint ist eine gerechte Lebensordnung), Wohlstand (*artha*), Lust (*kama*) und Erlösung (*mokscha*). Im menschlichen Körper gibt es nämlich einen unzerstörbaren Seelenkern, ein *Atman*, der aus dem Gefängnis des Körpers zu befreien ist, auf daß er mit der ursprünglichen Gottheit, aus der er stammt, dem *Brahman*, eins werde. Die *Bhagavadgita* lehrt auch drei, seitdem als gleichwertig geltende Wege der Erlösung: (1) ein sittlich-religiöses Leben (*dharma*), (2) die Hingabe an Gott in Demut und Liebe (*bhakti*) und (3) ein Wissen (*juana*), das von Meditation (*dhyana*) und Argumentation (*nyaya*) bestimmt ist. In jedem Fall besteht die Erlösung in der Befreiung der Seele von den Fesseln des Leibes und den Qualen der Wiedergeburt. Weiterhin verkündet sie die hierarchische Gliederung der Gesellschaft in vier Kasten (*varna*, wörtlich Farbe), in Priester: Brahmanen; Adlige: Fürsten, Krieger und Richter; Kaufleute und Bauern, schließlich Arbeiter und Diener oder Angestellte. Außerdem gibt es noch rechtlose Parias: Unberührbare. Nicht zuletzt lehrt sie die vier Lebensstadien: daß insbesondere die Brahmanen zunächst Schüler, dann Familienväter, später Einsiedler sind und am Ende Mönche werden.

     Die älteste hinduistische Schule, die Samkhya-Schule, ist realistisch, weil sie die sichtbare Welt für real hält, und dualistisch, da sie hinter allen Phänomenen nur zwei Arten von Wirklichkeit anerkennt: den ewigen, aber passiven Geist (*puruscha*), eine inhaltlose Bewußtheit, und die ewige, aktive Materie (*prakriti*), eine dreifach gestaltende Kraft: ein Glück-Hervorbringen durch Bewußtheit, ein Leid-Hervorbringen durch Tun und ein Trägheit-Hervorbringen durch Widerstand.

Um 500 v. Chr. entstehen zwei bedeutende Reformbewegungen: 75
der Buddhismus und der Jainismus. Beide sind «heterodox», da sie
sich gegen die Autorität der Veden und gegen das heilige Kastenwe-
sen wenden. Ihnen geht es aber nicht um eine Gesellschaftsreform,
sondern um persönliche Vollkommenheit. Daneben gibt es einige
weniger einflußreiche Ansichten: Der legendäre Fürst und «Materia-
list» Payasi soll die Existenz der Seele und die Lehren der Vergeltung
und der Wiedergeburten geleugnet haben. Der radikale Skeptiker
Sanjaya Belatthiputta, ein Zeitgenosse Buddhas, behauptet, etwas sei
(1) weder so (2) noch nicht so (3) noch zugleich so und nicht so (4)
noch weder so noch nicht so. Ein anderer Zeitgenosse Buddhas, der
«Fatalist» Makkhali Goschala, vertritt einen strengen Determinismus, der zwar den Kreislauf der Wiedergeburten anerkennt, ihn
aber nicht mehr für den Weg zur Erlösung hält.

Buddhismus. Der Buddhismus verwirft die in der hinduistischen
Lehre vom Atman enthaltene Unsterblichkeit des Menschen und
hält statt dessen alles Leben für vergänglich und zugleich leidvoll.
Seine Lehre vom Leiden faßt Buddha in «vier heilige Wahrheiten»
zusammen: (1) Alles Leben ist einem unablässigen und hinsichtlich
Geburt, Alter und Krankheit so starken Leiden unterworfen, daß
das Leiden die Freuden überwiegt, weshalb es besser wäre, niemals
geboren zu sein. (2) Der Ursprung des Leidens (Schmerz, Kummer,
Unrast und Angst) liegt in drei Leidenschaften: im dreifachen «Da-
seinsdurst» nach sinnlicher Lust, nach einem Weiterleben über den

*Der Stifter des Buddhismus, Siddharta, auch
Gautama genannt (ca. 566–486 v. Chr.),
stammt aus einem reichen Adelsgeschlecht.
Mit 29 Jahren des Lebens im Luxus über-
drüssig, gründet er mit fünf Asketen einen
Mönchsorden und wandert sechs Jahre als
Bettelasket umher. Weil er auf dem Weg harter Kasteiung sein Ziel nicht erreicht, versucht
er es mit einer anderen Praxis, der Geistesver-
tiefung (Meditation), und findet relativ rasch
über eine ebenso leidfreie wie glückfreie Aus-
gewogenheit des Geistes die gesuchte Erleuchtung. Seitdem heißt er Buddha: der Erleuchtete, und zieht lehrend und werbend durch
Nordindien. Im 3. Jahrhundert v. Chr. wird
seine Lehre vom Königshaus übernommen.
Später breitet sie sich über die Nachbarländer
aus, insbesondere über Tibet, die Mongolei,
China, Korea und Japan. – Meditierender
Buddha aus Duldur Aqur, Kucha.*

Für die im Buddhismus so wichtige Meditation gibt es unterschiedliche Gestalten. Im chinesischen Chan- (abgeleitet vom indischen Wort dhyana: Selbstversenkung, Meditation) und japanischen Zen-Buddhismus besteht sie in der unter Anleitung von Meistern geübten Kontemplation. Sie zielt auf eine (mystische) Versenkung und intuitive Erleuchtung des Geistes (japan. satori). Im 13. Jahrhundert aus Korea eingeführt, spielt der Zen-Buddhismus im japanischen Geistesleben seither eine überragende Rolle. Er inspiriert die Tuschmalerei, besonders die Kalligraphie, eine spezielle Gartenkunst und eine meditativ verstandene Kunst des Bogenschießens. – Japanischer Zen-Garten im Daitokuji-Tempel, Kyoto.

Tod hinaus und nach Vernichtung dieses Lebens. (3) Aufgehoben wird alles Leiden durch jene Befreiung von allen Leidenschaften bzw. Vernichtung des Daseinsdurstes, durch die Erlösung im Nirwana, die nicht in einem personalen Leben nach dem Tod besteht, vielmehr «dem Verlöschen einer Lampe gleicht»: Der Mensch befreit sich nicht, indem er sein Schicksal in die Hand nimmt, sondern indem er sich losläßt. (4) Der Weg der Befreiung, der «heilige achtfache Pfad», steht allen Menschen offen und wird von späteren Schülern Buddhas auf dreifache Weise charakterisiert. Er fordert (a) die Tugend als rechtes Erkennen (der Lehre Buddhas) und rechte Gesinnung (Entsagung und Güte), (b) die Tugend als rechtes Reden und rechtes Handeln und schließlich (c) die Tugend als rechte Lebensweise und als Sammlung, bestehend aus rechtem Bemühen, rechter Achtsamkeit und rechtem Sichversenken. Das Minimum des rich-

tigen Weges besteht im Einhalten von fünf Verboten: Man darf weder töten noch lügen noch stehlen, weder unerlaubten Geschlechts-
verkehr ausüben noch berauschende Getränke genießen.

Jainismus. Der Gründer der zweiten großen Reformbewegung,
Vardhamana Kasyapa (ca. 550–477 v. Chr.), stammt wie sein Zeitgenosse Buddha aus der zweiten Kaste. Aufgrund seiner Erleuchtung heißt er «Allwissender» (*Kevalin*), «großer Held» (*Mahavira*)
und «Sieger» (*Jina*, daher nennen sich seine Anhänger Jainisten).
Mahavira will keine neue Lehre verkünden, sondern lediglich die
seit Ewigkeit geltende, aber nach und nach verderbte Lehre wieder-
herstellen. Den Kern seiner Ethik bilden fünf Gebote, die sowohl in
Gedanken als auch Worten und Taten zu erfüllen sind. In der für
die Laien abgeschwächten Form beinhalten sie ähnliche Forderungen wie diejenigen Buddhas: Nichtverletzen, Wahrhaftigkeit,
Nichtstehlen, Keuschheit und Bedürfnislosigkeit.

Gegen Ende des fünften Jahrhunderts n. Chr. verselbständigt sich
die theoretische Reflexion. Der hinduistische Denker Bhartrhari
(ca. 450–510) begründet eine eigenständige, grammatisch fundierte Sprachphilosophie. Sie führt alle Erkenntnis auf Wahrnehmung
und Sprache zurück, setzt Sprache und Brahman (die Weltseele) in
eins und behauptet den Vorrang des Allgemeinen vor dem Individuellen. Überhaupt sei kein Gedanke ohne sprachlichen Ausdruck
möglich. Der buddhistische Denker Dignaga (ca. 460–540) entwickelt eine eigenständige, logisch fundierte Erkenntnistheorie, die
nur zwei Elemente anerkennt: die Wahrneh-
mung und die Schlußfolgerung. Wegen seiner Schlußlehre, die der antiken Syllogistik
ebenbürtig ist, trägt er den Beinamen eines
«Aristoteles der buddhistischen Welt».

Seit dem 4. Jahrhundert n. Chr. dringt der
Buddhismus aus China nach Korea ein. Er löst
hier die Urreligion ab, den Schamanismus
(«saman»: Vermittler zwischen Mensch und
übermenschlichen Wesen), etabliert sich seit dem
6. Jahrhundert als Staatsreligion und hilft dem
Land zu einer kulturellen Blüte mit Universitäten
und einem hohen Maß literarischer Bildung. Von
1392, dem Ende der Koryo-Dynastie, bis 1910
herrscht ein Neukonfuzianismus vor. – Der hier
abgebildete buddhistische Miruk: Freundschaft-
licher, Wohlwollender, denkt im Paradies dar-
über nach, wie er sich auf Erden manifestieren
und für die Menschen hilfreich werden soll.

78 CHINA

Das klassische chinesische Denken bildet sich zwischen dem 6. und 3. Jahrhundert v. Chr., in jenen Zeiten schwerer gesellschaftlicher und politischer Krisen heraus, die in die erste Reichseinigung (221 v. Chr.) münden. Im Mittelpunkt stehen daher Fragen der gesellschaftlichen und politischen Ordnung und der persönlichen Moral. Hinzu kommen kosmologische Überlegungen zum Verhältnis von Mensch und Natur, während ein rein theoretisches Denken fehlt. Sogar die logischen und sprach-«theoretischen» Überlegungen zum Verhältnis von Wort und Wirklichkeit in der Schule der (späteren) Mohisten (*mojia*) und in der Schule der Namen (*mingjia*) haben einen praktischen Hintergrund, etwa die aus der schriftlichen Festlegung von Strafgesetzen folgenden Auslegungsdebatten. Philosophisch interessant sind die in diesen Schulen formulierten Paradoxien, etwa «Wenn Du von einem Stock, der die Länge eines Fußes mißt, täglich die Hälfte abschneidest, wirst Du auch nach zehntausend Generationen nicht fertig sein».

Weit einflußreicher ist die Suche nach konstruktiven Antworten auf den Zerfall der archaischen Ordnung, deren Feudalgesellschaft, Verhaltensregeln und ethisch-religiösen Weltbildern: Insbesondere ist man nicht länger überzeugt, der Herrscher habe ein «himmlisches Mandat» und der «Himmel» nehme durch Eingriffe in die Natur (z. B. Überschwemmungen), in die Politik (z. B. Aufstände) und in das persönliche Schicksal eine Vergeltung aller Übeltaten schon im Diesseits vor. Aus der Fülle der konstruktiven Antwortversuche ragen bald drei grundverschiedene Richtungen heraus: der sozial engagierte, «konservative» Konfuzianismus, der «gesellschaftskritische» Daoismus und der «rechts- und staatsfromme» Leg(al)ismus. Später, vermutlich gegen Ende der sogenannten klassischen Epoche, kommt noch die Yin-Yang-Schule hinzu. Die Lehren dieser Schulen bilden sich schon ab 500 v. Chr. heraus, erhalten aber erst seit dem 2. Jahrhundert v. Chr. ihre definitive, schriftliche Form. Die klassischen Texte sind also späte Gemeinschaftswerke verschiedener, nicht immer identifizierbarer Autoren. Überdies beeinflussen sich die Schulen gegenseitig, so daß sie in der heute bekannten Gestalt einen synkretistischen: aus verschiedenen Denkansätzen «vermischten» Charakter besitzen. Die (umfangreichen) Kommentare zu den klassischen Texten sind oft authentischer.

Die Yin-Yang-Schule oder Schule der Naturalisten bzw. Kosmologen (etwa seit 400 v. Chr.) verbindet sich kaum mit konkreten Personen und Texten. Selbst vom prominentesten Vertreter Zou Yan (ca. 350–270 v. Chr.) liegen nur wenige Fragmente vor. In ihrer entwickelten Gestalt versucht die Schule, alle Aspekte menschlichen Handelns in eine umfassende, sowohl kosmische als auch soziale Ordnung zu integrieren. Ihr Denken ist von zwei entgegengesetzten Prinzipien bestimmt: dem dunklen («Mond»), passiven, weichen und weiblichen Yin und dem hellen («Sonne»), aktiven, harten und männlichen Yang. Die kosmischen Prozesse, die aus den zwei Prinzipien und deren Einwirken auf die fünf «Wandlungsphasen»: Wasser, Feuer, Holz, Metall und Erde, folgen, gelten als Leit- und Spiegelbild der Politik. Das berühmte ‹Buch der Wandlungen› (‹Yijing›, ca. 3. bis 2. Jhd. v. Chr., möglicherweise aber auch viel älter) stellt eine Art Orakelbuch dar, das die jeweils vorliegenden kosmischen Konstellationen erkennen helfen und zu «naturgemäßem» Handeln verhelfen soll. Politisches Fehlverhalten stört nämlich das Gleichgewicht der Natur und führt zu Naturkatastrophen, etwa Erdbeben und Überschwemmungen. Während Yin und Yang im klassischen chinesischen Denken noch keine Rolle spielen, prägen sie später so gut wie das gesamte Denken und Leben: von neukonfuzianischen kosmologischen Spekulationen über Medizin und Pharmazie bis zur Geomantik und anderen Wissenschaften. – Chinesisches Amulett.

Konfuzianismus. Nach dem Konfuzianismus (*rujia*) kann der Mensch nur als gesellschaftlich organisiertes Kulturwesen leben, und das Übel der Welt folgt aus mangelnder Pflege der überlieferten Moral: ihrer Verhaltensregeln, Riten und ihrer streng hierarchischen Ordnung. Da aber mittlerweile diese Moral ihre Macht verloren hat, ist eine neue Grundlage zu suchen. Man findet sie in einer moralischen Haltung, der Tugend, die das Gute nicht länger um der fraglichen Gunst des Himmels, sondern um seiner selbst willen tut. Zusätzlich zur Anerkennung der Sitten und Riten werden vom vorbildlichen Menschen, insbesondere dem «weisen Herrscher», Menschlichkeit (*ren*), Gerechtigkeit und Pietät sowie ein Studium der klassischen Texte verlangt. Staatsgeschäfte werden daher nicht zu einer Fachdisziplin verselbständigt; die Beamten sind nicht ausgebildete Juristen, sondern Gelehrte der klassischen, vor allem konfuzianischen Literatur. Von der Beschäftigung mit ihr erwartet man ähnlich wie im europäischen Humanismus die Aus-

«Seine Tugend gleicht Himmel und Erde. Sein Weg ist der beste aller Zeiten ... Er hinterließ Normen für zehntausend Generationen.» Konfuzius (chines. Kong Zi: Meister Kong, 551–479 v. Chr.) war in einer Zeit politischen und gesellschaftlichen Wandels nacheinander Schreiber, freischaffender Lehrer, hoher Beamter und schließlich Wanderlehrer. Die Ethik der ihm zugeschriebenen, aber erst später zusammengestellten ‹Gesammelten Worte› (‹Lunyu›) verbindet die chinesische Tradition, einschließlich der patriarchalen Sippenordnung der Feudalzeit, mit einem Vertrauen auf die Macht des Lernens und einer durchaus universalistischen Moral. In der Han-Dynastie (206 v. Chr.–220 n. Chr.) wird dieses Denken zusammen mit Elementen der Leg(al)isten und der Yin-Yang-Schule zur staatstragenden Lehre; Konfuzius selber wird gottähnlich verehrt. Seit dieser Zeit ist das ‹Lunyu› ein Grundtext der chinesischen Kultur. Zwischen dem 3. und 6. Jahrhundert wird der Konfuzianismus von Daoismus und Buddhismus verdrängt und gewinnt erst wieder in der Song- (960–1279) und der Ming-Zeit (1368–1644), jetzt als Neukonfuzianismus, gesellschaftlichen und philosophischen Einfluß. – Das idealisierende Porträt stammt von Wu Daozi, 685–758.

bildung einer humanen Persönlichkeit. Denn im Gegensatz zum Legismus stützt sich der konfuzianische Herrscher nicht auf übertrieben harte Gesetze und Strafen, sondern auf die (eigene) Moral, auf Herkommen und Sitte sowie die Kraft seiner Tugend. Neben dem Ahnenkult spielt die streng patriarchale Familie eine besondere Rolle, wird doch die soziale Ordnung durch das moralische Handeln in den fünf sozialen Grundbeziehungen gesichert: in denen zwischen Vater und Sohn, Herrscher und Untertan, Mann und Frau, Alt und Jung sowie – über die Familie hinaus – zwischen Freund und Freund.

Nach dem zweiten großen Lehrer Meng Zi (Meister Meng) bzw. Menzius (371–289 v. Chr.) ist der Mensch von Natur aus gut, hat eine «Würde in sich» und wird allenfalls durch äußere Einflüsse böse. Dieser «idealistischen» Richtung tritt der pessimistischere Xun Zi (Meister Xun, ca. 300–238 v. Chr.) mit der These entgegen, der Mensch sei von Natur aus schlecht und müsse deshalb das moralische Handeln lernen, indem er seine Wünsche und Begierden

kultiviere. Xun Zi fordert auch, nicht immer der Tradition zu folgen und den menschlichen Geist von Aberglauben und Vorurteilen
zu befreien. Dieser «rationalistische Konfuzianismus», bei dem der
Ahnenkult seine religiöse Dimension verliert und zu einem ehr-
erbietigen Gedenken wird, erhält im frühen Kaiserreich den Rang
einer Staatsdoktrin. Im (klassischen) Neukonfuzianismus – wichtig
Zhu Xi (1130–1200) – wird wieder Meng Zis «Idealismus» einflußreicher. Und der Neukonfuzianismus des 20. und 21. Jahrhunderts sucht in Auseinandersetzung mit der westlichen Philosophie
und im Blick auf die neuen gesellschaftlichen Verhältnisse die gesamte konfuzianische Tradition neu zu bewerten.

Daoismus (daojia). Der Grundbegriff *dao* («der Weg») bezeichnet
ein sowohl kosmisches als auch moralisches Prinzip. In kosmischer
Hinsicht ist Dao ein oberstes Weltprinzip, wird aber nicht als Welt-
vernunft oder (personale) Gottheit verstanden. Dao kümmert sich
nicht um die Menschen und wird vor allem negativ bestimmt: als
unbegreifbar, leer, unveränderlich und als schon vor Himmel und
Erde bestehend. Nach daoistischer Ansicht vollziehen sich die Naturprozesse unbewußt, ungewollt und trotzdem in vollkommener
Form. Der neben Laotse bedeutendste Lehrer, der nach seinem berühmten Buch: *Das wahre Buch vom südlichen Blütenland* (2.
Hälfte des 4. Jhds. v. Chr.), Zhuang Zi (Chuang Tzu) genannt wird,
erläutert den einschlägigen Gedanken des *wu wei* («Nicht-Han-
deln») durch ein Beispiel: Ein Metzger zerteilt ein Tier derart genau
an den richtigen Stellen, daß es wie von selbst zerfällt. Gemeint ist
nicht Passivität, sondern ein Handeln, das dank Anerkennung der
gegebenen «Ordnung» ohne Mühen ins Ziel gelangt.

In scharfem Gegensatz zum Konfuzianismus sieht der Daoismus
das soziale Grundübel in der Zivilisation und erinnert damit an
Rousseau. Die Neigung, alles zu reglementieren, zerstöre das kosmische Gleichgewicht, und das berechnende Denken löse den
Menschen aus seiner harmonischen Beziehung zur Natur. Der
Daoismus verachtet das Streben nach Reichtum, Macht und Ruhm
und fordert statt dessen ein «Zurück zur Ursprünglichkeit», die
sich biographisch in der Unbefangenheit des Kleinkindes zeige und
gesellschaftlich in einem zivilisations- und herrschaftsfreien Zusammenleben. Da die ersehnte Einfachheit nicht «barbarisch», mit
Gewalt, wiederhergestellt werden soll, sieht der Daoismus für die
Zivilisationsflucht nur zwei Möglichkeiten: Entweder zieht man
sich in ein einfaches Dorfleben zurück, oder man sucht in der Ein-

82   samkeit der Natur eine mystisch-meditative Vereinigung mit dem
verlorenen Urgrund.

Legismus. Die Schule des Legismus oder Legalismus *(fajia)* entsteht
an Höfen expandierender Staaten. Da sie in den Herausforderungen
der Zeit vornehmlich eine politisch-pragmatische Aufgabe sieht,
entwickelt sie zwar Herrschaftstechniken, verwirft aber alles, was
dem Staat nicht unmittelbar nützt, einschließlich aller Kultur und
jeder theoretischen Spekulation. Nach Han Fei (ca. 280 bis 233 v.
Chr.), dem nach Shan Yang (ca. 390–338 v. Chr.) zweiten «Intellektuellen», soll man weder der konfuzianischen Wertschätzung der
Tradition noch dem daoistischen «Zurück-zur-schon-vollkomme-
nen-Natur» folgen, vielmehr das Neue unvorbelastet gestalten. Angesichts der wegen des Bevölkerungswachstums unvermeidlichen
Ressourcenknappheit sei ein Rechts- und Staatswesen nötig, das

*Lao Zi bzw. Laotse (der alte
Meister), angeblich ein älterer
Zeitgenosse von Konfuzius,
tatsächlich aber eine mythische
Figur, gilt als Verfasser des
‹Daodejing›: des ‹Buches (jing)
vom Weg (dao) zur Tugend
(de)›. Das Werk, einer der
Grundtexte des klassischen
chinesischen Denkens, könnte
im 3. Jhd. v. Chr. entstanden
sein. Es enthält unter anderem
einen Aufruf an den «weisen
Herrscher», in das Leben der
Untertanen möglichst wenig
einzugreifen, keine Kriege zu
führen und in Einfachheit zu
leben, auf daß die Welt zu
ihrem idealen Urzustand
zurückkehre. Der hier dar-
gestellte Ritt auf einem Büffel
symbolisiert die rustikale
Schlichtheit der daoistischen
Lebensweise. Der Legende
nach machte sich Laotse mit
einem büffelgezogenen Wagen
nach Westen, zu den «Barbaren», auf, traf dort auf einen
Paßwächter und schrieb auf
dessen Aufforderung sein
Wissen nieder.*

mittels strenger Gesetze, harter Strafen und einer leistungsabhängigen Belohnung den Menschen zu einem willigen Glied des Gemeinwesens forme. Wird das Ziel erreicht, so kann sich das Gesetz aufheben und «der Herrscher sich in die hintersten Kammern seines Palastes zurückziehen». Folgerichtig findet die erste Reichseinigung (221 v. Chr.) auf der Grundlage des Legismus, nicht des «restaurativen» Konfuzianismus statt. Später gehen jedoch beide Lehren eine Verbindung ein, in der der Legismus für die Pragmatik des Herrschens, der Konfuzianismus für dessen «philosophische» Legitimation zuständig ist.

LEKTÜREEMPFEHLUNG: Für den Hinduismus kann man mit der *Bhagavadgita* (ab dem 5. Gesang) beginnen, für den Buddhismus mit *Buddhas Reden* (aus dem *Pali-Kanon*), für den Konfuzianismus mit den *Gesammelten Worten* (*Lunyu*) und für den Daoismus mit dem *Daodejing*.

V. Von Augustinus bis Bernhard von Clairvaux

Durch das Christentum wird die Wißbegier des Menschen einer neuen Herausforderung ausgesetzt. Für die Philosophie bringt sie eine so tiefgreifende Veränderung, daß eine neue Epoche beginnt: das «philosophische Abenteuer des Mittelalters». Dessen zeitliche Grenzen liegen zwar nicht eindeutig fest; die Epoche währt aber etwa ein Jahrtausend: vom 5. bis zum 15. Jahrhundert. Das neue Denken entsteht aus der Verbindung von Teilen der klassischen Philosophie mit zwei ihr fremden Elementen: mit einem Übergewicht der religiösen Fragen und mit religiösen Bindungen, die die zulässigen Antworten eingrenzen.

Die Philosophie wird mit heiligen Texten konfrontiert, mit einer Offenbarung. Da deren Lehren von Gott stammen sollen, scheinen sie nicht länger eine Suche nach Wahrheit zu gestatten, sondern verheißen *Augustinus. – Skulptur von A. Pilgram an der Kanzel im Stephansdom zu Wien.* bereits deren Besitz. «Bei Gott» – so Paulus – ist «die Weisheit dieser Welt» nichts als eine «Torheit vor Gott» (*1. Korinther* 3, 19 f.). Und der frühe Kirchenvater Tertullian (um 155 bis nach 220) fragt polemisch, was Athen mit Jerusalem, was die Platonische Akademie mit der Kirche gemeinsam habe. Daß Gott eine dreifaltige («trinitarische») Person und Jesus der Gottessohn ist, daß Gott die Welt in freier Entscheidung aus dem Nichts geschaffen hat (sie also nicht seit Ewigkeit besteht), daß der Mensch mit der Erbsünde geboren und trotzdem für sein Handeln verantwortlich ist – die Wahrheit dieser Dogmen steht für den Christen in der Tat nicht mehr zur Diskussion. Trotzdem muß der Philosoph nicht «seine Werkstatt schließen» (Heidegger). Denn er vergewissert sich nicht bloß einer vorgegebenen Wahrheit mit philosophischen Mitteln. Wie beim Zauberlehrling folgen die «Mittel» auch ihrer eigenen Gesetzlichkeit und bringen ihre eigene Weltsicht mit: Die «heidnische Philosophie» wird für die Religion Hilfsmittel und Herausforderung zugleich.

Die Philosophie des Mittelalters beginnt mit der Aufgabe, die im Glauben vorgegebenen Ansichten widerspruchsfrei und überzeugend zu denken. Darüber hinaus sucht sie die umfassende Aufklärung einer von Religion bestimmten Kultur. Zwar soll die Vernunft ergründen, was der Glaube bekennt. Viele christliche Wahrheiten kommen aber erst auf diesem Weg zu sich selbst: die Lehre von der Schöpfung als Entfaltung des göttlichen Willens, die der Ideen als Gehalte göttlichen Denkens und vor allem die der

Der Reichtum mittelalterlichen Denkens wird häufig unterschätzt. Für das Verhältnis des Christentums zur damals überragenden intellektuellen Autorität, der «heidnischen» Philosophie, werden mindestens acht Modelle entwickelt, die sich teils ergänzen, teils gegenseitig ausschließen. Ein Großteil dieser Modelle taucht in der islamischen und der jüdischen Philosophie wieder auf: (1) Desinteresse: Da das Christentum (und ebenso der Islam und das Judentum) die Wahrheit schon besitzt, braucht es keine Philosophie. (2) Verdrängung: Da die religiöse Wahrheit selbst schon die einzig wahre Philosophie ist, tritt sie an die Stelle der heidnischen Philosophie. (3) Überlegenheit: Die Weisheit des Glaubens überbietet die Weisheit der Philosophie; und dort, wo die Philosophie christlichen Lehren widerspricht, setzt sich das Christentum mit der Philosophie nur auseinander, um seine Überlegenheit zu beweisen. (4) Belehrung: Dort, wo die Philosophie christlichen Lehren gegenüber desinteressiert ist, öffnet das Christentum dem Nichtchristen den Blick für die größere Wahrheit. (5) Integration: Da die Philosophie teils (5a) zentrale Lehren des Christentums vorweggenommen hat, teils (5b) über komplementäre Einsichten verfügt, werden beide Bestandteile in das christliche Denken aufgenommen. (6) Subalterne Hilfe («niedere Magd»): Die Philosophie stellt inhaltlich neutrale Denkmittel, beispielsweise Begriffe und Argumentationsmuster, bereit, deren sich das Christentum frei bedient, auf daß der Streit um die rechtgläubige («orthodoxe») Auslegung des Glaubens mit Argumenten ausgetragen werde. In diesem Sinn gehört die Dialektik innerhalb der Universität zu den unteren, die Theologie aber (zusammen mit dem Recht und der Medizin) zu den oberen Fakultäten. (7) Autonome Hilfe («selbstbewußte Magd»): Schon im Mittelalter trägt die Magd Philosophie der Herrin Theologie nicht nur die Schleppe hinterher, sondern oft genug auch die Fackel voran (Kant). Denn erst mit Hilfe der Philosophie wird die Theologie wahrheitsfähig und findet der christliche Glaube bei wichtigen Elementen zu sich selbst. (8) Autonome Philosophie: Trotz der überlegenen Wahrheit des Christentums gibt es eine autonome Vernunft mit einem eigenständigen Zugang zur Wahrheit. – ‹Jesus lehrt die Gelehrten›, eines der Modelle für das Verhältnis von Christentum und Philosophie. Gemälde von Albrecht Dürer, 1495.

Dreifaltigkeit. (Im Islam und Judentum erbringt die Philosophie   87
eine ähnliche Leistung. Während dort aber die Aufklärung nach
einiger Zeit an Einfluß verliert, hält sie sich in der christlichen
Welt durch.) Ein zweites Merkmal der Epoche: In der Auseinandersetzung mit einem ihr heterogenen Element, der göttlichen
Offenbarung, sieht sich die Vernunft gezwungen, über ihre Leistungsfähigkeit und Grenzen Rechenschaft abzulegen. Hier greift
die Philosophie des Mittelalters dem neuzeitlichen, Kantischen
Projekt einer Kritik der reinen Vernunft vor. Daß sich die Philosophie durch die Erfahrung, sowohl die Natur- als auch die Sozi-
alerfahrung, inspirieren läßt, verliert dagegen erheblich an Gewicht.

Das Mittelalter – so ein weiteres Merkmal – unternimmt für die
Seite der Vernunft eine kreative Aufarbeitung der antiken Philosophie. Besonders Platon und Aristoteles erlangen dabei einen autori-
tativen Rang. Lange Zeit geschieht dies allerdings nur in jener neuplatonischen Vermittlung, die im Unterschied zu den hellenistischen
Schulen, auch zu Platon und Aristoteles, den theoretischen Fragen
ein Übergewicht über die praktischen Fragen einräumt. Und im
Rahmen des Praktischen erhält eine relativ theoretische Frage den
Vorrang, die nach dem Verhältnis von menschlicher Freiheit und
göttlicher Gnade. Andererseits versucht man, die «heidnischen» An-
teile des antiken Denkens zu «verchristlichen» und umgekehrt die
christlichen Lehren philosophisch auszugestalten: Eine Verchristli-
chung der Antike verbindet sich mit einer gewissen Hellenisierung
des Christentums. Die herausragenden Werke der Epoche, etwa Augustinus' *Bekenntnisse* und sein *Gottesstaat*, Anselms *Proslogion*
oder Thomas' *Theologische Summe*, sind von Theologen, sogar
Geistlichen verfaßt. Sie gehen daher primär theologischen Fragen
nach, auch wenn die philosophisch hochgebildeten Autoren der
Philosophie ein Eigenrecht lassen.

Einteilen läßt sich die neue Epoche in die Zeit der Kirchenväter,
die schon in der Spätantike beginnt: die Patristik (bis zum 8. Jhd.),
und in die Scholastik (bis etwa 1500), die sich ihrerseits gliedern läßt
in die Vorscholastik bzw. Karolingische Renaissance (8.–10. Jhd.),
die Frühscholastik (11. und 12. Jhd.), die Hochscholastik (etwa
1200 bis 1350) und die Spätscholastik (etwa 1350–1500). Im Verlauf dieser Zeit, die der Humanist Petrarca zu Unrecht «dunkel»
nennt, verschiebt sich das Zentrum der Philosophie vom Mittelmeerraum nach Osten, in die arabisch-persische Kultur, und nach
Norden, ins Frankenreich und auf die britischen Inseln.

Augustinus (354–430 n. Chr.), Rheto-riklehrer, Philosoph, Theologe, Bischof und Prediger, ist der in philosophischer Sicht wichtigste lateinische Kirchen-vater. Sein Leben fällt in die Zeit, in der das Christentum noch mit dem Heidentum um die Vorherrschaft ringt. In Augustinus' intellektueller Entwick-lung vollzieht sich der Übergang von der Antike zum Mittelalter. Sein Werk prägt in buchstäblichem Sinn den Geist einer neuen Epoche. Besonders wirkungsmächtig sind die Lehren von der göttlichen Erleuchtung des menschlichen Geistes und die Ansicht, daß als Garant für ein dauerhaftes Glück nur Gott in Frage kommt, ferner die Lehren von der Zeit, von Willensfreiheit, Erbsünde und Gnade, von der Dreifaltigkeit, von den zwei Reichen (dem Weltstaat und dem Gottesstaat) und die Deutung der Weltgeschichte als Heilsgeschichte. Damit verbindet sich eine starke Relativierung des Diesseits. Gegenüber dem persönlichen Seelenheil erscheint die Sorge um gerechte politische Institutionen in der diesseitigen Welt als sekundär. – Buchmalerei, um 1140.

AUGUSTINUS

Die philosophisch überragende Gestalt un-ter den Kirchenvätern, Augustinus, ist zu-sammen mit Boëthius die für Jahrhunderte maßgebliche Autorität. Seine Lehre von der Gnade und der Prädestination (Vorher-bestimmung) wirkt sogar bis in die Neu-zeit; seine Theorie der Zeit inspiriert noch Husserl und Heidegger; und den Gang sei-ner philosophischen und religiösen Ent-wicklung stellt er in einer neuen literari-schen Gattung des Philosophierens, den *Bekenntnissen*, dar.

Augustinus verwirft Tertullians Polemik gegen die Philosophie. Er greift Grundge-danken der «heidnischen» Philosophie mit dem Ziel auf, sie der christlichen Lehre nicht äußerlich aufzupropfen, sondern zu ihrem inneren Bestandteil zu machen. Bei den entscheidenden Fragen kennt er aber keine nur durch Vernunft erreichbaren Antworten, vielmehr sind hierzu stets christliche Lehren unverzichtbar und zugleich vorrangig. Eine Neugier, die sich nur für Naturgesetze ohne den dahinterstehenden Schöpfer interessiert, wird als überheblicher Stolz gebrandmarkt. Diese eingeschränkte Autonomie der Vernunft, der «wissenstheoretische Augustinismus», herrscht bis ins 11. Jahrhundert, bis zu Anselm, vor. Erst im christlichen Aristotelismus von Albert und Thomas wird er überwunden, in Bonaventuras «Neu-Augustinismus» aber wieder eingeführt.

Erkenntnistheorie. Augustinus greift einem Grundgedanken des «Vaters der Neuzeit», Descartes', so deutlich vor, daß Gegner Descartes' diesen eines «uneingestandenen Plagiats» beschuldigen (er dürfte aber eher von al-Gazali beeinflußt sein): Gegen die Skepsis, der Augustinus zunächst selbst anhing, verteidigt er eine unbezweifelbare Einsicht, die der eigenen Existenz: «Selbst wenn ich mich täusche, bin ich». Im Unterschied zur Neuzeit fordert er jedoch, die eigene Natur in ihrer Wandelbarkeit zu durchschauen und selbst

Augustinus' erstes und zugleich bekanntestes Hauptwerk, die ‹Bekenntnisse› (‹Confessiones›), gehört zur Weltliteratur. Sie entwickeln ein überliefertes Muster philosophischer Texte, den Dialog, fort zu einem inneren Zwiegespräch der Seele mit Gott. Es sind Bekenntnisse im doppelten Sinn des Wortes: Lobpreis Gottes («Glaubensbekenntnisse») und Bekenntnis («Beichte») der eigenen Schuld: des «Schmutzes vergangener Tage und der Fleischessünden meiner Seele». Der erste Teil, die Bücher I-X, enthält eine Geschichte von Verirrungen, dramatischen Umbrüchen und einen schließlichen Aufstieg zum gläubigen Christen. Augustinus verknüpft hier eine spirituelle mit einer intellektuellen Biographie: Er schildert sowohl die Entwicklung vom sinnenfrohen Heiden zum asketischen Christen als auch die Entwicklung vom Rhetoriklehrer bis zum Christen und schreibt in diesem Zusammenhang über seine Zugehörigkeit zum Manichäismus und die Vertrautheit mit der Skepsis, über die Bekanntschaft mit dem Kirchenlehrer Ambrosius und mit christlichen Neuplatonikern (Augustinus' Bekehrung zum Neuplatonismus) und schließlich über die Konversion zum Christentum und seine kirchliche Laufbahn, einschließlich des Streites mit zwei christlichen «Parteien», den Pelagianern und den rigoristischen Donatisten, gegen die Augustinus sogar staatliche Gewaltmaßnahmen billigt. Der erste Teil gipfelt in der Beschreibung des für jeden Menschen offenen Weges zur Glückseligkeit, bestimmt als Freude an der Wahrheit, die wiederum im Glauben an den personalen Gott besteht. Der zweite, gegenüber dem ersten heterogene Teil (Bücher XI-XIII) befaßt sich im Rahmen einer Genesis-Auslegung unter anderem mit dem Problem von Zeit und Ewigkeit. – Die Berufung des Heiligen Augustinus. Fresko, 14. Jhd.

die vernunfttätige Seele dorthin zu übersteigen, wo das Licht der Vernunft angezündet wird: zu Gott. Augustinus sieht wie Platon den Grund der wahren Erkenntnis in der geistigen Welt der Ideen. Anders als bei Platon haben diese aber kein für sich existierendes, «apersonales» Sein, sondern sind wie bei Philon und bei Plotin Gedanken Gottes. Um dessen Gedanken teilhaftig zu werden, bedarf es einer göttlichen Erleuchtung (illuminatio). Diese Illuminationslehre vervollständigt den «wissenstheoretischen Augustinismus» durch eine anthropologische Begründung: Der menschliche Geist ist mit dem göttlichen Geist verwandt, in seiner Eigenständigkeit aber begrenzt. Augustinus sucht nur zweierlei zu erkennen, Gott und die Seele, «sonst überhaupt nichts». Denn «unruhig ist unser Herz, bis es ruht in Dir». Insofern hat die doppelte Suche auch eine doppelte, nicht bloß theoretische, sondern ebenso praktische und existentielle Bedeutung. Sie dient der wahren Erkenntnis und dem wahren Glück, dem Heil der Seele – mit dem institutionstheoretischen Zusatz: «außerhalb der Kirche ist kein Heil».

Freiheit oder Gnade. Nach christlicher Lehre verdankt der Mensch sein Heil letztlich einem freien Geschenk Gottes: der Gnade. Darin liegt eine deutliche Spitze gegen die antike Ansicht, die Menschen könnten selber ihr Ziel erlangen: als Individuen das persönliche Glück und als Gemeinwesen das gemeinsame Glück und die Gerechtigkeit. Die christliche Lehre wirft dagegen eine Frage auf, um deren Lösung nicht bloß Augustinus, sondern das ganze Mittelalter ringt: Wie läßt sich die Verantwortung, die der Mensch für seine Handlungen hat, mit der Abhängigkeit von göttlicher Gnade vereinbaren? Weil ein Übergewicht der Gnade die moralische Autonomie des Menschen einschränkt, sucht Augustinus einen Mittelweg zwischen den beiden damals einflußreichsten Lehren: Während der Pelagianismus (nach dem irischen Mönch Pelagius, um 400) die volle Autonomie des Willens behauptet, streitet sie der Manichäismus (nach dem persischen Gnostiker Mani, 216–276/7), dem Augustinus selbst einige Jahre anhing, ganz ab. Nach Augustinus' Mittelweg ist der Mensch begrenzt frei: Er hat die Freiheit, das Gute zu *wollen*, aufgrund der «Erbsünde», die Augustinus als eine Art «angeborene Willensschwäche» faßt, aber nicht die Freiheit, das Gute zu können: es zu vollbringen. Erst durch die Gnade Gottes, der der Mensch aber frei zustimmen muß, gewinnt er die verlorene Herrschaft über sich zurück. In dieser Lehre eines im Wollen starken, im Handeln jedoch ohnmächtigen Selbst wird die Handlungsfreiheit des Menschen minimiert.

Staats- und Friedenstheorie. Augustinus' *Gottesstaat* (*De civitate*
dei, 413–427) ist das überhaupt wichtigste Werk christlich-philoso-
phischen Staats- und Gerechtigkeitsdenkens und mit Buch XIX der
für viele Jahrhunderte bedeutendste Text abendländischer Friedenstheorie. Das Werk hat einen geschichtlichen Hintergrund und
einen «apologetischen», auf die Verteidigung der christlichen Lehre gegen heidnische Vorwürfe ausgerichteten Anteil. Es wendet sich
gegen jene «Heiden», die dem Christentum die Schuld am Nieder-
gang Roms, namentlich an der kurz zuvor erfolgten Plünderung
durch die Goten, geben. Vor allem geht es um die Frage, wie sich
das im Jahr 380 von Kaiser Theodosius zur Staatsreligion erhobene Christentum zu einem Staatswesen wie dem Römischen Reich
verhalten solle. Für die Frage aber, warum sich Menschen überhaupt rechts- und staatsförmig organisieren sollen und unter welchen Gesetzen und Verfassungen ein solches Gemeinwesen legitim
sei, interessiert sich Augustinus kaum. In einer folgenreichen Entwertung politischer Institutionen betont er fast ausschließlich die
personale Gerechtigkeit, also das moralische Handeln von Individuen. Und dieser «politische Augustinismus» ist dafür mitverant-
wortlich, daß sich das Mittelalter lange Zeit um eine institutionelle Rechts- und Staatstheorie wenig kümmert:
    Im Gegensatz zu Platons Ideal, dem Philosophen-König, ver-
bürgt Augustinus' neues Ideal keinen gerechten Staat. Selbst ein
Herrscher, der sich durch Gottesliebe auszeichnet, ein «wahrer
Christ», verhindert allenfalls die krasse Habgier und extreme Gewalt von Räuberbanden und heidnischen Staaten. Und darin zeichnet sich die zweite Entwertung ab: daß der irdische Staat insgesamt
mit Babylon, dem Bild für das schlechthin «sündige» Gemeinwesen, gleich- und dem Gottesstaat, dem himmlischen Jerusalem, ent-
gegengesetzt wird.
    Diese Lehre der Zwei Reiche, Babylon und Jerusalem, verbindet
sich mit zwei Friedensbegriffen und einer erneuten Abwertung des
Diesseits: Der irdische, zeitliche und vom Menschen selbst zu stiftende Friede gilt als ein höchst unvollkommenes Abbild des ewigen,
geistlichen und von göttlicher Gnade abhängenden Friedens, jenes
«vollen Friedens», der den ganzen Kosmos umfaßt und vor allem
im «Frieden mit Gott» besteht. Selbst der zwischenstaatliche Frieden, die «nachbarliche Eintracht» aller Staaten, ist erst am Ende
der Geschichte, im ewigen Gottesreich, zu erwarten. Die Frage, ob
diese Konzeption religiös überzeugt, entscheidet die Theologie. Als
Rechts- und Staatsphilosophie läßt sie aber die Fähigkeit vermissen,

Augustinus' berühmte Erörterung der Zeit (‹Bekenntnisse›, Buch XI, ab Kapitel 14) steht innerhalb einer Auslegung des biblischen Schöpfungsberichtes. Sie ist stark vom Neuplatonismus geprägt und beginnt mit dem Paradox, daß die Zeit eine uns bekannte und zugleich unbekannte Größe ist: «Was ist die Zeit? Wenn mich niemand danach fragt, weiß ich es. Will ich es jedoch auf Fragen hin klären, weiß ich es nicht.» Nach Augustinus ist es notwendig, von der objektiven und relationalen (langen oder kurzen) Zeit, der Außen- oder Weltzeit, auf eine subjektive und modale Innenzeit von Vergangenheit, Gegenwart und Zukunft zurückzugehen und deren Elemente auf drei Weisen der Gegenwärtigkeit zurückzuführen: auf (1) die in der Seele existierende Gegenwart des Vergangenen, die Erinnerung (memoria), (2) die Gegenwart des Gegenwärtigen: die aktuelle Wahrnehmung (contuitus) und (3) die Gegenwart der Zukunft: die Erwartung (expectatio). Weil selbst die objektive Zeit vom Geistigen her bestimmt wird: als Erstreckung des Geistes (distentio animi), verweist die Zeiterfahrung auf die Höherrangigkeit des Geistigen. Die Zeitabhandlung als ganze hat eine «pädagogische» Bedeutung; sie dient der «Schulung der Seele». – Die Schöpfung aus dem Chaos. Mosaik in Monreale.

zweigleisig zu denken und die religiöse Lehre von den Zwei Reichen mit einem höheren Eigenwert der weltlichen Sphäre und einer größeren Eigenverantwortung des Menschen zu verbinden.

SCHOLASTIK

Schon unter König Theoderich (471–526) werden im Ostgotenreich Klosterschulen gegründet; zur planmäßigen Einrichtung kommt es jedoch erst im Frankenreich unter Karl dem Großen; und später, seit dem 10. Jahrhundert, entstehen an den Bischofssitzen die großen Domschulen. In ihnen sowie ab dem 12. Jahrhundert in Universitäten wie Bologna, Paris, Oxford und Köln wird die Philosophie schulmäßig betrieben. Vor allem deshalb, aber auch weil sich in ihr eine nutzenfreie Wißbegier entfalten darf, wird diese Philosophie «scholastisch» genannt (*scholē*: Muße, wissenschaftlicher Vortrag, Schule). Im Rahmen eines Bildungsprogramms, der Sieben Freien Künste, wird sie unter dem Namen Dialektik zu einer Grundwissenschaft universaler Reichweite. Als generelle Methodenlehre wissenschaftlichen Denkens durchdringt sie alles, auch die Theologie. Die scholastische Philosophie erhält also zwei Funktionen. Sie tritt instrumental, als Hilfe für den Glauben und die offenbarungsgebundene Theologie, und autonom, in eigener Sache, auf.

Das scholastische Denken ruht auf zwei Pfeilern: auf einer streng methodisch vorgehenden Vernunft (ratio) und auf der Autorität (auctoritas). Denn selbst als Philosoph verläßt man sich in der Regel nicht allein auf die zwingende Kraft eines Argumentes, sondern versichert sich zusätzlich der Übereinstimmung mit anerkannten Autoritäten, vor allem des Alten und Neuen Testaments und der Kirchenväter sowie der antiken Philosophie, wie sie vor allem durch Boëthius vermittelt ist. Im Falle eines Widerspruchs zwischen beiden räumt zwar schon Johannes Scotus mit dem Beinamen Eriugena, der in Irland geborene (um 810–um 877), der Vernunft den Vorrang vor der Autorität ein. Er erwartet aber, daß es in Prinzipienfragen keinen Widerspruch gibt. Die Spannungen, die trotzdem zwischen natürlicher Vernunft und übernatürlicher Autorität entstehen, setzen intellektuelle Kräfte frei, die eine erstaunliche Vielfalt von Ansichten hervorbringen. Diese befehden sich oft erbittert und machen selbst vor der kirchlichen Verurteilung der Gegner nicht halt.

Der später beliebte Vorwurf an die Scholastik, sie ergehe sich in

Boëthius (ca. 480–524), Philosoph, Theologe und politischer Beamter, ist einer der letzten «Lateiner», die noch über die volle griechische Bildung verfügen. (Schon Augustinus besaß sie nicht mehr.) Der in gewisser Weise «letzte Klassiker» und zugleich «erste Scholastiker» beeinflußt das mittelalterliche Denken durch die Übersetzung und teilweise Kommentierung von logischen, ontologischen und sprachphilosophischen Werken des Aristoteles, dessen Denken er mit Platon «versöhnen» will.

Aufgrund einer ungerechtfertigten Anklage zum Tode verurteilt, schreibt Boëthius im Kerker einen streng philosophischen, von Stoa und Neuplatonismus inspirierten Dialog. Der ‹Trost der Philosophie›, bis ins 17. Jahrhundert eines der meistgelesenen philosophischen Bücher, handelt von der Wankelmütigkeit des Schicksals, vom Gleichmut als der gegenüber dem Glück geforderten Tugend, von menschlicher Willensfreiheit und göttlicher Vorsehung, aber auch von Schwierigkeiten mit Allgemeinbegriffen, den Universalien. Bezeichnenderweise erscheint dem Verfasser im Kerker nicht Christus, sondern die Philosophie. Wie eine Seelen-Ärztin: Psycho-Therapeutin, führt sie den von Empörung und Trauer erschütterten Boëthius schrittweise zum Einverständnis mit seinem Schicksal; denn der Kampf mit diesem läutert den Geist. – Die Philosophie erscheint Boëthius im Kerker. Buchmalerei, 13. Jhd.

Schon in der Spätantike setzt sich ein Bildungsprogramm von sieben Kenntnissen und Fertigkeiten, «Künsten» (artes), durch, das das gesamte Mittelalter prägt. Mit ihnen bereitet man sich für das Studium der «höheren Fakultäten» (Theologie, Recht, Medizin) vor. Die Künste heißen zunächst, nach Seneca, deshalb «frei», weil sie im Gegensatz zur körperlichen Arbeit der Sklaven eines «freien» Mannes würdig sind, später, nach Augustinus, weil sie nur Personen ohne Beschäftigungszwang offenstehen und unentgeltlich ausgeübt werden. Architektur, Handwerk, Mechanik und Medizin werden dagegen bezahlt. Im Vorgriff auf die spätere Unterscheidung von Geistes- und Naturwissenschaften umfassen die freien Künste eine untere Stufe: den «Dreiweg» (trivium) der «redenden» Künste Grammatik, Rhetorik und Dialektik, und eine obere Stufe: den «Vierweg» (quadrivium) der «rechnenden» Künste Arithmetik, Geometrie, Musik und Astronomie. Die Dialektik umfaßt nicht bloß die formale Logik und eine Argumentationstheorie, die sich in einer streng geregelten Disputationskunst niederschlägt, sondern auch die Wissenschaftstheorie, die Sprachphilosophie und die Ontologie, also einen Großteil der Philosophie; sie ist Logik im weiten Sinn einer theoretischen Vernunfterkenntnis. Im Bildungsprogramm fehlen dagegen weitgehend die Ethik und noch mehr die politische Philosophie. – Die Philosophie mit den Sieben Freien Künsten. Holzschnitt, 1504.

überflüssigen Spitzfindigkeiten, trifft nicht auf die großen Denker, wohl aber auf die Zeit des Niedergangs zu. Die angeblich «typisch scholastische» Frage: «Wie viele Engel haben auf einer Nadelspitze Platz?» wirft erst die Neuzeit auf. Von den drei herausragenden Denkern der Frühscholastik ist Abaelard mehr ein scharfsinniger Logiker («erst Einsicht, dann Glaube») und sein Widersacher Bernhard mehr mystischer Theologe, während vorher, bei Anselm, der Intellekt zwar in der Methode dominiert, sich im Ergebnis aber mit dem Glauben die Waage hält («credo ut intelligam»: ich glaube, damit ich zur Einsicht gelange).

ANSELM VON CANTERBURY
Anselms (1033–1109) Lebensweg spiegelt die Internationalität der damaligen Zeit wider: Der Benediktinermönch stammt aus Italien. Als Lehrer und Abt macht er die Klosterschule von Le Bec in der

Normandie zu einem Zentrum theologischer und philosophischer
Studien und erwirbt sich damit den Beinamen «Vater der Scholastik». Und später wird er Erzbischof von Canterbury, wo er im englischen Investiturstreit um die Unabhängigkeit, sogar um Vorrech-
te des Primas von Canterbury kämpft. In seinen drei Hauptwerken
Monologion (*Selbstgespräch*, 1076), *Proslogion* (*Anrede* an Gott,
denn es beginnt mit einem Gebet; um 1077/78) und *Cur deus homo*
(*Warum Gott Mensch geworden ist*, 1094–98) behandelt er theologische Fragen philosophisch und verzichtet weitgehend auf die
Autorität der Bibel. Nicht etwa nur in Welt-, sondern auch in Glau-
bensfragen verläßt sich Anselm methodisch vornehmlich auf Vernunftgründe und argumentiert dabei inhaltlich im neuplatonischen
und Augustinischen Geist.

Im Ausgang von der erfahrbaren Rangordnung im Bereich des
Guten und der Dinge entwickelt das *Monologion* den Gedanken eines einzigen höchsten Wesens. Alle anderen Wesen hängen in einer
gewissen Analogie zum künstlerischen Schaffen vom höchsten Wesen ab. Durch dessen ursprunghaftes «Sprechen der Dinge» treten
sie ins Dasein. Die vernünftigen Wesen sind «Abbild des höchsten
Wesens und dazu bestimmt, in ewiger, ungeteilter Liebe des höchsten Wesens zu leben». Am Ende kommt ein von Aristoteles be-
kannter Argumentationsschritt: Anselm identifiziert «das höchste
Wesen mit Gott, dem höchsten Herrn des Alls».

Während sich das *Monologion* für eine bestimmte Redeweise über
Gott einsetzt – er sei der Beste, Größte und Höchste von allem –,
unternimmt das *Proslogion* einen Beweis für das Dasein eines derartigen Wesens, einen Gottesbeweis. Berühmt ist schon das Leitmotiv der Abhandlung: «Der Glaube, der vernünftige Einsicht
sucht» (fides quaerens intellectum). Bloße Vernunftgründe sollen
zwingend beweisen, was der Glaube schon unmittelbar gegenwärtig hat: «daß Gott in Wahrheit existiert» und «daß nicht gedacht
werden kann, er existiere nicht». In seiner Erweiterung des «wissenstheoretischen Augustinismus» sucht Anselm zwar keine Begründung des Glaubens, ohnehin nicht dessen Kritik, wohl aber
eine Auslegung des Glaubens im Sinne einer rationalen Rekon-
struktion. Sein Gottesbeweis geht von einem ontologischen Begriff
Gottes aus, der an Aristoteles' Begriff vom Glück als dem schlechthin höchsten Gut erinnert: Gott ist «etwas, über das hinaus nichts
Größeres gedacht werden kann» (aliquid quo nihil maius cogitari
possit). Daraus, daß die Existenz einer Sache in der Wirklichkeit (in
re) größer ist als die Existenz bloß im Denken (in intellectu), folgert

96   Anselm, daß Gott, weil das schlechthin größte Wesen, notwendig in
           der Wirklichkeit (freilich nicht der empirischen) existiert: Wer
           «Gott» denkt, indem er einen sachgerechten Begriff von ihm ent-
           wickelt, sieht sich gezwungen, sein Dasein anzunehmen. Anselm ar-
           gumentiert hier «e contrario», aus der (Widersprüchlichkeit der)
           Gegenannahme: Ein Gott, der nur im Denken existiert, widerspricht
           dem Begriff von Gott als dem schlechthin größten Seienden.
               Weil Anselm von einem ontologischen Gottesbegriff ausgeht,
           spricht man vom ontologischen Gottesbeweis. Von Bonaventura,
           später Descartes, Leibniz und Hegel wird er hochgeschätzt, freilich
           auch argumentativ «aufgefüllt». Von Anselms Zeitgenossen Gauni-
           lo wird er dagegen mit dem Argument verworfen, aus der Vorstel-
           lung der besten aller möglichen Inseln folge nicht deren Dasein.

*Peter Abaelard (1079–1141), bekannt durch die Liebesbeziehung zu seiner hochgebildeten
Schülerin Héloïse, ist der zweite große Denker der Frühscholastik: ein glänzender Lehrer
und ein beunruhigender Aufklärer. Er ist insofern doppelköpfig: Hund und Wolf, als er
seiner Kirche zwar widerspruchslos dient («Hund»), aber antiklerikal ist und der Tradition die Zähne zeigt («Wolf»). In seiner ‹Dialectica› befaßt Abaelard sich mit Logik,
Sprachphilosophie und Ontologie. Gemäß dem Untertitel ‹Erkenne dich selbst› hebt die
‹Ethica› ausgesprochen «modern» auf die Innenseite der Handlung, die Absicht (intentio),
ab und erhebt das (dem göttlichen Gesetz unterworfene) Gewissen zur obersten Instanz.
Das wirkungsmächtige Werk ‹Sic et Non› (‹Ja und Nein›) feilt die scholastische Methode*

*aus und bildet zugleich ein Stück kritischer
Hermeneutik: Für 158 Streitfragen (quaestiones) aus dem Alten (1–58) und dem
Neuen Testament (59–105) sowie aus der
Sakramentenlehre (106–158: Taufe, Beichte
und Ehe) stellt Abaelard einander wider-
sprechende Ansichten zusammen. Durch
diese Gegenüberstellung von miteinander
uneinigen Autoritäten erweist sich die
christliche Überlieferung als ein Aggregat
voller Widersprüche, die eine wissenschaftliche Untersuchung herausfordern, für die
wiederum argumentationslogische Kenntnisse unverzichtbar sind. Abaelard bietet
für die Widersprüche keine eigenen Lösun-
gen an, wohl aber Regeln, die zur Lösung
verhelfen. Beispielsweise achte man auf
Verfasser, Situation, Zusammenhang und
Absicht der scheinbar widersprüchlichen
Aussagen. Und in der Einleitung zur Schrift
nimmt er eine Umkehr der Beweislast vor:
Die Autoritäten werden dem eigenen Urteil
des Denkenden unterworfen. – Diskutieren-
de «Philosophen» (die Propheten Jonas und
Hosea). Skulptur im Bamberger Dom.*

Bernhard von Clairvaux (1090–1153), einer der ersten Äbte des Zisterzienserordens, ist Theologe und Mystiker, Kirchenpolitiker und Kirchenlehrer – und ein entschiedener Kritiker Abaelards. Auf der Synode von Sens (1140) setzt er dessen kirchliche Verurteilung durch. Nach Bernhard braucht der Glaube weniger die Vernunfterkenntnis, denn die Philosophie erreicht mit ihr nur die unterste Stufe der Wahrheitssuche. Ähnlich wie Augustinus hält er eine nur um ihrer selbst willen betriebene Wissenschaft für «schändliche Neugier». Höher als die schrittweise Erforschung der Wahrheit steht die von keinem Zweifel getrübte unmittelbare Einsicht (contemplatio: Schau), besonders ihre höchste Form, die Ekstase: die mystische Vereinigung der Seele mit Gott. In seiner «theologischen Anthropologie», der Schrift ‹Über die Liebe zu Gott› (‹De diligendo Deo›), vertritt Bernhard einen «neuplatonisch gefärbten Augustinismus». Er legt dar, wie der Mensch sich von der Selbstliebe über die egoistische Gottesliebe zur Gottesliebe um Gottes willen und schließlich zu jener «vergötternden» Selbstliebe um der Liebe Gottes willen erhebt, die erst im Jenseits erreichbar ist. – Bernhard segnet eine Nonne. Buchmalerei, um 1200.

Dem entgegnet Anselm, daß nur beim schlechthin größten Wesen das Dasein im Begriff enthalten sei. Diese «Verteidigung» wird aber weder Thomas von Aquin noch Kant überzeugen. Nach Kant folgt aus dem Begriff einer Sache niemals deren Existenz; ferner gehöre das Dasein nicht zu den Vollkommenheiten im Sinne von wünschenswerten Eigenschaften. Gott ist für Kant «nur» ein Postulat der moralischen: reinen praktischen, Vernunft.

In der Schrift *Cur Deus homo* befaßt sich Anselm auch mit Fragen der Ethik. Er betont die Freiheit des menschlichen Willens: daß der Mensch sich zwischen Gut und Böse frei entscheiden kann. Wer sündigt, gibt zwar im Sündigen die Freiheit auf; wenn er gerecht handelt, stellt er sie jedoch wieder her.

LEKTÜREEMPFEHLUNG: Zu Augustinus kann man mit den *Bekenntnissen*, insbesondere den Büchern I–II, VII und IX–X beginnen und dann aus dem *Gottesstaat* zunächst die Bücher I–V, dann XIX (über den Frieden) lesen. Als Beispiel für die Übergangszeit zwischen christlicher Antike und Mittelalter empfiehlt sich Boëthius' *Trost der Philosophie*. Danach lese man Anselms *Proslogion*, Auszüge aus Abaelards *Ja und Nein* und aus Bernhards *Liebe zu Gott*, etwa die Kapitel 23–33.

قال أيم الله للحق أحق أن يتبع وللصدق حقيق بأن يستمع إنه يا قوم ليخبركم من اليوم قال فكأن الجماعة

ارتابت بقوله وأبت تصديق دعواه فتوجس ما هجس في أفكارهم وفطن لما بطن من استنكارهم وحاذر أن

يعرض البعض إن ثم ثم قال يا رواة القريض وأساة القول المريض إن خلاصة الجوهر

تظهر بالسبك ويد الحق تصدع رداء الشك وقد قيل فيما غبر من الزمان عند الامتحان يكرم الرجل أو يهان

VI. Islamische und jüdische Philosophie

Wie das Christentum, so setzt sich auch der Islam mit der antiken Philosophie auseinander und läßt für knapp vier Jahrhunderte, von al-Kindi über Avicenna bis Averroës, eine blühende philosophische Kultur entstehen. Sie stößt freilich auf den Widerstand einer religiösen Orthodoxie, die den Koran für Gottes unerschaffenes, ewig gültiges Wort hält und sich deswegen jede vernunftgeleitete Auslegung verbietet. Die Orthodoxie richtet sich schon gegen jene spekulative Theologie, den Kalam (arab. Gespräch), von dessen aufgeklärten Vertretern, den «rationalistischen» Mutaziliten, erste Impulse für eine islamische Philosophie ausgehen.

Dort, wo sich die islamische Philosophie gegen die Orthodoxie behaupten kann, verfolgt sie das der christlichen Philosophie entsprechende Interesse: die Entfaltung rationalen Denkens unter den Bedingungen einer islamischen Kultur. Insbesondere baut sie die Lehren des Koran mit Hilfe von Logik und Metaphysik zu einer wissenschaftlichen Theologie aus, die selbst religiöse Skeptiker rational überzeugen will. Darüber hinaus wappnet sie sich für die Auseinandersetzung mit dem Christentum, etwa bezüglich der Dreifaltigkeit Gottes, und mit dem Judentum. Erneut erlangen theoretische Fragen einen Vorrang; und im Praktischen geht es ebenfalls im wesentlichen um die spekulative Frage nach Freiheit und Vorherbestimmung.

In der Politischen Philosophie ist man von Platons Gedanken der Philosophenherrschaft fasziniert, da Mohammed für den Islam – ähnlich wie Moses für das Judentum – die Einheit von religiöser und politischer Führung verkörpert. *Die Bibliothek zu Basra. – Arabische Buchmalerei, frühes 13. Jhd.* Im übrigen bleibt die wichtigste Alternative zu Platons *Politeia*, Aristoteles' *Politik*, schon in Alexandria unbeachtet, also in jener intellektuellen Metropole, von der das griechische Denken in die islamische und, über sie vermittelt, in die jüdische Kultur ausstrahlt. «Der erste Lehrer», Aristoteles, gewinnt seinen überragenden Einfluß in anderen Bereichen, hier freilich zunächst über zwei ihm fälschlich zugeschriebene Texte: die *Theologie des Aristoteles* und das *Buch der Ursachen (Liber de causis)*. Der erste Text besteht in Auszügen aus Plotins Metaphysik, der zweite aus Proklos' *Theologischer Elementarlehre*. Beide Schriften tragen zum stark neuplatonisch gefärbten Aristoteles-Bild in der islamischen Philosophie bei: Der der Welt jenseitige (transzendente) Gott gilt als die Erstursache alles Seienden, das sich bis hinunter zur materiellen Welt dem gestuften Hervorgang aus Gott verdankt.

Frühzeit. Der erste arabische Philosoph von Bedeutung, der Universalgelehrte al-Kindi (ca. 800–870), vertritt eine doppelte Harmonie: die Übereinstimmung der griechischen Philosophen untereinander und mit dem Koran. Beispielsweise könne man den Gedanken der göttlichen Schöpfung aus dem Nichts aus bloßer Vernunft beweisen. Im Konfliktfall gilt jedoch der Koran als überlegen, denn seine Prophetie stelle die höchste, nicht durch Wahrnehmungs- und Denkfehler beeinträchtigte Form des Wissens dar.

Eine «erste revolutionäre Veränderung» erfährt die islamische Philosophie durch den (nach Aristoteles) «zweiten Lehrer» al-Farabi (ca. 870–950). Über so bedeutende Schüler wie al-Amini, al-Sijstani und al-Tawhidi wird er der für viele Generationen wichtigste Philosoph. Auch in al-Farabis Sicht vertreten Philosophie und Religion dieselbe Wahrheit. Unter Rückgriff auf Aristoteles' *Organon* stellt al-Farabi aber eine Hierarchie von Aussage- bzw. Wissensformen auf und billigt deren Spitze der Philosophie zu. Denn sie allein verfügt über das beweisbare und allgemeingültige Wissen der *Zweiten Analytiken* des Aristoteles, deren formale Beweisregeln logische Richtigkeit verbürgen. Die Theologie ist dagegen nur zu den «wahrscheinlichen» Aussagen der aus der *Topik* bekannten Dialektik fähig. Und der Ritus mit seiner nur partikular, für einen gewissen Kulturraum gültigen Darstellung der Wahrheit hat lediglich den Rang der Rhetorik («sie soll das Volk überzeugen») und der Poetik («sie stellt die Wahrheit bildlich dar»).

Schon al-Kindi entwickelt aus Aristoteles' Seelenlehre (*De anima*, Buch III) eine Vierteilung (im Sinne von vier Verkörperungen) des Geistes *(nous, 'agl, intellectus)*. In der von al-Farabi weiterentwickelten Gestalt beeinflußt sie die Erkenntnistheorie von Avicenna, Averroës und des lateinischen Mittelalters: daß auf der Grundlage von Wahrnehmungen die Erkenntnis in einer Abstraktion der Form vom Stoff (Materie) bestehe. (1) Das überindividuelle, «kosmische» Vermögen, das das Ideelle (Begriffe, Abstraktionen und Ideen) aufnimmt, heißt möglicher bzw. potentieller Geist (später: intellectus passibilis); ihm fehlt jede Wirklichkeit. (2) Dessen vollkommenen Gegensatz, den reinen und unablässigen, göttlichen Vollzug geistiger Betätigung, nennt man den aktiven bzw. tätigen

Der Islam stößt bei seinen frühen Eroberungen auf die kulturellen Zentren der Zeit, in denen das Christentum, das Judentum und vor allem die «heidnische Philosophie» vorherrschen. Zum Zweck, die Texte der großen Philosophen in die heilige Sprache des Islam, das Arabische, zu übersetzen und sie darüber hinaus zu kommentieren, gründet im Jahre 830 der Kalif al-Ma'mun, ein Sohn Harun al-Raschids, in Bagdad, der Hauptstadt der arabischen Welt, eine Akademie: bait-el-hikma, das Haus der Gelehrsamkeit. Außer der Philosophie (Platon, Aristoteles, Aristoteles-Kommentare, Plotin, Porphyrios und Proklos) übersetzt man – teils aus dem griechischen Original, mehrheitlich aus syrischen Übersetzungen – mathematische (Euklid), astronomische (Ptolemäus) und vor allem medizinische Texte (Hippokrates, Galen). Infolgedessen blühen im Islam die Wissenschaften zu einer Zeit auf, als sie im christlichen Westen noch ein dürftiges Dasein fristen. Philosophen wie

al-Kindi und al-Farabi sind auch Ärzte, Mathematiker und Astronomen. Der bedeutendste Übersetzer, Hunayn (Johannitius: 808–873), wie viele seiner Zunft ein Syrer und Christ, heißt wegen seiner überragenden Vermittlungsleistungen der «Cicero der arabischen Welt». Auch einer der ersten Philosophen in Bagdad ist ein Christ: Gahya Ibn Adi, der Lehrer al-Farabis. Mit der Eroberung Bagdads durch die Türken (1055) nimmt die glanzvolle Epoche ein Ende. – Portrait des Aristoteles in einer arabischen Handschrift, 13. Jhd.

Geist (intellectus agens). Er macht das potentiell Gedachte, die denkbare Form, zum wirklichen Gedanken und schafft so die Welt «gedanklicher», mit der Vernunft erfaßbarer Gegenstände. (3) Die aus wiederholter Tätigkeit hervorgehende, individuelle Kompetenz des Menschen, die Fähigkeit zum Wissenserwerb, heißt erworbener Geist (intellectus adeptus). (4) Indem er das Denkbare denkt, ist er ein wirklicher, sich im Vollzug betätigender Geist (intellectus demonstrativus).

Von Avicenna (Ibn Sina) bis Averroës (Ibn Ruschd). Die islamische Philosophie verdankt ihre «zweite revolutionäre Veränderung» Ibn Sina, latinisiert Avicenna (980–1037). Durch seine kreative Vermittlung von genuiner, vor allem Aristotelischer Philosophie mit islamischer Theologie und religiöser Erfahrung wird er nicht bloß zum einflußreichsten Denker des Islam, sondern auch zu einem der herausragenden Philosophen des gesamten Mittelalters. Avicenna

Avicenna, der persische Philosoph, Arzt und welterfahrene Politiker, ist einer der bedeutendsten islamischen Denker. Sein philosophisches Hauptwerk, das ‹Buch der Heilung der Seele vom Irrtum› (‹Kitab as-Sifa›), besteht in einer mehrbändigen Summe der theoretischen Philosophie und der Naturwissenschaften. Das Werk gliedert sich in Logik (einschließlich Dialektik, Rhetorik und Poetik), Physik (einschließlich Astronomie und Biologie), Mathematik (einschließlich Musik) und Metaphysik. Im 12. Jahrhundert wird es zu großen Teilen ins Lateinische übersetzt und zunächst, mangels ausreichender Aristoteles-Kenntnisse, für einen bloßen Aristoteles-Kommentar gehalten. Noch einflußreicher wird Avicenna durch den auch im Westen bekannten ‹Kanon der Medizin› (‹Quanun fi'l-tibb›); für mehr als 700 Jahre bildet er in Lehre und Praxis die unbestrittene Autorität. – Die Abbildung zeigt Avicenna als gekrönten König der Ärzte, umgeben von den beiden älteren medizinischen Autoritäten: Hippokrates und Galen.

erklärt in Übereinstimmung mit dem Neuplatonismus das Allgemeine zu Gedanken Gottes. Mit Aristoteles wiederum nimmt er die ewige Materie als das Prinzip der Vereinzelung (Individuation) an. Im Unterschied zu Aristoteles trennt er aber scharf zwischen dem *Wesen* (später: essentia) bzw. der *Washeit* (quiditas) und dem *Dasein* (existentia, esse). Er betont die Nichtnotwendigkeit («Kontingenz») der Welt und daß es jenseits von ihr einen Schöpfer gibt, obwohl die Welt ewig ist. Denn Gott, verstanden als reine Wirksamkeit, ist unablässig als Schöpfer tätig: nicht bloß während, sondern auch vor und nach der Schöpfung. Die Krönung der Philosophie sieht Avicenna in einem Gottesbeweis: dem Schluß von der Existenz der vielen nur möglichen Dinge auf die Existenz *eines* notwendigen «Dinges». Mit seinem Begriff von Gott als jenem höchsten Seienden, in dem Wesen und Dasein in eins fallen, greift

er Anselms Gottesbeweis vor. Avicenna bestreitet die Erschaffung   103
der Welt in der Zeit ebenso wie die im Koran behauptete Auferstehung des Fleisches. Und dem Menschen räumt er nur in dem Sinne
Freiheit ein, daß die Handlungen vom Menschen selbst ausgehen.
Berühmt ist sein Gedankenexperiment vom «fliegenden», besser:
«schwebenden Menschen»: Avicenna stellt sich einen Menschen
vor, der mit dreißig Jahren ins Dasein tritt, keine Sinneswahrnehmungen kennt und mit ausgebreiteten Extremitäten schwebt. Obwohl er also über keinerlei äußere und innere Sinnesdaten, weder
über gegenwärtige noch über vergangene, verfügt, hat er nach Avicenna zumindest ein Bewußtsein seiner selbst. Der Träger dieses
Selbstbewußtseins ist eine unkörperliche Substanz, die Seele. Mit
der Behauptung, daß dieser Mensch durch sein Selbstbewußtsein
eine unbezweifelbare Gewißheit seiner eigenen Existenz besitzt,
greift Avicenna Descartes vor. Anders als Descartes gelangt er zu
diesem Punkt aber nicht auf dem Wege des systematischen Zwei-
felns an allem Bezweifelbaren, sondern auf dem des systematischen
«Herausschälens» des einzig Unbezweifelbaren.

In seiner zweiten philosophischen Summe, dem *Buch der Anweisungen und Mahnungen (Kitab al-Isharat w'al-Tanbihat)*, bedient
sich Avicenna im Schlußteil, beim Weg der Seele auf der Suche nach
der Wahrheit, der Sprache der islamischen Mystik (Sufik).

Avicennas Vermittlung von Philosophie und islamischer Theologie stößt auf beiden Seiten, bei Philosophen wie Theologen, auf heftige Kritik. Von der Frage geleitet, inwieweit die Philosophie zur
Erkenntnis und zum Heil des Menschen beitrage, erkennt der wohl
größte Theologe des Islam, al-Gazali (Algazel: um 1058–1111), die
Logik als argumentatives Hilfsmittel an. Die Philosophie selbst
unterzieht er aber einer differenzierten, jedoch schonungslosen Kritik. Um die Philosophen von Aristoteles über al-Farabi bis Avicenna mit ihren eigenen Waffen zu schlagen, stellt er *Die inneren
Widersprüche der Philosophen (Tahafut al-Falasifah,* 1095) zusammen. Beispielsweise vertrage sich die von Aristoteles stammende
Lehre der Ewigkeit der Welt nicht mit der Überzeugung islamischer
Philosophen von der absoluten Freiheit ihres Schöpfers. Ebenso
widerspreche die Lehre von der individuellen Seele der angeblichen
Allgemeinheit des Geistes. Mit seiner Skepsis dürfte al-Gazali Descartes beeinflußt haben, und mit seiner Erkenntniskritik greift er
Humes Skeptizismus vor, da er die Ursache-Wirkungs-Beziehung zu
einem bloßen Nacheinander ohne ein Deswegen erklärt.

Während al-Gazali acht philosophischen Lehrsätzen (z. B. daß

Der Mystiker Attar († 1230) handelt im
‹Rat der Vögel› vom schwierigen Weg der Seele
zu sich selbst: Tausende von Vögeln machen
sich zu ihrem Herrn Simurgh auf. Nur 30
kommen an, um dann zu erkennen, daß der
Simurgh ihr eigenes Selbst ist, denn
«si murgh» bedeutet «30 Vögel». – Der Rat
der Vögel. Buchmalerei, 13. Jhd.

Gott existiert, daß es nur einen Gott gibt und daß er die Welt geschaffen hat) nur schlechte Begründung vorwirft, erklärt er neun andere zu religiösen Irrlehren und drei weitere zu einem Unglauben, der die Todesstrafe verdient: (1) daß die Welt ungeschaffen und ewig sei, (2) daß Gott nur das Allgemeine, nicht das Individuelle wisse und (3) daß es keine leibliche Auferstehung gebe. Al-Gazalis theologisches Hauptwerk *Die Neubelebung der Religionswissenschaften* (*Ihya' 'ulum ad-din,* um 1100) handelt über alle Fragen des religiösen Lebens: über gottesdienstliche Leistungen, soziale Verhaltensweisen, verderbliche Untugenden und rettende Tugenden.

Vielerorts beläuft sich al-Gazalis Denken auf ein Todesurteil für die islamische Philosophie. Zumindest nehmen die argumentativen Anforderungen an die vom Koran überzeugten Philosophen enorm zu. Die islamische Mystik blüht dagegen auf.

Im Westen, in dem seit dem neunten Jahrhundert selbständigen Kalifat von Cordoba, sind die islamischen Philosophen ebenfalls zugleich Mathematiker, Astronomen und Mediziner. Und während selbst die wichtigeren christlichen Bibliotheken nicht viel mehr als einige tausend Bücher besitzen, soll die des Kalifen von Cordoba schon im 10. Jahrhundert mehr als 100 000 Bände umfaßt haben. Sie war also in etwa so viel größer, wie es heute eine Universitätsbibliothek gegenüber einer guten Stadtbibliothek ist.

Der neuplatonische Dichter, Arzt und Philosoph Ibn Baggah (Avempace, gest. 1139) beschreibt einen stufenweisen Aufstieg der Erkenntnis von der Wahrnehmung körperlicher Erscheinungen bis hinauf zum göttlichen Geist. Dabei behauptet er gegen die islamischen Mystiker und erneut in Übereinstimmung mit dem Neupla-

tonismus, daß das letzte Ziel des Menschen, die Vereinigung mit
der Gottheit, nur auf dem Weg der Philosophie erreichbar sei. Von
seinem Schüler Ibn-Tufail (Abubacer, etwa 1110–1185) stammt ein
philosophischer Robinsonroman, dessen Titel er von einer Erzäh-
lung Avicennas übernimmt: *Vom Lebenden, dem Sohn des Wa-
chenden (Hayy ibn Yaqzan)*. In der philosophischen Aufklärung
weit verbreitet, könnte der Roman Defoes *Robinson Crusoe* beeinflußt haben. Im Unterschied zu dessen Abenteuerroman versteht
sich Ibn-Tufails «Ur-Robinson» aber als eine erzählerische Erkenntnistheorie: Der Held Hayy, der auf einer unbewohnten Insel
lebt, gelangt aus sich heraus zur wahren Erkenntnis der Physik und
Metaphysik, sogar zur Versenkung in Gott. Der Autor sieht darin
einen schlagenden Beweis für die Natürlichkeit und Wahrheit der
von ihm vertretenen Philosophie.

Der bedeutendste islamische Denker im Westen ist Ibn Ruschd,
lateinisch Averroës (1126–1188). Der Philosoph, Richter und Arzt,
der zeitweilig wegen mangelnder Rechtgläubigkeit in Ungnade fällt,
verfaßt im Auftrag des Kalifen von Marrakesch (im Süden Marok-
kos) vorbildliche Kommentare zu dem Philosophen, dessen Schriften
er für den Höhepunkt menschlichen Denkens hält: zu Aristoteles.
Die Kommentare werden vom 13. Jahrhundert an ins Hebräische
und Lateinische übersetzt. In der jüdischen und der christlichen
Hochscholastik tragen sie dem Verfasser den Ehrennamen «*der
Kommentator*» für «*den* Philosophen»: Aristoteles, ein.

Averroës' gewaltiger Einfluß erklärt sich aus dem Zusammentreffen zweier Faktoren: eines Höhepunktes islamischer Philosophie mit dem in ganz Europa rapide ansteigenden Interesse an Aristoteles. Averroës erneuert das Recht der Philosophie gegenüber
der Religion. In seiner Gegenkritik an al-Gazalis Kritik, den *Widersprüchen der Widersprüche (Tahafut at-Tahafut*, um 1180), rehabilitiert er nicht bloß den Gedanken der Ursache-Wirkungs-Beziehung. Er bestreitet auch, daß die Philosophen die im Koran behauptete Vollkommenheit Gottes (hinsichtlich Wissen, Wille, Leben,
Macht, Streben, Hören und Sehen) leugnen. Nach Averroës' Ansicht zweifeln sie nur, ob man die entsprechenden Begriffe für Gott
im gleichen Sinn wie für die Geschöpfe verwenden könne. Die
volkstümliche Theologie hält beispielsweise die Schöpfung für ein
Ereignis in der Zeit; in Wahrheit werde die Welt durch das ewige
und unwandelbare Denken Gottes geschaffen, so daß sie keinen
zeitlichen Anfang habe, also ewig sei. Der Begriff des Schöpfens
muß daher in der göttlichen Sphäre in einem ganz anderen Sinn

verstanden werden als im Bereich des Geschaffenen, der Geschöpfe, denen Ewigkeit und Unwandelbarkeit fremd sind. Als strenger Anhänger des Aristoteles weist Averroës Avicennas Trennung von Wesen und Dasein zurück. In einem Punkt weicht er aber unbemerkt von Aristoteles ab. Aus dessen schwer verständlicher Lehre eines *nous poiētikos*, eines «hervorbringenden» Geistes (*De anima*, Kap. III 5), wird ein im ursächlichen Sinn schöpferisches Denken Gottes. Auch bei der menschlichen Geistseele nimmt er eine Veränderung vor. Nach Aristoteles' «Hylemorphismus» ist die Seele als «Form» des Menschen *(morphē)* stets mit Stoff *(hylē)* verbunden. Averroës ist dagegen wie schon al-Kindi überzeugt, daß es neben dieser individuellen Seele noch zwei überindividuelle, universale, das menschliche Denken erst ermöglichende, kosmische Seelen gibt: den schöpferischen göttlichen Geist und dessen passives, das Geschaffene aufnehmende, materieförmige Gegenstück, den potentiellen Geist. Beide gelten als eigenständige, überdies unsterbliche Substanzen. Averroës will mit dieser Doppelannahme zweierlei sicherstellen: die Verläßlichkeit der menschlichen Wahrnehmung und zugleich die Autonomie der menschlichen Vernunft gegenüber der Offenbarung; denn erst die Doppelannahme mache verständlich, wie es eine allen Menschen gemeinsame Erkenntnis geben könne: Die beiden «kosmischen» Geistseelen verbürgen die Geistnatur der wahrnehmbaren Welt und deren intellektuelle Verständlichkeit; der Erkenntnisakt besteht also im Übergang von Seelischem in Seelisches. Um seine Lehren mit der Offenbarung zu vereinbaren, nimmt Averroës für den Koran einen mehrfachen Sinn an: Für die einen liefert er sinnlich faßbare Bilder, für die anderen das Material zur philosophischen Durchdringung.

Averroës' Lehren wirken in der (christlichen) Hochscholastik weiter, wo sie teils übernommen werden, teils eine heftige Kontroverse auslösen: Albert und Thomas greifen Averroës an, der jüngere «Averroist» Siger von Brabant verteidigt ihn (*Über die Geistseele*, 1274). In der islamischen Welt läßt dagegen nach Averroës' Tod die Beschäftigung mit Philosophie deutlich nach, ohne aber, wie oft behauptet wird, ganz auszusterben. Denn die Frage, wer von beiden, al-Gazali oder Averroës, das Verhältnis von Philosophie und Koran richtig bestimme, bleibt aktuell. Im 15. Jahrhundert beispielsweise erhält auf die diesbezügliche Preisfrage des Sultans ein Philosoph den Preis, der Avicenna rehabilitiert: Hagazade. Und in Persien (Iran) gibt es eine eigenständige islamische Philosophie bis ins 20. Jahrhundert.

Jüdische Philosophie

Das biblische und das rabbinische Judentum entwickeln keine eigene Philosophie. Diese entsteht erst aus der Berührung mit der griechischen Kultur im Hellenismus. Nach einer frühen Blüte im Werk Philons von Alexandria kommt es zum neuen Aufschwung erst wieder im Mittelalter, jetzt im islamischen Bereich. Hier erlebt die jüdische Philosophie ihr goldenes Zeitalter. Von islamischen Denkern geprägt, schreibt man sogar gelegentlich auf Arabisch (und läßt dann ins Hebräische übersetzen), greift auf dieselben antiken Philosophen zurück und stellt sich dieselben Grundfragen: Wie verhält sich die natürliche Vernunft zur Offenbarungswahrheit? Wie lassen sich die Einheit Gottes, die göttlichen Eigenschaften und der Ursprung der Welt denken? Nicht zuletzt: Wie läßt sich die Freiheit des Menschen mit der Vorsehung Gottes vereinbaren?

Die beiden wichtigsten Denker der frühen jüdischen Philosophie stammen aus zwei grundverschiedenen Traditionen: der Naturwissenschaft und der Theologie. Isaak Israeli (ca. 850–950) ist ein bedeutender Mediziner, bekannt für ein *Buch der Fieber*, ein *Buch vom Urin* und ein naturphilosophisches *Buch der Elemente*. Vom islamischen Philosophen al-Kindi beeinflußt, vermittelt er der jüdischen Kultur den Neuplatonismus und sieht die Aufgabe des Menschen im erkenntnisgeleiteten Aufstieg der Seele zu Gott als dem obersten Prinzip. In Rücksicht auf die Strenge des jüdischen Monotheismus schließt er aber den Gedanken einer mystischen Vereinigung des menschlichen Geistes mit dem obersten Prinzip aus. Und Gottes Schöpfung der Welt erfolgt nicht wie bei vielen Neuplatonikern durch ein «Ausströmen» des obersten Prinzips, sondern im jüdischen Sinn durch Wille und Macht des einen Gottes.

Der jüngere Zeitgenosse Saadja ben Josef (882–942) ist als maßgebliche Autorität auf talmudisch-religiösem Gebiet ein streitbarer Polemiker gegen Muslime, Christen und Karäer (eine «schriftgläubige», die nachbiblische Überlieferung, den Talmud, jedoch ablehnende jüdische Sekte). In dem von der Theologie der (islamischen) Mutaziliten geprägten *Buch der philosophischen Meinungen und der Religionslehren* (kürzer: *Buch von Glaube und Wissen*, 933) unternimmt Saadja eine philosophische Apologie der jüdischen Glaubenswahrheiten. Mittels rationaler Argumente sucht er die Geschaffenheit der Welt, die Existenz des dahinterstehenden Schöpfers und dessen Macht und Weisheit zu beweisen, auch dessen Gerechtigkeit und die Freiheit des menschlichen Willens. Da die (jüdische) Religion und die Philosophie samt den Wissenschaften

Saadja schließt sich auch in der Ethik den (islamischen) Mutaziliten an und meint, die menschliche Vernunft allein könne die grundlegenden Moralprinzipien erkennen. Trotzdem gilt die Offenbarung nicht als überflüssig; sie dient der Erkenntnis der besonderen Normen und ihrer situationsgerechten Anwendung. Zwischen Rechts- und Moralnormen trifft Saadja keine Unterscheidung, obwohl sie im Deuteronomium, dem 5. Buch Mose, greifbar ist. – Prophet mit Thorarolle. Buchmalerei, um 1400.

derselben göttlichen Quelle entstammen, können sie sich nach Saadja nicht widersprechen. Im Fall eines scheinbaren Widerspruchs ist der biblische Text nicht wörtlich, sondern ähnlich wie bei al-Farabi unter Leitung der Vernunft allegorisch zu verstehen.

Mit dem Dichter Salomon ibn Gabirol (Avicebron, ca. 1020–1058) beginnt in Spanien eine zweite Phase jüdischen Denkens. Die Hochscholastik kennt das philosophische Hauptwerk *Quelle des Lebens* nur in der lateinischen Übersetzung *Fons vitae*, ohne um die Identität des jüdischen Autors zu wissen. Avicebron verbindet den neuplatonischen Gedanken einer hierarchisch gestuften Welt mit der biblischen Vorstellung eines Schöpfergottes: Über der höchsten Stufe der Welt, dem aus Materie und Form bestehenden universalen kosmischen Intellekt, steht Gott. Als absolute Einheit von Materie und Form ist er Schöpfer der Welt, deren Formen er durch seinen Willen bestimmt und deren Materie er aus seinem Wesen entläßt. Im Sinne der Bibel bringt Gott die Welt durch sein Wesen und seinen Willen aus dem Nichts hervor und «bewegt und ordnet alle Dinge».

Wie islamische, so vertreten auch jüdische Denker die (neuplatonische) Ansicht, die Philosophie liefere ein umfassendes Weltbild, dessen Erkenntnis zum wahren Glück verhelfe, zumal sich die Religion mit ihren Glücksversprechen mühelos in dieses Weltbild integrieren lasse. Gegen diese Ansicht wendet sich der Dichter Jehuda Halewi (um 1080–1141) mit einem Gedanken, der einem berühmten Ausspruch Pascals vorgreift. In seiner (polemischen) Apologie des Judentums gegen Christentum und Islam, im *Buch der*

Maimonides' ‹Führer der Unschlüssigen›
(‹Dalalat al-Ha'irin›; hebr. ‹More Nebu-
chim›; 1180–1190) ist das bedeutendste
Werk jüdischer Aufklärung. Das dreiteilige
Werk entsteht in Kairo und ist auf Ara-
bisch, aber in hebräischen Buchstaben ge-
schrieben. Der erste Teil, über Gott, ent-
hält im wesentlichen eine negative Theo-
logie: Was Gott ist, läßt sich nicht positiv
bestimmen, was Gott bewirkt, sagt Mai-
monides, aber doch: das Leben, das Gute
und die Gerechtigkeit. Der zweite Teil,
über die Welt, unternimmt einen Gottes-
beweis in Anlehnung an Aristoteles'
Gedanken des unbewegten Bewegers. Die
Frage, ob die Welt erschaffen oder ewig
sei, gilt als logisch nicht entscheidbar; als
gläubiger Jude entscheidet sich Maimoni-
des aber für das Erschaffensein. Der dritte
Teil, über den Menschen, rechtfertigt das
jüdische Gesetz, einschließlich der «tra-
ditionellen» Gebote. Sie sollen aber nicht
um ihrer selbst willen befolgt werden,
sondern um Gnade, Recht und Tugend
auszuüben und auf diese Weise Gottes

Wirken nachzuahmen. Wie bei Aristoteles erreicht der Mensch seine höchste Vollendung
erst in einem Wissen, bei Maimonides dem Wissen von Gott. In der lateinischen Überset-
zung übt das Werk beachtlichen Einfluß auf Denker wie Albert den Großen, Thomas von
Aquin und Johannes Duns Scotus aus. In der Neuzeit wird es immerhin noch von Spinoza
studiert. – Seite aus dem ‹Führer der Unschlüssigen›. Italienische Handschrift des 14. Jhds.

Argumentation und des Beweises zur Verteidigung des mißachte-
ten Glaubens (Sefer ha-Kusari), betont Halewi: «Der Gott Abra-
hams ist nicht der Gott des Aristoteles». Während der Gott der
Philosophen ein reiner Geist sei, der nur sich selbst kenne und sich
um das menschliche Wohlergehen nicht sorge, habe sich der Gott
Israels sein Volk erwählt und auf diese Weise wohlwollend in die
menschlichen Geschicke eingegriffen.

Eine dritte, nicht mehr vom Neuplatonismus, sondern von Aristoteles geprägte Phase jüdischen Denkens beginnt mit Abraham
ibn David (ca. 1110–1181). Im Gegensatz zu Halewi hält er Religion und Philosophie nicht mehr für miteinander unvereinbar.
Ähnlich wie Saadja behauptet er von der wahren Philosophie, einem von Avicenna geprägten Aristotelismus, sie stimme mit der
wahren Religion, dem Judentum, völlig überein. In seinem philoso-

phischen Hauptwerk *Der erhabene Glaube* (1161) versucht er sogar nachzuweisen, daß im Psalm 139 (138) Aristoteles' Kategorienlehre enthalten sei: In Vers 1: «du erforschest mich» deute das Wort «mich» auf die erste Kategorie, die Substanz, Vers 2 deute mit der ersten Hälfte «ob ich sitze oder stehe ...» auf die Kategorie der Lage und mit der zweiten Hälfte «du bemerkst meine Gedanken ...» auf die Kategorie der Qualität usw. Auch Abraham hält Gottes Dasein für beweisbar, die auf diesem Weg erreichbare Gotteserkenntnis schließe aber nicht Gottes unerkennbares Wesen ein. In seiner Sozialethik erklärt er die Ungleichheit der Menschen für gottgewollt und gerecht. Das Glück bleibt den wenigen vorbehalten, die zur Liebe Gottes im Sinne seiner Erkenntnis gelangen. Das Hauptwerk endet mit einer Verteidigung der menschlichen Willensfreiheit, die für Abraham das Grundmotiv philosophischen Denkens bildet.

Ihren Höhepunkt erreicht die jüdische Philosophie in Averroës' jüngerem Zeitgenossen, dem Arzt des Leibes und der Seele, dem Philosophen und zugleich gelehrten Rabbi Moses ben Maimon: Maimonides (1135–1204). Nicht anders als Halewi wendet er sich in seinem Hauptwerk *Führer der Unschlüssigen* an Glaubenszweifler: an Juden, die durch die «heidnische» Philosophie und Wissenschaft in ihrer Religion unsicher geworden sind. Auch Maimonides sieht wenig Schwierigkeiten, wissenschaftliches und theologisches Denken miteinander zu versöhnen. Denn im Schöpfungsbericht der *Genesis* würden die Grundeinsichten der Aristotelischen *Physik* und in den Worten der Propheten die Wahrheiten der *Metaphysik* bildhaft ausgesprochen. Statt die Philosophie und das jüdische Gesetz gleichzusetzen, läßt er aber beiden Seiten ein Eigenrecht, wobei im Konfliktfall dem jüdischen Gesetz der Vorrang gebühre. Als Philosoph und gläubiger Jude setzt sich Maimonides mit drei Fragen auseinander: Wie läßt sich angemessen von Gott reden; wie kann man die philosophische Lehre von der ewigen Welt mit der jüdischen Überzeugung von der Schöpfung vereinbaren; und wie ist moralisches Handeln zu begründen? Weil es dem gläubigen Juden verboten ist, die Schöpfungsfrage vor mehr als einem Schüler zu erörtern, schreibt er den *Führer* in Form eines Briefes an seinen Schüler Josef ben Jehuda, zudem in einer esoterischen Sprache.

Nach Maimonides' Tod spaltet sich das Judentum in zwei Teile. Der weitaus kleinere, pro-maimonidische Teil bleibt offen für die Philosophie, die man jetzt – als vierte Phase jüdischen Denkens – in einem christlichen Umfeld betreibt. Wichtig ist beispielsweise Levi ben Gerson (Gersonides: 1288–1344), ein bedeutender Anhänger

Kabbala (hebr. Überlieferung) heißen die mündlich überlieferten Lehren der jüdischen Mystik, die sich schon im ersten und zweiten Jahrhundert als eine Art rabbinischer Gnosis ausbildet und vor allem seit der zweiten Hälfte des zwölften Jahrhunderts aufblüht. Sie versucht unter anderem, die «Geheimnisse» der Bibel mit Hilfe der 10 (pythagoreischen) Urzahlen und der 22 Buchstaben des hebräischen Alphabets zu entschlüsseln und sich Gott durch Meditation über seine zahlreichen Namen und die magische Kraft des (hebräischen) Wortes anzunähern. Ihr «heiliges» Buch, der ‹Sohar› (hebr. Glanz, Ende des 13. Jahrhunderts), ist wahrscheinlich von Moses de Leon verfaßt. Gegen eine rationale Philosophie, eine «abstrakte» Metaphysik und eine «intellektualistische» Deutung des Judentums gerichtet, entwickelt die Schrift in Form einer Erläuterung des Pentateuch (der Fünf Bücher Mose) ein System kabbalistischer Gotteskenntnis. Der Einfluß auf die okkultistischen Interessen von Renaissance-Philosophen ist so groß, daß zahlreiche von ihnen die hebräische Sprache erlernen. – Der hier abgebildete Sefirot-Baum ist eine Meditations- und Konzentrationshilfe beim Gebet. Er besteht aus den zehn Potenzen oder Spiegelungen bzw. Emanationen der streng transzendenten, unanschaulich bleibenden Gottheit. Mit seinen zahlreichen Verbindungslinien weicht er von der im Neuplatonismus vorherrschenden linearen Hierarchie von Emanationen ab.

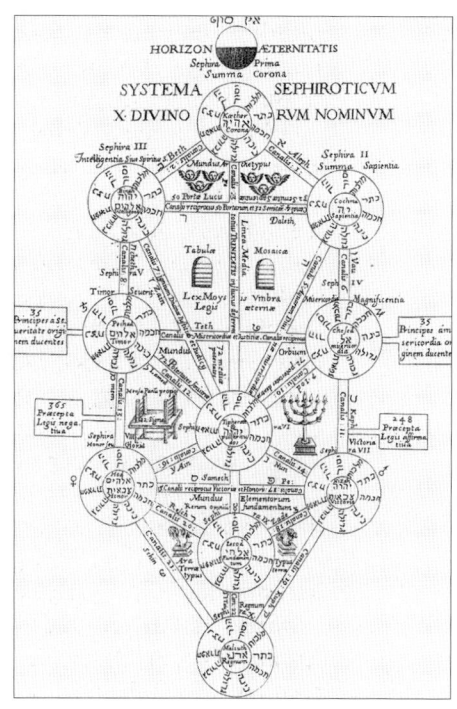

von Averroës. Der größere anti-maimonidische Teil verhält sich gegen die Philosophie aber feindlich und gibt der Kabbala ein überragendes Gewicht.

LEKTÜREEMPFEHLUNG: Eine Einführung in islamisches Denken bieten die *Episteln der Lauteren Brüder von Basra* (10. Jhd.), eine Art islamische Enzyklopädie der Wissenschaften und eine vom islamischen Recht (*Scharia*) unabhängige Ethik. Lesenswert und weit leichter lesbar als die (zudem kaum ins Deutsche übersetzten) Werke von Avicenna, al-Gazali und Averroës ist Ibn-Tufails Roman *Vom Lebenden* ... Für das Studium des jüdischen Denkens kann man mit Maimonides' *Acht Kapitel(n)*, einer Abhandlung zur jüdischen Ethik und Gotteserkenntnis, beginnen.

VII. Von Albert dem Großen bis Marsilius von Padua

Durch zwei Umstände werden in der Hochscholastik neue intellektuelle Energien freigesetzt und zugleich so gebündelt, daß das Mittelalter seinen philosophischen Höhepunkt erreicht. Auf der einen Seite wird erstmals das Gesamtwerk jenes Philosophen bekannt, der wegen seiner analytischen Kraft und einer geradezu enzyklopädischen Behandlung der Philosophie und Wissenschaft als «Meister aller Wissenden» (Dante) gerühmt wird: Die Kommentierung von Aristoteles' Schriften und deren Vermittlung mit dem Christentum bringt eine Fülle philosophischer Neuansätze und widerstreitender Positionen hervor. Auf der anderen Seite entsteht in wissenschaftlich und politisch aufblühenden Städten eine neue und so überzeugende Bildungseinrichtung, daß sie sich bis heute erhält: die Universität. Deren Grundsatz einer klar strukturierten Verbindung von Lehre und Forschung wird zumindest in den Geisteswissenschaften bis heute gepflegt. Vielleicht kommt ein dritter Umstand hinzu: die «Armutsbewegung» des 12. und 13. Jahrhunderts. Denn die großen Denker der Epoche sind Mitglieder der neu gegründeten «Bettelorden», der Dominikaner: Albert der Große, Thomas von Aquin und Meister Eckhart, und der Franziskaner: Bonaventura, Duns Scotus und Wilhelm von Ockham.

CHRISTLICHER ARISTOTELISMUS: ALBERT UND THOMAS
Nach Vorarbeiten des englischen Philosophen, Theologen und Naturforschers Robert Grosseteste (1175–1253) macht Albert der Große als erster seiner Epoche den ganzen, selbst die Naturforschung einschließenden Aristoteles für Philosophie und Theologie fruchtbar. Zugleich setzt er sich sowohl mit neuplatonisch gefärbten Aristotelikern des Islam wie Avicenna als auch mit dem strengen Aristoteliker und ersten Kommentator des gesamten Aristoteles im Mittelalter, mit Averroës, auseinander. Albert sucht noch kein einheitliches System der Philosophie oder Theologie. Er bereitet aber jenen christlichen Aristotelismus vor, den sein Schüler Thomas von Aquin, freilich mit geringerem Interesse an der Naturforschung, zu einem Höhepunkt des mittelalterlichen Denkens

Albert der Große. – Fresko von Tommaso da Modena, 1352.

Um 1120 setzt im Abendland eine Aristoteles-Rezeption ein, die sich bis etwa Mitte des 13. Jahrhunderts zur mächtigsten Aristoteles-Renaissance der Philosophiegeschichte auswächst. Nimmt man die Zahl der Kommentare zum Maßstab, so ist das Interesse nicht gleichmäßig über das ganze Werk verteilt. Aristoteles wird vornehmlich als Logiker studiert, danach als Metaphysiker und erst in dritter Linie als Moralphilosoph und politischer Philosoph. Die zuvor erforderliche Übersetzung seiner Werke aus dem Griechischen ins Lateinische beginnt in Byzanz, dem vom 9. bis zum 11. Jahrhundert erneut aufblühenden Oströmischen Reich, und in Sizilien sowie Spanien (Toledo). Sie setzt sich in Oxford fort und erreicht ihren Höhepunkt bei Wilhelm von Moerbeke. Dessen sorgfältige Übersetzungen dienen Thomas von Aquin, der, wie fast alle Gelehrten seiner Zeit, selber kein Griechisch liest, als Arbeitsgrundlage. Moerbeke übersetzt nicht bloß Aristoteles, sondern auch antike Aristoteles-Kommentare und Naturwissenschaftler wie Archimedes, Galen und Ptolemäus. Übersetzt werden in dieser Zeit auch Werke von Platon (‹Menon›, ‹Phaidon› und ‹Parmenides›; der ‹Timaios› war hingegen schon durch eine spätantike Übersetzung bekannt), ferner von al-Farabi, Avicenna und die Schriften des entschiedensten Anregers der Aristoteles-Renaissance: Averroës. – Die Abbildung, eine Miniatur aus einer Handschrift der ‹Nikomachischen Ethik›, zeigt Aristoteles, wie er an der Sorbonne eine Vorlesung hält.

ausbaut. Das mit Augustinischen und neuplatonischen Elementen durchsetzte Lehrgebäude zeichnet sich durch fünf Elemente aus: (1) Autonomie und Eigenmacht der Welt: Durch sie werden der Forschungsgegenstand und zugleich das forschende Individuum aufgewertet. Gott gilt zwar als Grund und Ziel der Schöpfung, zu deren Vollkommenheit gehören jedoch eigene, weltimmanente Prinzipien. (2) Eigenwert und Gutsein der Welt: Die materielle Welt wird im Gegensatz zum Neuplatonismus und vor allem der Gnosis grundsätzlich positiv aufgefaßt. Die Materie ist nicht etwa das Böse, sondern Gottes Schöpfung, ferner – mit Aristoteles – Möglichkeit (Potentialität) und zugleich Prinzip der Individuation: der individuellen Existenz jedes Gegenstandes und Lebewesens. (3) Autonomie und Eigenmacht der Vernunft: Durch eine zweite Aufwertung, diesmal zunächst des Forschers, wächst dem Menschen die Fähigkeit zu,

aus eigener Kraft, also ohne Augustinus' Annahme einer besonderen Erleuchtung, die Wahrheit zu erkennen. (Thomas kann sich auf
Paulus, *Römer* 1, 19 berufen: daß Gott die Wahrheit selbst den Heiden offenbart hat.) Auf diese Weise wird die menschliche Vernunft
von jeder Bevormundung durch den Glauben befreit, und die Philosophie, einschließlich der natürlichen, philosophischen Theologie,
läßt sich als rundum autonome Wissenschaft betreiben. (4) Wissenstheoretische Kooperation und Komplementarität: Vernunft und
Offenbarung ergänzen sich; zwischen Philosophie und Theologie
herrscht prinzipiell eine harmonische Eintracht. Freilich erreicht gerade in dieser Zeit der Streit zwischen Philosophie und Kirche einen
ersten Höhepunkt; die Kirche verbietet zeitweilig sogar die Lektüre
Aristotelischer Werke (1215 und 1263). (5) Dogmatismusgefahr:
Schon Aristoteles' Philosophie und noch mehr der christliche Aristotelismus werden als ein zusammenhängendes, überdies abgeschlosse-
nes Lehrgebäude betrachtet. Vor allem die Nachfolger von Albert
und Thomas laufen daher Gefahr, dem Feind lebendigen Philosophierens, dem Dogmatismus, zu verfallen.

ALBERT DER GROSSE (1193–1280)
Der aus Schwaben stammende Naturforscher, Philosoph, Theologe
und Kirchenlehrer erhält als einziger mittelalterlicher Denker den
Beinamen «der Große». Wegen seiner umfassenden Bildung wird er
auch «doctor universalis» (Universalgelehrter) genannt. Während er
in Paris, später in Köln lehrt, zählt zu seinen Schülern Thomas von
Aquin. Alberts Bedeutung liegt nicht nur in seinen zahlreichen Kom-
mentaren zu Aristoteles, sondern auch in seiner Methode: einer theo-
logiefreien, rein philosophischen Erörterung der auch für die Theologie wichtigen Fragen. Nachdrücklich verteidigt er die Freiheit der
Philosophie, nachzudenken (a) über die Herkunft der Welt auch
ohne die Annahme einer Schöpfung und (b) über das menschliche
Glück als Werk des Menschen auch ohne die Annahme übernatürlicher Tugenden und göttlicher Gnade. Nicht zuletzt widmet er sich der
von der scholastischen Philosophie bislang vernachlässigten erfah-
rungsverpflichteten Naturforschung und befaßt sich – ähnlich wie
Aristoteles – mit der Biologie, aber auch der Mineralogie und der
Astronomie. Dabei setzt er sich (c) für die Freiheit ein, die Natur, wie
sie ist, zu erforschen, ohne nach wunderbaren Eingriffen Gottes zu
suchen.
    Für Albert gibt es drei selbständige und voneinander unabhängi-

116   ge Forschungsbereiche: die Theologie als Auslegung des Wortes Gottes, die Philosophie vor allem als Theorie des Seienden und seiner Ursachen und eine Wissenschaft der Natur auf der Grundlage bisheriger Entdeckungen, aber auch eigener Beobachtungen.

Averroës vertritt in der Theorie der Erkenntnis und der erkennenden Seele die provozierende Ansicht, um der Allgemeingültigkeit der Erkenntnis willen müsse man neben der individuellen Einzelseele noch eine allen Menschen gemeinsame universale Vernunftseele annehmen, die die Einzelseelen so durchdringt, daß alle Menschen auf die gleiche Weise ihre Denkoperationen vollziehen. Weil Albert in dieser Ansicht die Unsterblichkeit der persönlichen Seele bedroht sieht, verwirft er sie in der Schrift *Über die Einheit des Intellekts, gegen Averroës* (um 1260). Dabei argumentiert er rein philosophisch: Weil die Vernunftseele zum Wesen des Menschen gehört und jeder als einzelner erkennt, besitzt jeder mit seiner eigenen Einzelseele auch seine eigene Vernunftseele. An sich betrachtet, sei diese «Doppelseele» jedoch unter allen Menschen einheitlich und sichere so ohne Zusatzannahmen die Allgemeingültigkeit von Erkenntnis.

An den neuen Universitäten bilden sich Formen der Forschung und Lehre aus, die sich über viele Jahrhunderte erhalten: In der Vorlesung, lectio, wird ein Text der Heiligen Schrift, eines Kirchenvaters oder eines Philosophen verlesen und erläutert. In der seminarähnlichen Erörterung, disputatio, suchen Lehrer und Studenten gemeinsam Fragen zu klären. Dazu kommt die schriftliche Kommunikation: Die Sentenzen-Kommentare sind Sammlungen zentraler Lehrstücke berühmter Kirchenväter oder Gelehrter; sie dienen den Studenten zum Studium und den Dozenten als Nachschlagewerke. Daraus entsteht das wichtigste theologische Lehrbuch des 12. Jahrhunderts, Petrus Lombardus' sogenannte ‹Sentenzen›, die ‹Vier Bücher› der Lehrmeinungen (‹Libri quattuor sententiarum›, 1155–1158) der Kirchenväter, die der Autor kommentiert und zum Anlaß eigener systematischer Überlegungen macht. In einer anderen Textform: der Auslegung, expositio, wird ein klassisches Werk kommentiert, in der «summa» ein Wissensbereich lehrbuchartig abgehandelt. Schließlich werden in «quaestiones disputatae» («erörterte Fragen») bzw. «quodlibetales» («beliebige Fragen») freigewählte Einzelfragen abgehandelt. – Universitätslehrer mit Schülern, um 1300.

Thomas, flankiert von Platon und Aristoteles. –
Gemälde von Benozzo Gozzoli, um 1471.

Thomas von Aquin

Metaphysik als Ontologie. Im Frühwerk
Über das Seiende und das Wesen (De ente et
essentia, um 1255) setzt sich Thomas mit
Avicenna und Averroës und mit dem neupla-
tonischen Essentialismus auseinander. Im
Streit um den primären Gegenstand der
Metaphysik vertritt er eine Position, die der
Vernunftautonomie entgegenkommt. Er op-
tiert für das Seiende als Seiendes, also für die
philosophische Ontologie, und nicht für den
genuinen Gegenstand der Theologie, für
Gott als das erste, ausgezeichnete Seiende.
Denn sowohl das Geschaffene wie der
Mensch als auch das Nichtgeschaffene, Gott,
lassen sich mit denselben Grundbegriffen bestimmen. Dies sind vor allem die zwei Titelbegriffe der Schrift und zusätzlich der Begriff
«esse». Nach Thomas sind die beiden letzten
Begriffe: Wesen (essentia: was etwas ist) und
Sein bzw. Dasein, Existenz (esse: ob etwas
ist), insofern real unterschieden, als das We-
sen eines Seienden (ens) keinerlei Verweis auf sein Dasein enthält.
Bei Gott fallen jedoch beide Momente in eins: Gott *ist* Sein (ipsum
esse subsistens: die wesenhafte Existenz selbst), der Mensch hingegen *hat* Sein, und zwar durch Teilhabe (participatio) am Sein
Gottes.

Psychologie, Erkenntnistheorie. In der Erkenntnistheorie und der
gesamten Anthropologie lehnt Thomas mit Aristoteles jeden Leib-
Seele-Dualismus ab: Der Mensch ist eine Einheit von Körper und
Seele; als Natur hat er eine geistige und als Person eine natürliche
Dimension. Trotz dieser von Averroës nicht geteilten anthropologi-
schen Grundansicht folgt Thomas in erkenntnistheoretischen Fragen Averroës und spricht dem Geist (intellectus) durchaus die Fähigkeit zur Bildung und zum Gebrauch von allgemeinen Begriffen
(Universalien), von Art- und Gattungsbegriffen, zu. Wegen der All-

118   gemeinheit ist aber nicht wie bei Averroës ein allen Menschen über-
geordneter universaler Geist anzunehmen. Die Allgemeinbegriffe
ergeben sich vielmehr aus dem für jeden Menschen gleichen Bezug
der Art- und Gattungsbegriffe zu den vielen Einzeldingen.

Ein zweites Frühwerk, *De veritate* (*Über die Wahrheit*, um 1257),
enthält die berühmte, oft mißverstandene Bestimmung der Wahrheit als einer «Angleichung von Sache und Geist» (adaequatio rei
et intellectus), die sogenannte «Adäquations-» oder «Korrespon-
denztheorie». Weder läßt Thomas die Wahrheit von den Launen
der menschlichen Erkenntnisfähigkeit (intellectus) abhängen, noch
behauptet er, die objektive Sache (res, i. S. von Sachverhalt) und der
subjektive Geist müßten sich aneinander angleichen, wohl aber
müssen sie sich einander zuwenden. Schon vorher, im *Sentenzen-
Kommentar* (um 1255), führt Thomas seine Erkenntnistheorie des
näheren aus. An die Stelle der damals vorherrschenden Augustinischen Lehre einer Erkenntnis durch Erleuchtung setzt er die von
Aristoteles inspirierte Lehre, alles Erkennen beginne bei der Sinneswahrnehmung und werde durch den aktiven Geist (intellectus
agens) mittels Abstraktion in eine gedankliche Form gebracht.

Gottesbeweise. Auch für Thomas bleibt das natürliche Ziel des
menschlichen Verstandes die Gotteserkenntnis. Für das Dasein
Gottes unternimmt er zwar keine Beweise. Er gibt aber fünf (Argu-
mentations-)Wege zu diesem Beweisziel an, mit welchen er die ein-
schlägige Tradition zusammenfaßt. In Übereinstimmung mit seiner

*Teilweise durch die neuplatonische Licht-
metaphorik angeregt, aber auch von
Euklid, Ptolemäus und al-Kindi beeinflußt,
ist die Optik in der Scholastik eines der
am intensivsten behandelten Gebiete der
Naturforschung. Die Abbildung zeigt eine
Skizze des Philosophen, Theologen und
Naturforschers Roger Bacon (1214–1292).
Von außen nach innen gesehen, haben das
Auge als Ganzes, die Hornhaut, die Ei-
weißfeuchtigkeit und der vordere Kristall-
körper, die Linse, denselben Mittelpunkt.
Er fällt mit der Spitze b der Sehpyramide
afb zusammen. Von der Linie af, der
Oberfläche des Sehobjektes, gehen Seh-
strahlen aus, die durch die Linse gebrochen
werden und sich im Sehzentrum, in der
Skizze am hinteren Augenpol, vereinen. –
Die Abbildung geht auf mittelalterliche
Handschriften zurück.*

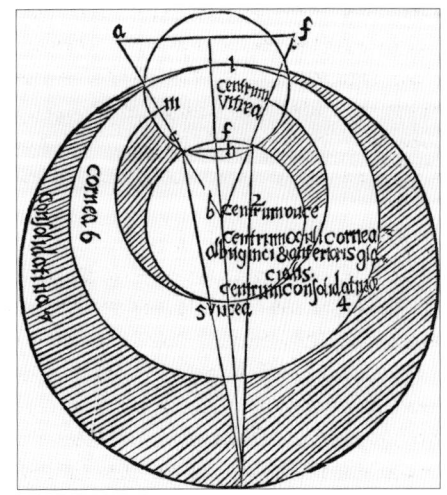

Erkenntnistheorie und im Unterschied zu Anselm geht Thomas in allen «Wegen» von Erfahrungsgegebenheiten aus und schließt von dort auf einen absoluten Superlativ. Zusätzlich setzt er voraus, daß es keinen unbegrenzten Regreß geben darf. (1) Das Argument der Bewegung («ex motu»): Alle Bewegung geht auf eine Ursache zurück; also muß man, da es Bewegung gibt und um einem unendlichen Regreß zu entgehen, einen ersten, selbst unbewegten Beweger ansetzen. (2) Das Kausal-Argument («ex ordine causarum»): Alles, was ist, hat eine Ursache, was zu einer Hierarchie von Ursachen führt, bei der eine erste, selbst nicht verursachte Ursache anzunehmen ist. (3) Das kosmologische Argument («ex corruptibilitate»): Alles, was ist, ist nicht-notwendig (kontingent); das Nicht-Notwendige hängt aber von etwas Notwendigem ab, das letztlich eine erste, selbst nicht mehr abhängige Notwendigkeit voraussetzt. (4) Das axiologische Argument («ex gradibus perfectionum»): Die Unvollkommenheiten der Welt, daß es nämlich mehr oder weniger Gutes, Wahres und Edles gibt, setzen etwas Vollkommenes (an Gutem, Wahrem und Edlem) und letztlich etwas schlechthin Vollkommenes voraus. (5) Das teleologische oder physiko-teleologische Argument: Die Zweckmäßigkeit, die in der Natur herrscht, setzt eine intelligente Lenkung und letztlich etwas voraus, das selbst nicht mehr zweckmäßig gelenkt, sondern reine Lenkfähigkeit ist: reine Intelligenz. Auf allen fünf Wegen wird nur ein absoluter Superlativ erschlossen. Erst wenn man ihn als Gott bezeichnet, hat man das Dasein Gottes und dessen Einzigkeit (Monotheismus) bewiesen. Auch dann weiß man aber nicht, worin das Wesen Gottes besteht: daß er eine Person ist, dreifaltig, Schöpfer und Erlöser der Welt. Für die Klarheit darüber sind nach Thomas allein der Glauben und die Theologie zuständig. Weil die Philosophie aber beiden den Weg bereitet und darüber hinaus beide gegen Angriffe absichert, sollte zwischen Wissen und Glauben eine Eintracht bestehen, in der beide Seiten ihre jeweils eigenen Aufgaben erfüllen.

Ethik und Politische Philosophie. In der Ethik unternimmt Thomas eine «konkordistische»: verschiedene Lehrstücke zusammenführende Aristoteles-Auslegung. Er verbindet Aristoteles' Strebenstheorie des Handelns und des Glücks mit der Teleologie der *Physik* und der Lehre vom göttlichen Beweger der *Metaphysik* zum Gedanken eines natürlichen Strebens (desiderium naturale) nach Glück. Dessen vollkommene Erfüllung im höchsten Gut ist aber erst im Jenseits zu erwarten: in der «glückverschaffenden» Anschauung Gottes (visio

120 beatifica Dei). In der Tugendlehre übernimmt Thomas Aristoteles' Gedanken der Haltung (habitus) und der Mitte, aber nicht dessen Relativierung der vier (natürlichen) Haupt- oder Kardinaltugenden zugunsten einer Vielfalt menschlicher Tugenden. Er bestätigt vielmehr das Quartett Platons: Maß (temperantia), Tapferkeit (fortitudo), Klugheit (prudentia) und Gerechtigkeit (iustitia). Überboten werden sie noch durch drei «theologische» Tugenden: Glaube (fides), Hoffnung (spes) und Liebe (caritas).

In der politischen Philosophie folgt Thomas ebenfalls Aristoteles. Wie dieser nimmt er an, daß der Mensch um seiner selbst willen existiert und trotzdem die Sklaverei zulässig sei; sie gilt als Folge des Sündenfalls. Daß dennoch nicht alle Menschen, obwohl der Erbsünde unterworfen, Sklaven sind, begründet er mit einer nach der Vertreibung aus dem Paradies über die Menschen verhängten Ungerechtigkeit. Auch Thomas hält den Menschen für ein soziales, näherhin politisches Lebewesen, sieht im Staat die vollkommene Gestalt der Gemeinschaft und verpflichtet die staatlichen Gesetze auf das Gemeinwohl. Neu ist der Gedanke des Friedens als «Mitte des Gemeinwohls». Allerdings gilt der Friede, was Aristoteles wieder nahekommt, als «Werk der Gerechtigkeit» (opus iustitiae pax). Thomas betont das Eigenrecht sowohl des Politischen – er lehnt die bloß religiöse Rechtfertigung von Herrschaft ab – als auch des po-

Der überragende Theologe, Philosoph und Kirchenlehrer Thomas von Aquin (1224/25–1274) wird von seinen Zeitgenossen «doctor angelicus» (der engelsgleiche Lehrer und Gelehrte) und später «Fürst der Scholastik» genannt. Ganz der Wissenschaft verpflichtet und aus Kenntnis der vorangehenden Theologien und Philosophien, schafft er, obwohl er nur fünfzig Jahre alt wird, ein Werk von monumentaler Größe. Dazu gehören zwölf noch heute lesenswerte Kommentare zu Aristoteles, etwa zu ‹De anima›, zur ‹Physik› und ‹Metaphysik›, zur ‹Nikomachischen Ethik› und ‹Politik›. Und in zwei Lehrbüchern, der für die Mitdominikaner verfaßten ‹Summa gegen die Heiden› (‹Summa contra gentiles›) und der für seine Schüler gedachten ‹Theologischen Summe› (‹Summa theologica›), nimmt Thomas eine umfassende Deutung von Gott und dem Menschen vor. Die souveräne Synthese aus christlichen, Aristotelischen und weiteren philosophischen Gedanken, der sogenannte «Thomismus», setzt sich zwar nicht überall durch. Er bleibt aber bis weit in die Neuzeit, mancherorts bis in die Gegenwart wirksam. – Andrea di Bartolo: Thomas von Aquin, 14. Jhd.

Gegen den Gedanken einer autonomen Vernunft erhebt ein Freund von Thomas Einspruch: der von Augustinus geprägte Philosoph, Theologe, Kirchenpolitiker und gegen bloße Gelehrsamkeit kritische Mystiker Bonaventura (Giovanni di Fidanza: 1221–1274). Da schon die Naturbetrachtung das Wirken Gottes zeigt, hält er rationale Erforschung Gottes und seines Wirkens für überflüssig. Der Philosophie beläßt er nur zwei Aufgaben; sie darf eine Vorstufe zur Theologie und deren begrifflich-argumentatives Hilfsmittel sein. Solange die Philosophie theologisch unerhebliche Themen erörtert, ist sie durchaus autonom, bei theologisch relevanten Fragen darf sie aber nicht selbständig argumentieren. Denn eine Gesamterkenntnis von Gott und dessen Schöpfung, der Welt, sei nur vom Glauben, besonders von der «mystischen Versenkung» her möglich. Bonaventura sucht sie über eine Versenkung in das Bild des Gekreuzigten. – Bonaventura auf einem flämischen Bildteppich, 1479.

sitiven Rechts. Denn das menschliche Gesetz (lex humana) darf zwar nicht gegen das Naturrecht (lex naturalis) verstoßen, andernfalls ist es kein Gesetz, sondern dessen Zerstörung (corruptio legis). Ansonsten steht es jedoch dem rechtmäßigen Gesetzgeber frei, die näheren Bestimmungen zu treffen. Thomas folgt noch Augustinus, wenn er annimmt, durch den Sündenfall habe der Mensch die Fähigkeit verloren, die ursprüngliche Gerechtigkeit (iustitia originalis) zu erkennen. Eine globale Rechts- und Friedensordnung nimmt er nicht in den Blick. Er führt jedoch im Ausgang von Aristoteles zwei seither kanonische Unterscheidungen in der Gerechtigkeit ein; sie machen auch außerhalb des Thomismus Epoche: (1) Die allgemeine Gerechtigkeit (iustitia generalis, nicht: universalis genannt) unterscheidet er von der besonderen (particularis), und (2) innerhalb der besonderen setzt er die Tausch- (commutativa) von der Verteilungsgerechtigkeit (distributiva) ab.

Trotz ihrer überragenden Bedeutung setzt sich die philosophisch-theologische Synthese des Thomas nicht überall durch. Sowohl Ordensbrüder, die deutschen Dominikaner Dietrich von Freiberg und Meister Eckhart, als auch die Franziskaner Duns Scotus und Wilhelm von Ockham, nicht zuletzt die Laien Dante und Marsilius von Padua gehen sehr bald eigene Wege. Ihre für die Kirche teils verwegenen, teils sogar häretischen Gedanken wirken bis weit in die Neuzeit hinein. Vor allem im Universalienstreit schreiben sie sich den Ehrentitel des «neuen Weges», der «via moderna», zu: Als «alter Weg» (via antiqua) gilt Thomas' qualifizierter Realismus, als «modern» der «Nominalismus» bzw. «Konzeptualismus» von Ockham (s. folgenden Absatz). Die Veränderungen erstrecken sich auf die Erkenntnistheorie und die Metaphysik und erfassen auch die Theorie des Willens. Großen Wert legt man auf Sprachkritik. Neben Dante und Marsilius gewinnt eine genuin politische Philosophie auch bei Ockham an Gewicht. Vorher schon erneuert Dietrich von Freiberg (um 1240–um 1318/20) das Interesse an Naturforschung. In der Schrift *Über den Regenbogen und die durch Strahlen erzeugten Eindrücke* (*De iride et radialibus impressionibus*, nach 1304) beeindruckt bereits die richtige Erklärung: Der Regenbogen entsteht durch die Brechung des Lichts in den herabfallenden Regentropfen und nicht, wie seit Xenophanes angenommen, in der darüber schwebenden Regenwolke. Erstaunlich ist auch die methodische Strenge. Dietrichs Theorie wird aber bald vergessen und erst von Descartes und Newton wiederentdeckt. Meister Eckhart, Dante und der für seine *ars generalis ultima* (1303–1308), für seine *Letzte Fassung einer allgemeinen Wissenschaft* aller Wissenschaften, berühmte Katalane Raimundus Lullus sind Mitbegründer einer neuen, volkssprachlichen Literatur.

Universalienstreit und Sprachkritik

In der zweiten Hälfte des 11. Jahrhunderts schiebt sich ein Streit in den Vordergrund, der bis ins Spätmittelalter, in gewisser Weise bis in die Gegenwart andauert. Es geht um die Frage nach dem Verhältnis von Denken, Sprache und äußerer («objektiver») Wirklichkeit oder dem von Subjekt, Zeichen und Objekt: In welcher Form existieren allgemeine Begriffe (universalia) wie Gattungs- (z. B. Lebewesen) oder Artbegriffe (z. B. Mensch), und wie verhalten sie sich zu den einzelnen Gegenständen, etwa einem individuellen Menschen?

Dieser Universalienstreit, der sowohl Erkenntnistheorie und Sprachphilosophie als auch Naturphilosophie, Ontologie und Theologie betrifft, reicht bis in die Antike, namentlich zum Gegensatz zwischen Platon und Aristoteles, zurück: (1) Nach Platons extremem Universalien-Realismus existiert das Allgemeine als (transzendente) Idee *vor* dem (einzelnen) Ding (ante rem), (2) nach Aristoteles' gemäßigtem Realismus dagegen *im* Ding (in re). (1–2) Boëthius vermittelt die Debatte ins Mittelalter mit einer Mischposition: Das

Allgemeine existiert zwar *in*, nicht *vor* den Dingen. Durch den Allgemeinbegriff werden die Dinge aber erst für das Denken, das immer zunächst das Allgemeine entdeckt, wissensmäßig verfügbar;
damit wird das Allgemeine *vor* den Dingen erkannt. (3) Dagegen
behauptet der Nominalismus (lat. nomen: Name, Wort), Allgemeinbegriffe seien bloß Ausdrücke, die lediglich im Denken und
der Sprache existierten; wirklich seien dagegen allein die einzelnen
Dinge. (3a) In der Extremform (schon Roscelin, ca. 1050–ca. 1122)
gelten die Allgemeinbegriffe in polemischer Übertreibung lediglich
als bedeutungslose Laute, als nutzlose Klänge ohne irgendeinen er-
kenn- oder vorstellbaren Gehalt (flatus vocis). (3b) Roscelins Schüler Abaelard und vorher schon Avicenna vertreten eine gemäßigte-
re Form, den Konzeptualismus (lat. conceptus: Begriff). Dieser
unterscheidet das Wort als bloßen Ausdruck mit verschiedenen
sprachlichen Funktionen (vox) von Wörtern mit einer Bedeutung,
durch die sie auf etwas außerhalb der Sprache verweisen (sermo).
Der Konzeptualismus erklärt den Allgemeinbegriff zum bedeu-
tungstragenden Wort (universale est sermo), das seine Grundlage
im Ding habe (fundamentum in re): Das Allgemeine ist ein «Kon-
zept» von erkenntnistheoretischer Bedeutung, das der Verstand aus
bestimmten, einander ähnlichen einzelnen Dingen abstrahiert und
das er durch die wesentlichen Gemeinsamkeiten der Einzeldinge
konstituiert. Bei Abaelard begegnet man auch schon der Vereini-
gungslehre vom dreifachen Zustand des Allgemeinen, die Albert
und Thomas im Anschluß an Avicenna vertreten: Das Allgemeine
existiert (a) in Gott als dessen Gedanken *vor* den Dingen, (b) in der
Welt als Gattungen und Arten *in* den Dingen und (c) im menschlichen Verstand dank Abstraktion *nach* den Dingen (post rem).

Johannes Duns Scotus. Für Thomas ist die Sprache kein zuverlässi-
ger Führer in Fragen der Ontologie, daher treibt er keine Sprachkritik. Duns mißt ihr dagegen ein großes Gewicht bei und arbeitet auf
diese Weise der modernen sprachanalytischen Philosophie vor. Er
stellt fest, daß «ewige Wahrheiten» allein aufgrund der verwendeten
Begriffe, also analytisch, wahr sein können. Nach Thomas hat der
Ausdruck «Seiendes» (ens) eine «analoge» (entsprechende) Bedeutung, da er insbesondere bei Gott etwas ganz anderes als bei einem
Menschen bedeutet. Duns hält dagegen den Ausdruck «Seiendes»
für «univok» (eindeutig), da er durch seine Anwendung auf Gegenstände nur mitteilt, daß man sich jeder Bestimmung enthält. Die
Einfachheit Gottes und gleichzeitige Verschiedenheit seiner Eigen-

Der schottische («Scotus») Philosoph und Theologe Johannes Duns Scotus (1265/66 bis 1308), der wegen seiner Kraft zu feinsinnigen Unterscheidungen «doctor subtilis» («scharfsinnig») heißt, entwickelt ein so neuartiges Denken, daß man von einem nach Thomas «zweiten Anfang der Metaphysik» spricht. Er scheint spätere Philosophen wie Suárez, Wolff, Kant und Peirce beeinflußt zu haben. Duns bildet vor allem ein Lehrstück von Thomas' Ontologie fort, das der Transzendentalien. Gemeint sind Begriffe, die selbst die Kategorien (Quantität, Qualität …) transzendieren («übersteigen») und etwas so Allgemeines bezeichnen, daß es auf jedes Seiende zutreffen muß. Der Sache nach sind diese Begriffe freilich schon den früheren Denkern bekannt. Die noch von Thomas entdeckten «klassischen» Transzendentalien: das Eine, das Wahre und das Gute, heißen konvertibel, weil sie ineinander übergehen und zugleich zutreffen. Zu den von Duns Scotus entdeckten disjunktiven, das heißt entweder – oder zutreffenden Transzendentalien gehören notwendig/kontingent, unendlich/endlich, möglich/unmöglich und unverursacht/verursacht. – Duns Scotus. Buchmalerei in einer Pariser Handschrift.

schaften (und in der Dreifaltigkeit: auch der Personen) macht Duns durch einen «Formalunterschied» begreiflich: Der Begriffs*inhalt* (heute: Intension), bei Gott: Allmacht, Allgüte …, unterscheidet sich vom Begriffs*umfang* (heute: Extension), der Menge aller vom Begriff bezeichneten Gegenstände, in diesem Fall also vom *einen* Gott. Bei den Gottesbeweisen verwirft Duns alle Argumente, die von kontingenten, mehr oder weniger zufälligen Sachverhalten ausgehen, womit er mehr Thomas' «Fünf Wege» als Anselms Gottesbeweis kritisiert. Aus kontingenten Vordersätzen folge nämlich nur ein kontingent wahrer, kein notwendig wahrer Schlußsatz. Mit seiner Lehre von der «Diesheit» (haecceitas) liefert Duns einen wichtigen Baustein für die neuzeitliche Theorie des Subjekts: Nach Aristoteles und Thomas wird ein Allgemeines, die Form, durch Materie zu einem Einzelnen, was die Individualität zu etwas Zweitrangigem herabstuft. Duns gibt dem Individuellen mit dem Begriff der Diesheit ein größeres Gewicht, das er noch dadurch steigert, daß er das Individuelle für begrifflich erkennbar hält, so daß es den Begriffen als eine eigenständige Wirklichkeit gegenübersteht.

Während Thomas den Willen als vernünftiges Begehren (appetitus rationalis) bestimmt und ihn damit der Vernunft (ratio) unterordnet, beschränkt Duns die Vernunft auf das Erkennen und räumt

dem Willen einen eigenständigen Bereich ein. Und während nach
Thomas Gott das Gute will, weil er es als gut erkennt, ist das Gott-
gewollte nach Duns nur deshalb gut, weil es von Gott gewollt ist.
Trotzdem verfällt er nicht in einen Voluntarismus, der den Willen
der Vernunft vorordnet und ihn willkürlich agieren läßt, da er in
seiner Freiheit vollständig unbestimmt sei. Duns kennt vielmehr
zwei selbständige, «autonome» Aufgabenbereiche: Der Vernunft
obliegt die Einsicht in zwingende («notwendige») Gründe, dem
Willen aber, im Bereich des Nichtnotwendigen Freiheit zu bekunden. Nur bei Gott fallen Wille und Vernunft in eins, da es für ihn
nichts prinzipiell Unveränderliches und nichts irgendwie Notwen-
diges gibt. Selbst die göttliche Schöpfung hätte anders ausfallen
können. Gleichwohl bleibt sie erkennbar, da Gott kein «Willkür-
gott» ist, der seine Werke im nachhinein verändert.

Wilhelm von Ockham. Der Philosoph Wilhelm von Ockham (1286
bis 1349) folgt sowohl in der Sprachkritik als auch der Lehre von
der göttlichen Freiheit Duns Scotus und wird dadurch zum zweiten
großen Denker des Nicht-Notwendigen, der Kontingenz (bloßen
Tatsächlichkeit) und der Individualität alles Geschaffenen: seiner
unvertretbaren Einmaligkeit.

Die Kontingenz prägt die Ontologie, Erkenntnislehre und Sprachphilosophie: Nur Individuelles existiert selbständig. Das Allgemeine, etwa das Menschsein, kann nicht in den Dingen, real, existieren;
denn dann müßte dasselbe Allgemeine, beispielsweise eine Eigenschaft, in einem Individuum bewegt und in einem anderen ruhend
sein, was gegen das Widerspruchsprinzip verstößt. Das Allgemeine
fungiert als Zeichen, mit dem sich der Erkennende auf die Wirklichkeit außerhalb seines Geistes bezieht und diese Wirklichkeit
ordnet. Ockham vertritt also den zeichentheoretisch gemäßigten
Nominalismus, den Konzeptualismus. Notwendigkeit und Wahrheit gelten nicht länger als eine Eigenschaft von Dingen, sondern nur
von Sätzen. Und wahre Sätze lassen sich nur über das sinnlich Wahrnehmbare, das Einzelding bilden: «Dieses Tier ist ein Hund.» Eine
Erkenntnis bloß durch Allgemeinbegriffe (Universalien) dagegen –
«Hunde sind Säugetiere» – kann nicht beanspruchen, wahr zu sein.
Denn sie sagt nur etwas über die Beziehung der verwendeten Begriffe (termini) und nichts über die tatsächliche Welt aus. Nach der
«Suppositionslehre» haben Begriffe die Aufgabe, «für etwas zu stehen» (supponieren). Und sie erfüllen diese Aufgabe nur im Satz, in
dem die Begriffe entweder als Subjekt oder als Prädikat zu verwen-

126 den sind. In der *personalen* Supposition geht es um Individuen oder Einzeldinge («Dieser Hund ist langhaarig»), in der *einfachen* um Allgemeinbegriffe («Hunde sind Säugetiere») und in der *materialen* um sprachliche Ausdrücke («*Hund* hat vier Buchstaben»).

Auf Ockham pflegt man eine freilich ältere Maxime zurückzuführen, das berühmte «Ockhamsche Rasiermesser». Es besteht in einem erkenntnis- und wissenschaftstheoretisch gemeinten, aber auch moralisch und politisch verwendbaren «Ökonomie-» bzw. «Sparsamkeitsprinzip»: «pluralitas non est ponenda sine necessitate», man darf keine Vielheit ansetzen, die es nicht notwendig (zur Erklärung der Welt oder für die Politik) braucht. Sprachliche und begriffliche Aussagen, die zu unnötigen Existenzannahmen verpflichten, sind daher soweit wie möglich zu vermeiden. Mit der *Summa Logicae*, einem dreiteiligen Handbuch (Begriffe – Aussagen – Schlüsse), legt Ockham die bedeutendste Logik des Spätmittelalters vor. In Oxford wird sie bis in die frühe Neuzeit gelehrt.

Ockhams «Modernität» gründet paradoxerweise in der Radikalisierung eines traditionellen Elementes: des christlichen Glaubens an den allmächtigen Schöpfergott. Nach Ockham vermag Gott alles, was er will, selbst das (scheinbar) Böse. Gott ist nicht deshalb gut, weil er das Gute will, sondern weil es Gottes Wille ist, müssen wir das, was uns be-

gegnet und dem wir unterworfen sind, «gut» nennen («Allmachtsprinzip»). Nur gegen das Widerspruchsprinzip kann auch Gott nicht verstoßen. Zu Unrecht wird dieser Lehre vorgeworfen oder aber zugute gehalten, sie zerstöre die Ordnung des mittelalterlichen Weltbildes und beschwöre die Gefahr herauf, daß die Welt dem Menschen bedeutungslos werde. In Wahrheit ist die Welt nach Duns und Ockham zwar kontingent: Im Gegensatz zur Antike ist es weder notwendig, daß sie ist, noch, was sie ist; nach Duns und Ockham kann alles auch anders sein. Weil das Widerspruchsprinzip gilt, bleibt die Welt aber vernünftig und erkennbar. Die Zeitgenossen nennen Ockham wegen seiner Argumentationskunst den Unbesiegbaren: «doctor invincibilis». – Frater Ockham. Zeichnung aus dem Jahr 1341, noch zu seinen Lebzeiten.

Ockham ist auch ein bedeutender politischer Philosoph. Von der
Kirche verfolgt, findet er Zuflucht am Hof von Kaiser Ludwig IV.,
dem Bayern (1314–1347), und befaßt sich seitdem nahezu ausschließlich mit politischen Fragen, sowohl mit einer Kritik der
widerrechtlichen Macht des Papstes als auch mit einer Theorie politischer Freiheit: Weil die Menschen in vollem Umfang für ihr Tun
verantwortlich sind, haben sie das Recht, ihre politischen Institutionen ohne kirchliche Bevormundungen zu gestalten. Mit dem Gedanken, daß weltliche Herrschaft nur dann als legitim gilt, wenn sie
in einer freien Übereinkunft der Menschen gründet, arbeitet Ockham der neuzeitlichen Theorie vom Gesellschaftsvertrag vor.

MEISTER ECKHART

Viele Kulturen kennen innerhalb des religiösen Lebens die Praxis
der Mystik (gr. *myein*: Augen und Lippen schließen, und *mystika*:
Geheimlehren). In einem allgemeineren Verständnis bezeichnet
man damit das «Geheimnis» (Mysterium) des unerkennbaren Gottes; in der Versenkungsmystik sucht man das unmittelbare Erleben
einer Einheit mit Gott (unio mystica). Der Art nach kann sie sinnlich, emotional oder intellektuell bzw. spekulativ erfolgen. Während
Bernhard von Clairvaux eine nichtintellektuelle Mystik vertritt, ist
Meister Eckhart, soweit er sich überhaupt der Mystik zuordnen
läßt, ein herausragender Vertreter ihrer spekulativen Gestalt. Gegen Sondererfahrungen und Versenkungsmystik skeptisch, sucht er
die Annäherung an Gott auf intellektuellem Weg; denn die (erkennende) Seele sei im Grunde ihres Wesens auf die Erkenntnis Gottes
angelegt.

Nach allgemeiner Lehre des Hochmittelalters fallen in Gott (vollkommenes) Erkennen (intellegere) und (vollkommenes) Sein (esse) zusammen. Eckhart hält dagegen generell das Erkennen für fundamen-
taler als das Sein. Selbst in Gott stellt dessen Intellekt die Grundlage
seines Seins dar: Gott ist, was er ist, infolge seines Intellekts: «Gott
erkennt nicht, weil er ist, sondern weil er erkennt, ist er.» Im Wort
Gottes, das nach dem Prolog des Johannes-Evangeliums an allem Anfang steht, erkennt Gott sowohl sich als auch alles Erschaffene und
Erschaffbare und gewinnt in dieser Erkenntnis sein Sein. Diese «In-
tellektualisierung» bekräftigt die Autonomie von Vernunft und
Philosophie: Weil nicht nur Gott, sondern auch die menschliche Seele nur infolge einer Erkenntnis besteht, hat der Mensch zu theologischen Fragen einen natürlichen Zugang. Andererseits schließt sich

128 Eckhart Maimonides an und findet in der Bibel die «Schlüssel der Metaphysik, der Naturwissenschaft und der Ethik».

Eckhart setzt sich für eine Rangerhöhung des Menschen ein, weigert sich sogar, Gott als «Herrn» zu bezeichnen, und relativiert alle Hierarchien. Gott – so predigt er – hat die Frau weder aus dem Kopf noch den Füßen Adams erschaffen; denn er wollte, daß jede gerechte Seele Gott gleich sei. Eckhart liebt die rhetorische Übertreibung und die spekulative Zuspitzung. Obwohl einige seiner Aussagen als «verwegen», andere sogar als häretisch verurteilt werden, gewinnt sein Denken durch die Unterstützung so bedeutender Schüler wie Heinrich Seuse (1295–1366) und Johannes Tauler (1300–1361) großen Einfluß auf die spätmittelalterliche und frühneuzeitliche Spiritualität. Während aber Tauler «Seelenführung», also Lebenshilfe für den einzelnen sucht, zielt Eckhart auf radikales Denken.

Der Theologe, Prediger und Ordensprovinzial, der Metaphysiker und Moralphilosoph Meister Eckhart stammt aus der Einflußsphäre von Albert. Als einer der ersten verfaßt er Abhandlungen und Predigten auch auf (Mittelhoch-)Deutsch – und zieht sich damit den Vorwurf eines Unruhestifters zu. ‹Das Buch der göttlichen Tröstung› (‹Daz buoch der goetlîchen troestunge›, um 1318) steht philosophisch in der Tradition von Platons ‹Phaidon›, Boëthius' ‹Trost der Philosophie› und in der des biblischen Buches ‹Hiob›. Die Schrift entwickelt eine spekulative «Theodizee» (griech.: Rechtfertigung Gottes), die die spirituelle Grundlage für den rechten Umgang mit dem Leiden bildet: Im Leiden erfährt sich der Mensch als von Gott getrennt. Leid ist daher, recht erkannt, ein Weg zu Gott und hört damit auf, Leid zu sein. Eckhart radikalisiert den von Epikur und der Stoa bekannten Gedanken der Leidenschaftslosigkeit. Der göttliche Trost liegt nicht in einer Aufhebung der leidvollen Ereignisse, sondern in deren Einschätzung als leidvoll: Wer gegen eine Krankheit oder den Verlust eines Menschen aufbegehrt, versteht nicht, daß der wahre Schmerz aus der (überwindlichen) Entfernung von Gott herrührt, oder er liebt den Gott, zu dem die Wege ihn führen wollen, noch nicht wirklich. Die Seele soll alle Ich-Bindung aufgeben, auf daß sie, von Gedanken, Ängsten und Begierden frei geworden, sich Gott öffne und schließlich in der Erfahrung der Einheit mit ihm von allem Leiden frei werde. – Ein Traktat Meister Eckharts in einer Handschrift des 14. Jhds.

Ein Schüler von Thomas, der Philo-
soph und Theologe Aegidius von
Rom (1243–1316), schlägt sich im
Machtkampf mit dem Kaiser ganz
auf die Seite des Papstes. In der Ab-
handlung ‹Über kirchliche bzw.
päpstliche Macht› (1302) erklärt er:
Wie es nur einen Herrscher über die
Schöpfung, Gott, gebe, so auf Erden
nur einen legitimen Träger der
Macht, die Kirche. Ihre Spitze, der
Papst, besitze zu Recht die «zwei
Schwerter»: sowohl das der geist-
lichen als auch das der weltlichen
Macht. Um sich aber von der Ver-
waltung weltlicher Güter nicht fes-
seln zu lassen, delegiert der Papst

die weltliche Macht an einen König, dem er sie bei schlechter Regierung auch wieder ent-
ziehen darf. Während also die geistliche Macht über die weltliche Macht richtet, ist sie
selbst nur vor Gott verantwortlich. – Die älteste Darstellung der Zwei-Schwerter-Theorie
stammt aus der Klosterkirche St. Georg in Prüfening (Regensburg): Petrus, also eine geist-
liche Instanz, verleiht je ein Schwert an den Papst und an den Kaiser.

POLITISCHE PHILOSOPHIE

Über Jahrhunderte spielt die politische Philosophie im Mittelalter
keine Rolle. Während Germanenstämme ihr Traditionsrecht, zum
Beispiel den «Sachsenspiegel», mitbringen, setzt sich die Theologie,
obwohl die Bibel eine lebenspraktische Botschaft verkündet, vornehmlich mit Logik, Erkenntnistheorie und Ontologie bzw. Metaphysik auseinander. Infolgedessen blühen häufig nur diese Bereiche
der Philosophie auf. In der Ethik legt man mehr Wert auf die «spekulative» Frage nach dem Verhältnis von menschlicher Freiheit und
göttlicher Vorsehung. Und Augustinus' *Gottesstaat*, ohnehin vornehmlich eine Theorie des himmlischen Jerusalem, findet keine
Nachfolger. Wie schon im Hellenismus und in der Spätantike, so
ruft die neuartige politische Ordnung, diesmal das Lehnswesen und
das Heilige Römische Reich, keine Staatsphilosophie auf den Plan.
Genausowenig geschieht es auf der «internationalen» Seite: bei den
Beziehungen zum christlichen (Byzanz) und den islamischen Nach-
barn. Die sich erst spät ausbildende politische Theorie neigt überdies zu einer «Personalisierung» und «Moralisierung» der Herrschaft. Denn ihr moralisches Interesse schlägt sich weniger in einer
Ethik politischer Institutionen als in Ermahnungen an die Person

130 des Herrschers in sogenannten «Fürstenspiegeln» nieder, beispiels-weise in Johannes von Salisburys *Policraticus* (1159). Die einfluß-reiche Schrift enthält aber auch eine Kritik des höfischen Lebens, eine organologische Staatsauffassung (das Gemeinwesen als ein Körper mit dem Herrscher als Kopf, den Provinzvorstehern und Richtern als Augen, Ohren und Mund, der gebildeten Geistlichkeit als Seele und den Bauern als Beinen) und eine scharfe Kritik der Ty-rannis.

Der Philosophie politischer Institutionen, die sich schließlich doch herausbildet, gehen strukturelle Wandlungen voraus, insbe-sondere der Umstand, daß sich die weltliche und die kirchliche Herrschaft zu je eigenständigen Körperschaften entwickeln. In der Folge kommt es zu Auseinandersetzungen zwischen Papst und weltlicher Macht, die im 9. Jahrhundert als Investiturstreit begin-nen: als Frage, ob die (deutschen, französischen und englischen) Herrscher Bischöfe und Äbte einsetzen dürfen. Eine grundlegende Änderung bringt erstaunlicherweise keine politische, sondern eine intellektuelle Neuerung zustande: Nach der Mitte des 13. Jahrhun-derts lernt das lateinische Mittelalter Aristoteles' *Politik* kennen. Mit seiner politischen Anthropologie, seiner Theorie der verschie-denen Verfassungen samt ihrer Erhaltung und ihres Zerfalls, nicht zuletzt mit seinem Entwurf eines idealen Gemeinwesens erlaubt das Werk eine politische Philosophie von hohem begrifflichem und zu-gleich erfahrungsgesättigtem Niveau. Es enthält allerdings auch eine Herausforderung, denn die Philosophie der Politik kommt

Dante erneuert den Kosmopolitismus des Vorsokratikers Demokrit und der Stoiker Diogenes und Zenon. Bezeich-nenderweise ist es kein Theologe, sondern ein Laien-Philosoph, dessen wahrhaft universale Rechts- und Staats-ordnung nicht bloß Christen, sondern auch Muslime, Juden, selbst Heiden berücksichtigt. Trotzdem macht Dantes Weltmonarchie an den Grenzen der Christenheit halt. Und für die univer-sale Ausrichtung seiner Staatstheorie führt er kein politisches, sondern, von Averroës beeinflußt, ein erkenntnis-theoretisches Argument an: Die voll-ständige Verwirklichung der Vernunft sei dem Menschen nicht schon im Indi-viduum, sondern erst in der Gattung möglich. – Gemälde nach älterer Portraittradition.

ohne Theologie und ohne nennenswerte Metaphysik aus. Und die politisch aktuelle Frage nach dem Verhältnis von Kirche und Staat: der Streit zwischen religiöser (sacerdotium) und weltlicher Macht (imperium/Kaiser oder regnum/König), ist Aristoteles fremd.

Sehr rasch, seit dem späten 13. Jahrhundert, gehört das Fach «Politische Wissenschaft», auf der Grundlage von Aristoteles gelehrt, fest zum Lehrprogramm der Universitäten. Selbst dann entstehen aber die wichtigsten Schriften außerhalb; und sie richten sich nicht an Studenten, sondern an Fürsten und an den Papst oder auch gegen ihn. Dabei treten «Laien», Angehörige der nicht-theologischen Fakultäten, in Konkurrenz zu den Klerikern. In den drei Phasen einer zunehmenden «Modernisierung» des politischen Denkens vertritt nur die erste Phase ein Kleriker: Thomas. Die zweite und die dritte Phase werden dagegen von gelehrten Laien getragen: Dante und Marsilius.

Das bedeutendste Rechtsdokument des kirchlichen Mittelalters, das *Decretum Gratiani* (1140), unterscheidet zwei Gesetze: das göttliche Gesetz, das von Natur aus gilt, und das menschliche, das zwar niedergeschrieben werden kann, letztlich aber auf Herkommen und Brauch beruht. Unter Berufung auf Aristoteles' These von der politischen Natur des Menschen bricht Thomas mit dieser Tradition und vertritt einen gewissen Rechtspositivismus: Der Herrscher hat das Recht, Gesetze zu erlassen und sie bei veränderten Umständen zu ändern. Und angesichts des Machtkampfes zwischen dem Papst (der übrigens lange Zeit die liberalere Instanz ist) und sowohl dem Kaiser als auch dem französischen König billigt Thomas dem Papst zwar ein Recht bei jenen weltlichen Angelegenheiten zu, die für die übernatürliche Berufung des Menschen von Belang sind. Er leitet aber weder die staatliche Autorität von der der Kirche ab (*Über Herrschaft, De regno*, 1265/66), noch billigt er dem Papst das Recht zu, einen Herrscher, selbst einen Tyrannen, abzusetzen. Noch nachdrücklicher als Thomas verwerfen Dante und Marsilius alle päpstlichen Ansprüche auf weltliche Herrschaft. Dem schließt sich Ockham an. Und während nach Thomas die weltliche Herrschaft noch eine gewisse Verantwortung für das tugendhafte Leben der Bürger trägt, wird sie bei Dante und Marsilius auch davon entlastet.

Dante Alighieri. Der Lehre des Aegidius von Rom, die Papst Bonifaz VIII. in der Bulle *Unam Sanctam* (1302) politisch einfordert, tritt der Dichter und politische Philosoph Dante (1265–1321) entgegen. Seine Schrift *De monarchia* (*Über die Monarchie*, um 1310) ist ein im emphatischen Sinn politisches Werk. Geschrieben nach der Machtübernahme Kaiser Heinrichs VII., soll es die weltlichen Machtansprüche des Papstes zurückweisen und die kaiserlichen Ansprüche stärken. Zu diesem Zweck unternimmt Dante eine teilweise «moderne» Rechtfertigung politischer Herrschaft. Zukunftsweisend ist die Behauptung, das menschliche Glück lasse sich nur in einer politisch verfaßten Welt-Gesellschaft, einem Welt-Reich, verwirklichen, ebenso daß die Bemühungen der Politik nur für die Bedingungen *irdischen* Glücks verantwortlich seien: für Frieden, Gerechtigkeit und Freiheit. Traditionell sind dagegen der unbefragte Vorrang der Monarchie und die Behauptung, das Recht auf das Welt-Reich stehe – angeblich seit jeher – dem römischen Volk zu, neuerdings dem christlichen Kaiser. Weder erscheinen die verschiedenen Staaten der Welt als gleichberechtigt, vielmehr wird der römische Herrschaftsanspruch «imperialistisch» auf die ganze Menschheit ausgeweitet, noch wird das Weltreich nach dem Vorbild der römischen *Republik* entworfen. Dante vertritt keine Welt-Republik, sondern eine Welt-Monarchie, allerdings eine staatlich gestufte. Denn die gewöhnlichen Regenten, die Könige, bleiben als Zwischenstufe zwischen den Untertanen und dem alles beherrschenden «Welten-Kaiser» erhalten.

Wie schon Thomas, so führt auch Dante die Autorität des Kaisers nicht auf den Papst, sondern unmittelbar auf Gott zurück. Dante streitet dem Papst freilich nicht alle Rechte ab, bekräftigt vielmehr Thomas' Gedanken von zwei gleichrangigen Mächten bzw. «Zwei Schwertern»: Weil die Natur des Menschen zusammengesetzt ist, braucht es zwei eigenständige Gewalten. Für die körperliche und vergängliche Natur mit ihrem Streben nach dem irdischen Paradies ist der weltliche Herrscher zuständig, für die unkörperliche und unvergängliche Natur und ihr himmlisches Paradies die Offenbarung mit ihrem irdischen Stellvertreter, dem Papst: Neunhundert Jahre nach Augustinus' eschatologischer, im Namen des künftigen Gottesreiches erfolgter Entwertung irdischer Politik erhält diese endlich teilweise schon bei Thomas und vollends bei Dante ihre Autonomie, ihr Eigenrecht und ihren Eigenwert, zurück.

Im Friedenssaal des Rathauses von Siena malt Ambrogio Lorenzetti eine Allegorie der guten und schlechten Herrschaft (1338/9). Das gewaltige, hier nur im Ausschnitt wiedergegebene Gemälde stellt nichts geringeres dar als eine politische Summe des (stadt-)republikanischen Weltbildes im 14. Jahrhundert. Die gute Herrschaft ruht auf zwei Prinzipien, der Gerechtigkeit (iustitia) im Sinne der Justiz und der Eintracht (concordia), in der sich zwei Stränge, die Verteilungs- und die Tauschgerechtigkeit, miteinander verbinden. Das Zentrum des wirtschaftlichen und gesellschaftlichen Lebens bildet die ummauerte, gebäude- und türmereiche Stadt. In ihr spielen sich Handel, Handwerk und stadtadeliges Leben ab.

Marsilius von Padua. Die erste im umfassenderen Sinn moderne Staatstheorie und die zugleich endgültige Aufhebung jener christlichen Staatslehre, die wie der «politische Augustinismus» am Diesseits desinteressiert ist, stammt nicht aus der Neuzeit, sondern dem frühen 14. Jahrhundert: aus der Feder des Arztes und Juristen Marsilius von Padua (1275/80–1342). Der Titel seines Werkes *Defensor Pacis* (*Der Verteidiger des Friedens*, 1324) läßt an einen Ehrennamen von Christus denken: «princeps pacis», Friedefürst.

Die Schrift entsteht zwar unter den geschichtlichen Umständen des Spätmittelalters, enthält aber sechs weit in die Zukunft weisende Gedanken: (1) Unter Rückgriff auf Aristoteles verzichtet Marsilius vollständig auf Offenbarung und Theologie. Schon für Thomas liegt die Leitaufgabe eines Gemeinwesens im Frieden. Erst bei Marsilius wird sie aber zu einer ausschließlich innerweltlich zu lösenden und ebenso bloß innerweltlich zu begründenden Aufgabe, die durch die Einmischung des Papstes nur bedroht wird. (2) In diese radikale Kritik an allen päpstlichen Machtansprüchen gehen die Gedanken von Volkssouveränität und Republikanismus ein: Weil das Gesamtvolk seinen Teilen sowohl intellektuell als auch emotional überlegen ist, weil die persönliche Freiheit der Selbstgesetzgebung bedarf, weil man nur frei gewählten Gesetzen gehorcht und weil das, was alle betrifft, auch bei allen Zustimmung finden muß, also aus mindestens vier Gründen, ist nur die Gesamtheit der Bürger zum Erlassen zwingender Gesetze befugt. Die Zwangsbefugnis liegt also bei den Betroffenen selbst, die sie allerdings nicht direkt, sondern repräsentativ ausüben; sie übertragen ihre Gesetzgebungsbefugnis dem «führenden Teil» (pars principans). Etwas zu optimistisch glaubt Marsilius, das Volk bzw. seine Mehrheit werde nur Gesetze zum gemeinsamen Nutzen erlassen, denn niemand schade sich wissentlich selbst. Marsilius fordert übrigens den Republikanismus auch für die Kirche ein. (3) Selbst die für das Leben im Jenseits zuständigen religiösen Normen können nur von der weltlichen Macht in geltende Gesetze verwandelt und mit Zwangsgewalt durchgesetzt werden. Ohnehin ist Marsilius Averroist und bestreitet, daß sich das zukünftige Leben oder religiöse Normen beweisen lassen. (4) Er unterscheidet die drei klassischen Staatsgewalten und ordnet die richterliche der ausübenden Gewalt, diese jedoch der Gesetzgebung unter. (5) Marsilius erkennt durchaus ein Naturrecht an. Das Recht im eigentlichen Sinn läßt sich aber daraus nicht ableiten, sondern geht auf den staatlichen Gesetzgeber zurück. (6) Nicht zuletzt entsteht die Gesellschaft nach Marsilius als Notwehr gegen die Hilflosigkeit und Mängel der Individuen: Die Gesetze braucht das Individuum, um sich eine ausreichende Lebensführung zu sichern. Gegen eine globale Herrschaft ist Marsilius jedoch skeptisch, unter anderem deshalb, weil er an der Fähigkeit der Vernunft zu allgemeiner Erkenntnis zweifelt.

LEKTÜREEMPFEHLUNG: Zum christlichen Aristotelismus lese man von Thomas aus der *Theologischen Summe* die «Fünf Wege» (Teil I, Frage 2, Art. 3), dann die Ausführungen zur Erkenntnistheorie (Teil I, Fragen 84–88) und die zur Sittlichkeit der Handlung (Teil I-II, Fragen 18–21). Von Ockham empfehlen sich Ausschnitte aus der *Logischen Summe*, z.B. I 1 – I 5, von Eckhart *Vom edlen Menschen* oder *Das Buch der göttlichen Tröstung* und von Dante *Monarchia*, bes. Buch I. Aus Marsilius' *Verteidiger des Friedens* lese man Buch I, Kap. 1–5.

VIII. Renaissance und Humanismus

FRÜHZEIT

Die Zeit von der zweiten Hälfte des 14. Jahrhunderts bis gegen Ende des 16. Jahrhunderts, der Übergang vom Mittelalter zur Neuzeit, heißt – nicht ohne Vorbehalt – Renaissance: Wiedergeburt. Gemeint ist eine Erneuerung des antiken Bildungsideals, der Erziehung zu einer freien Persönlichkeit. Indem man sich von den bislang vorherrschenden Mächten löst: von der Kirche, der Feudalgesellschaft und ihren Hierarchien, auch von den Universitäten, nicht zuletzt von der mönchischen Askese, will man zu jener «ursprünglichen» Größe des Menschen zurückfinden, die man zum Beispiel in der römischen Dichtung und Bildhauerei dargestellt sieht. Lorenzo Valla rehabilitiert den Begriff der Lust (*De voluptate*, 1431), und Pico della Mirandolas Rede *Über die Würde des Menschen* (*De hominis dignitate*, 1486) preist diesen als «ein großes Wunder». Dank ihres Bildungsideals ist die Renaissance auch die Zeit eines Universalgenies («uomo universale») wie Leonardo da Vinci (1452–1519).

Die Bewegung, die sich von Italien aus über ganz Europa ausbreitet, löst die Philosophie nicht nur aus dem Raum der Kirche, sondern auch aus den in ihrer Kreativität erschöpften Universitäten. Der Gegensatz von Gläubigen und Häretikern, ebenso der von Klerikern und Laien, weicht dem von Gebildeten und Ungebildeten. Die intellektuell erstarrte (Spät-)Scholastik macht einem weltläufigen Denken Platz; und Orte wie Padua, Florenz und London werden wichtiger als Paris und Oxford. Obwohl man die Bewegung an den Höfen von Fürsten, auch von Päpsten pflegt, wird sie, vom Stadtadel unterstützt, vornehmlich vom Bürgertum getragen, zunächst von Dichtern wie Petrarca (1304–1374) und Boccaccio (1313–1375) und Staatsleuten wie Salutati (1331–1406) und Leonardo Bruni (1369–1444). Durch Gutenbergs Erfindung des Buchdrucks steigt ihre Wirkungsmacht enorm.

Der literarisch-philosophische Anteil der Renaissance heißt auch Humanismus, da er die Studiengebiete der «Menschlichkeit» (lat. humanitas) pflegt: Rhetorik, Dichtung, Geschichte, Moralphilosophie und Politik. Hier bildet sich die untere Stufe der freien Künste zu den Geisteswissenschaften fort, die im Englischen bis heute «humanities» heißen. Die Humanisten tragen dazu bei, unter Einfluß

Der Schreibtisch Machiavellis in Sant' Andrea (in der Nähe von Florenz), dem Aufenthaltsort während des Exils.

Francesco Petrarca, im Jahr 1341 in Rom als erster der Epoche zum «poeta laureatus» gekrönt, orientiert sich in seinen Briefen und Abhandlungen an Cicero und Seneca, ferner an Augustinus als dem Platoniker und wahren Kirchenvater. Durch Aristoteles werde man zwar «gelehrter, aber nicht besser», Platon hingegen, der «Fürst der Philosophie», führe mit der Idee des Guten schon in den Vorhof des Christentums. Die Schrift ‹Über die Heilmittel wider Glück und Unglück› (1354–66), der moralphilosophische Haupttext des frühen Humanismus, entwickelt das Idealbild eines Menschen, der ganz der eigenen Vernunft folgt. Die Schrift bereichert den stoischen Gedanken der Seelenruhe um die christliche Verantwortung des Menschen vor Gott und um die zeittypische persönliche Welterfahrung der «acedia»: einer gefühlten Leere und Melancholie, die mit Weltschmerz und Lebensüberdruß einhergeht und im krassen Gegensatz zur lebensbejahenden und vitalen Zeitstimmung der Renaissance steht.

des Lateinischen die Volkssprachen so umzuformen, daß sie sich für eine wissenschaftliche Prosa eignen. Zugleich verstärkt sich die Aufspaltung der Forschung in zwei Kulturen: in die der Sprach-, Literatur- und Geschichtsforschung einerseits und andererseits in Mathematik, Naturwissenschaft und Medizin. Auch wenn der «wahre» Humanist in beiden Gebieten zu Hause sein will, stellt ein so bedeutender Humanist wie Petrarca dem «Hochmut der Naturforscher» eine «gottesfürchtige Philosophie» (pia philosophia) entgegen, die im Gegensatz zur Naturforschung den Menschen vor die Wahrheit seiner selbst bringt.

Für einige Zeit ragen zwei sich befehdende Schulen hervor: Die Schule von Padua nimmt seit Ende des 13. Jahrhunderts maßgeblichen Einfluß auf die Entstehung der neuzeitlichen Naturwissenschaft, namentlich auf deren empirische Methode. Ihre von Aristoteles geprägte Wissenschaftstheorie trägt paradoxerweise zur Emanzipation der Naturwissenschaft von der Philosophie bei. In Padua wird niemand geringerer als Galilei lehren, der schon vorher in Pisa bei Aristotelikern studierte. Auch Paduas Konkurrentin, die nach dem Vorbild von Platons Schule durch Cosimo de' Medici gegründete Akademie von Florenz (1459–1522), bereitet die «neue Wissenschaft» mit vor, etwa durch Pico della Mirandola (1463–1494), der in seinen Schriften die Welt entgöttlicht. Daß Gott nicht in die Welt hineinwirkt, sondern nur ihr Konstrukteur ist, läuft auf eine

Emanzipation der Natur und ihrer Erforschung hinaus, wie sie in   139
dieser Radikalität selbst Albert dem Großen und Thomas von Aquin
noch unbekannt ist.

Nikolaus von Kues

Der überragende Denker der Zeit ist ein Humanist, der aber die
Rhetorik kritisiert; er ist ein Theologe und Kirchenpolitiker, der jedoch mit Lorenzo Valla die «Konstantinische Schenkung» als Fäl-
schung ansieht (Konstantin habe dem Papst die Herrschaft über
Rom und alle abendländischen Provinzen übergeben); er ist ein
Philosoph und Kenner der Methodendebatten in der Schule von Padua, erörtert aber lieber die überlieferten Themen Gott, Mensch
und Welt. Es ist Nikolaus von Kues (1401–1464). Der zeitgenössi-
schen Scholastik hält er vor, weder Krankheiten zu heilen noch den
Religionsfrieden herzustellen. Außerdem verkenne sie die Bedeutung der Mathematik für die Naturerkenntnis und wisse nicht, daß
der Mensch das Maß aller Dinge sei, obwohl er doch mit Hilfe seines Geistes alle Dinge in begriffliches Sein verwandele und sich damit als ein «zweiter Gott» erweist.

Als Philosoph interessiert sich Nikolaus vor allem für *eine* Grund-
erfahrung: die Begegnung des Endlichen mit dem Unendlichen. Sie
bildet den Kern einer überreichen Metaphysik. Weil die von Aristoteles geprägte Scholastik vom Unendlichen so spricht, als wäre es
endlich, zieht Nikolaus wie die meisten Renaissancephilosophen
den christlichen Neuplatonismus
vor. Und in einer Trilogie hochspe-
kulativer Dialoge gibt er, obwohl
selbst ein Gelehrter von hohem
Rang, überdies Kardinal und Fürst-
bischof von Brixen, lieber dem Laien
(idiota) das Wort: Denn «die Weisheit ruft auf den Straßen» (vgl. *Sprüche Salomos* 1, 20). Die drei Platon
nachgebildeten Dialoge *Idiota de sa-
pientia, de mente, de staticis experi-
mentis* (*Der Laie über die Weisheit*
[Gottes], *über den Geist* [des Men-
schen] und *über Versuche mittels der
Waage* [über mathematische Natur-

*Nikolaus von Kues. Holzschnitt aus der
Schedelschen Weltchronik, 1493.*

Das Mittelalter verwendet den geschliffenen Beryll (von dorther: Brille) als Augenglas. In Nikolaus' Abhandlung ‹Über den Beryll› / ‹Über die Brille› (1458) symbolisiert die Brille Scharfsinn und göttliche Weisheit. In der Brille finde nämlich das berühmte «Zusammenfallen der Gegensätze» statt: «Wenn den Augen der Vernunft eine vernunftgemäße Brille, die die größte und kleinste Form zugleich hat, richtig angepaßt wird, wird durch ihre Vermittlung der unteilbare Ursprung von allem (gemeint ist Gott) berührt.» Nikolaus setzt sich mit Platon, Aristoteles, Averroës und Albert dem Großen auseinander, aber «sie alle», außer dem Neuplatoniker (Pseudo-)Dionysios Areopagita (5. Jhd.), der ebenfalls ein Zusammenfallen der Gegensätze in Gott lehrte, «entbehrten der Brille». – Konrad von Soest: Wildunger Passionsaltar, 1403 (Ausschnitt).

erkenntnis], 1450) bilden Nikolaus' Enzyklopädie des Wissens mit den Themen: Gott, Mensch und Welt. Auch die beiden anderen Hauptschriften *Über gelehrte Unwissenheit* (*De docta ignorantia*, 1440) und *Über Mutmaßungen* (*De coniecturis*, 1440–44) melden schon im Titel Skepsis gegen die überlieferte Philosophie an. Sie plädieren nicht für ein schlichtes Nichtwissen, wohl aber setzen sie der Überfülle scholastischen Wissens ein sokratisches und augustinisches «Wissen des Nichtwissens» entgegen, hier eine Kenntnis von Grad, Ausmaß und Ursache der Unwissenheit. Nikolaus sucht Einsicht in die Grenzen der verstandesmäßigen Erkenntnis und in die Möglichkeit, durch Überschreiten der Grenzen «wissend zu werden mit dem göttlichen Wissen, auf daß unser Nichtwissen mit dem übernatürlichen Wissen geadelt und geziert werde».

Nikolaus' Kritik an der logisch-rationalen Erkenntnis der Scholastik ist grundsätzlich. Sie leugnet selbst die universelle Anwendbarkeit des Widerspruchsprinzips. Nach dem Dialog *Über den Glaubensfrieden* (*De pace fidei*, 1453) reicht der dem Menschen angeborene Verstand durchaus zur Orientierung in der Welt. Beim Denken des Absoluten stößt er allerdings an Grenzen. Denn der Bereich der üblichen Erkenntnis, das Nichtnotwendige und Endliche, erlaube stets ein Mehr oder Weniger, gegenüber dem die unendliche Einheit,

Gott, nicht durch einfache Extrapolation: als das Maximum und Op-   141
timum aller Wirklichkeit, zu denken sei. Im Gegensatz zur Scholastik
müsse man hier die Gegensätze wie endlich-unendlich und immanent-
transzendent hinter sich lassen, um auf eine Ebene zu gelangen, auf
der die Gegensätze zusammenfallen (coincidentia oppositorum) und
die «Unbegreiflichkeit» Gottes zu einer «Allfaßbarkeit» werde. Und
genau dort, beim «Einswerden der Gegensätze», verliere das Widerspruchsprinzip sein Recht. Nikolaus' primär negative Theologie beeinflußt Denker wie Giordano Bruno, Blaise Pascal, Schelling und darüber hinaus Hegels Dialektik.

GIORDANO BRUNO

Im Laufe der Zeit öffnen sich Renaissance und Humanismus der bis
zu den Vorsokratikern zurückreichenden Naturspekulation. Diese
wandelt sich bereits bei den Denkern, die Cosimo de' Medici in sei-

*Erasmus von Rotterdam (1469–1536), Philologe, Moralphilosoph und geistlicher, auch
politischer Schriftsteller, ist der bedeutendste Humanist nördlich der Alpen und der führende Gelehrte seiner Zeit. Zum Zweck einer Erneuerung des Christentums gibt er das
Neue Testament zum ersten Mal wieder im griechischen Urtext heraus. Erasmus' philosophische Bedeutung liegt weniger in einer bestimmten Theorie als in seiner Persönlichkeit:
Er ist ein gänzlich undogmatischer Denker, der als erster «homme de lettres» zu fast
jedem aktuellen Problem eine persönliche Stellungnahme verfaßt. Die im Titel auf seinen
Freund Thomas Morus anspielende Satire ‹Lob der Torheit› (‹Morias enkomion›, 1511)
prangert nicht bloß die eingebildete Weisheit vor allem der Theologen und Mönche an
und lobt statt dessen die wahre weltliche Weisheit. Sie fordert auch zu einem christlichen*

*Leben auf. Spätestens in der Debatte mit Martin
Luther (1483–1546) über die Willensfreiheit
bricht die vorher enge Verbindung von Humanismus und Reformation auseinander. Gegen
Luthers scharfe Ablehnung eines freien Willens
weist Erasmus auf die Dunkelheit der einschlägigen biblischen Aussagen und auf die kaum
entscheidbare Komplexität des Problems hin.
Persönlich neigt Erasmus eher zu der Annahme
eines durch den Sündenfall zwar geschwächten,
seit der Erlösung durch Jesus Christus aber
wiederhergestellten freien Willens. Sein Fürsten-
spiegel ‹Erziehung eines christlichen Fürsten›
(1516) enthält zukunftsweisende Gedanken wie
etwa den Entwurf eines Völkerbundes, die
Ächtung von Nationalismus und Krieg, das Ideal
des Weltbürgers (denn «die Welt» ist «in Tat und
Wahrheit unser aller gemeinsames Vaterland»)
und die Forderung nach einem internationalen
Gerichtshof für internationale Streitfälle. –
Gemälde von Hans Holbein d. J., 1523.*

142

Gegen Ende der Renaissance läßt sich Michel de Montaigne (1533–1592) von der antiken Skepsis inspirieren. Seine ironisch-spielerischen, literarisch geschliffenen ‹Essais› (‹Versuche›) leiten die europäische Moralistik ein: eine Ethik, die die «mores», die tatsächlichen Sitten, beschreibt und keine Moralität vorschreibt. Obwohl Montaignes Moralistik sich an den Menschen, wie er ist, und nicht, wie er sein soll, richtet, leistet sie durchaus Moralkritik: «Die Gesetze des Gewissens, von denen wir sagen, daß die Natur sie hervorbringt, werden von der Gewohnheit hervorgebracht: da jeder die Meinungen und Sitten, die um ihn herum gebilligt und angenommen sind, in innerlicher Verehrung hält und sich nicht ohne Gewissensbisse von ihnen abwenden, noch sich ihrer befleißigen kann, ohne ihnen beizustimmen.» Montaignes Kritik erstreckt sich auch auf den Tierschutz: «Dem Menschen sind wir die Gerechtigkeit schuldig, die Milde und Barmherzigkeit allen übrigen Kreaturen, die für sie empfänglich sind. Es besteht eine gewisse Geselligkeit zwischen ihnen und uns, und eine gewisse gegenseitige Verpflichtung.» – Stich nach zeitgenössischem Bildnis.

ner «Akademie» versammelt, zu einer nicht mehr rationalen, sondern «visionären» Weltsicht. Besonders ausgeprägt ist sie bei einem Denker, der die scholastische Tradition noch kennt, aber von Neuplatonismus und dem «göttlichen Cusanus» weit stärker beeindruckt ist: bei dem ebenso geistreichen wie skeptischen Ironiker aus Neapel, dem später als Märtyrer der Geistesfreiheit gefeierten Giordano Bruno (1548–1600). Allerdings wird er nicht etwa wegen seiner Begeisterung für das neue, kopernikanische Weltbild auf dem Scheiterhaufen verbrannt, sondern hauptsächlich, weil er die Inkarnation (Fleischwerdung) Gottes leugnet. Schon früh der Häresie verdächtigt, sieht er sich zu einem kosmopolitischen Wanderleben durch halb Europa, etwa nach Genf, Toulouse, Paris, Oxford und London, aber auch nach Prag, Tübingen und Wittenberg, gezwungen. Am Ende wird er in Rom nach einem langen, nach damaligen Kriterien nicht unfair geführten Prozeß als Ketzer verbrannt. Bruno bekennt sich noch vor Galilei zum neuen, heliozentrischen Weltbild des Nikolaus Kopernikus (1473–1543). Selbstbewußt erweitert er es zu einer dynamischen All-und-Einheits-Philosophie, die noch Leibniz beeinflußt. Er ersetzt Nikolaus' Begriff der Unendlichkeit Gottes durch den der Unendlichkeit der Natur. In einem räumlich unendlichen Universum mit unendlich vielen Sonnensystemen vollziehen die Sterne ihre Kreise so, wie sich die sieben Planeten um die Sonne drehen. Nirgends gibt es eine Grenze, und der Mittelpunkt ist überall. Erklärt werden die Bewegungen mit der einst von Platon im Dialog *Timaios* aufgestellten Hypothese, daß die Sterne so wie alle natürlichen Körper eine Seele im Sinne eines inneren Bewegungsprinzips haben. Nach dieser Ansicht werden die Bewegungen der Gestirne nicht von außen verursacht, sondern sind Selbstbewegungen. Das von der Allmacht Gottes und von der Weltseele durchdrungene, letztlich mit Gott selbst identische unendliche Universum gilt als die eine und einzige Substanz, an der alle gewöhnlichen Dinge lediglich zufällige Eigenschaften sind.

Für Bruno bildet der Mensch das Gegenstück zum Universum. Dabei übernimmt er das damalige Mikrokosmos-Makrokosmos-Denken: Im Gegensatz zur großen Ordnung, dem Makrokosmos, stellt der Mensch eine Ordnung bzw. Welt im kleinen, einen Mikrokosmos, dar, der ebenso unendlich wie das Universum ist und die Gegenwart Gottes erfahren läßt. Dieser Mikrokosmos besteht aus einem «Himmel» von Tugenden und Lastern, die die Seele beeinflussen. An die Stelle einer heteronomen, von außen her vorgeschriebenen Religion für fromme «Esel» setzt Bruno eine Sittlichkeit, die aus der Erkenntnis der göttlichen Natur im eigenen Mikrokosmos gewonnen ist.

POLITISCHE PHILOSOPHIE

Die Philosophen dieser Zeit schließen sich nicht ins Studierzimmer und die Bibliothek ein. Im Gegenteil wirken manche sogar als Politiker und vor allem als Theoretiker der Politik. Dabei fallen die drei zukunftsweisenden Werke der Epoche grundverschieden aus. Die Philosophie der Politik zerfällt in eine mitleidslose Analyse «realer Politik», wie sie Machiavelli (1469–1527) in seinem *Fürst* vorlegt, in den Entwurf eines idealen Gemeinwesens, für das Morus' *Utopia* den Prototyp abgibt (ein wenig auch Erasmus' politische Philosophie), und in ein Völkerrecht, das in der spanischen Spätscholastik (Vitoria und Suárez) und im barocken (Spät-)Humanismus entsteht: Grotius (*Drei Bücher vom Recht des Krieges und des Friedens*, 1625).

Durch die Kolonialisierung Mittel- und Südamerikas angestoßen, fragt der Theologe und Rechtsphilosoph Francisco de Vitoria (1492–1546) nach den möglichen Rechtstiteln der Spanier gegenüber den Indianern. In seinen Vorlesungen ‹Über die kürzlich entdeckten Ind[ian]er und das Recht der Spanier zum Kriege gegen die Barbaren› (1539) entwickelt er Grundsätze eines genuinen Völkerrechts. Durch sie erhält der stoische Gedanke des Weltbürgers eine Rechtsform. Vitoria weist jede angebliche Oberhoheit über die gesamte Erde, sei es die eines Kaisers oder eines Papstes, entschieden zurück. Statt dessen vertritt er ein Weltbürgerrecht im Sinne eines natürlichen Rechtes auf Gesellschaft und Gemeinschaft. Des näheren besteht dieses aus vier Grundrechten: einem (1) Ein- und Auswanderungsrecht, einem (2) Niederlassungs-, (3) Einbürgerungs- und (4) Handelsrecht. Vitoria respektiert die Kultur der Indianer als vernunftgemäß; und gegen Aristoteles erklärt er, niemand sei von Natur aus Sklave. – Cortez mit seinem Gefolge auf dem Weg zu Montezuma, nach einer mexikanischen Bilderhandschrift.

Niccolò Machiavelli. Machiavellis politische Theorie trägt die Züge der Umbruchszeit an sich. Der Nachhall antiken und mittelalterlichen Denkens mischt sich mit Klängen der Moderne; ein mittelalterlich-pessimistisches Menschenbild verbindet sich mit pragmatischem Denken und politischer Technik. Nach Ansicht seiner philosophischen Gegner rechtfertigt Machiavelli den seither sprichwörtlichen «Machiavellismus»: jene skrupellose, von allen moralischen Vorgaben gelöste Machtpolitik, gegen die noch Friedrich der Große einen *Anti-Machiavel* (1740) schreibt. In der Tat stellt

Machiavellis berühmt-berüchtigtes Werk *Der Fürst* (*Il principe*, 1513, gedruckt 1532) Regeln einer amoralischen Politik auf, aber nur im Sinne einer provisorischen A-Moral. Die Regeln gelten nämlich nur unter zwei Bedingungen: unter der nicht empirisch gewonnenen, sondern anthropologisch vorausgesetzten Annahme, daß die Menschen schlecht: «undankbar, wankelmütig, verlogen, heuchlerisch und raffgierig» sind, und unter der empirischen, aber nicht notwendig immer zutreffenden Annahme, daß die «menschliche» Waffe dagegen, das Gesetz, versagt. Nur dort, wo die Macht der Gesetze nicht ausreicht, darf man auf die «Gewalt der Tiere» zurückgreifen und die Kraft des Löwen mit der List des Fuchses verbinden, also beispielsweise Grausamkeit statt Milde üben und sein Wort lieber brechen als halten. Der *Fürst* handelt von einem Herrscher, der unter realen, das heißt bei Machiavelli stets: schlechtesten Bedingungen dennoch sein Amt relativ gut versieht. Der Widerspruch gegen die Moral erfolgt im Namen eines Zweckes, der einen moralischen Rang hat: der Sicherung und Blüte des Gemeinwesens, des Staatswohles. Der Herrscher darf allerdings auch sein eigenes Wohl suchen: seine Macht behaupten und nach Ruhm streben. Denn im Gegensatz zu

Niccolò Machiavelli (1469–1527), politischer Beamter und Theoretiker der Politik, Historiker seiner Heimatstadt Florenz und Verfasser einiger Komödien, lebt in einer Zeit politischer Wirren, die Italien und vor allem Florenz heimsuchen. Während der Verbannung schreibt er nicht bloß eine kleine Gelegenheitsschrift, die seinen Ruhm begründet: ‹Il Principe› (‹Der Fürst›, 1513). Er verfaßt auch die ‹Discorsi› (‹Erörterungen über die erste Dekade des Titus Livius›, 1513–1519). Ihret-
wegen wird Machiavelli noch von Rousseau als humanistischer Republikaner geschätzt. In beiden politischen Schriften geht es um dieselbe Grundfrage, wie man in einer feindlichen politischen Umwelt erfolgreich sein, namentlich die Macht erhalten kann. Während aber ‹Il Principe› Grundsätze für die Selbstbehauptung eines Alleinherrschers (Fürsten) und dessen Gemeinwesens entwickelt, setzen sich die ‹Discorsi› (in Form eines Kommentars zu Livius' Darstellung der römischen Frühgeschichte) für eine republikanische Ordnung ein: Die frühe (Adels-) Republik Rom gilt als Vorbild für eine Republik Florenz. Machiavelli empfiehlt zur Erhaltung der Republik drei Mittel: die Erhaltung der Religion, die Wahrung der Bürgertugend und die periodische Erneuerung der Republik durch Rückführung auf ihre Anfänge. Dabei verpflichtet er das Gemeinwesen auf drei Staatszwecke: auf Freiheit (libertà) der Bürger, auf Größe (grandezza) und auf das Gemeinwohl (bene commune). – Holzschnitt, um 1577.

146

Aristoteles' Unterscheidung zwischen Verfassungen, die sich am Gemeinwohl, und solchen, die sich am Herrscherwohl orientieren, nimmt Machiavelli – durchaus unrealistisch – an, daß das Herrscherwohl stets mit dem Staatswohl, am Ende sogar mit dem Wohl eines jeden Bürgers zusammenfalle. Ansonsten trennt er keineswegs die Politik von der Moral, sondern diagnostiziert die Möglichkeit einer strukturellen Verwicklung: daß zwei verschiedene Moralen, die Anforderungen des Staatswohls und die der persönlichen Moral (von Ehrlichkeit und Milde), einander widersprechen. Nur im Notfall, dann freilich ohne jeden Skrupel, darf sich der Herrscher über die personale Moral hinwegsetzen, der «politischen Moral» des Staatswohls den Vorrang geben und seinem Amt, dem Kampf um Wohlfahrt und Erhalt des Gemeinwesens, um *jeden* Preis dienen.

Machiavelli vertritt also nicht die große Emanzipation, die die Politik von jeder Moral losspricht, sondern lediglich die kleine Emanzipation: die Befreiung der politischen von den Ansprüchen der persönlichen Moral. Und auch sie gilt nur für den Notfall, beispielsweise dort, wo man beim Gegner mit einem Wortbruch rechnen muß. Insofern wird auch in der Politik die persönliche Moral nicht eigentlich außer Kraft gesetzt, vielmehr ihre reale Anerkennung an Wechselseitigkeit gebunden. Nicht zu Unrecht stellt Machiavelli fest, daß ein Herrscher die Verantwortung für sein Gemeinwesen veruntreut, wenn er sich aus Gründen persönlicher Moral selbst dort als «Beute» seinem wortbrüchigen Gegner überantwortet, wo er den Wortbruch hätte erwarten können.

Morus legt sich in ‹Utopia› die auch persönliche Frage vor, ob ein Philosoph sich der Politik zur Verfügung stellen solle, und widerspricht der Ansicht, bei Fürsten sei kein Raum für Philosophie. Die «Schulphilosophie, die glaubt, alles passe überall hin», lehnt er zwar ab, fährt jedoch fort: «Es gibt aber noch eine andere, ‹weltläufigere› Philosophie, die ihre Bühne kennt, sich ihr anpaßt und in dem Stück, das gerade gespielt wird, ihre Rolle kunstgerecht und mit Anstand durchführt.» Der humanistische Gelehrte und im Volk beliebte Richter läßt sich ins Unterhaus, später in den Geheimrat wählen und übernimmt als erster Laie das Amt des Lordkanzlers. Wegen seines Widerstandes gegen die Kirchenpolitik Heinrichs VIII. hingerichtet, ist er der erste Märtyrer unter den Denkern der Renaissance. 1935 wird er in Rom heiliggesprochen. – Titelholzschnitt der Erstausgabe von ‹Utopia›, 1516.

Thomas Morus. Der Humanist und Politiker Thomas More, latinisiert: Morus (1478–1535), gibt einer neuen Gattung des politischen Denkens sowohl den Titel vor: «Utopia» (Nicht-Ort, Nirgendland), als auch ihre literarische Form: den Reisebericht zu einer Insel mit idealen politischen Verhältnissen. Das Werk *Von der besten Staatsverfassung und der neuen Insel Utopia* (1516) wird zum Vorbild für Campanellas *Sonnenstaat oder Idee einer philosophischen Republik* (1602), für Bacons *Neu-Atlantis* (1626) und Harringtons *Commonwealth of Oceana* (1656), schließlich über Campanella auch für die *Christianopolis* des schwäbischen Theologen Andreae (1619).

Statt sich in politische Schwärmerei zu verirren, beginnt Morus die *Utopia* mit einer Kritik an den sozialen und politischen Mißständen in England: an den vielen Kriegen, dem drakonischen Strafrecht, der wachsenden Steuerlast, der Verelendung des (Klein-)Bürger- und Bauernstandes und an der zunehmenden Kriminalität. Der anschließende Entwurf eines idealen, sowohl wohlgeordneten als auch wohlhabenden Gemeinwesens entlehnt zwar einige Gedanken von Aristoteles, Epikur und besonders Platon. Als ein Ganzes ist der Entwurf aber neu. Beispielsweise überträgt Morus eine Regelung, die Platon nur für die politischen Amtsträger vorsieht, auf die gesamte Bürgerschaft: Aufgrund des Verständnisses der Gerechtigkeit als strenger Gleichheit haben die «Utopier» kein Privateigentum und brauchen kein Geld. Genau deshalb sollen sie in Eintracht leben, sich ernstlich um das Gemeinwohl kümmern und weder Arme noch Bettler haben. Morus greift also Marx' Gedanken einer klassenlosen Gesellschaft vor. Auf Utopia betreibt man Landwirtschaft und übt Handwerke aus; man bietet in öffentlichen Vorträgen jedem Bewohner Bildung an und ist, ohne die antike Wissenschaft zu kennen, in Musik, Dialektik und Mathematik zu etwa den gleichen Kenntnissen gelangt. Auch in der Religion verläßt man sich auf die allgemeine Menschenvernunft und pflegt, woran es im damaligen Zeitalter der Glaubenskriege so grundlegend fehlt: die religiöse Toleranz. Und während die Familien patriarchalisch geordnet sind, werden die Behörden streng demokratisch gewählt. Es gibt nur wenige, überdies leicht auszulegende Gesetze.

LEKTÜREEMPFEHLUNG: Als Einführung in die Epoche eignen sich: Nikolaus von Kues, z. B. *Von der wissenden Unwissenheit,* 1. Buch; Giordano Bruno, z. B. *Das Aschermittwochsmahl,* Dialoge 3 und 5; Machiavelli, *Der Fürst;* Th. Morus, *Utopia,* 2. Buch; und F. de Vitoria, *Über die Ind[ian]er,* 1. Teil. 3. Abt., 1.

IX. Rationalismus und Empirismus

Seit der Wende vom 16. zum 17. Jahrhundert, im Zeitalter der naturwissenschaftlichen Entdeckungen, aber auch der politischen Unsicherheit (wegen zahlloser Kriege und Bürgerkriege), suchen die
Philosophen «festen Boden». Weil sie ihn teils in der Mathematik
bzw. Geometrie, teils in der Tatsachenerkenntnis finden, entfaltet
sich die Suche als Streit zwischen einem Rationalismus, der den
Verstand bzw. die Vernunft (lat. ratio), und einem Empirismus, der
die Erfahrung (griech. *empeiria*) bevorzugt. Exklusiv lediglich für
die eine oder aber die andere Seite setzt sich allerdings niemand ein.
Die Rationalisten, oft selber bedeutende Mathematiker (Descartes,
Leibniz, auch Pascal), interessieren sich mehr für methodische
Strenge und Beweise und trauen dem klaren Verstand mehr zu als
den verworrenen und trügerischen Sinnen. Die Empiristen dagegen,
die häufig von der großen Politik (Bacon) oder der Naturwissenschaft und Medizin (Locke) kommen, interessieren sich mehr für
die Entdeckung der Welt und setzen dabei auf die Erfahrung.

Der Streit wird in unterschiedlichen Hinsichten ausgetragen: Bei
Bacon handelt es sich um eine forschungstheoretische und zugleich
forschungspolitische Frage, bei deren Beantwortung die Fundamentalphilosophie, die Metaphysik, entmachtet wird. Von zeitge-
nössischen Skeptikern herausgefordert und von der Mathematik als
Vorbild beeindruckt, nimmt Descartes eine Wende hin zur Erkenntnistheorie und Fundamentalphilosophie vor. Zugleich versucht er die mathematische Methode auf den ganzen Kosmos des
philosophischen und wissenschaftlichen Wissens auszudehnen. Auf
diesen ersten Höhepunkt des Rationalismus reagieren die Nachfolger unterschiedlich: Pascal mit einer immanenten Kritik am Rationalismus, Spinoza und Leibniz durch dessen Vollendung, aber mit
wesentlich neuen Denkmotiven. Gassendi, Locke und Hume antworten dagegen mit einem empiristischen Gegenentwurf.

Auf beiden Seiten, dem Rationalismus und dem Empirismus, entsteht der Gedanke einer universalen Einheitswissenschaft. Auch
wichtige Themen bleiben sich auf beiden Seiten gleich: die Frage
nach der Erkenntnis und der menschlichen Freiheit, damit verbunden die Frage nach Gott und einer unsterblichen Seele. Die sowohl
methodischen als auch inhaltlichen Streitigkeiten reichen weit in die
Epoche der Aufklärung. Ihre für einige Zeit anerkannte Lösung er-

René Descartes. – Gemälde von Frans Hals, um 1640.

150   halten sie erst durch Kants kreative Vermittlung, durch seine Einsicht in die Chancen, aber auch Grenzen reiner Vernunft.

Da die Universitäten der Zeit noch immer Hochburgen einer verkrusteten Schulphilosophie sind, «für Dispute und Großtuerei erfunden, statt der Suche nach Wahrheit zu dienen» (Locke), ist keiner der großen Philosophen dieser Epoche Universitätslehrer. Statt dessen reisen sie, knüpfen mit ihresgleichen persönliche und briefliche Kontakte, und statt Theorien «im Studierzimmer auszuspinnen», suchen sie «keine andere Wissenschaft, als die sie in sich selbst oder im großen Buche der Welt finden» (Descartes). Vor allem die ersten drei Denker: Bacon, Descartes und Hobbes, beherrschen eine Rhetorik des radikalen Neuanfangs, die die eigene Epoche als Morgendämmerung einer besseren Philosophie, Wissenschaft und Gesellschaft ankündigt. Die Rhetorik trägt zum Selbstverständnis der Epoche als Neu-Zeit bei. Trotzdem wird das scholastische Erbe, etwa der mittelalterliche Universalienstreit, nicht vollständig beiseite geschoben. Außerdem läßt man sich wie in der Renaissance von der «Weisheit der Alten» inspirieren, von der antiken Skepsis (indirekt Descartes), von Epikur (Gassendi), auch von Thukydides (Hobbes).

PROPHET DER NEUZEITLICHEN WISSENSCHAFT: FRANCIS BACON
Am Anfang der Epoche steht kein Philosoph von Profession, auch kein Naturforscher, sondern ein Jurist: der zeitweilige Lordkanzler Bacon (1561–1626). Weder verdankt ihm die Philosophie präzise

Begriffe oder scharfsinnige Argumente, noch geht er in die Geschichte der Naturforschung durch eine neue Methode oder ein bahnbrechendes Experiment ein. Er kennt kaum den Stand der damaligen Naturforschung; selbst ein so wichtiger Vorgang wie die beginnende Mathematisierung der Wissenschaften (Galilei, Kepler) bleibt ihm fremd. Obwohl er «wie ein Lordkanzler philosophiert» (William Harvey, zeitgenössischer Naturforscher, Entdecker des Blutkreislaufes), gelingt ihm dennoch eine bahnbrechende Innovation: Von der Berufung zum Propheten einer neuen Wissenschaftsepoche erfüllt, skizziert er das

Francis Bacon

Programm einer Wissenschaft als Forschung. Das Programm inspiriert nicht nur die Errichtung der ältesten englischen Wissenschaftsakademie, der Royal Society (seit 1606). Gemäß dem Titel des (fragmentarischen) Hauptwerkes *Instauratio magna (Große Erneuerung*, 1605 und 1623) und dessen bekanntestem Teil *Novum organum (Neues Werkzeug)* leitet sein Programm nichts Geringeres als eine radikale Reform, eine Revolution der Wissenschaft ein.

Bacons wissenschaftliche Revolution konzentriert sich auf sechs Elemente: (1) Im Mittelpunkt steht eine Kunst des Entdeckens. Bacon verlangt Fortschritte im Wissen, Innovationen, so daß «die Wahrheit» insofern eine «Tochter der Zeit» sei, als das Wissen mehr und mehr anwachse. (2) Weil Bacon den Wissensfortschritt nicht der Philosophie, sondern der Naturforschung zutraut, entmachtet er die scholastischen Autoritäten und darüber hinaus die bisherige Königin der Wissenschaften, die (Fundamental-)Philosophie. Im Pantheon von *Neu-Atlantis* stehen statt der Philosophen und Theologen die Entdecker und Erfinder. (3) Damit ihr der Fortschritt gelingt, darf sich die Naturforschung nicht länger auf das Hörensagen verlassen, sondern muß, wie es Bacon von seiner Profession gewöhnt ist, «gerichtsfeste Beweise» («lawful evidence») er

Bacon versteht sich auf die Fähigkeit der Humanisten, Gedanken in Bildern auszudrücken. Auf dem Titelkupfer seines Hauptwerkes durchfährt ein Schiff die Meerenge von Gibraltar mit den beiden «Säulen des Herkules» und wagt sich unter vollen Segeln auf den unbegrenzten Ozean hinaus. Die Bildunterschrift erläutert das darin symbolisierte Programm der wissenschaftlichen Modernisierung: «Multi pertransibunt et augebitur scientia» («Viele werden hinausfahren, und die Wissenschaft wird wachsen»). Das auf den Ozean hinaussegelnde Schiff ist ein Symbol für die freie Neugier; von Fesseln, der Meerenge, befreit, läßt sie sich auf das Abenteuer einer grenzenlosen Wißbegier ein. Die beiden Säulen vertreten die sich widerstreitenden Richtungen, den Rationalismus und den Empirismus, zwischen denen das Schiff einen mittleren Weg einschlägt. Wie das Schiff eine Ausrüstung und eine Mannschaft braucht, so gehören zur modernen Forschung Geräte und die Kooperation vieler Forscher. Und wie das Schiff die Gefahren des Ozeans bezwingen soll, so die Forschung die dem Menschen von der Natur drohenden Gefahren. Dabei macht sie sich freilich die Kräfte der Natur – im Bild: die des Windes – zunutze. – Titelkupfer zu Francis Bacons ‹Instauratio magna›, 1620.

152 bringen. Zu diesem Zweck führt sie nachprüfbare Experimente durch. (4) Dabei soll sie «die Natur auf die Folter spannen», freilich nicht, um sie zu quälen, sondern um sie zum Sprechen zu bringen. Kant sieht darin eine Revolution: daß man die Natur nicht mehr passiv beobachtet, sondern aktiv bearbeitet, indem man sich präzise Fragen, Hypothesen, ausdenkt und mit Hilfe von Eingriffen, den Experimenten, auf Antwort dringt. Allerdings «kann man die Natur nicht erobern, ohne ihr zu gehorchen».

(5) Nicht erst Kant, sondern schon Bacon will die widerstreitenden Richtungen von Rationalismus und Empirismus durch einen mittleren Weg versöhnen, der die Leistungsfähigkeit beider Seiten bewahrt, ihren Exklusivitätsanspruch aber zurückweist. Dem Rationalismus der Scholastik wirft Bacon vor, sich aus der realen Welt in die Gelehrtenstube zurückgezogen zu haben und ganz auf die weltunkundige Vernunft zu vertrauen, dem Empirismus aber, daß er die Welt durch Experimente ohne jeden Plan erkunde, so daß nur kuriose Ergebnisse zustande kommen. Bacon erläutert die methodische Alternative zu Empirismus und Rationalismus, die innige Verbindung der Erfahrung mit der Vernunft, durch ein schönes Bild: Während der Empiriker wie eine Ameise alles nur zusammenträgt und der Rationalist wie eine Spinne sein Gewebe bloß aus sich selbst entwickelt, hält der wahre Naturforscher die Mitte: «wie die Biene, die aus den Blumen der Felder und Gärten ihren Stoff sammelt, ihn dann aber durch eigene Kraft verarbeitet». (6) Bacon verpflichtet den Fortschritt im Wissen auf das menschliche Wohlergehen. An die Stelle der Aristotelischen Theoria: des sich selbst genügenden Wissens, tritt eine humanitäre Forschung mit der großen zivilisatorischen Hoffnung, mittels Wissenschaft das menschliche Leben zu verbessern und Übeln abzuhelfen. Während das christliche Mittelalter kontemplative Wissenschaften: Philosophie und Theologie, höher schätzt, erhebt paradoxerweise die nicht mehr so christliche Neuzeit das christliche Ideal der Nächstenliebe zum Leitprinzip. Bacons Forscherrepublik sucht Mittel gegen Krankheiten, Seuchen, Hungersnöte und Unwetter.

In zwei Bereichen ist Bacon selber ein innovativer Forscher. Mit seinem Vorschlag, das Alphabet in ein nur aus zwei Einheiten – a und b – bestehendes System umzuwandeln, greift er den Computersprachen vor (aus A wird aaaaa, aus B: aaaab, aus C: aaaba, schließlich aus Z = babbb). Und mit einer Darstellung der Wurzeln aller Irrtümer des Verstandes, mit einer grundlegenden Ideologiekritik, bereitet er das Zeitalter der Aufklärung vor. Nach Bacon

In seinem Reiseroman ‹Neu-Atlantis› (1627) entwirft Bacon die Utopie einer wissenschaftlich-technischen Zivilisation. Den Mittelpunkt der abseits gelegenen Insel bildet eine Forscherrepublik: das «Haus Salomons». Gemäß dem biblischen Vorbild – Salomon als gerechter König, aber auch als Naturforscher – verkörpern die Mitglieder wissenschaftliche und moralische Kompetenz zugleich. Das Haus heißt auch «Kolleg des Sechs-Tage-Werkes». Denn durch umfassende Forschungen soll es die gesamte göttliche Schöpfung nachahmen und darüber hinaus vollenden. Zu diesem Zweck wird in alle nur erdenkliche Richtung experimentiert: Man sucht Kunststoffe, Dünger und sogar Treibstoffe, widmet sich der Lebens- mittel-, Hochtemperatur- und Strömungsforschung sowie Versuchen zur Meeresentsalzung. Man entwickelt Roboter, Automaten und künstliche Sprachen und züchtet in Kleintierlabors Nutztiere von der Art der Seidenraupe und der Honigbiene. Man experimentiert mit Pfropfungen und antizipiert sogar die Gentechnik, allerdings nur im subhumanen Bereich. Bemerkenswerterweise fehlt der siebente Schöpfungstag: daß man nach einer gelungenen (Nach-)Schöpfung sich ausruht und zufrieden auf seine Werke blickt. Statt dessen verbindet sich die entfesselte Wißbegier mit einem entfesselten Streben nach Macht («Wissen ist Macht»), und beide kommen nie zur Ruhe. – Labor mit Destillierofen, um 1650.

gibt es vier Arten von «Idolen» (lat. Gespenster, Götzenbilder): Die Idole des «Stammes», das heißt der Gattung, ergeben sich aus der menschlichen Natur, etwa aus einer Beeinträchtigung durch die Leidenschaften oder aus der Unzulänglichkeit der Sinne. Die Idole der «Höhle» folgen aus individuellen Eigenarten (Erziehung, Gewohnheit, Umstände), die des «Marktes» aus Üblichkeiten der Gesellschaft, namentlich der Sprache, und die Idole des «Theaters»

154   aus «theoretischen Fabeleien und verdrehten Beweismethoden». –
Wie Montaigne schreibt auch Bacon erfolgreiche *Essays;* noch zu
seinen Lebzeiten erreichen sie dreizehn Auflagen.

BEGRÜNDER DES NEUZEITLICHEN RATIONALISMUS:
RENÉ DESCARTES

Auf den Propheten und Politiker der Forschung, Bacon, folgt ein
praktizierender Forscher: Descartes (1596–1650). Obwohl er Mathematiker, Physiker und vor allem Metaphysiker ist, übernimmt er Bacons humanitäres Wissenschaftsideal und erklärt Einsichten erst dann
für veröffentlichungswert, wenn sie zum «allgemeinen Wohl aller
Menschen» beitragen: Wie schon Bacon, so erklärt sich Descartes
zum Utilitaristen «avant la lettre». Er übernimmt auch das Interesse
am wissenschaftlichen Fortschritt. Wegen seines Leitzieles, dem zwei-
felsfreien Wissen, ergänzt er aber das «Abenteuer des Entdeckens»
um den Anspruch auf strenge Wissenschaftlichkeit. Zugleich weist
er die Entmachtung der Metaphysik zurück. In Auseinandersetzung
mit einer für das Seelenheil, aber auch die Praxis verderblichen
Theorie: einem ebenso radikalen wie totalen Skeptizismus, versucht
Descartes alles Denken auf eine unerschütterliche Grundlage zu stellen. Inmitten des Dreißigjährigen Krieges reift sein Argument: «Ich
denke, also bin ich» («Je pense, donc je suis» bzw. «cogito, ergo
sum»). Und mit ihm wird er zum ersten großen Metaphysiker der
Neuzeit, zum Vater ihrer Philosophie der Subjektivität.

   Im Laufe der Philosophiegeschichte nimmt die Mathematik öf-
ters eine Sonderstellung ein. Für Platon bildet sie eine notwendige
Vorstufe der Philosophie, der Dialektik. Nach Galilei ist das Buch
des Universums «in mathematischer Sprache geschrieben; und die
Buchstaben sind Dreiecke, Kreise und andere geometrische Figuren». Descartes leistet nicht bloß durch die Erfindung der Analytischen Geometrie einen bedeutenden Beitrag zur Mathematik. Er
nimmt sie auch zum methodischen Vorbild, kündigt damit Bacons
Bündnis von Rationalismus und Empirismus einseitig auf und begründet den neuzeitlichen Rationalismus. Dabei bleibt er, trotz Be-
vorzugung rationalistischer Verfahren, auch Empirist: In der Optik
erhärtet er das von ihm mitentdeckte Brechungsgesetz durch Experimente mit wassergefüllten Glaskugeln. Und generell macht er den
Erkenntnisfortschritt von Experimenten abhängig, womit der Empirie ein nicht geringes Gewicht bleibt. Descartes ordnet sie aber
der rationalen Argumentation unter. Zwei Elemente weisen freilich

auf innere Grenzen seines rationalistischen Programms hin. Einerseits kennt Descartes für den Bereich der Politik kein exaktes Wissen. Andererseits entwickelt er nur eine provisorische Moral, die drei Maximen folgt: (1) Man gehorche vorläufig den Gesetzen und Sitten seines Vaterlandes; (2) man halte an einmal gefaßten Entscheidungen entschlossen fest; und (3) man versuche – wie in der Stoa – lieber sich selbst als das Schicksal und die äußeren Umstände zu ändern. Im fertigen System bildet aber die Theorie der Moral, die Ethik, einen Zweig der (deduktiv aufgebauten) Physik.

Mathesis universalis. Bei Descartes tritt noch eine zweite, diesmal innerwissenschaftliche Hoffnung der frühen Neuzeit zutage: die Hoffnung auf eine die gesamte Philosophie und Wissenschaft umfassende Einheitswissenschaft. Diese läßt Raum für Wahrnehmung und experimentelle Erfahrung, gründet aber auf der Einheit und zugleich Einfachheit der Methode. Die aus der Geometrie gewonnene Universalmethode für alle Wissenschaften gibt sich mit

---

Vier Regeln der Methode

«Die erste (Regel) war: niemals eine Sache als wahr anzunehmen, die ich nicht als solche einleuchtend (évidemment) erkennen würde, das heißt, sorgfältig die Übereilung und das Vorurteil zu vermeiden und in meinen Urteilen nicht mehr als das zu begreifen, was sich meinem Geist so klar und deutlich darstellen würde, daß ich gar keine Möglichkeit hätte, daran zu zweifeln.

Die zweite (Regel): jede der Schwierigkeiten, die ich untersuchen würde, in so viele Teile zu zerlegen als möglich und zur besseren Lösung erforderlich wäre.

Die dritte (Regel): meine Gedanken so zu ordnen, daß ich mit den einfachsten (les plus simples) und faßlichsten Gegenständen beginne, um nach und nach gleichsam stufenweise bis zur Erkenntnis der am meisten zusammengesetzten (les plus composées) aufzusteigen, und daß ich selbst solche Gegenstände für geordnet halte, bei denen natürlicherweise die einen den anderen nicht vorausgehen.

Und die letzte (Regel): überall so vollständige Aufzählungen durchzuführen und so umfassende Übersichten anzulegen, daß ich sicher wäre, nichts auszulassen.»

René Descartes: ‹Abhandlung über die Methode des richtigen Vernunftgebrauchs und der wissenschaftlichen Wahrheitsforschung›, 1637, Zweiter Teil.

vier einfachen Regeln zufrieden. Die erste Regel verlangt vom Erkennen einen radikal vor- und umsichtigen Einstieg. Die zweite verpflichtet zu einem analytischen bzw. reduktiven, die dritte komplementär zu einem synthetischen bzw. deduktiven Vorgehen, während die vierte Regel Vollständigkeit und Lückenlosigkeit fordert. Nach Descartes besitzen die Regeln durchaus die von Bacon geforderte Kraft zur Innovation. Vor allem bringen sie aber zustande, was die radikale Skepsis überwindet: die subjektive Gewißheit. Wer bei einfachsten, unbezweifelbaren Elementen ansetzt und aus ihnen lückenlos alles Weitere aufbaut, gewinnt ein unbezweifelbares System des gesamten Wissens. Er muß allerdings zusätzlich zu den vier theoretischen Regeln eine fünfte, praktische Vor- oder Proto-Regel beachten. Sie fällt unter die zweite Maxime der provisorischen Moral und besteht im «festen und beharrlichen Entschluß, sie (die vier Regeln) stets zu befolgen». Hier wird die theoretische Vernunft an ein Minimum praktischer Vernunft gebunden: an Entschlossenheit, Beharrlichkeit und zugleich an Gehorsam gegen die theoretische Vernunft.

«Ich zweifle, also bin ich». Um der ersten Regel zu genügen und eine in sich einleuchtende («selbstevidente») Einsicht zu gewinnen, führt Descartes ein Gedankenexperiment durch. Es ist von der Frage geleitet: Woran läßt sich auch dann nicht zweifeln, wenn ein böser Geist (genius malignus) mich in allem, nicht bloß im Bereich des Sinnlichen, sondern auch dem der Mathematik, täuscht? In der An-

tike ist die Skepsis vor allem eine Lebensform, für Descartes ist sie ein theoretisches Problem, das nach Auflösung verlangt: Im Gedankenexperiment des «methodischen Zweifels» wendet sich das erkennende («theoretische») Subjekt auf sich selber zurück und entdeckt sich als zweifelndes, folglich denkendes Wesen (res cogitans). Mit Hilfe dieser nicht praktischen oder religiösen, sondern theoretischen *Meditationen über die Erste Philosophie* (1641) gelingt es Descartes, den Skeptiker mit seinen eigenen Waffen zu schlagen. Wer an allem zweifelt, erkennt sich als Zweifelnden an, womit er eine erste notwendige Wahrheit gewinnt: Die Bedingung, die alle Erkenntnis ermöglicht, ist die «Selbstanwesenheit» meines Geistes (mens); die Bedingung aller Fremderkenntnis besteht in der Selbstgewißheit des Denkenden, und zu ihr gehört die Existenzgewißheit. Das darin liegende existentielle Moment wird Husserl aufnehmen: daß auf dem Weg zum Wissen jeder zunächst zu sich selbst gehen muß. Weil etwaige Stellvertreter Autoritäten sind, an denen man durchaus zweifeln kann, läßt sich das unbezweifelbare Fundament aller Erkenntnis nicht stellvertretend entdecken. Für den Fortschritt des Wissens vertraut aber auch Descartes nicht auf ein einzelnes Subjekt, sondern, wie schon Bacon, auf die Gemeinschaft aller Forschenden, die «alle zusammen viel weiter vorwärts kommen, als jeder einzelne für sich vermöchte».

Descartes erkennt den ontologischen Gottesbeweis an. Aus dem Umstand, daß das unvollkommene Wesen «Mensch» den Begriff eines vollkommenen Wesens besitze, schließt er auf die Existenz eines solchen Wesens. Und weil dieses Wesen, Gott, wegen seiner Vollkommenheit kein Betrüger sei, garantiert es die objektive Wahrheit der zwar subjektiven, aber klaren und deutlichen Erkenntnis. Auf diese Weise wird zwar alles Wissen theologisch begründet, Gott dann aber verabschiedet: In dem, was er begründet,

Nach Descartes sollen die Menschen durch eine ebenso gründliche wie umfassende Naturforschung zu «maîtres et possesseurs de la nature», zu Herren und Besitzern der Natur, werden. Spätere Kritiker verstehen darunter eine Aufforderung zur Ausbeutung der Natur. «Maître» meint hier aber nicht den Herrn, der die Natur zu seinem Knecht macht, sondern den «Meister», der sich aus souveräner Kenntnis die Naturkräfte zunutze macht. Durch die Erfindung «unendlich vieler mechanischer Künste» soll man «mühelos die Früchte der Erde und all ihre Annehmlichkeiten genießen» können. Und in der Medizin soll die Naturerkenntnis – fast – den Traum vom Jungbrunnen erfüllen und den Menschen von «unendlich vielen Krankheiten sowohl des Körpers als auch der Seele, vielleicht sogar von der Altersschwäche» befreien. Von der Medizin enttäuscht, rehabilitiert Descartes später aber eine epikureisch-stoische Lebensmaxime: «Statt Mittel gefunden zu haben, die das Leben erhalten, habe ich ein anderes, viel einfacheres und verläßlicheres Mittel gefunden, nämlich den Tod nicht zu fürchten». – Lucas Cranach d. Ä.: Der Jungbrunnen, 1546 (Ausschnitt).

Descartes vergleicht in den ‹Principia Philosophiae› (‹Prinzipien der Philosophie›, 1644), «die gesamte Philosophie mit einem Baum, dessen Wurzel die Metaphysik, dessen Stamm die Physik und dessen Zweige alle übrigen Wissenschaften sind, die sich ihrerseits auf drei Hauptäste zurückführen lassen, nämlich auf die Medizin, die Mechanik und die Ethik». Descartes' Rationalismus versteht sich zwar als ein politisches Instrument, welches dem allgemeinen Interesse an Frieden unter den Menschen dienen soll, denn «sehr klare und sehr gewisse Prinzipien überwinden jeden Anlaß zu Streit und stimmen dadurch geneigt zu Milde und Eintracht». Für eine Wissenschaft der Politik sieht Descartes in seinem System aber keinen eigenen Platz vor, ebensowenig wie für Wissenschaften des Rechts und der Gesellschaft, der Sprache, Literatur, Musik und Kunst. – Titelkupfer der Erstausgabe.

taucht er nirgendwo auf. Der Garant der Wahrheit verbleibt im Hintergrund; faktisch richtet über alle Wahrheit der Mensch selbst.

Seit den Zeitgenossen Mersenne und Arnauld wird Descartes' Gottesbeweis ein logischer Fehler, der «cartesische Zirkel», vorgeworfen: Der Beweis setze eine erste, intuitive Gewißheit voraus, den klaren und deutlichen Begriff eines vollkommenen Wesens, obwohl die Gewißheit doch durch den Gottesbeweis erst erzeugt werden solle. Eine andere Kritik an Descartes richtet sich gegen den Dualismus: die scharfe Trennung von ausgedehntem, materiellem Körper («res extensa») und dem ausdehnungslosen, immateriellen Geist («res cogitans»). Neben den darauf bezogenen Begriffen kennt aber Descartes selber eine dritte Art: Begriffe der Vereinigungen von Seele und Körper, die «nur dunkel durch das Begriffsvermögen allein», aber «sehr deutlich durch die Sinne erkannt werden». Eine dritte Kritik an Descartes versteht nicht, warum die Mathematik und die Naturwissenschaften überhaupt einer metaphysischen Grundlegung bedürfen. Bis hin zu Kant, dem Deutschen Idealismus, selbst zu Husserl und Sartre, in gewisser Weise auch zu Heidegger wird Descartes jedoch als Begründer der neuzeitlichen Subjekt- und Vernunftphilosophie hoch geschätzt.

MODERNE STAATSPHILOSOPHIE: THOMAS HOBBES 159

Der dritte große Denker der Epoche, Hobbes (1588–1679), betritt die philosophische Bühne mit dem bei Bacon und Descartes noch fehlenden Thema: dem Staat. In der Bearbeitung dieses Themas stellt sich Hobbes der dreifachen Herausforderung der Epoche: methodisch dem Beweisideal der Mathematik («Vernunft ist Rechnen»), politisch der blutigen Wirklichkeit der (oft konfessionellen) Kriege und Bürgerkriege und moralisch dem Schwinden gemeinsamer Überzeugungen. Weil er alle drei Herausforderungen radikal anerkennt, bringt er mit dem traditionsstürzenden Argumentationsmuster der politischen Moderne, der Vertragstheorie, eine der größten Staatsphilosophien der abendländischen Geistesgeschichte hervor. Nach ihrer Methode gehört sie dem Rationalismus an, der sich bei Hobbes wie bei Descartes auf die gesamte Philosophie erstreckt. Daß Hobbes dennoch alle Vorstellungen den Sinnesempfindungen entspringen läßt und das Gute naturalistisch definiert, gehört dagegen zu den empiristischen Anteilen seiner Philosophie. Das politische Ergebnis erfüllt eine weitere zivilisatorische Hoffnung der Epo-

Descartes' zeitgenössischer Hauptgegner Pierre Gassendi (1592–1655; ‹Metaphysische Erörterung ... gegen Descartes›, lat. 1644), ist ebenfalls Mathematiker, Naturwissenschaftler und Philosoph, außerdem Theologe. Durch seine Kritik an der aristotelischen Scholastik (1624) und durch seinen Rückgriff auf den damals verfemten Epikur, auf dessen Atomtheorie und Sensualismus (1649), wird er zum Stammvater des neuzeitlichen Empirismus. Im Namen der auf Sinneswahrnehmung fußenden Erfahrung verwirft Gassendi den Absolutheitsanspruch des Cartesischen Wissenschaftsideals, da es den apodiktischen Ansprüchen

der aristotelischen Scholastik zu nahe komme. Im methodischen Zweifel sieht er einen Kunstgriff, um einem neuen metaphysischen Dogmatismus das Tor zu öffnen. Auch Gassendi ist am Skeptizismus geschult, gibt auf ihn aber eine andere Antwort. Einerseits hält er den menschlichen Geist für ein zunächst, bei der Geburt, unbeschriebenes Blatt, das erst durch die innere und äußere Erfahrung beschrieben wird, bei der freilich Sinnlichkeit und Verstand zusammenarbeiten müssen: «Nichts ist im Verstand, das nicht zuvor in den Sinnen war.» Andererseits verzichtet er auf eine unbezweifelbare Wahrheit und gibt sich mit Vermutungen und dem Anschein von Wahrheit zufrieden. Descartes' Beweise für das Dasein Gottes und die Unsterblichkeit der Seele hält Gassendi für verfänglich und unnötig: für verfänglich, weil sie auf der unsicheren Grundlage des «cogito» basieren, und für unnötig, weil schon der Glaube die Wahrheit der christlichen Heilsbotschaft garantiere. – Stich nach zeitgenössischem Bildnis.

160 che: den Staat als Garanten des inneren Friedens. Hobbes' nähere Gestalt des Staates, insbesondere die absolute, weder auf Gewaltenteilung noch Grundrechte verpflichtete Souveränität, überzeugt dagegen nicht.

Der hochgebildete Hobbes übersetzt Thukydides, später Homer. Er treibt naturwissenschaftliche Studien und versucht sich – leider – auch in der Mathematik, hält beispielsweise die Quadratur des Kreises für möglich. Erfolgreicher ist seine Beschäftigung mit dem englischen Recht und der Geschichte des britischen Bürgerkrieges: *Behemoth or the Long Parliament* (erhält keine Druckerlaubnis). Vor allem aber arbeitet Hobbes ein umfassendes philosophisches System aus. Nach dem Vorbild mathematischer Strenge, Euklids *Elementa,* heißt es *Elementa philosophiae (Anfangsgründe der Philosophie)*; es besteht aus drei Teilen: (1) Hobbes, der den strengen Empiristen Gassendi kennt, entfaltet im ersten Teil *Vom Körper (De corpore,* 1655) für die Gegenstands-, Erkenntnis- und Naturtheorie einen mechanistischen Materialismus. (2) *Vom Menschen (De homine,* 1658) weitet den Materialismus zu einer naturalistischen Anthropologie der Sinneswahrnehmungen und Leidenschaften aus. (3) Und *Vom Bürger (De cive,* schon 1640) entfaltet Hobbes' eigentliche Lebensaufgabe: eine wissenschaftliche Staatsphilosophie. Als ob er Descartes' Regeln vor Augen hätte, zerlegt Hobbes sein Beweisziel, den Staat, in seine letzten Bestandteile, die

einzelnen Menschen. Deren Bestandteile wiederum, die Handlungen, führt er auf Bewegungsgesetze zurück. Der Grundbegriff seines philosophischen Systems heißt «matter in motion»: Materie in
Bewegung. Im Fall von Lebewesen sind die Bewegungen auf Selbsterhaltung ausgerichtet, die sich bei (höheren) Tieren mit Empfindungen verbindet und beim Menschen zusätzlich mit Vernunft aus-
rüstet: mit vorhergehenden Gedanken über das Wohin, Wie und
Was der Bewegung.

Die im *Leviathan* (1651) abschließend formulierte Staatsphilosophie besteht ihrem Kern nach aus acht Elementen: (1) Gemäß Hobbes' naturalistischer Anthropologie bildet die normative Grundlage
ein individualistischer und hedonistischer Begriff des Guten: Jeder
nennt gut, wonach er verlangt, böse, was er verabscheut, und Glück
den ständigen Erfolg bei dem, was er verlangt. (2) Weil nichts durch
sich selbst gut, böse und schlecht ist, muß sich die Staatsgewalt vor
dem Selbstinteresse aller Betroffenen, vor ihrer freien Zustimmung,
rechtfertigen: Hobbes' legitimatorischer Individualismus. (3) Das
Gedankenexperiment des Naturzustandes fragt, wie das Zusammenleben aussieht, wenn es weder Recht noch Staat gibt. Die
Antwort: Wegen dreier Ursachen – Konkurrenz, Mißtrauen und
Ruhmsucht – ist das Glück durch eine tödliche Anarchie bedroht,
den Kriegszustand aller gegen alle (homo homini lupus: «der
Mensch ist des Menschen Wolf»). (4) Die Vernunft ist theoretisch
und pragmatisch zugleich. Sie steht vor allem im Dienst der Todes-
furcht und legt die Bedingungen des «Mittels zur Selbsterhaltung»,

Auch Hobbes beherrscht die Fähigkeit, Gedanken durch Bilder auszudrücken. Das Titelkupfer seines Hauptwerkes ‹Leviathan oder Stoff, Form und Gewalt eines kirchlichen und bürgerlichen Staates› (1651) ist ein emblematisches Meisterwerk, von dem hier die obere Hälfte zu sehen ist. Hinter einer Stadt und hinter Bergen mit einigen Dörfern erhebt sich eine gigantische menschliche Gestalt: Zeichen des Staates, der, nach Hobbes, ein riesiger künstlicher Mensch ist. Blickt man genauer hin, so sieht man den Leib aus lauter kleinen Menschen zusammengesetzt: Abbild dafür, daß der Staat bzw. der Souverän Stellvertreter aller Bürger ist, die wiederum im allmächtigen Staat vollkommen aufgehen. Der gekrönte Herrscher – in den Gesichtszügen Hobbes nicht unähnlich – trägt sowohl das Symbol weltlicher Macht, das Schwert, als auch den
Bischofsstab, der ihn auch für religiöse Lehrmeinungen als entscheidungsbefugt ausweist. Der Herrscher entscheidet zwar nicht über die religiöse Wahrheit selbst, wohl aber über deren öffentlich verbindliche Auslegung. Die Alternative, eine weltanschauliche Neutralität des Staates, sieht Hobbes nicht. Die Friedlichkeit der Landschaft weist auf die Leitaufgabe der doppelten Macht hin: die Sorge für den Frieden. Nicht weniger deutlich ist der Buchtitel. Leviathan, ein Seeungeheuer aus dem biblischen Buch Hiob, symbolisiert die unüberwindliche Staatsgewalt. Ironischerweise fällt ihr Hobbes selbst zum Opfer: Weil er politische Ansprüche der Kirche ablehnt, soll er, als er in Paris weilt, auf Betreiben der Geistlichkeit durch die französische Justiz verfolgt werden; dem entzieht er sich durch Flucht. – Titelkupfer der Erstausgabe, 1651.

Thomas Hobbes. – Gemälde von
J. Michael Wright, um 1669.

des Friedens, fest. (5) Das allseits zustimmungsfähige und universal hilfreiche Mittel besteht in einer wechselseitigen Einschränkung der Freiheit. Der dafür erforderliche (Gesellschafts-)Vertrag erhält den Zusatz (6): Abgeschlossene Verträge sind zu halten. (7) Weil «Verträge ohne das Schwert bloße Worte sind und keine Kraft besitzen, einem Menschen auch nur die geringste Sicherheit zu bieten», wird der tödliche Naturzustand erst in einer Zwangsgewalt, dem Staat, überwunden. Das aufgeklärte Selbstinteresse, die Vernunft im Sinne von Klugheit, gebietet, diesen «sterblichen Gott» einzurichten (homo homini deus: in Form eines Gemeinwesens ist der Mensch dem Menschen ein Gott); ihm «verdanken wir unter dem unsterblichen Gott unseren Frieden und Schutz». (8) Über ein Zwischenargument, den autorisierten «Stellvertreter», dem man alle Rechte abtritt, versteht Hobbes den Gesellschaftsvertrag als Unterwerfungsvertrag. Während er mit diesem Element, einem Absolutismus, die Bühne der politischen Philosophie bald verlassen muß, bleibt er mit dem Grundmuster, der Vertragstheorie, auf der Bühne des politischen Diskurses bis heute präsent.

BARUCH DE SPINOZA

Der Rationalismus erhält seine radikalste Gestalt bei einem Denker, der nicht wie Descartes «auch Wissenschaftler», sondern «nur Philosoph» ist, nach Russell freilich «der nobelste und liebenswerteste der großen Philosophen». Und schon vorher wird er von Lessing, Goethe und Schelling sowie dem englischen Schriftsteller Percy B. Shelley hochgeschätzt. Von Pascals Kritik unbeeinflußt, zwingt Spinoza (1632–1677) die mathematische Methode der gesamten Philosophie auf. Dabei folgt er weit strenger als Hobbes dem Vorbild Euklids: Jeder Teil seines Hauptwerkes beginnt mit Definitionen und deren Erläuterung, um Axiome, Lehrsätze und deren Beweise anzuschließen. Das Werk trägt daher den Titel *Ethica ordine geometrico demonstrata* (*Ethik nach der geometrischen Methode bewiesen,* 1677). Spinoza setzt sich zwar mit Descartes auseinander, bringt aber ein grundverschiedenes Leitmotiv ein. Er will nicht mehr angesichts von Zweifeln Wahrheit begründen, sondern engagiert sich, ähnlich wie Platon und der Neuplatonismus, später Kierkegaard, für die Vollkommenheit. Ob auf Gott, die Natur oder die Möglichkeit menschlicher Freiheit gerichtet – alle Erkenntnis dient dem höchsten Ziel, dem schlechthin Guten. Deshalb heißt das Werk auch *Ethik*, obwohl es in fünf Teilen die gesamte Philosophie abhandelt (nur die politische Philosophie fehlt): (1) Gott, (2) den menschlichen Geist, (3) den Ursprung und (4) die Herrschaft der Leidenschaften sowie (5) die menschliche Freiheit unter der Macht des Verstandes. Das Werk erscheint übrigens wegen heftiger Anfeindungen postum: Im Alter von 25 Jahren wird Spinoza aus der

Bei Blaise Pascal (1623–1662) beginnt die Selbstkritik der Epoche. Sie findet sich schon in der fragmentarischen Abhandlung ‹De l'esprit géometrique› (‹Vom geometrischen Geist›, um 1655) und setzt sich in den ‹Pensées› (‹Gedanken›, postum 1669) fort: Der Naturwissenschaftler Pascal, der Entdecker des Gesetzes der kommunizierenden Röhren und des Luftgewichts, begrüßt emphatisch die Erkenntnisfortschritte der Naturforschung – und stellt dem Optimismus ein Erschrecken der Seele gegenüber: «Was ist ein Mensch in der Unendlichkeit?» Der Mathematiker Pascal, der Entdecker des Satzes vom Pascalschen Sechseck, Theoretiker der Wahrscheinlichkeitsrechnung und Erfinder einer Rechenmaschine, sieht in der «geometrischen» (mathematischen) Methode nicht bloß die vollkommene Beweisführung, sondern auch deren Grenze. Ohnehin ließen sich die Grundbegriffe wie Raum, Zeit, Bewegung und Zahl nicht definieren. Diese und andere nichtdemonstrable Erkenntnisleistungen, bis hin zum religiösen Glauben, ordnet Pascal dem «Herzen» zu: «Le cœur a ses raisons, que la raison ne connaît point.» (Das Herz hat seine Gründe, die die Vernunft nicht kennt.) Vornehmlich geht es Pascal aber um eine philosophische Apologie des Christentums. Er überträgt die mathematische Methode auf religiöse Fragen, um die vom Glauben erzwungenen Paradoxien möglichst exakt zu bestimmen und in der Absurdität ihrer «logischen Widersprüche» Zeichen höchster Wahrheit zu erkennen. Berühmt ist die Pascalsche Wette, ein Wahrscheinlichkeitsargument für den Glauben an Gott und für ein Leben aus diesem Glauben: Im Wissen, daß man das Dasein Gottes nicht beweisen kann, und im Wissen, daß man zwei Dinge von unendlichem Wert zu verlieren hat: die Wahrheit und das höchste Gut, lohnt es selbst bei einer höheren Wahrscheinlichkeit, daß Gott nicht ist, trotzdem auf Gott zu setzen. – Pascal an seiner Addiermaschine.

In der politischen Philosophie setzt sich Spinoza mit der eigenen politischen Erfahrung und mit Hobbes auseinander. Dabei steht ihm Hobbes im früheren ‹Theologisch-politischen Traktat› (1670) näher als im ‹Politischen Traktat› (postum, 1677). Wie bei Hobbes widerspricht das durch die Leidenschaft bedingte Gegeneinander der Menschen ihrer Selbsterhaltung und wird durch zwangsbefugte Gesetze beseitigt; die wesentliche Staatsaufgabe besteht in der Friedenssicherung. Der Staat ist keine den Individuen äußerliche Instanz, sondern baut sich aus deren gemeinsamem Begehren auf. Im ‹Politischen Traktat› verwirft Spinoza Hobbes' Unterwerfungsvertrag und tritt für eine Beschränkung der Staatsmacht ein: In einem freien Staat ist jedem erlaubt, zu denken, was er will, und zu sagen, was er denkt. Spinoza plädiert für ein sich wechselseitig kontrollierendes Geflecht von Gremien, in das möglichst viele Individuen einzubinden seien. Den Wohlstand hält er sowohl für friedensfördernd als auch für einen Machtfaktor der Staaten gegeneinander. – Stich nach zeitgenössischem Bildnis.

jüdischen Gemeinde, drei Jahre später aus seiner Heimatstadt Amsterdam verbannt.

Bei Spinoza dient die mathematische Methode weniger der Vergewisserung des Wissens als dessen «Produktion» nach einer inneren Notwendigkeit. Gott ist weder, wie bei Descartes, Garant der Wahrheit noch, wie bei Pascal, als «Gott von Abraham, Isaak und Jakob» der Gegenstand religiösen Glaubens. Nicht Teil einer Bewußtseinsphilosophie, sondern einer Seins-, Natur- und Moralphilosophie, gilt Gott als die vollkommene und zugleich einzige (griech. *monos*) Substanz. Spinoza vertritt einen Monismus, mit dem er die Probleme aus Descartes' Zweiteilung (zwei geschaffene Substanzen: Materie und Geist) oder Dreiteilung (zusätzlich gibt es den ungeschaffenen Gott) wie durch einen systematischen Handstreich zu lösen sucht: Es gibt nur eine einzige Substanz, Gott, und diese ist Grund ihrer selbst («causa sui»); die verschiedenen Grundformen der Wirklichkeit sind nichts anderes als Eigenschaften (Attribute) Gottes. Dieses Innewohnen (Immanenz) aller Dinge in Gott und Gottes in allen Dingen beläuft sich auf einen Pantheismus (Allgottlehre: Gott ist alles und in allem). Es schließt einen die Welt übersteigenden, transzendenten Gottesbegriff aus und trägt Spinoza, obwohl sein System bei einem Gottesbegriff ansetzt, den Vorwurf des Atheismus ein.

EMPIRISMUS UND LIBERALISMUS: JOHN LOCKE 165

Vom Vater des neuzeitlichen Empirismus, Gassendi, beeinflußt, begründet der Arzt und Philosoph Locke (1632–1704) den Britischen Empirismus. In der Erkenntnistheorie entwickelt er einen Kontrapunkt zu Descartes' Rationalismus, in der politischen Philosophie eine Alternative zu Hobbes' Absolutismus. Und durch beides, darüber hinaus durch seine Forderung nach kindgemäßer Erziehung und nach (eingeschränkter) Toleranz, steigt er rasch zu einer europäischen Berühmtheit auf. Um «Ursprung, Gewißheit und Umfang der menschlichen Erkenntnis» gründlich zu untersuchen, verfaßt er *An Essay concerning Human Understanding (Ein Versuch über den menschlichen Verstand*, 1690), die erste neuzeitliche Schrift, die sich ausschließlich der Erkenntnistheorie widmet.

Bei Locke erfährt Descartes' rationalistische Philosophie der Subjektivität eine empiristische Wende. Locke führt alle Denkinhalte auf einfache Vorstellungen (simple ideas) der äußeren (sensation) und inneren Wahrnehmung (reflection) zurück. Diese «Atome» der

Lockes Hauptwerk ‹Ein Versuch über den menschlichen Verstand› ist von einem doppelten Pathos durchdrungen: von einem Pathos der Bescheidenheit («Lieber gesteht man ein, daß man nicht weiß, was man nicht weiß, als daß man bis zur Übelkeit darüber schwätzt») und einem Pathos der Entdeckungslust («Das Forschen nach der Wahrheit gleicht … einer Jagd, bei der der große Teil des Vergnügens in der Pirsch besteht»). Der davon inspirierte Empirismus, die auf Beobachtung und Erfahrung gegründete «experimentelle Methode», hat zunächst zwei Dimensionen: Gemäß dem «Empirismus der Prinzipien und Ideen» stammen selbst diese aus der Erfahrung (Buch I–III), gemäß dem «Empirismus der Aussagen» sind alle Aussagen über Tatsachen an der Erfahrung zu überprüfen (Buch IV).

Nach der ersten Dimension des Empirismus gehen der Erfahrung weder fertige Ideen (grundlegende Erkenntniselemente) noch fertige theoretische oder praktische Prinzipien voraus. «Angeboren» sind lediglich Fähigkeiten (faculties, powers), die die Bildung von Prinzipien und Ideen ermöglichen, zur wirklichen Erkenntnis aber nur durch Erfahrung gelangen. Allerdings heißt auch für Descartes, eine angeborene Idee («idea innata») zu besitzen, nichts anderes, als in sich die Fähigkeit zu haben, sie hervorzurufen. Letztlich liegt der vehementen Ablehnung angeborener Ideen vielleicht ein praktisches Interesse zugrunde, vergleichbar dem ideologiekritischen Interesse der politischen Philosophie: Locke widersetzt sich den Wahrheiten, die angeblich über jede Diskussion erhaben sind, weil sie den dafür zuständigen Autoritäten zu nutzen pflegen. – John Locke. Anonymes zeitgenössisches Gemälde.

A

LETTER

CONCERNING

Toleration :

Humbly Submitted, &c.

LICENSED, Octob. 3. 1689.

LONDON,
Printed for Awnsham Churchill, at the Black
Swan at Amen-Corner. 1689.

Schon Samuel Pufendorf (1632–1694), der einflußreichste Völkerrechtslehrer seiner Zeit (‹Acht Bücher vom Natur- und Völkerrecht›, lat. 1672), verfaßt eine Abhandlung über Toleranz (1687). Zukunftsweisender ist Lockes ‹A Letter concerning Toleration› (engl. und lat. 1689). Er verbietet Staat und Kirche, sich in die Angelegenheiten und Praktiken der jeweils anderen Institution einzumischen. Auf den Schutz der drei Grundrechte verpflichtet, ist der Staat nicht für Religion zuständig. Die Kirchen wiederum sind freiwillige Vereinigungen religiös Gleichgesinnter ohne jede Herrschaftsbefugnis. Sofern sie abweichende Ansichten, Häresien, mit Exkommunikation ahnden, darf das keinerlei «bürgerliche» Folgen haben. Die Toleranzpflicht des Staates – «jeder darf nach seiner Façon selig werden» – wird zweifach begrenzt: gegen Atheisten, weil sie den letzten Gesetzgeber der Moral, Gott, leugnen, und gegen Katholiken, weil sie – wie schon Pufendorf behauptet – ein dem eigenen Staat fremdes Oberhaupt, den Papst, anerkennen. Daß sie damit in einem Loyalitätskonflikt stehen, der die Gefahr des Hochverrates heraufbeschwört, trifft aber nur zu, wenn die Kirche ihren legitimen Aufgabenbereich überschreitet. – Titelseite des ‹Letter concerning Toleration›, 1689.

Wahrnehmung bestehen bei jeweils einem äußeren Sinn in Tönen, Farben oder Festigkeit, während beim Zusammenwirken von mehreren äußeren Sinnen sich die komplexen Ideen der Ausdehnung, Gestalt und Bewegung bilden. Beim inneren Sinn bestehen die Ideen im Denken und Wollen und, bei gleichzeitiger innerer und äußerer Wahrnehmung, in der Kraft. Der Verstand, von sich aus leer («tabula rasa»), verhält sich bei den entsprechenden Wahrnehmungen passiv; er kann Sinneseindrücke weder erzeugen noch unterdrücken. Aktiv ist er nur bei jenen Denkoperationen wie Zusammensetzen, Vergleichen oder Vergrößern, durch die er unendlich viele weitere Ideen zustandebringt.

Strenggenommen kennt jeder Mensch nur seine eigenen Vorstellungen. Zu Gottes Plan, den Menschen als geselliges Wesen zu erschaffen, gehört aber die Sprache, die die Verständigung der Menschen untereinander ermöglicht. Dabei sind die zur Sprache gehörenden Allgemeinbegriffe nicht vor der Erfahrung gegeben, sondern werden vom Verstand nach Maßgabe seines erfahrungsvermittelten Bedarfes durch Abstraktion hervorgebracht und auf Dauer gestellt. Diese Theorie, die an Ockhams Konzeptualismus erinnert, beläuft sich nach dem «Empirismus der Prinzipien» und dem «Empirismus der Aussagen» auf eine dritte Dimension, auf einen «Empirismus der Sprache», der zu einem kompromißlosen Sinnkriterium führt: Wörter, die sich weder direkt noch indirekt auf Erfahrung beziehen lassen noch diesen Wörtern dienen (z.b. und, auch, oder), sind sinnlos.

Mit dem *Second Treatise on Government* (*Zweite Abhandlung über die Regierung*, 1690) trägt Locke zur politischen Hoffnung der frühen Neuzeit bei, der Hoffnung auf ein Gemeinwesen, das nicht bloß den Frieden sichert, sondern auch auf den Interessen seiner Bürger, auf Toleranz und auf wirtschaftlichem Wohlergehen fußt. Nach Vorarbeiten von Spinoza und Pufendorf wird Locke zum Stammvater des neuzeitlichen Liberalismus und entscheidenden Wegbereiter des Staatsverständnisses der USA. Wie Hobbes begründet Locke den Staat aus der Zustimmung der Bürger, aus einem Gesellschaftsvertrag. Im Unterschied zu Hobbes legt er aber nicht nur auf Friedenssicherung Wert, sondern auch auf Gewaltenteilung und vor allem auf drei Grund- und Menschenrechte, auf «life, liberty and property»: Leib und Leben, (Handlungs-)Freiheit und Eigentum (auch an Grund und Boden). Denn schon der Naturzustand stehe unter einem Naturgesetz göttlichen Ursprungs – «Keiner schädige den anderen!» –, aus dem die drei genannten Menschenrechte folgen. Gegen einen Staat, der sie verletzt, ist Widerstand erlaubt. Auf dem dritten Menschenrecht basiert Lockes liberale Wirtschaftspolitik. Das Eigentumsrecht beschränkt er allerdings auf die Bodenfläche, die man zum Leben braucht. Den wichtigsten eigentumschaffenden Faktor sieht er in der durch Jagd, Sammeln, Ackerbau oder Handwerk geleisteten Arbeit.

LEKTÜREEMPFEHLUNG: Von Bacon lese man zuerst aus dem *Neuen Organon* die Vorrede und aus dem ersten Buch die Aphorismen 1–44, 63–65, 74, 95 und 98, ferner *Neu-Atlantis*. Bei Descartes beginne man mit der *Abhandlung über die Methode*; bei Hobbes aus dem *Leviathan* mit Widmung, Einleitung und Kap. 6, 13–18 und 26. Von Pascal lese man *Pensées* 60–68, 72, 135, 233, 277, 282, 425 ff. Bei Spinoza fange man mit dem *Politischen Traktat* an, bes. Kap. I–V, bei Locke im *Essay* mit dem Brief an den Leser und der Einleitung und bei der *Zweiten Abhandlung über die Regierung* mit den Kapiteln I–IX.

X. Zeitalter der Aufklärung

Epochen der Aufklärung gibt es in vielen Kulturen. Sie schaffen ein neues Verhältnis des Menschen zu sich und zur Welt, auch zu Gott. Insbesondere entdeckt sich der Mensch als selbstverantwortliche Person: selber zuständig für Erkennen, Handeln und Politik. *Das Zeitalter der Aufklärung* zeichnet sich «nur» durch eine umfassende und höchst radikale Form aus: Die Aufklärung wird zu einer Bewegung, die nach und nach alle Bereiche der Kultur erfaßt und im 18. Jahrhundert ganz Europa beherrscht. Ihr sind schon Philosophen wie Hobbes, Descartes, Spinoza und Locke zuzurechnen, und die Anfänge weisen in das Zeitalter von Renaissance, Humanismus und Reformation zurück.

Die Bewegung der Aufklärung leitet einen großen Säkularisationsprozeß ein. Der Mensch tritt Gott als in sich gefestigte Person entgegen mit dem Gewissen, einer natürlichen Moral und dem Glück als den Richtpunkten seines Lebens. Die Grundhaltung der Zeit ist optimistisch, da die Welt nicht als tragisch erscheint, sondern als ständig verbesserbar gilt: die natürliche Welt mittels Naturforschung und Technik, die soziale Welt mittels allgemeiner Bildung, religiöser Toleranz und einem humanisierten Recht. Zugleich bildet sich eine europäische Gelehrtenrepublik mit den wissenschaftlichen Akademien als den wichtigsten Teilrepubliken aus. Ihre Bürger sind «Selbstdenker», die von den Staaten und Kirchen die Gedankenfreiheit einfordern, einander das gleiche Rederecht einräumen, aber auch gegeneinander um größeren Ruhm wetteifern.

Vier Leitbegriffe bestimmen die Epoche: (1) die Vernunft als Wesensmerkmal des Menschen und als Vermögen, allgemeingültige Maßstäbe für Erkennen, Handeln und Politik bereitzustellen; (2) die Freiheit als Prinzip persönlichen, gesellschaftlichen und politischen Handelns; (3) der Fortschritt als Inbegriff von Neuerungen, die zum Besseren führen; und (4) die Kritik aller Ansichten und Institutionen, namentlich des absolutistischen Staates und einer bevormundenden Kirche. Im Fortgang der Epoche erfaßt die Kritik auch die Aufklärung selbst, insbesondere ihren Vernunft- und Fortschrittsoptimismus. Noch in dieser Selbstkritik (Rousseau) erweist sich die Aufklärung aber als «Zeitalter der Philosophen». Und diese sorgen lange vor Marx für eine Veränderung der Welt,

Bibliothek von Wolfenbüttel, an der Leibniz als Bibliothekar tätig war. Das Gebäude wurde 1887 abgebrochen. – Gemälde von Andreas Tacke, um 1870.

> «*Aufklärung ist der Ausgang des Menschen aus seiner selbstverschuldeten Unmündigkeit. Unmündigkeit* ist das Unvermögen, sich seines Verstandes ohne Leitung eines anderen zu bedienen. *Selbstverschuldet* ist diese Unmündigkeit, wenn die Ursache derselben nicht am Mangel des Verstandes, sondern der Entschließung und des Mutes liegt, sich seiner ohne Leitung eines anderen zu bedienen. Sapere aude! Habe Mut, dich deines eigenen Verstandes zu bedienen! ist also der Wahlspruch der Aufklärung.»
>
> *Immanuel Kant: ‹Beantwortung der Frage: Was ist Aufklärung?›, 1783.*

allerdings für eine Veränderung, die nicht an die Stelle einer Interpretation der Welt tritt, sondern mit ihrer Hilfe erfolgt.

Die normierende Kraft der Überlieferung läßt in der Aufklärung zwar nach, ahistorisch ist die Epoche jedoch nicht. Im Gegenteil gibt sie der Geschichte einen Bildungswert und läßt eine kritische Geschichtswissenschaft entstehen: Wie schon Hobbes, so treten auch Leibniz, Voltaire und Hume als Geschichtsschreiber auf; Johann Jakob Brucker verfaßt eine fünf- (1742–44), später sechsbändige Philosophiegeschichte (1766). Und der italienische Geschichts- und Rechtsphilosoph Giambattista Vico arbeitet an einer Neuen Wissenschaft (*Principi di una scienza nuova ...*, 1725), die der angeblich einseitigen Orientierung an der Mathematik und den Naturwissenschaften entgegentreten und den Menschen: seine Leidenschaften, Gewohnheiten und Ausdrucksformen, studieren soll.

FÜRST DER DEUTSCHEN AUFKLÄRUNG: GOTTFRIED WILHELM LEIBNIZ

Der erste deutsche Philosoph der Neuzeit, der eine Weltgeltung auf Dauer erlangt, der «berühmte Leibniz» (Kant) (1646–1716), ist ein so universaler Gelehrter, daß er eine «lebende Enzyklopädie» und eine «wissenschaftliche Akademie für sich» darstellt. Seine «unersättliche Curiosité» läßt ihn aber auch vieles anfangen, das unvollendet bleibt. Und nur wenige seiner Werke erscheinen noch zu Lebzeiten im Druck.

In der Erkenntnistheorie (*Neue Versuche über den menschlichen Verstand*, frz. 1703–05) gibt Leibniz eine rationalistische Antwort auf Lockes Empirismus. Gegen Lockes genetische Begründung des Wissens betont er, daß die Entstehung einer Aussage in keiner Weise zu

deren Rechtfertigung tauge. Zahlreiche Beispiele aus der zeitgenös-
sischen Wissenschaft zeigen, daß Aussagen für ihre Rechtfertigung
sowohl gewisse Grundbegriffe (wie Sein, Möglichkeit, Identität,
Einheit und Erkenntnis) als auch zwei «große Prinzipien» benöti-
gen, die nicht der Erfahrung, sondern allein der Vernunft entstammen, mithin den Rang von angeborenen Ideen haben.

Das erste große Prinzip, das der Widerspruchsfreiheit, ist für alle
notwendigen Wahrheiten, die «Vernunftwahrheiten» von Logik
und Mathematik, zuständig: «Ein Satz ist entweder wahr oder
falsch.» Leibniz gibt dem Satz auch eine ontologische Form: «Etwas kann nicht zugleich sein und nicht sein». Das zweite Prinzip,
das des (zureichenden) Grundes, betrifft alle bloß zufälligen («kontingenten») Wahrheiten, die «Tatsachenwahrheiten», einschließlich
des menschlichen und göttlichen Handelns: «Nichts geschieht ohne

*Leibniz legt unabhängig von Newton die Grundlagen der Differential- und Integralrech-
nung und erfindet eine Rechenmaschine für alle vier Grundrechenarten. Er schreibt eine
Geschichte des Welfenhauses, weist dessen gemeinsamen Ursprung mit dem italienischen
Fürstengeschlecht der Este nach und gibt dazu eine Quellensammlung heraus. Er befaßt*

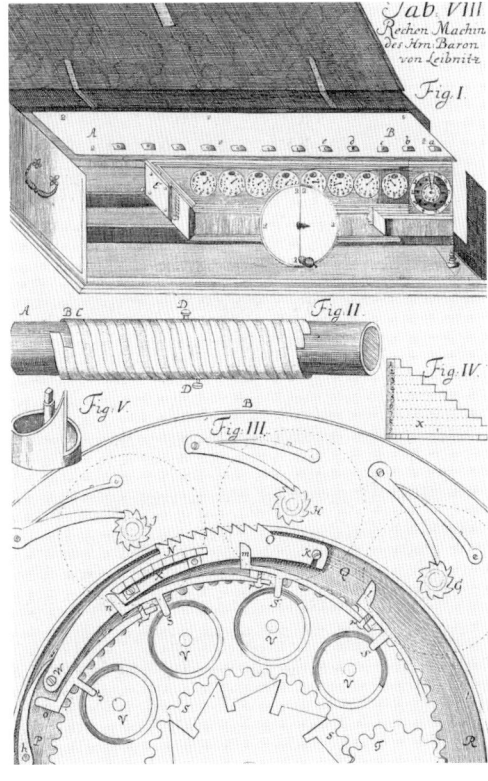

*sich mit physikalischen, geologischen
und technischen, überdies juristischen
und theologischen Studien und übernimmt noch diplomatische Aufgaben.
Leibniz ist zudem ein großer Logiker.
Während Descartes und Spinoza die
Logik als nutzlos verachten, rehabilitiert sie Leibniz in einer leistungs-
fähigeren Gestalt: Er entwickelt
einen Logikkalkül der Syllogistik und
skizziert eine universale Wissenschaftssprache, die sich aus einfachsten Begriffen, dem menschlichen
«Gedankenalphabet», aufbaut. Zusammen mit erfahrungsbestimmten
Verknüpfungsregeln wird diese
Wissenschaftssprache zu der seit
Bacon gesuchten Erfindungskunst
(ars inveniendi), die neue Erkenntnisse allein «durch Rechnen», sprich:
deduktiv, zu gewinnen erlaubt. Darüber hinaus ragt Leibniz als Erkenntnistheoretiker und Sprachphilosoph
(sowohl formaler als auch natürlicher
Sprachen) hervor, als Ontologe,
Religionsphilosoph und Autor eines
umfassenden metaphysischen Systems, der «Monadologie». – Leibniz' Rechenmaschine. Stich von 1727.*

Isaac Newton

Gottfried Wilhelm Leibniz

Newton (1643–1727) ist nicht bloß der überragende Naturwissenschaftler, der die Leistungen der frühneuzeitlichen Physik (Galilei) und Astronomie (Kepler) zu einem einheitlichen System der Mechanik zusammenfaßt. Er vertritt auch philosophische Ansichten, die auf Leibniz' Widerspruch stoßen. Nach Newton (‹Opticks›, 1704, erweitert lat. 1706) gibt es (1) einen absoluten Raum, der (2) wegen seiner göttlichen Eigenschaften (Allgegenwart, Einheit, Unendlichkeit, Ewigkeit, Unzerstörbarkeit) als «sensorium dei», als göttliches Wahrnehmungsorgan, gilt. Leibniz hält im berühmten Briefwechsel mit dem Newton-Anhänger Samuel Clarke (1715–1716) dem Gedanken eines absoluten Raumes zweierlei entgegen: daß der Raum ebenso wie die Zeit eine relationale Ordnung ist – ein gewisser Vorgriff auf Einsteins Relativitätstheorie – und daß es für Gott keinen zureichenden Grund gibt, die Welt an einer

bestimmten Raumstelle (und ebenso an einer bestimmten Zeitstelle innerhalb der angeblich absoluten Zeit) zu erschaffen. Für Leibniz ist Gott nicht im Raum, sondern als Spiegelungsverhältnis in den «Monaden» gegenwärtig. Und gegen das «göttliche Wahrnehmungsorgan» spreche, daß der Raum sich der Dinge, die in ihm sind, bewußt sein müßte, was an eine unsinnige Voraussetzung, eine Seele-Körper-Beziehung für den Raum, gebunden sei.
(3) Nach Newton umkreisen die Planeten die Sonne in einem Äther, so daß sie infolge der Reibung irgendwann wegen der wechselseitigen Anziehungen in die Sonne fallen müßten. Daß es nicht geschieht, hält Newton für einen Beweis der Fürsorge Gottes, der die Planeten auf ihrer Bahn hält. Nach Leibniz widerspricht es aber der Weisheit und Allmacht Gottes, das Schöpfungswerk durch ständige Wunder korrigieren zu müssen.

Leibniz prägt im gleichnamigen Werk den Ausdruck «Theodizee» (frz., 1710). Er bezeichnet damit die Rechtfertigung (griech. dikē) Gottes (theos) angesichts der Übel in der Welt. Die traditionelle, bis zum biblischen Buch ‹Hiob› zurückreichende Antwort verweist auf die Unerforschlichkeit der Werke und des Willens Gottes. Leibniz beginnt mit der seither kanonischen Unterscheidung dreier Arten von Übeln: dem metaphysischen Übel (Unvollkommenheit der Welt), dem physischen Übel (Not, Schmerz, Leid) und dem moralischen Übel (das Böse, Sünde). Sodann führt er eine grundlegend neue Rechtfertigungsstrategie ein: Hätte Gott etwas absolut Vollkommenes, von allen Übeln Freies schaffen wollen, so hätte er sich selbst verdoppeln müssen. Um eine Welt und darüber hinaus die beste aller möglichen Welten zu schaffen, mußte er das Übel in der Welt zulassen: das metaphysische Übel, damit überhaupt eine Welt geschaffen werden kann, das physische Übel, weil es in einer Welt mit Tätigkeit unvermeidlich ist, und das moralische Übel als Preis für die Freiheit des Menschen, ohne die er nicht «wie ein kleiner Gott» vernünftig handeln könnte. Gott hat das Böse aber nicht gewollt, sondern lediglich um der menschlichen Freiheit willen zugelassen. Für knapp ein halbes Jahrhundert ist Leibniz' Schrift eines der einflußreichsten Bücher in Deutschland und kann als das «religionsphilosophische Lesebuch der gebildeten Welt» fast ganz Europa überzeugen. Das Erdbeben von Lissabon am 1.11.1755, das zwei Drittel der Stadt vernichtet, läßt aber die Überzeugung schwinden und provoziert im Roman ‹Candide› (1759) Voltaires beißenden Spott. – Das Erdbeben von Lissabon, zeitgenössisches Flugblatt.

174   (zureichenden) Grund.» Dieses Prinzip liegt fraglos aller Erfahrung
zugrunde, auch wenn man es besser vorsichtiger formulierte. Leibniz bestreitet nicht, daß Erfahrungen eine unverzichtbare Quelle aller Tatsachenerkenntnis darstellen, insbesondere die unmittelbaren
inneren Erfahrungen wie Descartes' «Ich denke, also bin ich» und
die unmittelbaren äußeren Wahrnehmungen. Er betont aber, daß
die Erfahrung nicht die Gesetzmäßigkeit der Natur feststellen kann,
sondern sie schon voraussetzt. Der empirische Grundsatz: «Nichts
ist im Verstand bzw. Geist, was nicht zuvor in den Sinnen war» ist
daher um einen zweiten Teil zu ergänzen: «ausgenommen der Verstand bzw. Geist selbst». Der Verstand eines Neugeborenen gleicht
nicht einer leeren Wachstafel, sondern einem Stück Marmor, das
Adern hat. Denn die Elemente des Verstandes, die Grundbegriffe
und die beiden großen Prinzipien, liegen zwar nicht schon fertig,
wohl aber als Dispositionen vor.

Die Krönung von Leibniz' Philosophie bildet die Monadenlehre. In
ihr wird Aristoteles' Substanzbegriff zu einem christlichen Platonismus reformiert (*Discours de métaphysique*, 1686; *Monadologie*,
1714). Zugleich wird Spinozas Überwindung von Descartes' Zwei-
oder Dreiteilung der Welt für Christen und, allgemeiner, für Theisten
annehmbar: In Übereinstimmung mit Aristoteles gelten ausschließlich
Substanzen als wahrhaft seiend. Sie bergen mit Aristoteles' Entelechie
die volle Wirklichkeit in sich, haben aber mit dem Platonismus eine
im weiteren Sinn rein geistige Natur. Es sind «immaterielle Atome»:
die von Gott geschaffenen individuellen und seelenhaften, nämlich
mit einer inneren Bewegungsquelle (Streben: appetitus) ausgestatteten
«Monaden» (griech. *monas*: Einheit). Als geistige Wesen sind sie aus-
dehnungslos, unteilbar und unvergänglich. Und weil sie alle Zu-
standsänderungen schon in sich tragen, sind sie «fensterlos»: weder
von außen beeinflußbar noch nach außen wirksam. Jeder Monade
kommt allerdings ein Körper zu, der die Beziehungen zwischen den
Monaden ausdrückt.

Im Unterschied zu Descartes verzichtet Leibniz auf die Substantialität der Materie; diese wird zu einem Phänomen, das lediglich in der
Sinnlichkeit endlicher Intelligentien entsteht. An Descartes' «denken-
dem Wesen» (res cogitans) lehnt Leibniz sowohl die Einzahl als auch
die Einschränkung auf das Denken (cogitare) ab. Die Monaden existieren im Plural (auch gegen Spinoza) und sind nicht nur Denken,
sondern auch Sein (esse) und rastloses Handeln (agere). Nicht zuletzt
verlängert Leibniz in einem Vorgriff auf Freud das Bewußte «nach
unten», in das Unbewußte: Auch der schlafende Mensch bleibt eine

res cogitans. Mit dem Gedanken, daß jede Monade das singuläre Zentrum einer nur ihr zugehörenden Kraft ist, betont Leibniz die Individualität und bringt die von Descartes begründete Philosophie der Subjektivität einen bedeutenden Schritt weiter. Und gegen Descartes' relative Geringschätzung subhumaner Wesen erhöht er deren Rang, da auch ihnen Individualität zukomme.

Aus dem Umstand, daß die Kette der Ursachen und Gründe nie abbricht, schließt Leibniz, daß der zureichende Grund der Tatsachen außerhalb der kontingenten Dinge in einer notwendigen Substanz, Gott, liege. Er bildet die Spitze der Hierarchie von Monaden. Es folgen die zu Selbstbewußtsein und Reflexion fähigen Wesen, die Menschen, dann die wahrnehmungs-, empfindungs- und erinnerungsfähigen Tiere, schließlich die Pflanzen. Nach Leibniz sind unendlich viele Welten denkmöglich. Aus ihnen schafft Gott jene beste der möglichen Welten, in der alles Erschaffene vollkommen aufeinander abgestimmt ist. Jede Monade ist «ein lebender Spiegel des Universums»: In der «kleinen Ordnung», dem Mikrokosmos der Monade, spiegelt sich die «große Ordnung», der Makrokosmos der durch und durch beseelten Welt. Und statt wechselseitiger Beeinflussung herrscht zwischen den fensterlosen Monaden eine von Gott geschaffene, zum voraus eingerichtete (prästabilierte) Harmonie, die sich auf Vergangenheit, Gegenwart und Zukunft erstreckt.

FRANZÖSISCHE AUFKLÄRUNG

Die Vielfalt der französischen Aufklärung zeigt sich exemplarisch in drei Figuren und in einem Gemeinschaftswerk: im Prototyp des kritischen Intellektuellen Voltaire, im Staatsphilosophen Montesquieu, im wissenschaftlichen Großunternehmen der *Enzyklopädie* und in Rousseau als ihrem Kontrapunkt.

Charles-Louis de Montesquieu (1689–1755) erweist sich schon in den satirischen *Perserbriefen* (1721, anonym) als typischer Aufklärer und zugleich brillanter Vertreter der Moralistik: Gegen eine europäische Selbstüberschätzung stellt er die Mitglieder einer fremden, persischen Kultur als tolerant und weltoffen dar, bereit, von anderen zu lernen, etwa von der in Europa freieren Stellung der Frau, aber ebenso fähig, europäische Sitten zu kritisieren, insbesondere die vielen Bürgerkriege unter Christen, ferner die Inquisition und das Papsttum. Um der französischen Zensur zu entgehen, erscheint auch das Hauptwerk anonym, überdies im Ausland (Genf). *De l'esprit des lois*

Montesquieu weiß in seinem Plädoyer für eine freiheitliche politische Ordnung den Wert von Institutionen zu schätzen. Er bekämpft aber den Mißbrauch der Macht und ihre absolutistische Konzentration. Er erweitert Lockes Zweiteilung der Gewalten (Gesetzgebung und Exekutive) um die Rechtsprechung und beeinflußt mit dieser Lehre der drei öffentlichen Gewalten die modernen Verfassungen. Montesquieu selber vertritt aber weder eine strenge Teilung der Gewalten noch ihre exklusive Zuordnung zu je einem Staatsorgan: die Gesetzgebung zum Parlament, die Exekutive zur Regierung und die Rechtsprechung zum Gerichtswesen. Nach dem Vorbild der englischen Verfassung hebt er zusätzlich zu den drei Gewalten drei soziale Kräfte (Volk, Erbadel und Erbkönig) und sieben Staatsorgane heraus (Wahlvolk, Volkskammer/ Unterhaus, Volksgericht, Adelskammer/ Oberhaus, Adelsgericht, König und Minister) und setzt sich für eine Mischverfassung ein: für ein subtiles Netzwerk von Teilungen und Mischungen der Gewalten, von Veto- und Kontrollrechten, Gegengewalten und Gleichgewichten. Montesquieu stellt freilich kein abstraktes Ideal auf. Es kommt ihm auf den «Geist» der Gesetze an, der wiederum vom Geist der Völker abhängt: ihrem «Instinkt», unter den jeweiligen natürlichen und geschichtlichen Bedingungen (Geographie und Klima, Bevölkerungszahl, Sitte, Bildung und Religion) das für sie Beste herauszubringen. – Sitzung des englischen Unterhauses im 18. Jhd.

(*Vom Geist der Gesetze*, 1748) enthält eine Staatsphilosophie, aber nicht im Sinne einer Legitimationstheorie, sondern einer politischen Soziologie und einer vergleichenden Rechtsethnologie (Völkerkunde des Rechts). Montesquieu vertritt dabei den staatsethischen Grundsatz, daß alle Macht, weil sie zum Mißbrauch verführt, eine Gegenmacht braucht: «le pouvoir arrête le pouvoir» (die Macht dämmt die Macht ein).

Die Enzyklopädie. Die Anfänge des wissenschaftlich-philosophischen Großunternehmens sind bescheiden und kommerziell. Man will lediglich eine englische Enzyklopädie, die zweibändige von Chambers (1728), übersetzen und ergänzen. Unter der Leitung von Denis Diderot (1713–1784) weitet sich dieser Plan aber zu einem monumentalen Gemeinschaftswerk aus. Mit dem Mathematiker Jean Le Rond d'Alembert (1717–1783) als Mitherausgeber werden die bedeutendsten Forscher und Intellektuellen als Autoren gewonnen, etwa der Mediziner La Mettrie, der Mathematiker und Naturforscher Maupertuis, die Volkswirtschaftler Quesnay («laisser faire, laisser passer») und Turgot, der materialistische Philosoph d'Holbach, ferner Montesquieu, für einige Zeit Voltaire und für musikalische Artikel Rousseau. Gemeinsam ist den Autoren ein praktisch-politisches

Voltaire (1694–1778), nach Goethe «das Wunder seiner Zeit», ist der repräsentativste Vertreter der französischen Aufklärung. Weniger ein origineller Denker als ein brillanter Schriftsteller, nimmt er sich als Anwalt für Gerechtigkeit und Mitleid das Recht, auch parteiisch zu urteilen. Gegen Rousseau schreibt er sogar, «daß ein gottloser Romanschreiber nur leicht zu bestrafen sei, ein aufrührerischer Schuft aber die Todesstrafe verdiene». Durch Rhetorik und Witz schafft Voltaire für die neuen Themen eine politische Öffentlichkeit: für Vernunft, Toleranz und Freiheit sowie für die Kritik angemaßter Autorität auf seiten des Königs, der Bürokratie und noch mehr der Kirche: «Es ist ein Naturrecht, sich seiner Feder und seiner Sprache auf eigene Gefahr und eigenes Glück zu bedienen.» Dank einer königlichen Pension und Finanzspekulationen wirtschaftlich unabhängig, wächst Voltaire selber zu einer Autorität vom Gewicht einer europäischen Großmacht heran; denn er beherrscht die Debatten der Epoche. Als Geschichtsschreiber will er zugleich «Historiker und Philosoph» sein, damit über dem ewigen Einerlei von Kriegen und anderen Katastrophen die Arbeit des Geistes

nicht vergessen werde: die bisherigen Irrtümer und vor allem die Fortschritte von Wissenschaft und Kunst. In der ‹Geschichte Karls XII.› bewundert er allerdings einen schwedischen Feldherrn und absolutistischen König. «Voltaire schreibt nie gute Geschichte, weil er wie Mönche nicht für den Gegenstand, sondern für sein Kloster schreibt» (Montesquieu), gemeint ist Voltaires «Gegenkirche». Anders als Montesquieu hat Voltaire wenig Gespür für Institutionen. Während Leibniz Castel de Saint-Pierres ‹Plan für einen ewigen Frieden in Europa› (1713–17) zustimmt, verlacht Voltaire ihn als weltfremde Schwärmerei, da er auf eine politische Illusion, einen europäischen Völkerbund, baue. Voltaire vertraut nur auf wachsende Toleranz und den Druck der öffentlichen Meinung. – Voltaire in seinem Schreibkabinett, um 1775.

178 Interesse: Das von Fesseln der Autorität befreite und kritisch geprüf-
te Wissen soll zum Nutzen aller verbreitet werden. Nach Diderots
Artikel «Philosoph» beurteilt dieser alle Dinge frei von Vorurteilen,
und statt sich in weltabgewandten Grübeleien zu verlieren, nimmt er
aus «Liebe zur Gesellschaft» Anteil am Los der Menschen. In Frankreich wird der Ausdruck «Enzyklopädist» fast gleichbedeutend mit
«Aufklärer». In knapp 30 Jahren (1751–1780) erscheinen 27 Text-
Bände und elf Bände mit Tafeln und Schaubildern, ferner fünf Er-
gänzungs- und zwei Register-Bände.

Obwohl die Artikel alphabetisch geordnet sind, versteht sich das
Gesamtwerk als eine Weltkarte sämtlicher Wissenschaften und
Künste, die nicht nur die verstreuten Kenntnisse versammelt, sondern auch ihre Vernetzung sichtbar macht. Der Stammbaum zur
Klassifikation aller Disziplinen, den der «Prospect» entwirft, folgt
nicht Descartes, sondern Bacon. Gemäß dessen Unterscheidung
dreier Erkenntnisvermögen – Vernunft, Gedächtnis und Einbildungskraft – besitzt der Baum in drei Hauptästen die drei Haupt-
klassen aller Erkenntnis: die Philosophie, die Geschichte (im weiten
Sinn aller empirischen Tatsachenerkenntnis) und die schönen Künste. Das Gesamtwerk ist offen und liberal, d'Alemberts Empirismus
(«alle Erkenntnis geht von sinnlicher Wahrnehmung aus») fließt
nicht in alle Artikel ein. Für die Ontologie und Metaphysik macht
man Anleihen bei dem von Leibniz inspirierten deutschen Philosophen Christian Wolff, für die ältere Philosophiegeschichte bei J. J.
Brucker. Und die Artikel zu Recht und Staat sind vom Naturrecht
Pufendorfs und Lockes beeinflußt. Die christlichen Dogmen werden in der Regel sachlich-respektvoll behandelt. Aus diesem Grund,
ferner wegen der Kompromisse, die man im Blick auf die Zensur
eingeht, auch weil das Werk manch langweilige Kompilation enthält, verfaßt Voltaire sein eigenes *Philosophisches Taschenwörter-
buch* (1764).

Jean-Jacques Rousseau. Schon Bacon und Descartes erwarten vom
Fortschritt der Wissenschaften einen technischen und medizinischen
Gewinn. Das Zeitalter der Aufklärung erweitert die Erwartung, freilich nur gelegentlich, um eine dritte, moralische Dimension: daß die
Menschen durch die Wissenschaften besser werden. Selbst nach
d'Alemberts «Vorrede» zur *Enzyklopädie* ist allerdings der Beweis
schwer zu erbringen. Gleichwohl gibt es ein exzessives Fortschritts-
pathos, und dieses provoziert Rousseaus (1712–1778) Gegenpathos,
eine schneidende Kritik am Vernunftstolz der Zeit. Auf die Preis-

frage der Akademie von Dijon, «ob die Wiederherstellung der 179
Wissenschaften und Künste zur Läuterung der Sitten beigetragen»
habe, antwortet er mit einem schroffen «Nein». Die preisgekrön-
te Abhandlung, der rhetorisch brillante *Erste Discours* (*Erste Abhandlung*, 1750), schlägt in Paris wie eine Bombe ein. Der unbekannte Vagabund aus dem Ausland, Genf, wird zum Mittelpunkt
der gesellschaftlichen, literarischen und philosophischen Salons.

Rousseau streitet den Wissenschaften nicht etwa den Fortschritt
ab. Er bekräftigt sogar die Baconsche Forderung, daß sie zum Wohlergehen der Völker beitragen sollen. Er betont aber die Folgelasten
und nähert sich dabei einem «negativen Fortschrittsoptimismus»
an: «Luxus, Ausschweifung und Sklaverei sind die Strafe für die
ehrgeizigen Anstrengungen, die uns aus der glücklichen Unwissenheit führen sollten, in die uns die ewige Weisheit verwiesen hatte.»
Rousseau lobt die antike Stadtrepublik, aber nicht das kulturell
blühende Athen, sondern das «spartanische» Sparta und das republikanische Rom. Trotzdem ist sein Vorbild ein Athener: Sokrates,
was nur ein Beispiel für manchen Widerspruch in Rousseaus Denken abgibt. Andere Widersprüche sind grundlegender. So kritisiert
er die Aufklärung, leistet aber selber Aufklärung, indem er Vorur-
teile und Illusionen zu entlarven sucht. Außerdem hält er am prak-
tisch-politischen Interesse der Aufklärung fest, erweitert es sogar
um eine existentielle Dimension. Und obwohl selber ein vagabun-
dierender Einzelgänger, verteidigt er die Gesellschaft in ihrer
zwangsbewehrten Form: als Staatsordnung. Rousseau, nach Lévi-
Strauss «unser aller Vater», ist ein Vater der Moderne und Vater
der Antimoderne zugleich, eine Inspirationsquelle der französischen Revolution ebenso wie der anschließenden Restauration.
Trotz seines flammenden Protestes gegen Tyrannei – «Der Mensch
ist frei geboren, und überall liegt er in Ketten» – bildet er im *Gesellschaftsvertrag* (1762) kaum die zukunftsweisenden Gedanken
von Pufendorf, Locke und Montesquieu fort: die der Grund- und
Menschenrechte und der Gewaltenteilung.

In der *Zweiten Abhandlung: Über den Ursprung und die Grundlagen der Ungleichheit unter den Menschen* (1755) erhält die radikale
Zivilisationskritik der *Ersten Abhandlung* einen neuen Anwendungs-
bereich und zugleich eine philosophische Vertiefung. Die Zivilisationskritik läuft auf eine «säkularisierte Theodizee» hinaus: An die
Stelle von Leibniz' Rechtfertigung Gottes tritt eine Rechtfertigung
der Natur, denn sie gilt als gut und der natürliche Mensch als Ideal.
Zugleich erfährt der Gedanke des Naturzustandes eine radikale Ver-

änderung. In Hobbes' Staatslegitimation bezeichnet er ein Zusammenleben schon vernünftiger Menschen, denen Recht und Staat
fehlen. In Rousseaus entwicklungsgeschichtlicher Betrachtung wird
er zu einem uranfänglichen, «tierischen Zustand»: Dem animali-
schen Menschen fehlen Sprache, Vernunft und ein Bewußtsein des
Todes; er kennt weder Ehrgeiz noch Verachtung oder ein Bedürfnis
nach Rache; überdies lebt er ohne jede dauerhafte Beziehung, die
Hobbes' Kriegszustand schaffen könnte. In diesem «wahren Naturzustand» hat er mit den anderen Lebewesen zweierlei gemeinsam:
eine Selbstliebe (amour de soi), die sich im Unterschied zur asozia-
len Eigenliebe (amour-propre) des zivilisierten Menschen auf eine
psychische Autarkie beläuft, und ein Gefühl des Daseins (sentiment
de l'existence). Im Naturzustand gibt es durchaus Ungleichheit,
etwa hinsichtlich Gesundheit, Alter und Kraft. Sie schlägt sich aber
nicht in einer verwerflichen «moralischen oder politischen Ungleichheit» nieder, in Privilegien, die die einen zum Nachteil der anderen genießen. Das Grundübel liegt im Eigentum und dem es
schützenden Staat: «der bürgerlichen Gesellschaft».

Statt dem Menschen zu einem Beisichsein zu verhelfen, bringen Eigentum und Staat eine dreifache Ungleichheit und Entfremdung hervor: Sofern das Eigentum sich mit Gesetz und Recht umgibt, schafft
es Reiche und Arme, sofern mit einer Obrigkeit, Herrschende und
Beherrschte, und im Fall einer Willkür- und Gewaltherrschaft zusätzlich Herren und Sklaven: In der Zivilisation «gebietet ein Kind

«Der erste, der ein Stück Land eingezäunt hatte und dreist sagte: ‹Das ist
mein›, und so einfältige Leute fand, die das glaubten, wurde zum wahren
Gründer der bürgerlichen Gesellschaft. Wie viele Verbrechen, Kriege, Mor-
de, wie viel Not und Elend hätte derjenige dem Menschengeschlecht erspart, der die Pfähle herausgerissen oder den Graben zugeschüttet und seinesgleichen zugerufen hätte: ‹Hütet euch, auf diesen Betrüger zu hören, ihr
seid verloren, wenn ihr vergeßt, daß die Früchte allen gehören und die Erde
niemandem!› ... die Gesetze gaben dem Schwachen neue Fesseln und dem
Reichen neue Kraft, sie zerstörten unwiderruflich die angeborene Freiheit,
setzten für immer das Gesetz des Eigentums und der Ungleichheit fest,
machten aus einer widerrechtlichen, aber geschickten Inbesitznahme ein un-
widerrufliches Recht und zwangen von nun an das gesamte Menschengeschlecht für den Gewinn einiger Ehrgeiziger zur Arbeit, zur Knechtschaft
und zum Elend.»

Jean-Jacques Rousseau: ‹Zweite Abhandlung›, 1755, Zweiter Teil.

Rousseau selbst ist kein begnadeter Erzieher; seine Kinder überläßt er dem Findelheim. In einer Mischung aus Roman und Abhandlung, im ‹Emil oder Über die Erziehung› (1762), entwickelt er aber eine einflußreiche Pädagogik. Wegen der Grundthese, daß der Mensch von Natur aus gut sei und nur durch die Gesellschaft verdorben werde, besteht die Pädagogik vornehmlich in einer «negativen Erziehung», die den Zögling von allen schädlichen Einflüssen abschirmt. Ihre Ergänzung, eine vorsichtige «positive Erziehung», fördert die natürlichen Instinkte und spontanen Regungen. Als die wahren Lehrmeister gelten die Dinge und die Natur. Rousseau gliedert die Erziehung in vier Phasen: (1) Im «Alter der Natur» (2–12 Jahre) wächst Emil zu einem «prächtigen Tier» heran, dessen Körper und Sinne durch ausgewählte Handlungssituationen gebildet werden. (2) Im «Alter der Kraft» (12–15 Jahre) erwirbt er manuelle Fähigkeiten und praktische Intelligenz; er erlernt ein Tischlerhandwerk, aber kein Faktenwissen, und seine einzige Lektüre bildet Defoes ‹Robinson Crusoe›. (3) Im Verlauf der moralischen und religiösen Erziehung, im Alter von 15–20 Jahren, wandelt sich die Eigenliebe zur Nächstenliebe, und aus der Beobachtung der Natur entsteht ein religiöses Gefühl. In einem längeren Exkurs, dem «Glaubensbekenntnis eines savoyardischen Vikars», weist Rousseau den Wahrheitsanspruch der Offenbarungsreligionen ab und stellt ihnen eine natürliche Religion als Stimme des Herzens entgegen. (4) In der letzten Phase, der «Erziehung zur Liebe» (20–25 Jahre), lernt Emil Sophie kennen, die er aber erst nach einer zum Zweck politischer Bildung unternommenen Europareise heiratet. Vor allem mit dem Eigenrecht der Kindheit leitet Rousseaus ‹Emil› eine Revolution der Pädagogik ein. – Rousseau 1765 in Neuenburg/Neuchâtel.

über Erwachsene, ein Dummkopf über Weise und eine Handvoll von Reichen über die Masse der Hungernden». Rousseau erkennt durchaus den Vorteil der Zivilisation an: Erziehung und eine intensivere Existenz. Deshalb verlangt er kein «Zurück zur Natur»; ohnehin lassen sich die einmal eingeführten Entwicklungen nicht zurücknehmen. Die Natur dient aber als Spiegel und Kritikinstanz. Und in noch schärferem Gegensatz zu Aristoteles, als Hobbes ihn vertrat, hält Rousseau den Menschen nicht für von Natur aus politisch; denn wegen seines Zwangsmomentes gilt der Staat nicht bloß als künstlich (Hobbes), sondern sogar als wider-natürlich.

182   Im staatsphilosophischen Hauptwerk *Vom Gesellschaftsvertrag* (*Du contrat social*, 1762) wird Rousseau konstruktiv. Er entwirft ein zweites Gegenmodell zu den entfremdeten Gesellschaften: ein Staatswesen, das seine Macht von vornherein an die Freiheit der Bürger bindet. Sie entäußern sich zwar ihrer ursprünglichen, natürlichen Freiheit, gewinnen aber im Gegenzug die bürgerliche Freiheit, einschließlich des Rechts auf Eigentum. Im Unterschied zur Summe der Individualinteressen, dem Willen aller (volonté des tous), ist der ihnen vorgeordnete Gemeinwille (volonté générale) auf das Wohl des Ganzen ausgerichtet. Daß der Gemeinwille deshalb den Einzelinteressen nicht soll widersprechen können, enthält aber ein zu einfaches Verständnis von Gemeinwohl. Und daß er über das Leben der Bürger eine absolute Verfügungsgewalt hat, setzt Rousseaus Gemeinwesen der Gefahr des Totalitären aus. Problematisch ist auch, daß die Volkssouveränität nur direkt, nie repräsentativ ausgeübt werden darf, was die Gewaltenteilung gefährdet und – teils restaurativ, teils reaktionär – den Kleinstaat als Muster hinstellt. Das Werk, das die Französische Revolution und die Staatsphilosophie von Kant bis Marx beeinflußt, schließt mit einer funktionalen Staatsreligion (religion civile), die die gesellschaftliche Einheit sichern soll.

BRITISCHE AUFKLÄRUNG

Auf die frühen Aufklärer Bacon, Hobbes und Locke folgt in Großbritannien eine Reihe bedeutender Philosophen, deren Debatten dem Denken von Hume und als weiterem Höhepunkt dem von Adam Smith vorarbeiten. Anthony Shaftesbury (1671–1713), ein Vorreiter der Ästhetik, und Francis Hutcheson (1694–1747) begründen einen besonderen moralischen Empirismus: die Theorie eines zu den natürlichen Sinnen analogen moralischen Sinnes (moral sense), der aber der Leitung durch Vernunft und Erfahrung bedarf. Bernard de Mandeville (1670–1733) führt in der satirischen *Bienenfabel* das öffentliche Wohl nicht auf die Tugend der Bürger, sondern ihre Laster zurück. Bischof Butler (1692–1752) vertritt die Trennung von Vernunft und Religion. George Berkeley (1685 bis 1753), Theologe und Philosoph, auch Theoretiker der Mathematik (*The Analyst*, 1734) und der Volkswirtschaft (*The Querist*, 1735–37), überdies ein glänzender Stilist, setzt in seinen philosophischen Hauptwerken die Debatte um Descartes' Dualismus fort: *Eine Abhandlung über die Prinzipien der menschlichen Erkenntnis*

AN

INQUIRY

INTO THE

Nature and Caufes

OF THE

WEALTH OF NATIONS.

By ADAM SMITH, LL. D. and F. R. S.
Formerly Profeſſor of Moral Philoſophy in the Univerſity of GLASGOW.

IN TWO VOLUMES.
VOL. I.

LONDON:

PRINTED FOR W. STRAHAN; AND T. CADELL, IN THE STRAND,
MDCCLXXVI.

Der Moralphilosoph und Volkswirtschaftslehrer Adam Smith (1723–1790), ein Schüler von Hutcheson und Freund von Hume, bildet deren Moralphilosophie fort (‹The Theory of Moral Sentiments›, 1759). Weltberühmt wird er aber erst durch die seither «klassische» Volkswirtschaftslehre: ‹An Inquiry into the Nature and Causes of the Wealth of Nations› (‹Eine Untersuchung über Natur und Ursachen des Wohlstandes der Nationen›, 1776). Den Ausgang bildet der natürliche Erwerbstrieb der einzelnen, die durch Arbeit und Sparsamkeit zu Reichtum gelangen. Dabei dürfen sie sich – so der Gedanke des freien Marktes – frei und uneingeschränkt entfalten. Da Angebot und Nachfrage alles bestens regeln, soll der Staat bloß für Frieden und Recht sorgen, außerdem gemeinnützige Anstalten schaffen, ansonsten aber die Wirtschaft sich selbst überlassen. Smith kritisiert den merkantilistischen Interventionsstaat seiner Zeit, weil dessen viele Vorschriften die Dynamik des Marktes bremsen und jene allmähliche Steigerung aller Einkommen verhindern, die nur der freie Markt zustande bringe. Bei der Verteilung des Gewinns verlangt Smith, außer den Arbeitern auch die Grundeigentümer und die Kapitaleigner zu berücksichtigen. Eine von der Summe der Privatwirtschaften unabhängige Volkswirtschaft lehnt er ab.

(1710), *Drei Dialoge zwischen Hylas*, dem Locke nahestehenden Materialisten, *und Philonous*, dem «Geistesfreund» (1713). Gegen den schon von Hobbes kommenden Materialismus vertritt er einen Immaterialismus, demzufolge es keine vom Bewußtsein unabhängige, körperliche Substanz (Materie) gibt. Nach der gegenstands- und zugleich erkenntnistheoretischen Grundthese «esse est percipi» be-

184 steht das Sein (esse) der sinnlich wahrnehmbaren Dinge im Wahrgenommenwerden (percipi); sie haben kein vom wahrnehmenden
Geist unabhängiges Sein. Der Widerlegung dieses Idealismus widmet Kant in der *Kritik der reinen Vernunft* einen eigenen Abschnitt.
Obwohl Berkeley den Atheismus philosophisch überwinden will,
baut er seine Position auf einer doch strittigen Ansicht, der Existenz
Gottes, auf. Denn gegen den Einwand, Gegenstände existierten
auch dann, wenn kein endlicher Geist sie wahrnimmt, sagt er, sie
würden noch vom unendlichen Geist wahrgenommen: von Gott.

David Hume. Seit dem ersten Hauptwerk, der *Abhandlung (Treatise) über die menschliche Natur* (1739/40), will Hume (1711–
1776) zum «Newton der Wissenschaften vom Menschen» aufstei-
gen. Dabei sollen mit Ausnahme der formalen Disziplinen Logik
und Mathematik alle Wissenschaften, selbst die Philosophie, der
«experimentellen», «auf Beobachtung und Erfahrung gegründeten
Methodik» folgen. Andererseits zieht Hume aus Lockes und Berkeleys Sensualismus skeptische Folgerungen. Durch sie wandelt sich
die Erkenntnistheorie zur Erkenntniskritik, und die Wissenschaften samt Philosophie schränken ihren Anspruch auf strenge Wissenschaftlichkeit ein. Alle Vorstellungen gehen letztlich auf die Ein-

*Das Herzstück von Humes Erkenntniskritik bildet eine neue Theorie der Kausalität.
Nach dem gewöhnlichen Kausaldenken gibt es Kräfte, die zwischen zwei Ereignissen eine
notwendige Verknüpfung herstellen. Dabei gilt das zeitlich vorangehende Ereignis als
Ursache für die nachfolgende Wirkung: Ein Blitz
ist die Ursache des Donners, ein Erwärmen die
Ursache, daß der Schnee schmilzt. Hume betont
dagegen, daß die fragliche Kraft empirisch unzu-
gänglich sei. Weil auch auf andere Weise keine
notwendige Kausalbeziehung erfahrbar sei, herrsche zwischen Ursache und Wirkung keine notwendige Verknüpfung (necessary connexion),
sondern nur eine beständige Verbindung (constant
conjunction). Anders als bei Leibniz reicht diese
Verbindung für Hume aus, um von Naturgesetzen
sprechen zu können. Wunder, definiert als Verstoß
gegen diese Gesetze, hält er nicht für grundsätzlich
unmöglich (gegen Leibniz, mit Clarke), aber für
wenig glaubwürdig. In seiner «Metaphysik», einer
skeptischen Theorie der Kausalität, «siegt» der
Empirist Hume über den Philosophen des Common Sense. Der Versuch, diese paradoxe Theorie
zu widerlegen, gehört zu den Gründen für Kants
Vernunftkritik. – David Hume. Gemälde von
Allan Ramsay, 1754.*

drücke (impressions) der äußeren und inneren Sinneswahrnehmungen und die Erinnerungen daran zurück: Hume ist Empirist.
Durch Einbildungskraft und deren geistige Operationen, die As-
soziationen, entstehen die komplexeren Wahrheiten. Bei ihnen
herrschen drei Assoziationsprinzipien, die zu drei Arten von Wissen führen: Das Prinzip der Ähnlichkeit (resemblance) ermöglicht
die Mathematik, das der raum-zeitlichen Nachbarschaft (conti-
guity) die Naturwissenschaft und das der Kausalität die «kritische
Metaphysik» (*Eine Untersuchung [Enquiry] über den menschlichen Verstand,* 1748).

Selbst das Wissen, auf dessen enormen Fortschritt die Neuzeit so
stolz ist, die induktiv gewonnene Erfahrung, hat nach Hume keinen
objektiven, sondern lediglich einen psychologischen Grund. Es verdankt sich einer Gewohnheit, die sich aus der wiederholten Erfahrung von stabilen Verhältnissen bildet und nur wegen des zuständigen Assoziationsprinzips berechtigt ist. Auch das Thema «Freiheit
und Notwendigkeit» behandelt Hume erkenntniskritisch. Im Zusammenhang der Geschichtsforschung stellt sich Hume die Frage,
ob menschliches Handeln frei oder notwendig: determiniert, sei. Er
antwortet mit der Unterscheidung von zwei verschiedenen Blickrichtungen: der nicht determinierten Entscheidung des Handelnden
und der kausalen Erklärung des Historikers. Auch wenn der Handelnde seine Entscheidungen als nicht determiniert erfährt, lassen
sie sich als kausal erklären.

Hume ist von der antiken Skepsis beeinflußt. Obwohl er der Wissenschaft eine objektive Grundlage abstreitet, schließt er sich aber
nicht der radikalen Skepsis von Pyrrhon an. Sein Gegenargument
ist nicht erkenntnistheoretischer, sondern lebenspragmatischer Natur: Radikale Skepsis läßt sich zwar nicht theoretisch widerlegen.
Denn aus Descartes' unbezweifelbarer Gewißheit folgen erst dann
sachhaltige Erkenntnisse, wenn man Dinge in Anspruch nimmt, die
doch allesamt dem systematischen Zweifel zum Opfer gefallen sein
sollen. In den «Verrichtungen des täglichen Lebens» vergehen die
Prinzipien der Skepsis aber «wie Rauch». Sie erweisen sich als
praktisch unwirksam, weshalb Hume eine gemäßigte (mitigated)
Skepsis vertritt. Ihr zufolge ist die Philosophie nichts anderes als
eine methodische und bisweilen korrigierende Reflexion auf das
alltägliche Leben: Hume ist ein Philosoph des Common Sense, des
«gesunden Menschenverstandes».

In den *Dialogen über natürliche Religion* (postum 1751, da Konflikte mit der Kirche drohen) erwächst aus der gemäßigten Skepsis

eine weitreichende Religionskritik. Hume setzt sich mit zwei Gottesbeweisen auseinander. Den kosmologischen Gottesbeweis verwirft er, da die Existenz Gottes wie eine Tatsachenfrage behandelt werde, aber keine Tatsache Notwendigkeit beanspruchen könne. Außerdem werde bestenfalls die Existenz Gottes bewiesen, jedoch keine seiner Eigenschaften. Den Kern des für Hume wichtigeren teleologischen Gottesbeweises bildet das Argument eines den Kosmos durchwaltenden Planes (design). Hume hält diesem Gottesbeweis drei Argumente entgegen, (1) den Vorwurf eines «Anthropomorphismus»: die planerische Tätigkeit des Menschen werde unzulässigerweise mit der des Weltschöpfers parallelisiert; (2) eine unberechtigte Extrapolation: von der Planmäßigkeit der uns bekannten Welt schließe man auf die des ganzen Universums; (3) den unzulässigen Schluß von der sichtbaren Ordnung auf eine planende Vernunft, denn die Ordnung könne auch das naturwüchsige Ergebnis der inneren Struktur der Materie sein. Im übrigen müsse man die Welt nicht als eine von Gott entworfene Maschine, man könne sie auch als Tier begreifen und Gott nicht als «Schöpfer», sondern als «Seele» der Welt.

Humes Ethik ist eher deskriptiver als normativer Natur, da es mehr um die tatsächliche Beurteilung von Handlungen als um die moralische Bewertung geht: *Treatise*, 3. Buch; *Eine Untersuchung (Enquiry) über die Prinzipien der Moral* (1751). Sie verbindet die Ethik des moralischen Sinnes mit einem Hedonismus und einer bloß pragmatischen Vernunft: Eigenschaften oder Handlungen, deren Beurteilung ein Gefühl der Lust auslöst, werden gebilligt, im Fall von Unlust dagegen mißbilligt. Dabei zählt nicht bloß das eigene Wohl (Prinzip der Selbstliebe), sondern auch das Prinzip der Sympathie bzw. Menschlichkeit (der *Treatise* spricht von «fellow feeling»: einem Gefühl des Verbundenseins). Sie läßt fremde Lust und Unlust mitempfinden, freilich in abgeschwächter Form. Während der moralische Sinn vom Nutzen entweder für den Handelnden oder für seine Nächsten bestimmt ist, sorgt die Vernunft nur für die erforderlichen Mittel, achtet auf die Folgen und wird auf diese Weise zur «Sklavin der Leidenschaften» degradiert. Im Gegensatz zu Descartes, der den Tieren nicht etwa die Schmerz-, wohl aber die Vernunftfähigkeit abspricht, können sie nach Hume immerhin Erfahrungen machen und aus ihnen Gewohnheiten entwickeln. Wirkungsmächtig ist Humes Hinweis auf den Sein-Sollensfehler: daß sich aus bloßen Seinsaussagen («x ist der Fall») keine Sollensaussagen («man soll x tun») gewinnen lassen.

In seiner vierbändigen *Geschichte Englands, von Caesars Invasion bis zur Revolution von 1688* (1754–1761), erweist sich Hume als ein bedeutender Historiker. Seinen größten literarischen Erfolg erreicht er aber mit den ins Allgemeine gewendeten Beiträgen zu damals aktuellen Debatten, den *Essays, Moral, Political, and Literary* (1741–42 und 1752).

LEKTÜREEMPFEHLUNG: Für die Epoche als ganze empfiehlt sich Kants schmale Abhandlung *Beantwortung der Frage: Was ist Aufklärung?* Bei Leibniz kann man mit dem Vorwort zu den *Neuen Versuchen*, mit der *Monadologie* und dem *Kurzen Abriß der Theodizee* beginnen, bei Montesquieu im *Geist der Gesetze* mit dem Vorwort und den Büchern I–III, XI (bes. Kap. 6) und XIX (bes. Kap. 1–5). Von Voltaire lese man z.B. die *Metaphysische Abhandlung* (1735), die *Abhandlung über die Toleranz* (1763–65) und die *Republikanische(n) Ideen* (1765). Aus der *Enzyklopädie* studiere man den «Prospekt» und die Artikel Autorität, Enzyklopädie, gerecht/ungerecht, Geschichte, Mensch, Naturrecht, Philosoph, Philosophie, Revolution und Toleranz. Bei Rousseau kann man an die *Erste Abhandlung* und das «Vorwort» der *Zweiten Abhandlung* den *Gesellschaftsvertrag:* Buch I, II und IV (bes. Kap. 1 und 8–9) anschließen. Als Einstieg zu Hume empfiehlt sich dessen eigener *Abriß* (1740) der *Abhandlung über die menschliche Natur*. Auf ihn können die *Dialoge über natürliche Religion* oder einige *Essays* folgen, z.B. *Über die ersten Prinzipien des Regierens, Über den Ursprung der Regierung, Über den ursprünglichen Vertrag* (gegen die Vertragstheorie) und *Über Selbstmord.*

XI. Immanuel Kant

Kein anderer Philosoph der Neuzeit verändert deren Denken so nachhaltig wie der Höhe- und zugleich Wendepunkt der europäischen Aufklärung: Kant (1724–1804). Ob Erkenntnis überhaupt oder Mathematik und Naturwissenschaft, ob Moral, Recht, Geschichte und Religion, ob Ästhetik und Biologie – Kant stellt fast alle Themen der Philosophie auf eine neue Grundlage. Und die zuständigen Schriften zeichnen sich durch ein derart hohes Maß an Originalität und begrifflich-argumentativer Schärfe aus, daß sie die philosophischen Debatten bis heute prägen. Darüber hinaus führt Kant den Frieden als neuen philosophischen Grundbegriff ein und gibt der gesamten Philosophie eine weltbürgerliche, kosmopolitische Perspektive.

Indem Kant eine Leitidee der Epoche, die Kritik, auf zwei andere Leitideen, Vernunft und Freiheit, anwendet, unterwirft er die Aufklärung einer Selbstkritik. Diese richtet sich auf die gesamte neuere Philosophie: auf den Rationalismus von Descartes, Spinoza, Leibniz und dessen Schüler Wolff und auf den Empirismus von Locke und dessen skeptische Fortsetzung durch Hume. Vom Fortschritt der neuzeitlichen Naturwissenschaft beeindruckt, hält Kant den Streit zwischen den Rationalisten und Empiristen für einen Skandal. Um ihn auszuräumen und auch die Fundamentalphilosophie bzw. Metaphysik in den «sicheren Gang einer Wissenschaft» zu versetzen, stellt er deren Fragen nach Gott, Freiheit und Unsterblichkeit zurück und widmet sich der Vorfrage, ob es die Metaphysik überhaupt als Wissenschaft geben kann. Mit der Vorfrage behandelt er aber auch die genannten, überdies viele weitere Themen, sogar Fragen der Moral und des Staates. Die damit befaßte *Kritik der reinen Vernunft* (1781) liest sich daher, Platons *Staat* vergleichbar, wie eine «Enzyklopädie der philosophischen Wissenschaften».

Kant entwickelt eine neue Methode, die transzendentale Vernunftkritik. Mit ihr macht er die Philosophie von fremden Vorbildern, der Mathematik (Rationalismus) und der Naturwissenschaft (Empirismus), frei und begründet eine methodisch autonome Philosophie. Nach Erscheinen der *Kritik* nennt ein bedeutender Vertreter der deutschen Aufklärung, Moses Mendelssohn (1729–1786), den von ihm verehrten Kant einen «Alleszermalmer» der

Immanuel Kant. – Portrait um 1790.

Metaphysik. In Wahrheit überwindet Kant nur deren überlieferte Gestalt und begründet mit seinem kritischen Gesamtwerk eine neue Metaphysik. Sie ist von drei Fragen geleitet: 1. Was kann ich wissen? 2. Was soll ich tun? 3. Was darf ich hoffen? Und zusammen beantworten sie eine vierte Frage: Was ist der Mensch?

Was kann ich wissen? Die «Kritik der reinen Vernunft»
Der endlose Streit der Philosophen drängt die Frage auf, ob es die Philosophie überhaupt als Wissenschaft geben kann. Um diese Frage zu beantworten, um dabei den Streit zwischen Rationalismus und Empirismus über die Möglichkeit oder Unmöglichkeit einer Erkenntnis rein aus Vernunft zu entscheiden und um die Entscheidung schließlich nicht willkürlich, sondern «nach Gesetzen» zu treffen, setzt Kant einen Gerichtshof der Vernunft ein. Mit der Aufgabe betraut, berechtigte Ansprüche zu sichern, grundlose Anmaßungen dagegen abzuweisen, zielt er nicht auf eine Verurteilung der «reinen Vernunft». Dem Gericht obliegt vielmehr eine «Bestimmung sowohl der Quellen, als des Umfanges und der Grenzen derselben, alles aber aus Prinzipien». Dabei übernimmt die Vernunft alle drei Rollen. Sie ist die Angeklagte, der man vorwirft, unberechtigte Erkenntnisansprüche zu erheben. Sie ist die Verteidigerin, die sich Argumente zugunsten der Vernunftansprüche überlegt. Vor allem ist sie die Richterin, die das Urteil fällt, übrigens ein demokratisches Urteil, da es auf die «Einstimmung freier Bürger» ankommt.

Im Gerichtsprozeß «Kritik der reinen Vernunft» verhandelt Kant nicht bloß über den Krieg der Philosophen untereinander: ihre «endlosen Streitigkeiten», sondern auch über die Widersprüche, die in der Vernunft selbst auftauchen. Und der doppelte Krieg soll durch einen Frieden abgelöst werden, der ewig dauern soll. Auch wenn Kant mit dieser Erwartung zu hoch greift, hat er doch insoweit Erfolg, als er wie ein guter Richter alle strittigen Punkte gründlich und unparteiisch durcharbeitet und dabei zu Lösungsvorschlägen gelangt, die nicht bloß alle bisherigen hinter sich lassen, sondern sich noch bis heute als diskussionswürdig erweisen.

Kant führt den Prozeß zunächst nur für die Vernunft als Erkenntnisvermögen, die theoretische Vernunft, durch, später auch für die Vernunft als Vermögen zu wollen, die praktische Vernunft, schließlich für die Vernunft als Vermögen der Zweckbestimmung, die reflektierende Urteilskraft. Dabei versteht er unter der Vernunft generell das Vermögen, die Sinnlichkeit so zu übersteigen, daß man

von ihr unabhängig wird: als theoretische Vernunft von der sinnlichen Wahrnehmung, als praktische Vernunft von den sinnlichen
Antriebskräften und als Urteilskraft von empirischen Vorgaben.

Bei drei Vorbildern: der Logik, der Mathematik und der Physik,
entdeckt Kant das Grundmuster einer erfolgreichen Wissenschaft,
die Wende zum erkennenden Subjekt: «daß wir nämlich von den
Dingen nur das a priori erkennen, was wir selbst in sie legen». Die
entsprechende «Revolution der Denkart» begründet eine neue Stellung des erkennenden Subjekts zur Objektivität. Im Gegensatz zur
natürlichen Einstellung, dem erkenntnistheoretischen Realismus,
soll sich das Subjekt nicht länger nach dem Objekt, sondern das
Objekt nach Vorgaben des Subjekts richten. Eine objektive Wissenschaft stützt sich freilich nicht auf willkürliche Einfälle empirischer
Subjekte, sondern auf jene «vor aller Erfahrung» (a priori) liegenden und allen Individuen gemeinsamen Bauelemente der theoretischen Vernunft, die die Erkenntnis allererst ermöglichen. Weil Kant
diese Untersuchung von apriorischen Bedingungen der Möglichkeit
«transzendental» nennt, heißt seine Philosophie Transzendentalphilosophie, genauer: kritische Transzendentalphilosophie oder
transzendentale Kritik.

Nach Kant wirken bei jeder Erkenntnis zwei gleichberechtigte
Vermögen zusammen, die Sinnlichkeit und der Verstand: «Ohne
Sinnlichkeit würde uns kein Gegenstand gegeben und ohne Verstand könnte keiner gedacht werden. Gedanken ohne Inhalt sind
leer, Anschauungen ohne Begriffe sind blind.» Bei beiden Erkenntnisvermögen und zusätzlich bei der sie vermittelnden Urteilskraft
entdeckt Kant erfahrungsfreie Elemente. In
der Sinnlichkeit stößt er auf die «reinen»,
das heißt nicht durch Erfahrung erworbenen,
«Anschauungsformen» Raum und Zeit,
beim Verstand auf die «reinen Verstandesbegriffe», die «Kategorien» (Kant gewinnt sie
aus der Urteilstafel) und bei der Urteilskraft
auf die «transzendentalen Schemata» und
die Grundsätze des reinen Verstandes. Die
moderne Naturwissenschaft schreibt ihre
Gesetze in der Sprache der Mathematik, damals sichtbar in Keplers Planeten-, Galileis
Fallgesetzen und vor allem in Newtons theoretischer Mechanik. Bei Kant erhält diese
Entwicklung den Rang eines transzendenta-

Titelblatt der Erstauflage der ‹Kritik der reinen
Vernunft›.

Unter den großen Philosophen der Neuzeit verdient Kant als erster den Lebensunterhalt als professioneller Lehrer seines Faches. Obwohl er seinen Geburtsort Königsberg und dessen nähere Umgebung nie verläßt, verfügt er dank Lektüre, Gespräch und schneller Auffassungsgabe über eine ungewöhnlich reiche Weltkenntnis. Aufgrund seiner früh erkannten Begabung besucht er eine der besten Schulen im damaligen Deutschland, das königliche Friedrichskollegium (1732–40). Danach studiert er Mathematik und Naturwissenschaften, Theologie, Philosophie und klassische lateinische Literatur (1740–46). Nach seiner Promotion zum Magister der Philosophie (1755, um eine Doktorwürde hat Kant sich nie bemüht) übt er für mehr als 40 Jahre, seit 1770 als Professor für Logik und Metaphysik, eine beliebte, freilich auch zeitraubende Lehrtätigkeit aus. Wie damals üblich, unterrichtet er auf der Grundlage von Lehrbüchern: die Logik nach der ‹Vernunftlehre› von G.F. Meier, dem Nachfolger des bedeutendsten deutschen Philosophen zwischen Leibniz und Kant, Christian Wolff (1697–1754), die Ethik und die Metaphysik meist nach Wolffs eigenständigem Schüler Alexander Gottlieb Baumgarten (1714–62) und die Rechtsphilosophie nach dem ‹Naturrecht› des Göttinger Juristen Gottfried Achenwall (1719–1772). Unter den «vorkritischen» Schriften ragt die ‹Allgemeine Naturgeschichte und Theorie des Himmels› (1755) hervor, die später als Kant-Laplacesche Theorie zu einer respektablen Grundlage der Astronomie wird. Vor allem unter dem Einfluß von Hume und Rousseau befaßt sich Kant ab 1761 mit den klassischen Problemen der Metaphysik und sieht sich wegen deren Schwierigkeiten gezwungen, allererst das Gelände dafür zu erkunden. Eine Probe liefert die Dissertation zum Antritt der Professur: ‹De mundi sensibilis atque intelligibilis forma et principiis› (‹Von der Form der Sinnen- und Verstandeswelt und ihren Gründen›, 1770). Zunächst glaubt Kant, die Dissertation nur überarbeiten und um «ein paar Bogen» erweitern zu müssen. Dabei verstrickt er sich jedoch in einen Reflexionsprozeß, der sich trotz der gespannten Ungeduld seiner Freunde über zehn Jahre hinzieht. Dann aber verfaßt er «innerhalb von etwa vier bis fünf Monaten, gleichsam im Fluge» sein erstes Hauptwerk, die monumentale ‹Kritik der reinen Vernunft›, das nach Schopenhauer «wichtigste Buch, das jemals in Europa geschrieben worden». Erst jetzt, im Alter von 57 Jahren, erweist sich Kant als überragendes philosophisches Genie. Seit der Geburt von schwacher Gesundheit, bringt Kant sein gewaltiges Lebenswerk nur durch enorme Willenskraft, strenge Gesundheitsregeln und einen genau eingeteilten Tageslauf zustande. Ein ausgedehntes Mittagsmahl mit Freunden gehört allerdings dazu. – Zeichnung von Horst Janssen, 1983.

len Naturgesetzes: Die Frage, wie die mathematischen Gesetze lauten, selbst die Frage, welche Art von Mathematik zuständig ist, kann allein die erfahrungsorientierte Naturforschung beantworten. Die Philosophie kann aber erfahrungsfrei gültig sagen, daß die Naturwissenschaft, um ihrer Objektivität willen, nach mathematischen Gesetzen suchen muß. Weil es ohne diese Elemente zu keiner Erkenntnis kommt, richtet sich diese nie auf ein davon unabhängiges «Ding an sich», sondern stets auf ein «Ding für uns»: eine Erscheinung. Diese ist aber kein niederrangiges, «uneigentliches Seiendes», eine «nur Erscheinung», sondern der einzig objektive Gegenstand. Und das von den reinen Vorgaben der Sinnlichkeit und des Verstandes unabhängige Ding an sich ist kein höherrangiges, «eigentliches Seiendes», sondern der gänzlich unbestimmte Grund der Empfindungen: ein bloßes X.

Daß der Verstand über erfahrungsfreie Elemente, gleichsam Atome des Denkens, verfügt, wird von Aristoteles bis Leibniz immer wieder behauptet. Die These, daß sogar die Sinnlichkeit erfahrungsfreier Elemente bedarf und erst diese die Mathematik (Geometrie) und die theoretische Physik (Mechanik) ermöglichen, geht

Tafel der Urteilsformen	Tafel der Kategorien
1. QUANTITÄT	
Allgemeine	Einheit
Besondere	Vielheit
Einzelne	Allheit
2. QUALITÄT	
Bejahende	Realität
Verneinende	Negation
Unendliche	Limitation
3. RELATION	
Kategorische	Inhärenz und Subsistenz (Substanz und Akzidens)
Hypothetische	Kausalität und Dependenz (Ursache und Wirkung)
Disjunktive	Gemeinschaft (Wechselwirkung zwischen dem Handelnden und dem Leidenden)
4. MODALITÄT	
Problematische	Möglichkeit-Unmöglichkeit
Assertorische	Dasein-Nichtsein
Apodiktische	Notwendigkeit-Zufälligkeit

allein auf Kant zurück. Seine transzendentale Ästhetik (griech. *aisthēsis*, Sinneswahrnehmung und -werkzeug) gehört daher zu den originellsten Teilen der ersten *Kritik*. Den konstruktiven Höhepunkt bildet jedoch eine neue, transzendentale Art von Naturgesetzen: die Grundsätze des reinen Verstandes.

Nach dem zweiten Teil der *Kritik*, der «transzendentalen Dialektik» (hier in der Bedeutung einer Lehre der Illusion, des Scheins), treibt der Mensch mit Notwendigkeit Metaphysik. Ebenso notwendig erzeugt diese aber nur einen Schein von Wahrheit, allerdings keine gewöhnliche, sondern eine «transzendentale Täuschung». Notwendig ist die Metaphysik, weil sie dem «natürlichen» Fortgang des Denkens zum (dreifachen) Unbedingten entspringt: (1) zur absoluten Einheit des denkenden Subjekts, der Seele, (2) zur absoluten Totalität der Dinge in Raum und Zeit, der Welt, und (3) zum schlechthin höchsten Wesen, Gott. Es gibt daher drei Disziplinen einer speziellen Metaphysik: Die rationale Psychologie behauptet, das denkende Wesen, die Seele, sei eine schlechthin einfache, unkörperliche und vor allem unsterbliche Substanz. Die transzendentale Kosmologie glaubt, Aussagen über die räumliche und zeitliche Ausdehnung der Welt, über ihre Begrenztheit oder Unendlichkeit, machen zu können, ferner Aussagen über die Möglichkeit oder aber Unmöglichkeit von Freiheit. Die natürliche Theologie schließlich befaßt sich mit der Erkennbarkeit Gottes.

In all diesen Fällen gaukelt die Vernunft Erkenntnisse vor, wo es gar keine gibt, denn die zur Erkenntnis unverzichtbare Sinnlichkeit leistet hier keinen Beitrag. Ein Beispiel für die Fehlschlüsse der Vernunft bietet die erste Antinomie (griech. Widerspruch): Nach der (rationalistischen) Behauptung ist die Welt der Zeit und dem Raum nach begrenzt, nach der (empiristischen) Gegenbehauptung unbegrenzt. Nach der zweiten Antinomie «besteht» die Welt (Rationalismus) oder «besteht sie nicht» (Empirismus) aus kleinsten, schlechthin einfachen Teilen. In einer brillanten Dramaturgie inszeniert Kant einen freien Wettstreit zwischen den sich widersprechenden Behauptungen. Er nennt dieses Vorgehen die skeptische Methode und unterscheidet sie vom Skeptizismus als Lehrmeinung. In der Fähigkeit, den Gegner zu widerlegen, erweisen sich beide Seiten, der Rationalismus und der Empirismus, als gleich stark. Wenn sie daraus auf die Wahrheit der eigenen und nur der eigenen Behauptung schließen, übersehen sie, daß sie bereits mit gleicher Überzeugungskraft widerlegt worden sind, folglich beide Seiten ein Recht, allerdings nur ein begrenztes haben.

Kant kritisiert auch die Gottesbeweise. Er erkennt zwar Gott als höchstes Ziel allen Denkens an, bestreitet jedoch, daß dieses Ziel ein Gegenstand sei, dem sich aus logischen, also zwingenden Gründen das Dasein zu- oder absprechen lasse. Beim Beweis aus dem Begriff des Göttlichen, dem ontologischen Gottesbeweis, stimmt er dem Begriff Gottes als des vollkommensten Wesens zu, widerspricht aber der angeblichen Konsequenz, die Existenz schließe diese Vollkommenheit notwendig ein. Weil das bloße Dasein keine Aufschlüsse über die Beschaffenheit eines Gegenstandes enthält, ist es überhaupt keine Eigenschaft eines Gegenstandes: Gott besitzt nicht außer den Eigenschaften der Allwissenheit, Allgüte und Allmacht noch die Eigenschaft des Daseins. «Hundert wirkliche Taler enthalten nicht das mindeste mehr, als hundert mögliche.» Die Frage, ob dem Gottesbegriff, dem «möglichen Gott», ein «wirklicher Gott» entspricht, kann nur durch eine ergänzende Wahrnehmung beantwortet werden; Gott ist aber grundsätzlich nicht wahrnehmbar.

Die in der «Dialektik» behandelten, nur vermeintlichen Erkenntnisse begehen denselben Grundfehler: Sie wollen eine sachhaltige Erkenntnis vom schlechthin Ganzen gewinnen, obwohl «das Weiterschreiten zum Ganzen» nicht objektiv, sondern nur subjektiv notwendig ist. Es trägt nichts – objektiv – zur Erkenntnis der Welt bei, dient aber – subjektiv – dem Bemühen der Vernunft um Vollständigkeit. Kant erkennt die entsprechenden «Ideen» der Vernunft durchaus an: die Unsterblichkeit der Seele, die Welt als Inbegriff aller existierenden Dinge, die Freiheit des Willens und Gott als die höchste Realität. Er gibt ihnen aber einen anderen Stellenwert. Aus metaphysischen Ideen, die als Grundlage der Erkenntnis eine konstitutive Rolle spielen sollen, werden transzendentale Ideen in regulativer Bedeutung. Statt das Zusammenspiel von Sinnlichkeit und Verstand, die Erkenntnis, zu erweitern, setzen sie lediglich eine Seite, die des Verstandes, fort. Beispielsweise betonen sie, daß die Vollständigkeit des Denkens nie gegeben, wohl aber ständig aufgegeben ist. Auf diese Weise erhält das Forschungspathos der Moderne einen transzendentalen und zugleich bescheideneren Rang. Die transzendentalen Ideen weisen den Menschen auf die Offenheit, aber auch Unabschließbarkeit allen Wissens hin: Der Ozean, auf den Bacon die Schiffe der Forschung hinausschickt, läßt sich nie endgültig durchpflügen.

Ein zweites transzendentales Naturgesetz liegt in dem (gegen Humes Ansicht gerichteten) Kausalprinzip. In Kants transzendentaler Bedeutung erklärt es weder gewisse Ereignisse zu Wirkungen, andere zu Ursachen, noch stellt es bestimmte Kausalgesetze auf. Es sagt nicht einmal, in welcher Art von Mathematik die Kausalgesetze zu formulieren sind. Kants Kausalprinzip wird sowohl von den «deterministischen» Gesetzen der Newtonschen Physik als auch den «indeterministischen», besser: «stochastischen» bzw. «probabilistischen» (Wahrscheinlichkeits-)Gesetzen der Quanten-theorie erfüllt. Es sagt, wann man von einer zeitlichen Abfolge von Ereignissen behaupten darf, daß sie objektiv, nämlich in der Welt, stattfindet: Man muß die Ereignisfolge als Fall einer Ursache-Wirkungs-Regel durchschauen. Das Danach ist ein Deswegen, was Kant am Beispiel eines flußabwärts fahrenden Schiffes erläutert. Daß man es erst weiter oberhalb, später weiter unterhalb im Fluß wahrnimmt, hängt nicht von der Willkür des Wahrnehmenden ab, sondern folgt der Ursache-Wirkungs-Regel «Die Strömung zieht das Schiff flußab-wärts». – Lyonel Feininger: Barque, 1936.

WAS SOLL ICH TUN? MORAL UND RECHT

Kants Denken verändert auch die Welt des Handelns und bringt die seitdem maßgebliche Theorie der Moral hervor. Wie im Bereich des Theoretischen, so unterscheidet Kant auch im Praktischen zwischen einem empirisch bedingten und einem «reinen» Teil. Im ersten Fall erhält die praktische Vernunft: der Wille, die Ziele und Zwecke von außen, von Trieben, Bedürfnissen und Gefühlen der Lust und Unlust. Man folgt fremden Gesetzen, handelt also *heteronom* (griech. fremdgesetzlich). Im zweiten Fall ist man davon un-

abhängig und auf sich gestellt, folglich *autonom* (selbstgesetzlich).
Kant behauptet nun, «daß alle sittlichen Begriffe völlig a priori in
der Vernunft ihren Sitz und Ursprung haben». Zum konkreten
Handeln braucht es durchaus Erfahrung und eine durch sie ge-
schärfte Urteilskraft. Nur bei den letzten Beweggründen, beispielsweise bei der Entscheidung, ehrlich zu sein, dürfen sie keine Rolle
spielen. Die zuständigen Schriften, die *Grundlegung zur Metaphysik der Sitten* (1785) und die *Kritik der praktischen Vernunft*
(1788), verwerfen sowohl den ethischen Empirismus, nach dem die
Moral von empirischen Beweggründen abhängt, als auch den ethischen Skeptizismus, der die Wirklichkeit echter Moral bezweifelt.
Die Alternative besteht in einer vierteiligen Argumentation: Kant
bestimmt (1) den Begriff der Moral und wendet ihn (2) auf die Situation «endlicher Vernunftwesen», der Menschen, an. Dabei entwickelt er die Begriffe der Pflicht, des kategorischen Imperativs und
der Unterscheidung von Moralität und Legalität. Er entdeckt (3)
den Ursprung der Moral in der Autonomie des Willens und sucht
(4) mit dem Faktum der Vernunft die Wirklichkeit der Moral zu beweisen:

(1) «Es ist überall nichts in der Welt, ja überhaupt auch außer derselben zu denken möglich, was ohne Einschränkung für gut könnte
gehalten werden, als allein ein guter Wille.» In dieser berühmten
These Kants versteckt sich die Vor-These, «moralisch gut» heiße
«ohne Einschränkung gut». Kant zeigt, daß alle Konkurrenten zum
guten Willen diesem Begriff nicht genügen: weder Naturgaben wie
die Talente des Geistes (Verstand, Witz, Urteilskraft) noch die Eigenschaften des Temperaments (Mut, Entschlossenheit, Beharrlichkeit), weder Glücksgaben (Macht, Reichtum, Ehre, Gesundheit)
noch so schätzenswerte Eigenschaften wie Selbstbeherrschung und
nüchterne Überlegung. Denn sie alle sind ambivalent, da sie einen
guten und einen schlechten Gebrauch zulassen. Allein der gute Wille ist der Ambivalenz enthoben. Nach der überlieferten Moralphilosophie besteht das schlechthin Gute entweder in einem höchsten
Gegenstand des Strebens, im Glück (Epikur), oder in der Ordnung
der Natur (Stoa), im Willen Gottes (theologische Ethik) oder auch
in der wohlwollenden Selbstliebe (Rousseau) oder einem ihr ähnlichen moralischen Gefühl (Shaftesbury, Hutcheson, Hume). Im
Gegensatz zu all diesen Ansichten sieht Kant das schlechthin Gute
im guten Willen selbst.

(2) Weil die Menschen auch sinnlich bestimmt sein können, existiert bei ihnen der gute Wille bzw. die Moral nicht als ein Sein, son-

198   dern als ein Sollen: als Pflicht bzw. Imperativ. Auf die praktische Grundfrage: «Was soll ich tun?» antworten Imperative nicht mit einem äußeren oder inneren Zwang, sondern mit Gründen. Je nach Reichweite lassen sich diese in drei Klassen einteilen: Die hypothetischen (wenn – dann) Imperative gelten entweder als (a) technische Imperative nur unter Voraussetzung gewisser Absichten («*wenn* du x willst, *dann* mußt du y tun») oder sind als (b) pragmatische Imperative auf das natürliche Interesse des Menschen am Glück gerichtet («*wenn* du glücklich sein willst, *dann* mußt du z tun»). (c) Der kategorische Imperativ fordert dagegen zu Handlungen auf, deren Grundsätze (Maximen) nicht erst in bezug auf etwas anderes, sondern für sich selbst gut sind. Weil er ohne jede Einschränkung schlechthin allgemein verpflichtet, verbindet er mit der Aufforderung zum moralischen Handeln das Kriterium der Verallgemeinerbarkeit und lautet: «Handle nur nach derjenigen Maxime, durch die du zugleich wollen kannst, daß sie ein allgemeines Gesetz werde.»

(3) Lediglich dort, wo moralische Pflichten um ihrer selbst willen, «aus Pflicht», befolgt werden, liegt die eigentliche Moral, die Moralität, vor, andernfalls nur Pflichtgemäßheit: Legalität. Kant sieht die Bedingung der Möglichkeit von Moralität in der Fähigkeit, sich nach selbstgesetzten Grundsätzen zu bestimmen: in der Autonomie. Sie verlangt nicht etwa, alle sinnlichen Antriebe abzustreifen, wohl aber, sie als letzten Beweggrund zu entmachten.

(4) Gegen den skeptischen Einwand, das Bewußtsein der Moral sei letztlich eine Selbsttäuschung, weist Kant auf das seiner Ansicht nach unleugbare Faktum der Vernunft hin. Zutage tritt es in einer bestimmten Art zu urteilen: Auf die Frage, ob jemand, der unter Androhung der Todesstrafe aufgefordert wird, ein falsches Zeug-

---

Moralische Pflichten

Nach Kant läßt sich die Moral nicht auf eine Sozialmoral verkürzen; es gibt auch Pflichten gegen sich selbst. Zusätzlich sind Pflichten mit einem gewissen Spielraum, sogenannte «unvollkommene» Pflichten, von Pflichten ohne Spielraum, den «vollkommenen» Pflichten, zu unterscheiden. Daher gibt es vier Klassen von Pflichten:

	VOLLKOMMENE PFLICHTEN	UNVOLLKOMMENE PFLICHTEN
PFLICHTEN GEGEN SICH SELBST	Selbstmordverbot	Gebot, die eigenen Fähigkeiten zu entwickeln
PFLICHTEN GEGEN ANDERE	Verbot des falschen («lügnerischen») Versprechens	Hilfsgebot

«*Zwei Dinge erfüllen das Gemüt mit immer neuer und zunehmender Bewunderung und Ehrfurcht, je öfter und anhaltender sich das Nachdenken damit beschäftigt: Der bestirnte Himmel über mir und das moralische Gesetz in mir.*» – *Aus der ‹Kritik der praktischen Vernunft›, hier als Ausschnitt aus der Gedenktafel, die Königsberger Bürger über Kants Grab angebracht haben.*

nis wider einen ehrlichen Mann abzulegen, dennoch in der Lage ist, das Zeugnis zu verweigern, lautet die Antwort zweifellos: ja. Denn selbst wer stark an seinem Leben hängt, kann sich vorstellen, daß er diese Neigung zugunsten der Pflicht zum ehrlichen Zeugnis aufgibt.

Mit einer kleinen Schrift, der bis heute wichtigsten Abhandlung zu ihrem Thema: *Zum ewigen Frieden* (1795), begründet Kant seinen Ruhm als politischer Denker. Ohne politische Interessen, auch ohne religiöse Motive (wegen der Vielzahl der Religionen würden sie eher Zwietracht säen), nicht zuletzt ohne die schwärmerische Utopie eines Zusammenlebens in eitel Liebe und Freundschaft entfaltet Kant die Bedingungen eines vorbehaltlosen, insofern ewigen Friedens. Die sechs Präliminarartikel enthalten die negativen Vorbedingungen, die drei Definitivartikel die positiven Hauptbedingungen des Friedens: 1. Die bürgerliche Verfassung in jedem Staate soll republikanisch sein; denn freie Bürger, die Leidtragenden jedes Krieges, haben, wie Kant erwartet, kein Interesse, von sich aus einen Angriffskrieg zu beschließen. 2. Das Völkerrecht soll auf einem Föderalismus (Bund) freier Staaten gegründet sein. 3. Das Weltbürgerrecht wird auf Bedingungen der allgemeinen Hospitalität, auf das bescheidenere Besuchsrecht und nicht auf ein anspruchsvolleres Gastrecht, eingeschränkt: Keiner hat einen Anspruch, auf ausländischem Boden gastlich, wohl aber, ohne Feindseligkeit empfangen zu werden. Dabei kritisiert Kant den damaligen Kolonialismus als eine «bis zum Erschrecken weit(e)» Ungerechtigkeit. Im ersten Zusatz «Von der Garantie des ewigen Friedens» skizziert er eine Sozialgeschichte der Menschheit, die nur von der menschlichen Natur ausgeht und dennoch zum allgemeinen Frieden als ihrem Endzweck gelangt. Sowohl den Praktikern als auch den Theoretikern der Po-

200   litik zeigt sie, daß sie ihr Desinteresse an einer globalen Friedensordnung nicht mit deren angeblicher Unrealisierbarkeit entschul-
digen können. Für Kant ist der Friede nicht bloß ein Begriff des
Rechts, sondern ein Grundbegriff seines gesamten Denkens und
zugleich Endzweck der Geschichte.

Die *Metaphysische(n) Anfangsgründe der Rechtslehre* (1797)
weisen Kant als bedeutenden Rechts- und Staatsphilosophen aus.
Im Rahmen eines vernunftrechtlichen Naturrechts begründet Kant
ein moralisches Rechtsprinzip, das der allgemeinverträglichen Freiheit: «Das Recht ist also der Inbegriff der Bedingungen, unter denen die Willkür des einen mit der Willkür des andern nach einem
allgemeinen Gesetze der Freiheit zusammen vereinigt werden
kann.» Auf dieser Grundlage stellt Kant den höchsten Maßstab für
angeborene Rechte, die Menschenrechte, auf und entwickelt die
philosophischen Grundzüge sowohl des Privatrechts (mit dem Eigentum als Grund-Institution) als auch des öffentlichen Rechts, das
die angeborenen und die erworbenen Rechte zu sichern und über
Streitfälle zu entscheiden hat.

WAS DARF ICH HOFFEN? GESCHICHTE UND RELIGION
Für Kant zerfällt die Philosophie zunächst in zwei Hauptteile: in die
theoretische Philosophie der sinnlichen Welt, der Natur, und in die
praktische Philosophie der moralischen Welt, der Freiheit. Beide Teile und Welten dürfen aber nicht unverbunden nebeneinander bestehen, denn die Freiheit soll sich in der sinnlichen Welt darstellen. Um
die Kluft zwischen Natur und Freiheit zu überbrücken, sucht Kant
eine Vermittlung. Er findet sie, was etwas verwirrt, einerseits in zwei
neuen Themen: Geschichte und Religion, andererseits in einem eigenen Erkenntnisvermögen, der (reflektierenden) Urteilskraft. Diese
wiederum befaßt sich mit zwei eigenen Gegenstandsbereichen, mit
dem Schönen und Erhabenen und mit der Zweckmäßigkeit der Natur, darüber hinaus mit der Einheit der gesamten Vernunft, dem System der Philosophie.

Die Frage, ob das, was die Moral fordert, auch einmal zur dauer-
haften Wirklichkeit wird, ist für Kant Gegenstand des Hoffens,
freilich nicht eines schwärmerischen, sondern eines begründeten
(«rationalen») Hoffens. Für die äußere Freiheit, die Moral als
Recht, beantwortet er die Frage in der Geschichtsphilosophie (z. B.
Idee zu einer allgemeinen Geschichte in weltbürgerlicher Absicht,
1784), für die innere Freiheit, die Moral als Moralität, in der Reli-

Kant gibt mit der These vom radikal, näm-
lich von der Wurzel her, Bösen dem bibli-
schen Gedanken der Erbsünde eine philoso-
phische Deutung. Danach findet sich (a) ein
Hang, aber keine Anlage zum Bösen. (b) Es
gibt ihn nicht nur bei einigen Individuen,
sondern bei allen Menschen. Er ist «ange-
boren», ohne (c) eine biologische Anlage zu
sein, kann vielmehr der Freiheit zugerechnet
werden. Das radikal Böse besteht im Hang,
lieber den natürlichen Neigungen als dem
moralischen Gesetz zu folgen, und hat drei
Stufen zunehmender Bosheit, (1) die mora-
lische Schwäche: Gebrechlichkeit («Den
Willen habe ich wohl, aber das Vollbringen
fehlt»), (2) die Vermischung von unmora-
lischen mit moralischen Triebfedern:
Unlauterkeit (das pflichtmäßige Handeln

geschieht nicht rein aus Pflicht) und (3) den
Hang, böse Maximen anzunehmen: Bös-
artigkeit. Kant teilt die «Menge schreiender
Beispiele» für das Böse in zwei Gruppen
ein, in Bösartigkeit bei Naturvölkern, etwa
«die Auftritte von ungereizter Grausamkeit
in gewissen Mordszenen», und in «Laster
der Kultur und Zivilisierung», etwa
«geheime Falschheit selbst bei der innigsten
Freundschaft». Weil die Bösartigkeit in
bösen Maximen besteht, läßt sich der Hang
dazu nicht durch eine allmähliche Reform
der Sitten, sondern nur durch eine Revolu-
tion der Gesinnung überwinden: durch die
Einstellung, nur guten Maximen zu folgen.
– Michelangelo: Sündenfall und Vertreibung
aus dem Paradies. Sixtinische Kapelle,
Vatikan.

gionsphilosophie (*Kritik der praktischen Vernunft*, 2. Buch; *Die Re-*
ligion innerhalb der Grenzen der bloßen Vernunft, 1793). In der
Geschichtsphilosophie gibt Kant dem Rousseau der beiden *Diskur-*
se in zwei Dingen Recht: daß sich die (instinktbestimmte) Natur
und die (vernunftbestimmte) Kultur unvermeidlich widerstreiten
und daß der Übergang ein (Sünden-)Fall ist. Denn die Befreiung
vom Instinkt setzt eine unendliche Begierde und «eine Menge nie
gekannter Übel» frei. Der Fall ist für Kant aber notwendig, damit
sich die Anlagen und Kräfte des Menschen entfalten und schließlich
einen vollendeten Zustand äußerer Freiheit hervorbringen: einen
dreifachen, sowohl innerstaatlichen als auch zwischenstaatlichen

202 und weltbürgerlichen Rechtszustand. Kant leugnet nicht den Fortschritt der Wissenschaften, sieht den Sinn der Geschichte aber in einem anderen Fortschritt, dem von Recht und Frieden. Und diesen
Fortschritt erklärt er aus der «ungeselligen Geselligkeit» des Menschen. Des näheren hat der Fortschritt zwei Motoren: die Not aus
den beständigen Kriegen und das Interesse an Wohlstand («Han-
delsgeist»), das «mit dem Kriege nicht zusammen bestehen kann».

Aus der Kritik der Gottesbeweise folgt für Kant kein philosophischer Atheismus, sondern ein neuer Ort für den Gottesbegriff. Der
Begriff gehört vornehmlich in die Moralphilosophie, und die «Religion ist (subjektiv betrachtet) die Erkenntnis aller unserer Pflichten als göttlicher Gebote». Kants Ethik der Autonomie läßt zwar
keine andere moralische Triebfeder als die Achtung vor dem moralischen Gesetz zu. Wer nur deshalb moralisch handelt, weil er im
Jenseits eine lohnende und strafende Gerechtigkeit erwartet, ver-
fehlt die Moralität. Man kann aber nach dem Sinn der Moralität
fragen, ihn im höchsten, nicht nur obersten, sondern auch vollständigen Gut sehen und dieses als Harmonie von Moralität und
Glückseligkeit bestimmen: Man werde in dem Maße glücklich, wie
man moralisch lebt. Denkbar ist diese Harmonie aber nur unter
zwei Voraussetzungen: dem Dasein Gottes, der für die Harmonie
sorgt, und der Unzerstörbarkeit der Person, der Unsterblichkeit der
Seele, die in den Genuß der Harmonie zu gelangen erlaubt. Kant
nennt die Voraussetzungen Postulate der reinen praktischen Vernunft; denn diese muß sie unterstellen, um ihr an das höchste Gut
gebundene Sinnbedürfnis als erfüllbar zu denken.

«Kritik der Urteilskraft»:
Naturforschung, Biologie und Ästhetik
Der Titelbegriff der dritten Kritik (1790), die Urteilskraft, meint
«das Vermögen, das Besondere als enthalten unter dem Allgemeinen zu denken». Als «bestimmende» (subsumierende) Urteilskraft
ordnet sie das Besondere einem gegebenen Allgemeinen (Regel, Gesetz, Prinzip) unter, als «reflektierende» Urteilskraft sucht sie zum
gegebenen Besonderen ein Allgemeines, einen Zweck, auf. Mit der
reinen reflektierenden Urteilskraft befaßt, geht es in der dritten Kritik um eine erfahrungsunabhängige, apriorische Zweckmäßigkeit
(Teleologie). Kant findet sie in der gesamten Natur. Während sie
aber im Bereich des Lebendigen objektiv ist, da die organischen
Prozesse Naturzwecken, der Selbsterhaltung und der Fortpflanzung,

dienen, ist sie in anderen Bereichen nur eine subjektive, zugleich aber apriorische Voraussetzung jeder Naturforschung. Sie besteht in jener Regelmäßigkeit, die die Forschung vorzufinden erwartet, wenn sie die unübersehbare Mannigfaltigkeit von Naturvorgängen zunächst unter empirischen Gesetzen (z.B. Keplers Planeten- und Galileis Fallgesetzen) und schließlich, wie Newton, mit Hilfe von übergreifenden Theorien «unter wenigen Prinzipien» zusammenzufassen sucht. Auch im anderen Teil der dritten Kritik, der Ästhetik, gelingt Kant eine Entdeckung, die Epoche macht. Sein ästhetisches Apriori begründet die Selbständigkeit und Eigengesetzlichkeit der Ästhetik, bei Kant: des Schönen (als Naturschönes, Kunstschönes oder Erhabenes).

Kant bestimmt die ästhetischen Urteile («Geschmacksurteile») weder rationalistisch als eine niedere Form von Erkenntnis (A.G. Baumgarten) noch sensualistisch als Ausdruck von Gefühlen (Burke) oder empiristisch als Ausdruck von Gewohnheiten. Er entdeckt vielmehr eine eigene Rationalität, die subjektive und doch unparteiische Allgemeinheit eines interesselosen Wohlgefallens. Das subjektive Ich-Gefühl der ästhetischen Erfahrung enthält zugleich ein allgemeines Welt- und Lebensgefühl: «Das Geschmacksurteil sinnet jedermann Beistimmung an.» Es folgt nämlich drei Maximen des «gemeinen Menschenverstandes»: «1. Selbstdenken; 2. An der Stelle jedes andern denken; 3. Jederzeit mit sich selbst einstimmig denken.»

LEKTÜREEMPFEHLUNG: Man beginne mit der *Kritik der reinen Vernunft*, der 1. und 2. Vorrede und Einleitung, schließe die *Grundlegung zur Metaphysik der Sitten*, Vorrede und 1. Abschn. an und lese dann die *Idee zu einer allgemeinen Geschichte in weltbürgerlicher Absicht*, *Zum ewigen Frieden* (bes. 2. Abschn.) und aus der *Kritik der Urteilskraft* die Vorrede und die Einleitung.

XII. Deutscher Idealismus

Der «Weise aus Königsberg» löst allerorten Enthusiasmus aus: «Kant ist kein Licht der Welt», schreibt der Dichter Jean Paul, «sondern ein ganzes Sonnensystem auf einmal». Während «Altkantianer» noch Kants Lehren verbreiten, setzen diese bei der intellektuellen Avantgarde eine kreative Auseinandersetzung in Gang, die je nach Einschätzung in eine «Vollendung» oder aber «Überwindung Kants», jedenfalls in den Deutschen Idealismus, mündet. Karl Leonhard Reinhold schreibt nicht bloß einflußreiche *Briefe über die Kantische Philosophie* (1786–87), sondern will sie auch zur eigenen «Elementarphilosophie» fortbilden. Schiller trägt zwar mit seinen kunst- und geschichtsphilosophischen Schriften mehr als alle Fachphilosophen zur Verbreitung der Philosophie Kants bei, will aber auch dessen Entzweiung von Pflicht und Neigung durch das Ideal einer «schönen Seele» vereinigen, die die Anmut in der äußeren Erscheinung mit der inneren Sittlichkeit und Vernunft in Einklang bringt (*Über Anmut und Würde*, 1793; *Über die ästhetische Erziehung des Menschen*, 1795).

Ein Dreigestirn von protestantischen Theologiestudenten: Fichte, Hegel und Schelling, bringt jene dichte Folge von Entwürfen eines spekulativen Idealismus hervor, die zusammen mit dem «Moses unserer Nation» (Hölderlin), Kant selbst, den philosophischen Höhepunkt der Moderne darstellen. In der Frühzeit nimmt auch Hölderlin Einfluß. Wieder herrscht ein Pathos des Neuaufbruchs vor. Die «Idealisten» halten Kant nur für die «Morgenröte der Philosophie» (Schelling), nicht mehr für das strahlende Mittagslicht, das sie selber, im Wettstreit untereinander, entzünden. Sie knüpfen dabei an die kopernikanische Wende von Kants erster Kritik an, ferner an das Prinzip der Freiheit aus der zweiten und an das Systeminteresse aus der dritten Kritik. Hinzu kommen Einflüsse von Bruno, Spinoza (über Friedrich Heinrich Jacobi, 1785, vermittelt) und Leibniz.

Das Ziel der «Idealisten» ist hoch gesteckt. Sie versuchen, die politischen Neuerungen der Französischen Revolution mit der Gesamtheit des erreichbaren Wissens zu vermitteln. Zugleich wollen sie die verschiedenen Grenzziehungen Kants überwinden und alles Erkennen und Sein: Subjekt und Objekt, Geist und Natur, Theorie und Praxis, aus dem Absoluten eines einheitlichen Grundes entfalten. Auf diese Weise entwickeln sie zum Projekt der französischen

Georg Wilhelm Friedrich Hegel. – Gemälde von Jakob Schlesinger, 1831.

Die Abbildung zeigt das Tübinger Evangelische Stift, in dem Hegel, Hölderlin und Schelling in freundschaftlicher Verbundenheit studierten.

Enzyklopädie eine genuin philosophische Alternative: den Gedanken des Systems. Die Gesamtheit des Wissens soll nicht länger additiv zusammengetragen, sondern aus *einem* Prinzip begründet werden: aus einem höchsten Grund-Satz (Fichte), aus dem Absoluten (Schelling) oder aus der Selbstbewegung des Geistes (Hegel). Eine besondere Rolle spielt die Versöhnung von fünf Gegensatzpaaren. Die ersten drei sind für die Philosophie generell wichtig: (1) Einheit und Vielheit, (2) Absolutes und Endliches, (3) Geist und Natur. (4) Durch das Christentum wird zusätzlich der Gegensatz von Philosophie und Religion, näherhin von Vernunft und Offenbarung, belangvoll (5) und durch die Aufklärung der von Vernunft und Geschichte. Schon bei Fichte, noch nachdrücklicher bei Hegel und Schelling, tritt ein Gedanke in den Vordergrund, der das 19. Jahrhundert bestimmen wird: daß selbst die Grundbegriffe und Argumentationsmuster von Erkennen und Handeln geschichtlich bedingt sind («Geschichtlichkeit»).

Kant sucht mit seiner Theorie der regulativen Ideen zwischen dem Erfahrungsstandpunkt der Wissenschaften und dem Bedürfnis der Vernunft nach dem Unbedingten auf eine vorsichtige und zugleich bescheidene Weise zu vermitteln. Der spekulative Idealismus gibt die Bescheidenheit, vielleicht auch die Vorsicht preis. Methodisch bedient er sich einer neubewerteten Dialektik. Was Kant die «Logik des Scheins» nennt, wandelt sich bei Fichte, Schelling und am nachhaltigsten bei Hegel zu einer «Logik der spekulativen Wahrheit». Danach führt das Merkmal des Absoluten, der Totalitätsbegriff, nicht notwendigerweise zu Fehlschlüssen oder Widersprüchen. Nicht alles Denken versagt vor dem Absoluten, wohl aber das reflektierende Verstandesdenken, dessen sich nach Hegel selbst noch Fichte schuldig macht.

Über dem Interesse am Absoluten vergessen die Idealisten aber nicht den Bezug zur Erfahrung und ihren Wissenschaften. Schelling studiert die Theologie, die Religionswissenschaften und die Naturwissenschaften und wirkt vor allem auf die ersten beiden anregend zurück; er kennt die Literatur und Kunst seiner Zeit; und er arbeitet einer Wissenschaft des Vor- und Unbewußten vor. Für Hegel gilt ähnliches in bezug auf die Rechts-, Wirtschafts- und Geschichtswissenschaften; keineswegs ist sein entsprechendes Denken empiriefern. Und mit seinen *Vorlesungen über die Geschichte der Philosophie* prägt er das Verständnis der Philosophiegeschichte für Jahrzehnte.

JOHANN GOTTLIEB FICHTE

Der erste, der Kants Philosophie nicht als weitgehend vollendetes Lehrgebäude hinnehmen, sondern sie konsequent zu Ende denken will, ist Fichte (1762–1814). Weil sein früher *Versuch einer Kritik aller Offenbarung* (1793) zunächst für ein Werk Kants gehalten wird und auch dessen Anerkennung findet, wird der Autor über Nacht berühmt. Bald darauf steht er in Jena im Mittelpunkt des geistigen Lebens deutscher Kultur. Sobald sein eigenes Denkvorhaben auf Kants Ablehnung stößt, bringt Fichte einen neuen Ton in die Philosophie. Er schreibt sich selbst einen *Sonnenklaren Bericht* zu, versucht mit ihm «die Leser zum Verstehen zu zwingen» (1801), bedient sich trotzdem einer oft hermetischen Sprache und bescheinigt Andersdenkenden «totale und radikale Verkehrtheit».

Fichte nennt seine Fundamentalphilosophie «Wissenschaftslehre». Sie beansprucht nichts weniger als eine «Wissenschaft der Wissenschaft überhaupt» zu sein, weshalb Kant sie eine «Wissenschafts-Wissenschaft» nennt. Sie soll «alle möglichen Wissenschaften», insbesondere die theoretische und praktische Philoso-

Johann Gottfried Herder
(1744–1803) gehört zu den
vielseitigsten und einflußreichsten Intellektuellen seiner Zeit. Er ist Geschichts-
und Sprachphilosoph, dar-
über hinaus auch Dichter,
Theologe und Psychologe,
nicht zuletzt Literaturkritiker und Ästhetiker in der
«Geniezeit» der deutschen
Literatur: der Bewegung
des «Sturm und Drang».
Herder studiert bei Kant in
dessen vorkritischer Zeit
(1762–64), erhebt aber gegen die spätere Transzen-
dentalphilosophie «moder-
ne», sprachkritische Bedenken: «Eine reine Vernunft
ohne Sprache ist auf Erden
ein utopisches Land»; denn
«Sprache ist der Charakter
unserer Vernunft, durch
welchen sie allein Gestalt
gewinnt und sich fort-
pflanzt». In der von der
Berliner Akademie preisge-
krönten ‹Abhandlung über
den Ursprung der Sprache›
(1771) verwirft Herder
sowohl die These von deren
göttlichem Ursprung als
auch die von ihrem Ursprung als Konvention, als bloßer Übereinkunft über beliebige Zeichen. Beide Thesen verstehen die Sprache nämlich ungeschichtlich als ein «vorgefundenes»
und schon durchorganisiertes Zeichensystem. Gegen den von Locke beeinflußten Sensualismus Condillacs – die Sprache als bewußte Einsetzung von Zeichen anstelle sinnlicher
Erfahrung (1746) – wendet Herder ein, daß die kontrollierte Anerkennung der Zeichen
durch alle Sprechenden unerklärt bleibe. Statt dessen vertritt er eine geschichtliche Entwicklung der (National-)Sprachen und hält – unter Einfluß von Johann Georg Hamann
(1730–1788) – die Poesie für die Muttersprache des menschlichen Geschlechts. In seiner
frühen Geschichtsphilosophie (1774) verwirft Herder den Fortschrittsgedanken der
Aufklärung, betont statt dessen den Eigenwert jeder Epoche und lehnt jede Überlegenheit
gegenwärtiger Zeitalter über die Vergangenheit ab. In den späteren ‹Ideen zur Philosophie
der Geschichte der Menschheit› (1784–1791) nimmt er jedoch einen geschichtlichen
Humanitätszuwachs an, der sich an der Entfaltung und dem Glück des Individuums
bemesse. – Gemälde von Anton Graff, 1785.

phie, begründen. Die wirkungsgeschichtlich maßgebliche Schrift, 209
die *Grundlage der gesamten Wissenschaftslehre* (1794), ist strenggenommen erst eine Einleitung. Obwohl Fichte sie etwas übereilt
verfaßt, stellt sie einen frühen Höhepunkt seines Denkens dar.
Ihre Lehre von der schöpferischen Freiheit des absoluten Ich als
des höchsten Prinzips strahlt trotz ihrer abstrakten Spekulation
auf Philosophen, Theologen und die Schriftsteller der «Jenaer
Frühromantik» aus.

Die Wissenschaftslehre selbst entwickelt Fichte in immer neuen
Vorlesungsreihen, die er aber nie zum Druck freigibt. Besonders aus-
gereift sind die *Wissenschaftslehre nova methodo* von 1798/99 und
die *Wissenschaftslehre* von 1804. In all diesen Werken verbindet er
Kants Transzendentalphilosophie mit der von Descartes und Spinoza stammenden Suche nach einem «absolut ersten, schlechthin
unbedingten Grundsatz alles menschlichen Wissens». Dabei versteht Fichte unter dem Wissen alle vom «Gefühl der Notwendigkeit
begleiteten Vorstellungen», also auch die Moral, und nennt das zugrundeliegende transzendentale Subjekt «Ich». Auf dessen Spontaneität, Einheit und Selbstbezug soll alles, sowohl das Erkennen als
auch das Wollen, begründet werden. Das «Ich» steht aber nicht,
wie man von Jean Paul bis zu Bertrand Russell und weiteren analytischen Philosophen glaubt, für eine individuelle, natürliche Per-

*Die deutsche Frühromantik findet in Fichtes Frei-
heitsphilosophie das Recht, in schöpferischer Subjektivität Phantasie und Witz spielen zu lassen und
den Widerstreit von Endlichem und Unendlichem
in Ironie, Paradoxien und Aphorismen zu spiegeln.
Um die Brüder August Wilhelm (1767–1845:
Sprachwissenschaftler, Shakespeare- und Calderón-
Übersetzer) und Friedrich Schlegel (1772–1829:
Kulturphilosoph, Literaturkritiker und Schriftsteller) und um die von ihnen herausgegebene Zeitschrift ‹Athenäum› (1798–1800) bildet sich in Jena
ein Kreis junger Autoren, die «frühromantische
Schule». Ihr gehören auch Caroline Schlegel und
Novalis an, nach F. Schlegels Aufenthalt in Berlin
ebenso Ludwig Tieck, Dorothea Veit (geb. Men-
delssohn), F. Schlegels spätere Frau, und F. D. E.
Schleiermacher. Von philosophischer Seite prägen
Schelling (z. B. ‹Philosophie der Kunst›) und Hegel
die deutsche Romantik. Ihrerseits beeinflußt diese
nachhaltig die Literatur und Philosophie der
Nachbarländer: von England und Frankreich über
Spanien, Portugal und Italien bis in die skandi-
navischen und slawischen Länder.*

son, die sowohl sich selbst als auch ihre Vorstellungen über die Welt und deren Wirklichkeit hervorbringt. Bei diesem Verständnis müßte man Fichtes «subjektiven Idealismus» als «Wahnsinn» beurteilen. Gemeint ist vielmehr etwas Allgemeines, das nur gedanklich zugänglich wird, kein empirisches, sondern ein «transzendentales Ich». Dieses ist nicht ein persönliches Wesen, vielmehr das Konstrukt eines Handelns, genauer jenes transzendentalen Handelns, das das (erkennende und wollende) Subjekt als Subjekt erst ermöglicht. Und das Ziel dieses Handelns liegt im (erkennenden und wollenden) Handeln selbst: «Das Ich ist Kraft, der ein Auge eingesetzt ist.»

Um einerseits das Wissen und das Wollen aus einem gemeinsamen Prinzip zu begründen und um andererseits zu verhindern, daß sich die Begründung in einem unendlichen Regreß verliert, beruft sich Fichte nicht auf eine erste Tat*sache,* auf einen «Satz des Bewußtseins» (Reinhold). Er sieht vielmehr das tragende Einheitsprinzip in einer transzendentalen Produktivität, der freien Tat*handlung,* der Selbstsetzung des «Ich»: «Das Ich setzt ursprünglich schlechthin sein eigenes Sein» (dabei meint «Setzen» eine nichtsinnliche Spontaneität). Die Frage, ob Fichte tatsächlich den schlechthin ersten Grundsatz getroffen hat, entscheidet sich an einem Gedankenexperiment: Kann man den Satz bestreiten und trotzdem das (theoretische und praktische) Wissen verständlich machen, ohne sich in Widersprüche zu verwickeln?

Fichtes zweiter Grundsatz – «Das Ich setzt sich ursprünglich ein Nicht-Ich entgegen» – zeigt, daß die transzendentale Produktivität des Ich einer unabhängigen Gegeninstanz, des Nicht-Ich, bedarf. Es ist der Gehalt, an dem sich die Freiheit sammelt, sich auf sich zurückwendet und Bestimmtheit erlangt. Beim Wissen besteht die Gegeninstanz im Objekt, dem Gewußten, beim Wollen in einer anderen Freiheit. Fichte weist also den Bezug von Freiheit auf Freiheit, die Kommunikation zwischen Freiheiten, als für die Freiheit wesentlich aus: «Die Einheit von Ich und Du ist das Wir der moralischen Weltordnung.»

Kant beschränkt die spontane Selbstgesetzgebung, die Autonomie, auf die praktische Vernunft, die Moral. Fichte hebt sie in den Rang eines universalen, auch für die theoretische Vernunft gültigen Prinzips und gewinnt vor allem deshalb eine so große Strahlkraft. In der Universalisierung von Selbständigkeit und Selbsttätigkeit, in der «Selbsterzeugung des Menschen», liegt kein idealistischer Hochmut, sondern eine Einsicht: Sogar die Ordnung der uns vorgegebenen, na-

Fichte versucht sich auch als politischer Denker. Im Anschluß an seine Rechts- und Staatsphilosophie, die ‹Grundlage des Naturrechts nach Prinzipien der Wissenschaftslehre› (1796), entwirft er im ‹Geschlossene(n) Handelsstaat› (1800) eine zentralistische Planwirtschaft mit sozialistischem Charakter. Und während der französischen Besatzung in Berlin setzt er sich mit kämpferischem Pathos gegen Napoleons Fremdherrschaft und für eine deutsche Nationalerziehung ein. Den berühmten ‹Reden an die deutsche Nation› (1808) kommt es weniger auf einen politischen Nationalismus an als auf die Entwicklung des Bewußtseins für eine moralisch-kulturelle Sendung der Deutschen. Nach dem Ende des «Heiligen Römischen Reiches Deutscher Nation» (1806) will Fichte die besiegte deutsche Nation durch zweierlei aufbauen: durch die Aufforderung, die selbstsüchtigen Handlungsmotive durch moralische zu ersetzen,

und durch Hinweis auf den daraus fließenden Gewinn: Mündigkeit, selbständige Geistestätigkeit, reines (moralisches) Wollen und Vaterlandsliebe. Dabei knüpft er an das republikanische, aber auch nationalstaatliche Denken der Französischen Revolution an und ist in der Erziehungslehre vom Schweizer Pädagogen Pestalozzi geprägt. Fichte begründet die Sonderstellung der Deutschen und ebenso der Skandinavier nicht etwa mit rassischen Argumenten, sondern einzig mit der Sprache. Nur die germanischen Sprachen verfügten im Gegensatz zu den «toten» romanischen Sprachen über jene Lebendigkeit, die die wahre Philosophie und eigentliche Dichtung möglich machten. Auch die entscheidenden geistigen und gesellschaftlichen Fortschritte, Reformation und Republikanismus, seien angeblich nur den lebendigen, germanischen Völkern gelungen. – Fichte am Katheder. Zeichnung von Henschel.

türlichen Welt besteht nicht unabhängig von uns, «an sich». Sie hängt davon ab, daß *wir* Zusammenhänge entdecken, indem *wir* Begriffe bilden und Gesetze aufstellen und sie auf den Wissenden, also *uns selbst*, beziehen. Selbst um ein «Wissen» hervorzubringen, braucht es die Tätigkeiten der Spontaneität (man bringt es selber hervor), der komplexen Einheit und des Selbstbezuges. Den wahrhaften Anfang bildet also ein Freiheitsgeschehen. Das theoretische und das praktische Wissen entspringen aber nicht «in» der Freiheit, sondern «entspringen frei»: Man hat sich auf etwas einzulassen, das man auch verweigern kann; man muß sich für die Wahrheit oder die Moral öffnen (erster Grundsatz) und ihr zugleich gehorchen (zweiter Grundsatz). Daher ist der Philosoph nicht der Gesetzgeber des menschlichen Geistes, sondern dessen «Geschichtsschreiber». Auf die Suche nach einem höchsten Punkt fixiert, zeigt Fichte allerdings zuwenig, welche Funktion die Grundsätze für die Erfahrung haben.

Fichtes Theorie des Ich wird vor allem in zwei Richtungen weiterentwickelt. Einerseits sieht Hegel allem, Natur und Geschichte, Kunst, Religion und Wissenschaft, eine «selbsthafte» Struktur zugrunde liegen. In der *Wissenschaft der Logik* baut er auf Fichtes komplexer Struktur der Einheit auf und hält das Denken für die Einheit von Sich-Entzweien und Sich-mit-sich-Zusammenschließen. Andererseits nehmen Marx und die Existenzphilosophie den Gedanken einer Selbsterzeugung des Menschen auf, freilich ohne die bei Fichte rein transzendentale Bedeutung anzuerkennen.

Friedrich Wilhelm Joseph Schelling

Man nennt Schelling (1775–1854) wegen seiner philosophischen Wandlungen nach dem verwandlungsreichen griechischen Meeresgott den Proteus der Philosophie. Seit der von Fichte inspirierten Schrift *Über die Möglichkeit einer Form der Philosophie überhaupt* (1795) folgt er aber einer einheitlichen Grundidee: dem generellen Interesse des spekulativen Idealismus an einem vollständigen System des Wissens. Weil bei Fichte die Natur zu kurz komme, geht Schelling zunächst ihrer Begründung nach. Obwohl er die zeitgenössische Naturwissenschaft, insbesondere die Biologie und Chemie kennt, interessiert er sich nicht für deren Wissenschaftstheorie, sondern für eine «spekulative Physik». Deren «idealistischen» Ansprüchen auf Einheit, Totalität und absolute Gültigkeit ist eine Reihe von genialen Frühwerken gewidmet, etwa *Ideen zu einer Philosophie der Natur* (1797), *Von der Weltseele* (1798), *Erster Entwurf eines Systems der*

Schelling setzt in seiner Spätphilosophie die Geschichte von Gottes Sich-selbst-Denken und Selbst-Werden fort. Sowohl in der ‹Philosophie der Offenbarung› als auch in der ihr vorgeordneten ‹Philosophie der Mythologie› (beide postum veröffentlicht 1856–58) geht es ihm um religiöse Wahrheit. Faßt man die Mythen nach ihrer «historischen Wahrheit» auf, so erscheinen die Göttergestalten als vergötterte Helden, als Gesetzgeber oder als Könige. Im Fall der «philosophischen Wahrheit» belehren die Mythen über die Moral (Kant) oder über den Ursprung und das Wesen der Dinge (Neuplatonismus). In Schellings neuem Denken dagegen, einer konstruktiven Hermeneutik, die «keiner außer» der Mythologie «selbst liegenden Voraussetzung bedarf», erscheinen die Mythen als «etwas wirklich Erlebtes und Erfahrenes, keineswegs Dichtung oder Träumerei». Als «religiöse Wahrheit» gedeutet, verdanken sie sich nicht erfindungsreichen Dichtern oder Philosophen, sondern wiederholen die ursprüngliche, ewige Theogonie (griech. Entstehung von Göttern): wie das Bewußtsein der Völker von den göttlichen Mächten ergriffen und beherrscht wird. Nicht nur bei den Griechen stellt sich die Mythologie als ein Prozeß dar, dessen Stufen die verschiedenen Arten von heidnischen Religionen bilden: Auf einen relativen Monotheismus, auf eine Göttervielfalt mit einem übergeordneten Gott (Ein-Götterei: das Zeitalter des Uranos; die Gestirns- bzw. Astralreligion von Saba) folgen zunächst ein dualistischer Theismus (Zweigötterei: Zeitalter des Kronos; babylonische und phönizische Religion) und schließlich ein Polytheismus (Vielgötterei: Zeitalter des Zeus). Die Dreiheit der durch Götternamen symbolisierten Stufen (Uranos, Kronos, Zeus) findet Schelling auch in Ägypten (Typhon bzw. Seth, Osiris, Horus) und Indien (Brahma, Schiwa, Wischnu). Die höchste Erscheinung des wahrhaften Monotheismus sieht er im Christentum. – Friedrich Schelling. Zeichnung, um 1801, und Daguerreotypie, 1848.

Naturphilosophie (1799), auch *Bruno oder Über das göttliche und natürliche Prinzip der Dinge* (1802), schließlich das *System der gesamten Philosophie und der Naturphilosophie insbesondere* (1804, aber erst postum herausgegeben).

Schelling erhebt die unendliche Tätigkeit der Natur in den Rang des Geistes, freilich eines produktiven, nicht reflektierenden: eines unbewußten Geistes. Umgekehrt gilt der bewußte Geist als Produkt der Natur. Selbst die anorganische Natur brauche eine produzierende Kraft, die ihrerseits auf ein organisierendes Prinzip angewiesen sei. Damit das Prinzip die in der Natur enthaltene Zweckmäßigkeit zwecktätig hervorbringe, darf es nicht den Gesetzen des Zufalls und der Materie gehorchen, sondern muß einen geistigen Charakter haben (daher «objektiver Idealismus» im Gegensatz zu Fichtes «subjektivem Idealismus»). Schelling spricht von Weltseele und versteht darunter nicht eine geheimnisvolle Lebenskraft, sondern etwas, das den natürlichen physikalischen, chemischen und physiologischen Grundkräften innewohnt. Es zeigt sich etwa im Dualismus der beiden Pole eines Magneten, in der negativen und positiven Elektrizität und im Gegensatz von Säuren und alkalischen Verbindungen.

Schelling greift insofern der Existenzphilosophie vor, als er die Transzendentalphilosophie eine bloß negative Philosophie nennt, die lediglich Bedingungen der Wirklichkeit reflektiert, nicht diese selbst. Dem stellt er eine positive Philosophie der Geschichtlichkeit entgegen: eine Philosophie der Religion, insbesondere des Christentums, an der Schelling zeit seines Lebens arbeitet. Er widersetzt sich der damaligen Orthodoxie mit einer auf dem Prinzip Freiheit gründenden Theologie. Einen Höhepunkt bilden die *Philosophische(n) Untersuchungen über das Wesen der menschlichen Freiheit* (1809). Für Heidegger bilden sie «Schellings größte Leistung». Denn sie haben keineswegs nur ein religionsphilosophisches Gewicht, erklären vielmehr den Willen zum Grund des Seins, kritisieren damit die abendländische Metaphysik und nehmen Nietzsches Umwertung der Werte vorweg.

Im Gegensatz zum Titel befaßt sich der Text mehr mit der Freiheit Gottes als der Freiheit der Menschen. Vier dem heutigen Denken fremd gewordene Themen greifen ineinander: außer dem Systeminteresse (am «Ganzen einer wissenschaftlichen Weltansicht») die (jüdisch-christliche) Offenbarung, die im Begriff des Bösen zusammenlaufende Nachtseite der Freiheit und die sich daran anschließende Rechtfertigung Gottes. Auf diese Weise wird zwar die Theorie

der Freiheit thematisch erweitert und zugleich philosophisch ver-
tieft. Eine wichtige Dimension fällt jedoch aus: die soziale und politische Freiheit samt ihrer Sicherung durch Recht und Staat. Nicht
bloß die Thematik ist der heutigen Philosophie fremd, sondern
auch die Denkweise. Statt einer kritischen Argumentation findet
man religionswissenschaftliche Gelehrsamkeit und vor allem eine
hochgemute Spekulation, die das Ziel verfolgt, «mit Gott in sich
Gott außer sich zu begreifen». Zwei Denkmotive bleiben aber be-
achtenswert: daß der Abstand zwischen Gott und Mensch verringert wird und daß ähnlich wie bei Spinoza der Mensch nicht außerhalb von Gott, sondern in Gott lebt.

Am besten versteht man die Schrift nicht als «Untersuchungen»,
sondern als eine «spekulative Geschichte». Sie erzählt die Selbst-
werdung Gottes, und wie aus Gott die Freiheit zum Bösen hervorgeht. Schelling erweitert dabei Grundelemente der biblischen
Schöpfungsgeschichte um eine (transzendental-historische) Vor-Ge-
schichte, die Selbstschöpfung Gottes in Freiheit: Aus einem Willen
ohne Verstand, aus einer Sehnsucht, zeugt sich Gott selber; sein
Wille strebt zum Verstand und wird zur Person, um sich schließlich
in Wesen zu offenbaren, die ihm ähnlich sind: in Freiheitswesen, die
die Möglichkeit zum Guten und Bösen haben. An dieser Geschichte sind außer dem neuen Verständnis des Willens und der Beziehung von Gott und Mensch zwei weitere Elemente ungewöhnlich
und bedenkenswert: daß Gott innerhalb seiner Geschichte der Per-
sonwerdung zu einem Wesen wird, das auch menschlich leidet, und
daß die Freiheit zum Bösen notwendig ist, weil jedes Sein sich nur
in seinem Gegenteil offenbaren kann: Ohne das Böse gibt es auch
nicht «das» Gute, Gott.

Georg Wilhelm Friedrich Hegel

Noch wirkungsmächtiger als Fichte und Schelling vertritt Hegel
(1770–1831) den Anspruch, die bislang in Kant gipfelnde Philosophie zu überbieten und endgültig zu vollenden. In seiner Schule entsteht die über lange Zeit herrschende Meinung einer sachlogischen
Entwicklung «von Kant bis Hegel»: Kant, Fichte und Schelling sin-
ken zu bloßen Vorstufen herab, auf denen Hegel seine «Krönung des
Idealismus» feiert. In der Berliner Antrittsvorlesung nennt Hegel das
stolze Leitmotiv seiner Philosophie: «Das verschlossene Wesen des
Universums hat keine Kraft, welche dem Mute des Erkennens Widerstand leisten könnte» (1818). Trotz seiner Wertschätzung der Antike

gibt Hegel die klassizistische Sehnsucht nach einer Wiederbelebung der antiken «schönen Vereinigung» der Gegensätze auf. Er sieht die Gegenwart von einer Entzweiung bestimmt, aus der die «Macht der Vereinigung verschwunden» ist. Der verdinglichenden Aufklärung beispielsweise steht eine Subjektivität entgegen, die die göttliche Wahrheit und Schönheit zu erhalten sucht. Während die «Reflexionsphilosophie» von Kant und Fichte die Entzweiung nur ans Licht bringe, sucht Hegel sie als «Erscheinung des Absoluten» zu begreifen und auf diese Weise doch aufzuheben.

Hegels Philosophie ist Metaphysik unter Voraussetzung von Kants Metaphysikkritik, aber ohne dessen Kritik als Methode. In einer konstruktiven Metaphysik sucht sie mittels einer spekulativen Dialektik die überlieferten Grund-Gegensätze aufzuheben: die von (objektiver) Substanz und Subjekt, von Idee und Realität, von Ewigkeit und Geschichte.

Phänomenologie des Geistes. Das geniale Werk dynamisiert Kants einmalige Reform der Denkungsart zu einem Prozeß vieler, sich stets überbietender Reformen. Hegel holt den Menschen beim «natürlichen Bewußtsein» ab, entlarvt dessen Welt- und Selbsteinschätzung als falsch, gewinnt aus der Fehleinschätzung einen höheren Standpunkt des Bewußtseins und führt, da sich die Fehleinschätzungen wiederholen, Zug um Zug zu einer immer besseren und schließlich zur richtigen Bewußtseinsgestalt und Selbsteinschätzung. Der Prozeß als ganzes beläuft sich auf eine Historisierung der Vernunft, aber nicht auf ihre Relativierung; denn es gibt eine qualitative Vollendung. Zugleich führt Hegel mittels dieser «Geschichte der Bildung des Bewußtseins» in die eigene spekulative Philosophie ein.

«Bewußtsein» bedeutet hier nicht bloß die theoretische Seite, das Erkennen. Ähnlich wie bei Fichte und im Sinne des idealistischen Systemgedankens geht es Hegel um den Gesamtbereich des Menschlichen, insbesondere auch um Moral, Gesellschaft, Religion und Kunst. Deren verschiedene Gestalten werden nicht nebeneinander gestellt, sondern erscheinen in einer sachlogischen Hierarchie, die sich aus den Erfahrungen des Bewußtseins mit sich selbst ergibt: Das Bewußtsein erhebt einen Anspruch, der sich angesichts seiner tatsächlichen Leistung als überzogen erweist. Um dieses Auseinanderklaffen von Anspruch und Leistung zu überwinden, nimmt es eine Selbstkorrektur vor: eine «Umkehrung des Bewußtseins», die eine neue Gestalt des Bewußtseins hervorbringt. Da sich die Erfahrung wiederholt, kommt es zu einer weiteren Höherentwicklung,

Hegel erhält vier prägende Einflüsse schon während seines Studiums am Tübinger Evangelischen Stift (1788–93): Wie seine Mitstipendiaten Hölderlin und Schelling lernt er (1) die Antike schätzen, (2) eignet sich die Transzendentalphilosophie Kants und Fichtes an, (3) läßt sich von der Französischen Revolution beeindrucken und (4) sucht das in Orthodoxie erstarrte Christentum sowohl mit der Vernunft als auch der religiösen Empfindung zu versöhnen. Um vom «Geschäft des Predigtamtes unabhängig» zu sein und um Muße für die «alte Literatur und Philosophie» zu finden, verbringt er einige Jahre als Hauslehrer in Bern (1793–96) und Frankfurt/Main (1797–1800). Danach wird er Privatdozent in Jena, wo schon Schelling lehrt, mit dem er das ‹Kritische Journal der Philosophie› herausgibt. In der ersten Schrift ‹Differenz des Fichte'schen und Schelling'schen Systems der Philosophie› (1801) verwirft er Kants und Fichtes Denken als «Reflexionsphilosophie» und stellt, obwohl er noch Schellings «Identitätsphilosophie» (von Natur und Geist) verteidigt, ein eigenes Programm vor. Er führt es durch in der ‹Phänomenologie des Geistes› (1807). Da er in deren «Vorrede» auch die Identitätsphilosophie kritisiert, kommt es zum Bruch mit Schelling. Während der Zeit als Rektor des Nürnberger Ägidiengymnasiums (1808–16) veröffentlicht Hegel sein zweites großes Werk, die ‹Wissenschaft der Logik› (2 Bde., 1812 und 1816). Es folgen während der Heidelberger Professur (1816–18) die ‹Enzyklopädie der philosophischen Wissenschaften im Grundrisse› (1817, ²1827) und während der Berliner Professur (ab 1818 als Nachfolger Fichtes) als einziges größeres Werk die ‹Grundlinien der Philosophie des Rechts oder Naturrecht und Staatswissenschaft im Grundrisse› (1821). Beide Werke sind gedrängte Kompendien für die Hörer, aus denen Hegel vorliest und Erläuterungen anschließt. Wirkungsmächtig sind auch die (postum aus studentischen Mitschriften herausgegebenen) großen Vorlesungen: über die Geschichte der Philosophie (1817/18 u.ö.), über Ästhetik (1817/18 u.ö.), über die Philosophie der Religion (1821 u.ö.) und über die Geschichte (1822/23 u.ö.). – Hegel in seinem Arbeitszimmer, 1828.

218   die sich erst dort vollendet, wo Anspruch und Leistung zusammenfallen: beim sich selbst durchsichtigen Geist. Hegel bezieht einen Teil der Bewußtseinsgestalten auf Phasen der Philosophiegeschichte, etwa auf den Stoizismus, den Skeptizismus und die Aufklärung. Die großen Philosophen werden aber nicht in diese Geschichte «einsortiert»: weder Platon noch Aristoteles, weder Plotin, Augustinus und die mittelalterlichen Denker noch Descartes, Spinoza, Leibniz, Locke und Hume.

     Den Anfang der *Phänomenologie* bildet die einfachste, rein unmittelbare Gestalt, die sinnliche Gewißheit. Weil sie sich auf alle konkreten Gegenstände bezieht, erscheint ihr Inhalt als die reichste Erkenntnis und sie selbst als ein Wissen von unendlichem Reichtum. Tatsächlich erkennt sie aber immer nur ein Dieses im Hier und Jetzt, worin die abstrakteste und ärmste Wahrheit liegt. Dieser «Widerspruch» zwischen angeblich reichstem, tatsächlich aber ärmsten Wissen treibt das Bewußtsein zur zweiten Stufe, der Wahrnehmung, fort. Auch sie macht die Erfahrung, daß der Anspruch nicht den tatsächlichen Leistungen entspricht. Der Prozeß geht deshalb weiter: zu «Kraft und Verstand», zum Selbstbewußtsein und über die naturforschende und die moralische Vernunft, über den Rechtszustand und die Aufklärung zum Kapitel «Gewissen, die schöne Seele, das Böse und seine Verzeihung». Schließlich steigt das Bewußtsein zur natürlichen Religion und von ihr über die Kunst(religion) und die offenbare Religion zur höchsten Stufe, dem absoluten Wissen auf, zum Geist, der sich als Geist weiß.

     Seit der frühen Neuzeit befaßt sich die Philosophie mit der Selbstbehauptung des Menschen in Konkurrenz mit seinesgleichen. Hegel erweitert die oft nur rechts- und staatstheoretische Debatte um die Auseinandersetzung des Menschen mit der Natur und um den zugehörigen Begriff der Arbeit. In einem der berühmtesten Kapitel der *Phänomenologie*: «Herrschaft und Knechtschaft», skizziert er den vielschichtigen Prozeß, der den Menschen zum Bewußtsein seiner selbst bringt. In einem «Kampf um Anerkennung» greifen drei Dimensionen ineinander: die persönliche Auseinandersetzung des Menschen mit sich selbst, die soziale mit seinesgleichen und die wirtschaftliche mit der Natur: Das Selbstbewußtsein tritt zunächst als Streben nach Selbsterhaltung auf. Dieses stößt auf das konkurrierende Streben eines anderen, was zum «Kampf auf Leben und Tod» führt. Derjenige, der – im Rahmen der Auseinandersetzung mit sich – den Tod scheut, unterwirft sich dem, der sein Leben wagt; er wird zum Knecht, der andere zum Herrn. Zugleich steht

der Herr für die Ebene des Verstandes, der Knecht für die der Sinnlichkeit. Durch die Arbeit, eine Auseinandersetzung mit der Natur,
in der die eigene Begierde gehemmt wird, erhebt sich aber der
Knecht über den bloß genießenden (konsumierenden) Herrn. Er befreit sich vom bloß naturgemäß Gegebenen und erweist sich damit
als dem Herrn überlegen.

Wissenschaft der Logik. Kant gewinnt die reinen Verstandesbegriffe,
die Kategorien, aus einer vorgegebenen Urteilstafel. Hegel will diese
Begriffe in ihrer inneren Bestimmtheit «ableiten» und zugleich als
ein systematisches Ganzes darstellen, das sich durch die «Selbstbewegung des Begriffs», also der Sache selbst, rechtfertigt. Die damit
befaßte *Logik,* ein schwieriger Text, ist Philosophie für Philosophen:
keine Logik im Sinne einer Theorie formaler Schlüssigkeit, sondern
eine Theorie der grundlegenden Denk-Bestimmungen des Seienden,
also zugleich Ontologie. Und weil diese Bestimmungen, so wie es die
Neuplatoniker von den Ideen behaupteten, Gott «in seinem ewigen
Wesen darstellen», ist Hegels *Logik* zusätzlich eine «Ontotheologie».
Hegel folgt wieder der Methode der «bestimmten Negation»: Bei
den ersten Begriffen Sein, Nichts und Werden erweist sich zunächst
das reine «Sein» als höchste Abstraktheit und wegen völliger In-
haltsleere als identisch mit dem «Nichts». Insofern ist das Sein in
das Nichts «übergegangen», und in diesem Ineinander-Verschwin-
den besteht das «Werden». Im weiteren Fortgang geht es beispielsweise um die Dialektik von Endlichem und Unendlichem. Dabei
unterscheidet Hegel das ständige Überschreiten einer Grenze nach
der anderen, die «schlechte Unendlichkeit»: eine unaufhörliche Ad-
dition von lauter «Endlichkeiten», von jener «wahrhaften Unendlichkeit» die das Endliche zwar mit umgreift, ihrem Wesen nach
aber weit hinter sich läßt. Hegel befaßt sich auch mit der Dialektik
von Erscheinung und Ding an sich, mit der von Substantialität, Kausalität und Wechselwirkung. Er kritisiert den Spinozismus und behandelt die Subjektivität, die Objektivität und als deren Einheit die
Idee. Diese nimmt im Bereich des Daseins die Gestalt eines organischen Ganzen: des Lebens, an. Beim Erkennen gipfelt sie in der Idee
des Guten. Den Höhepunkt der *Logik* bildet aber die «absolute
Idee»: eine Entsprechung zum Gipfel der *Phänomenologie,* dem absoluten Wissen.

220   *Rechts- und Staatsphilosophie.* Auf der Grundlage des mittlerweile ausgebauten philosophischen Systems zeigt Hegel in seiner Rechtsphilosophie, wie deren unausgesprochenes Gerechtigkeitsprinzip, der freie Wille, unter der Bedingung der Moderne, der Entfremdung, zur Wirklichkeit gelangt. Die hier angewandte Dialektik verschränkt normative Prinzipien mit einer Diagnose der Moderne. Dabei weicht Hegel sowohl im Freiheits- als auch im Rechtsbegriff, nicht zuletzt in der dialektischen Argumentation von Kant ab. Die Freiheit versteht er als «Bei-sich-selbst-Sein-im-anderen» und das Recht nicht wie Kant als allgemeinverträgliche Freiheit, sondern als «Dasein des freien Willens», wobei «Dasein» soviel wie «volle Wirklichkeit» bedeutet: Der freie Wille gelangt im Verlauf seines dialektischen Prozesses zu immer gehaltvolleren Gestalten. Mit ihnen glaubt Hegel, Kants Trennung von Legalität und Moralität zu überwinden. Der Weg führt vom nur äußerlich freien Willen, dem «abstrakten Recht» (Eigentum, Vertrag, Betrug sowie Verbrechen und Strafe), über den innerlich freien Willen, die Moralität (Vorsatz und Schuld, Absicht und Wohlwollen, das Gute und das Gewissen), zum sowohl äußerlich als auch innerlich freien Willen, der Sittlichkeit. Nach dem Vorbild der antiken Polis und ihres Theoretikers Aristoteles versteht Hegel unter der Sittlichkeit die Einheit der Moralvorstellungen der Individuen mit den Moralvorstellungen der «sittlichen Mächte»: mit Recht, Sitte und Religion, eines konkreten Volkes und Staates. Die Einheit wird aber erst in einem Prozeß gewonnen, der drei Institutionen durchläuft. Alle drei haben insofern den Rang einer gelungenen Kommunikation, als ihre Rechte und Pflichten den Mitgliedern zu einem freien Zusammenleben mit ihresgleichen verhelfen. Der erneut dialektische Prozeß setzt (1) beim «unmittelbaren Bei-sich», der Familie, an und führt (2) über die Entfremdung von Familie, Geschichte und Religion in der Arbeits- und Wirtschaftsgesellschaft («bürgerliche Gesellschaft») zum (3) «vermittelten Bei-sich», dem Staat.

In der Staatstheorie schlägt Hegel einen Mittelweg zwischen dem Freiheitsideal der Französischen Revolution und der politischen Restauration ein. Bei seinen «Schülern» kommt es daher zum Streit, ob die Theorie eher als konservativ, als liberal oder aber mit Karl Marx als revolutionär einzuschätzen sei. Hegel selbst setzt sich für einen Rechtsstaat ein, der den Menschen als Menschen zum Subjekt erklärt: «Der Mensch gilt so, weil er Mensch ist, nicht weil er Jude, Katholik, Protestant, Deutscher, Italiener, u.s.f. ist.» Im Rechtsstaat durchdringt die Freiheit als Recht alle Bereiche; selbst das Strafrecht

Bei Hegel tritt die Dialektik noch nachdrücklicher und reiner als bei Fichte und Schelling an die Stelle des traditionellen Mittels der Philosophie, des Beweises, auch an die Stelle von Kants transzendentaler Kritik. Die Dialektik soll die Gedanken verflüssigen, um das Denken vor zweierlei zu bewahren: vor bloß zufälligen Inhalten und vor einer «tödlichen Erstarrung». Hegels Genialität liegt in der Fähigkeit, gegen sich selbst zu denken, dabei sich zu beobachten und das Beobachtete aufzuzeichnen. Das Wesen seiner Dialektik besteht in jener kunstvollen Polemik

des Denkens gegen sich, die sich selbst erzeugt, selbst fortbildet und in sich selbst zurückgeht. Den Kern der Methode bildet die bestimmte Negation: Indem etwas sich in wohlbestimmter Hinsicht als falsch zeigt, verweist es aufgrund der Bestimmtheit des Falschen auf etwas Neues und zugleich Besseres oder Wahreres. Da sich das Vorangehende aber nicht schlechthin, sondern nur in gewisser Hinsicht als falsch erweist, behält das Neue die begrenzte Wahrheit des Alten gemäß den drei Bedeutungen von «Aufheben» bei: von Bewahren, Beseitigen und Hochheben. In der ‹Phänomenologie› spricht Hegel vom «sich vollbringenden Skeptizismus»: Das Bewußtsein erkennt an seiner jeweiligen Gestalt eine Einseitigkeit, die es aufgrund dieser Erkenntnis ablegt, um im Ablegen jene neue, höhere Gestalt zu erreichen, in der die alte Gestalt in dreifacher Weise vorhanden bleibt: als Festhalten, Widersprechen und Steigern. – René Magritte: Hegels Ferien, 1958. Magritte schreibt in einem Brief, daß Hegel «sehr empfänglich für diesen Gegenstand gewesen wäre, der zwei entgegengesetzte Funktionen hat: Wasser nicht wollen (es abhalten) und Wasser wollen (es auffangen). Es hätte ihm gefallen, glaube ich, oder Spaß gemacht (wie Ferien), und deshalb nenne ich dieses Bild ‹Hegels Ferien›».

Wilhelm von Humboldt (1767–1855), ein Freund Schillers und Goethes, ist Philosoph, gelehrter Sprachforscher und praktischer Staatsmann. Die Sprache ist für ihn «das Mittel, durch welches der Mensch zugleich sich selbst und die Welt bildet oder vielmehr seiner dadurch bewußt wird, daß er eine Welt von sich abscheidet». Als liberaler Staatsphilosoph beschränkt er die Staatstätigkeit, verkürzt sie aber nicht auf den «Nachtwächterstaat», auf den Schutz nach außen und die Rechtssicherheit nach innen. W. v. Humboldt fordert zum Kampf gegen Feudalismus auf und zu jener wirkungsmächtigen, «humanistischen» Schul- und Universitätspolitik, die Schillers Erziehungsideal aufnimmt und die Bildung einer geistigen Individualität bezweckt. Als Leiter des preußischen Unterrichtswesens reformiert er das gesamte Bildungswesen, schafft

das humanistische Gymnasium Preußens und gründet im Jahr 1809 die Universität Berlin. An ihr lehrt außer Fichte und Hegel auch der Theologe, Philosoph und Platon-Philologe, der Kirchenmann und Wissenschaftsreformer Friedrich Schleiermacher (1768–1834). Wirkungsmächtig ist seine Schrift ‹Über die Religion. Reden an die Gebildeten unter ihren Verächtern› (1799). Im Balliol College von Oxford ist seine Büste eine der zwölf damals bestellten Büsten der «größten Denker aller Zeiten». Seit 1883 wird der Eingang der Berliner Universität von den Denkmälern der Brüder Humboldt: von Wilhelm und Alexander, dem Naturforscher und Naturphilosophen (1769–1859), flankiert. Seit 1949 heißt es «Humboldt-Universität». – Vorlesungsgebäude der Berliner Universität, um 1820.

orientiert sich an der Personalität des Verbrechers und der ihm zu- 223
rechenbaren Schuld. Andererseits verwirft Hegel die Forderungen
der Französischen Revolution nach Volkssouveränität und einem
allgemeinen Parlament. Und weil der Rechtsstaat, auf dem Boden
der Nationen hervorgebracht, sich ausschließlich in konkreten Einzelstaaten verwirkliche, lehnt Hegel jeden Kosmopolitismus ab. Namentlich verwirft er Kants Gedanken einer globalen Herrschaft des
Rechts, obwohl Kant den Einzelstaaten ein Bestandsrecht läßt, aber
auch zwischen ihnen und allen Bürgern der Welt die Rechtsstaat-
lichkeit einfordert.

Selbst derjenige, der diesen und anderen Ansichten kritisch gegenübersteht, kann schwerlich bestreiten, daß Hegel die gewaltigste rein
philosophische Synthese der Neuzeit hervorbringt.

LEKTÜREEMPFEHLUNG: Von Fichte lese man nach der *Ersten Einleitung in die
Wissenschaftslehre* den ersten Teil der *Grundlage der gesamten Wissenschaftslehre*. Für Schellings generelles Philosophieverständnis empfiehlt sich
das erste Buch der *Philosophie der Offenbarung* und für seine Naturphilosophie die «Einleitung» zu dem *Entwurf eines Systems der Natur*. Danach kann
man sich an der Freiheitsschrift versuchen. Bei Hegel studiere man zuerst Teile der *Phänomenologie des Geistes*: für Hegels Philosophieverständnis die
«Vorrede», für Anspruch und Methode der *Phänomenologie* die «Einleitung» und als Beispiele die Abschnitte «Bewußtsein» und «Selbstbewußtsein».

XIII. Von Schopenhauer bis Marx

Bald nach Hegels Tod macht das Wort vom «Zusammenbruch des Idealismus» die Runde. Das Wort zeugt zwar von einer Selbstüberschätzung junger Intellektueller, die gegen eine Vaterfigur aufbegehren, ohne deren überragende Wirkungsmacht verhindern zu können. Denn Hegel beeinflußt viele Wissenschaften und schafft in ganz Europa und Nordamerika ein Gegengewicht gegen Empirismus und Positivismus: in Frankreich beispielsweise durch Victor Cousin, in Großbritannien durch James H. Stirling, später Thomas H. Green und Francis H. Bradley, in den USA durch Josiah Royce und in Italien später durch Benedetto Croce und Alberico Gentile. In Deutschland zerfällt die Hegel-Schule aber bald in Alt- bzw. Rechtshegelianer und Jung- bzw. Linkshegelianer, und daraus entsteht ein grundlegend neues Denken. Vor allem von den Linkshegelianern gehen kreative philosophische Impulse aus, so von Ludwig Feuerbach (1804–1872), dem Religionskritiker und Wegbereiter des historischen Materialismus (z. B. *Das Wesen des Christentums*, 1841), und von Karl Marx. Søren Kierkegaard zeigt, daß auch ein umfassendes System der Philosophie nicht alle philosophischen Interessen abdeckt: Am Phänomen der Existenz stößt alle idealistische Spekulation an eine klare Grenze. Im Unterschied zu Feuerbach sieht er in der Religion aber keine Selbstentfremdung des Menschen, vielmehr sucht er eine philosophische «Rückkehr zu Gott». Zwei andere Denker lassen sich vom spekulativen Idealismus Hegels erst gar nicht beeindrucken: Arthur Schopenhauer und John Stuart Mill. Bei allen nachidealistischen Denkern bleiben jedoch idealistische Elemente wirksam: bei Kierkegaard im Geistcharakter des Menschen, bei Schopenhauer im Vorrang des Willens bzw. der praktischen Vernunft, bei Mill (unter Berufung auf Wilhelm von Humboldt) im humanistischen Grundzug seiner Philosophie. Und Marx bleibt zumindest einer Hegelschen Dialektik treu. Auch Kierkegaard kann in seinem dialektischen Denken den Einfluß Hegels nicht leugnen. Das «nachidealistische» Quartett Schopenhauer, Kierkegaard, Mill und Marx läßt also eine in vieler Hinsicht neuartige Landschaft der Philosophie entstehen und bleibt doch wesentlichen Motiven von Kant und dem Deutschen Idealismus verhaftet.

Die Industrialisierung und ihre Kritik prägen die Epoche. – William Turner: The Great Western Railway, 1844 (Ausschnitt).

Schopenhauer steht außerhalb der philosophischen Bewegung «von Fichte bis Hegel», allerdings auch lange Zeit in ihrem Schatten. Seine «Lehrmeister» sind Platon, die indische Philosophie der Upanischaden, auch Hume und Goethe, vor allem aber Kant, dessen Philosophie er jedoch folgenreich verändert. Schopenhauer übernimmt Kants «kopernikanische Wende» zum Subjekt und die Einsichten bezüglich Raum, Zeit und Kausalität. Wie die Idealisten sucht er aber die Zweiteilung von Natur und Freiheit zu überwinden, im Unterschied zu den Idealisten allerdings auf eine «materialistische» und zugleich lebensphilosophische Weise. Er ergänzt nämlich Kants transzendentale Betrachtung der apriorischen Erkenntnisformen (Raum, Zeit und Kausalität) um eine zweite, physiologische Betrachtung: Den Grund für die Fähigkeit der Menschen, sich und die Welt als einheitlich zu erfahren, sieht er nicht mehr im Denkvermögen, sondern im Leib, und dieser will vor allem leben. Nicht erst Marx, sondern schon Schopenhauer stellt also die Philosophie vom Kopf auf die Füße. Und im Unterschied zu den Linkshegelianern stellt er sie tatsächlich auf die Füße, genauer auf den ganzen Leib, während die bei Marx so wichtige Wirtschaftsordnung keine Rolle spielt. Für Schopenhauer ist der Leib die sichtbare Objektivation des Willens, und die Erkenntnis gilt als organische Funktion eines Teiles des Leibes, des Gehirns. Die theoretische Welt, die «Welt als Vorstellung», wird zu einer Gehirnfunktion. – Gemälde von Angilbert Göbel, 1882.

METAPHYSISCHER PESSIMISMUS: ARTHUR SCHOPENHAUER

Schon im Titel des Hauptwerkes *Die Welt als Wille und Vorstellung* (2 Bde., 1819 und 1844) nennt Schopenhauer (1788–1860) seinen Leitgedanken: daß die Welt, in der wir leben, sowohl Wille als auch Vorstellung ist. Und die Reihenfolge der Titelbegriffe – erst Wille, dann Vorstellung – zeigt die philosophische Stoßrichtung an: eine Umkehrung der üblichen Rangfolge. Schopenhauer will den «Grundirrtum aller Philosophen» überwinden, wonach der Wille seinen Ursprung im Denken habe. In Wahrheit liege der Wille allem zugrunde und das Denken sei nur dessen Akzidens: Bei Schopenhauer sinkt das Rationale zum Anhängsel des Nicht-Rationalen herab. Keineswegs autonom, ist es ein «bloßes Werkzeug» des Willens, der seinerseits Dasein, Wohlsein und Fortpflanzung, kurz: Leben, will. Und weil er sich in der Regel auf das eigene Leben aus-

richtet, ist er egoistisch und ruft mit diesem Egoismus Leiden hervor. Schopenhauer setzt den so bestimmten Willen mit Kants
Grenzbegriff, dem Ding an sich, gleich: Das Zugrundeliegende, der
Wille, ist schlechthin ursprünglich, selber grund- und erkenntnislos
und zugleich der unsichtbare Grund der Welt. («Wollen! Großes
Wort! Zunge in der Waage des Weltgerichts! Brücke zwischen Himmel und Hölle!») Die vom Willen der gesamten Natur getragene
Welt ist allerdings auch Vorstellung, nämlich Erscheinung des Willens, der erst mit Hilfe der Erkenntnis sichtbar wird und sich als
gegenständliche Welt offenbart.

Schopenhauer entfaltet seinen Leitgedanken in vier Teilen, die wie
bei einem Organismus wechselseitig voneinander abhängen. Jeder
Teil behandelt einen Standpunkt, der für sich genommen einseitig ist,
in seiner Einseitigkeit aber durch die anderen Standpunkte ausge-
glichen wird: Auf eine (transzendentale) Erkenntnistheorie (Buch 1)
folgen je eine Metaphysik der Natur (Buch 2), des Schönen (Buch 3)
und der Sitten (Buch 4). Die Teile 1 und 3 behandeln die Welt als
Vorstellung, die Teile 2 und 4 die Welt als Wille. Dabei entwickeln
die Teile 1 und 2 den Gesichtspunkt der Bejahung, die Teile 3 und 4
den der Verneinung des Willens. In ihr tritt ein metaphysischer Pessi-
mismus zutage, der zusammen mit der Neubewertung des Willens
und einer ichlosen Subjektivität sowohl Philosophen wie Nietzsche,
Bergson, Horkheimer, Gehlen und den jungen Wittgenstein beeinflußt als auch Künstler wie Wagner, Hebbel, Tolstoi und Turgenjew,
Proust, Conrad, Th. Mann, Kafka, Beckett und Borges, e contrario
auch Zola, nicht zuletzt Freud.

Daß der Wille rastlos ist, sagt schon
Hobbes. Nach Schopenhauer verursacht
er aber ein Leiden ohne Maß. Denn der
ewig hungernde Wille findet nie eine
dauerhafte Befriedigung; die Welt erscheint ihm als unendlicher Mangel, und
wo dieser herrscht, herrscht Leiden.
Außerdem tritt mit dem Menschen in
die Arena der Welt ein wildes Tier ein,
das nicht bloß gegen seinesgleichen ein
Wolf ist. Dank seines speziellen Werk-
zeuges, der Vernunft, hält er die Natur
«für ein Fabrikat zu seinem Gebrauch»
und unterwirft sich auch die Pflanzen-
und Tierwelt.

Schopenhauer und Kant. – Karikatur von
Olaf Gulbransson.

228   Vom Leiden, bei dem der «Quäler und der Gequälte... Einer sind», gewährt eine zeitweilige Erlösung die Kunst (Buch 3). Durch Kants Begriff des interesselosen Wohlgefallens beeinflußt, sieht Schopenhauer in der ästhetischen Erfahrung ein «reines, willenloses Subjekt der Erkenntnis» am Werk. Dieses lernt, da vom eigenen Willen frei, eine ganz andere Welt kennen: die «Möglichkeit eines Daseins, das nicht im Wollen besteht». Wer sich am Natur- und Kunstschönen erfreut, nimmt für Augenblicke eine leidfreie Welt vorweg. Den höchsten Rang unter allen Künsten nimmt die Musik ein: «die wahre allgemeine Sprache, die man überall versteht», «eine unbewußte Übung in der Metaphysik, bei der der Geist nicht weiß, daß er philosophiert». Als unmittelbares Abbild des Willens bedarf sie keiner Anschauung der Ideen: «die Musik überhaupt ist die Melodie, zu der die Welt der Text ist».

Nicht nur vorübergehend, sondern dauerhaft wird der Egoismus aber erst durch Mit-Leiden gebrochen. Wer in dem Bewußtsein lebt, Glied einer vom Leiden bestimmten Welt zu sein, und wer mit dem Wohl und Wehe der anderen, ausdrücklich auch der Tiere, mitempfindet, wird sie zumindest nicht verletzen, ihnen vielleicht sogar helfen. (Horkheimer läßt sich davon zum Gedanken einer Solidarität aller Menschen inspirieren.) Wer mit allen mitempfindet, gelangt durch seinen über-individuellen Blick auf alles Leiden zur wahren Gelassenheit: zu jener «Selbstaufhebung des Willens» und «Erlösung von der Welt», in der das selige Nirwana liegt: «Kein Wille, keine Vorstellung, keine Welt». Das, was Schopenhauers Hauptwerk lange Zeit versagt bleibt, gelingt den späten «Nebenarbeiten» und «Nachträgen», den *Parerga und Paralipomena* (1851). Sie bringen philosophischen Erfolg und die Anerkennung Schopenhauers als eines Meisters wissenschaftlicher Prosa. Berühmt sind die *Aphorismen zur Lebensweisheit*, deren oberste Regel Aristoteles entnommen ist: «Nicht dem Vergnügen, der Schmerzlosigkeit geht der Vernünftige nach.» Schopenhauer gibt prägnante Anweisungen nicht zum glücklichen, wohl aber zum Unglück vermeidenden Leben in einer unheilvollen Welt. Zum Beispiel: «Alle Beschränkung beglückt. Je enger unser Gesichts-, Wirkungs- und Berührungskreis, desto glücklicher sind wir: je weiter, desto öfter fühlen wir uns gequält, oder geängstigt. Denn mit ihm vermehren und vergrößern sich die Sorgen, Wünsche und Schrecknisse.»

Eindrucksvoll sind auch Schopenhauers Gleichnisse: «Eine Gesellschaft Stachelschweine drängte sich, an einem kalten Wintertage, recht nahe zusammen, um, durch die gegenseitige Wärme, sich vor dem Erfrieren zu schützen. Jedoch bald empfanden sie die gegenseitigen Stacheln; welches sie denn wieder von einander entfernte … So treibt das Bedürfniß der Gesellschaft, aus der Leere und Monotonie des eigenen Inneren entsprungen, die Menschen zu einander; aber ihre vielen wiederwärtigen Eigenschaften und unerträglichen Fehler stoßen sie wieder von einander ab. Die mittlere Entfernung, die sie endlich herausfinden, und bei welcher ein Beisammensein bestehen kann, ist die Höflichkeit und feine Sitte.»

CHRISTLICHE EXISTENZPHILOSOPHIE: SØREN KIERKEGAARD
Zeit seines Lebens bekämpft Kierkegaard (1813–1855) den spekulativen Idealismus, da er nicht an die wirkliche Existenz des einzelnen heranreiche. Er vergleicht Hegels Philosophie mit dem Schild in einem Schaufenster, das, weil «Wäscherei» draufsteht, suggeriert, dort werde gewaschen; wer mit seiner Wäsche kommt, muß aber feststellen, daß lediglich das Schild zum Verkauf steht.

Kierkegaard bestimmt den Menschen wie Hegel als höhere Stufe von Selbstbewußtsein, als Geist: «Der Mensch ist Geist». Dabei meint «ist» ein Wirklich- und Wahrhaft-Menschsein. Und die Antwort auf die Frage «Was aber ist Geist?» zeigt, daß Kierkegaard zum Verständnis der Existenz Hegelsche Dialektik einsetzt: «Geist ist das Selbst. Was aber ist das Selbst? Das Selbst ist ein Verhältnis, das sich zu sich selbst verhält, oder ist das an dem Verhältnis, daß das Verhältnis sich zu sich selbst verhält; das Selbst ist nicht das Verhältnis, sondern daß das Verhältnis sich zu sich verhält» (‹Krankheit zum Tode›, 1849). Der Mensch gilt weder als eine Substanz noch als eine Eigenschaft, sondern als etwas, das, nicht festgelegt, erst in einem Werden wird, das seinerseits Verhältnischarakter hat: In freier Selbstbestimmung konstituiert sich das Selbst als ein geistiges Selbstsein, das sich zur Welt, zu den Menschen, zu sich und auch zu Gott verhält. – Max Klinger: Der Philosoph.

230

Nach Kierkegaard kommen die meisten Menschen über die ästhetische Existenz nicht hinaus. Denn ihr Prinzip, der Genuß, lebt in vielerlei Gestalten: nicht nur im Spießbürger oder im triebhaften Begehren Don Juans mit den raffinierten Künsten aus dem ‹Tagebuch des Verführers› (in ‹Entweder– Oder›). Sie lebt auch in den dialektischen Spitzfindigkeiten eines Dichters, der seine schöpferische Intellektualität genießt, selbst im Philosophen, der wie Hegel zwar ein System für «das gesamte Dasein und die ganze Weltgeschichte» aufbaut, «es aber vorzieht, im Keller zu wohnen, das heißt in den Bestimmungen des Sinnlichen». Nach Kierkegaard ist die ästhetische Existenz trostlos, da man wie der Dichter und Denker A an Langeweile, Trübsinn und Schwermut, an Lebensüberdruß, Angst und Einsamkeit leidet. Daß aller Genuß nur flüchtig ist, verdeutlicht A an Figuren aus Mozart-Opern, an drei Repräsentanten erotischer Sinnlichkeit: am Pagen Cherubino aus dem ‹Figaro›, an Papageno aus der ‹Zauberflöte› und am Titelhelden des ‹Don Giovanni›. In diesen und anderen Fällen vermag das Prinzip Sinnlichkeit keine Identität und Kontinuität im Dasein zu stiften. – Søren Kierkegaard, um 1838. Zeichnung von N. Chr. Kierkegaard.

Obwohl Hegel die Wahrheit allein im Konkreten liegen sieht, hebt er nach Kierkegaard den einzelnen im Allgemeinen auf und unterwirft die personale Ethik der Staatsethik. Aus dieser doppelten Kritik und zusätzlich aus dem Ringen um das eigene Verhältnis zu Gott lebt Kierkegaards Werk, ein Denken jenseits der von Hegel bestimmten Vermittlungen und jenseits aller Wesensphilosophie: der fulminante Beginn der modernen Existenzphilosophie.

Kierkegaard – «ich bin kein Apostel, sondern nur ein Genie» – verfaßt keine spekulativen Gedankengebäude, da diese für die individuelle Lebenspraxis bedeutungslos bleiben, sondern *Philosophische Brocken* (1844). Sie umschreiben eine Wirklichkeit, die nur aus spekulativer Sicht in zusammenhanglosen Fragmenten besteht. Es ist der einzelne im Vollzug der Existenz. Darunter ist ein persönlich zu verantwortender und «nach vorwärts zu lebender» Selbstvollzug zu verstehen, bei dem Denken, Wollen, Fühlen und Handeln eine Einheit bilden. Es geht freilich nicht um irgendeinen Vollzug, sondern um menschliches Leben in einem gesteigerten Sinn, um das eigentliche oder wahre Menschsein: «Existieren ist eine Kunst.»

Kierkegaard setzt wie viele Philosophen vor ihm beim Zweifel an (*Johannes Climacus*, 1842). Er versteht ihn aber nicht wie etwa Descartes erkenntnistheorctisch und methodisch, sondern existentiell. «Der Anfang zur höchsten Form des Daseins», das Zweifeln, ist eine Tätigkeit, die man aus sich selbst: aus eigener Kraft und ohne fremde Hilfe, vollbringen muß. Im existentiellen Zweifel wird man einer Zerrissenheit bewußt und der Aufgabe, die Zerrissenheit entweder zu überwinden oder aber auszuhalten. Wie Descartes und anders als der Skeptizismus will Kierkegaard noch *eine* Gewißheit retten. Es ist die einzige, die dem Menschen möglich und zugleich wichtig ist: die im existentiellen Selbstvollzug erlangte Sicherheit, die Person zu sein, zu der man sich entscheidet. Um dieser Aufgabe gerecht zu werden, läßt Kierkegaard seine philosophischen Schriften pseudonym erscheinen, dabei unter mehreren fremden Namen, teilweise sogar doppel pseudonym: In *Entweder–Oder* (1843) veröffentlicht ein pseudonymer Herausgeber, Victor Eremita, die Texte pseudonymer Autoren, A und B genannt, zu denen sich im «Tagebuch des Verführers» noch der Verführer Johannes hinzugesellt. Dieses in der Philosophie einzigartige Vorgehen – allenfalls Platons Dialoge kommen dem nahe – schafft eine Distanz und Brechung, die dem Leser das Wesen der verhandelten Sache vor Augen führt: daß man die Existenz nicht mit fremder Autorität, sondern nur aus eigener Kraft und Verantwortung vollbringen kann. Für diese unvertretbare und zugleich unhintergehbare Freiheitstat bietet die Philosophie keine hieb- und stichfeste Theorie an, sondern nur Existenzformen, also alternativ mögliche Lebensmuster, verbunden mit der Aufforderung, sich für eine der Möglichkeiten zu entscheiden und sie mit aller Kraft in Wirklichkeit zu verwandeln.

Wie schon antike Philosophen, so stellt auch Kierkegaard Lebensformen von unterschiedlichem Rang vor. Die unterste Stufe bildet die ästhetische als sinnliche Existenz. Sie steht noch diesseits der Freiheit mit den Kategorien von Gut und Böse: Der Mensch ist, was er ist, unmittelbar, ohne sich in einem emphatischen Sinn zur Welt, den Mitmenschen, zu sich und zu Gott zu verhalten. Durch eine grundsätzliche Entscheidung, einen «Sprung», öffnet man sich für die Freiheit und gelangt zur nächsthöheren Stufe, deren Muster Sokrates abgibt: zur ethischen (moralischen) Existenz. Erst in ihr ist man gemeinschaftsfähig, zu wechselseitigem Nehmen und Geben bereit. Und erst in ihr lebt man nach Entscheidungen, die dem Maß der Allgemeinverbindlichkeit gerecht werden. Die ethische Existenz verzichtet keineswegs auf das Ästhetische, relativiert es aber. Der

232   Genuß bleibt nicht auf der Strecke, wird aber in eine Gemeinschaft
von Individuen eingebunden, die sich gegenseitig als Freie und Gleiche anerkennen, sichtbar in konkreten Lebensverhältnissen wie Beruf, Ehe und Freundschaft. Den vollkommenen Lebensvollzug erreicht man jedoch erst auf der dritten Stufe, der religiösen, näherhin
christlichen Existenz. Ihr Vorbild ist Christus selbst: kein überge-
schichtlicher, ewig gegenwärtiger, sondern ein Mensch gewordener
und immer neu werdender Gott (*Stadien auf dem Lebensweg*, 1845).
Mit der christlichen Existenz verbinden sich zwei Zumutungen: für
den Verstand, daß er das Absolute und Ewige, Gott, in einer zeitlichen und menschlichen Gestalt anerkennt, und für die moralische
Autonomie, daß sie «von außen», von Gott, abhängig wird.

SOZIALER LIBERALISMUS: JOHN STUART MILL
Mill (1806–1873), Philosoph, Nationalökonom und Sozialreformer, ist der einflußreichste britische Denker des 19. Jahrhunderts
und zugleich einer der intellektuellen Wortführer dieser Zeit. Daß
seine Philosophie nicht anders als die von Schopenhauer, Kierkegaard und Marx auf zeitgenössische Krisenphänomene antwortet
und doch ganz anders ausfällt, verweist auf die Vielschichtigkeit
dieser Phänomene und darauf, daß die Antwort auf sie unterbe-
stimmt bleibt: Aus Gesellschaftsverhältnissen allein läßt sich keine
Philosophie «ableiten».

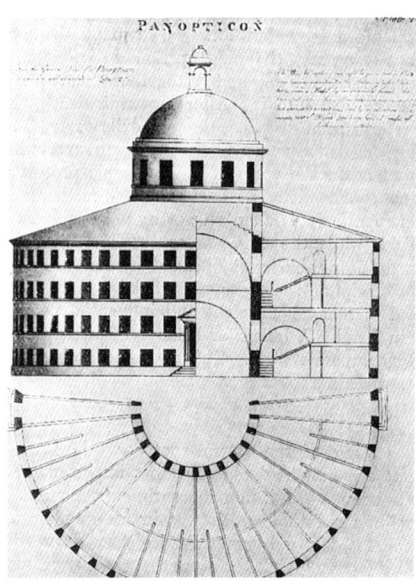

*Jeremy Bentham (1748–1832), Rechtstheore-
tiker, Philosoph und Sozialreformer, entwickelt nach Vorarbeiten von Hobbes, Cum-
berland, Hume und Priestley die Ethik des
Utilitarismus (lat. utilis: nützlich) und erklärt sie zur moralischen Grundlage für eine
wissenschaftliche (empirisch-rationale) Nor-
menbegründung und eine ebenso wissenschaftliche Gesellschaftskritik. Ihr Leitprinzip ist das «größte Glück der größten Zahl».
Trotz offensichtlicher Schwächen – etwa bei
der Begründung des Leitprinzips, beim Lust-
Kalkül und hinsichtlich der Gerechtigkeit –
steigt der Utilitarismus im englischen
Sprachraum bald zur maßgeblichen Ethik
auf. Seit einiger Zeit ist sein Einfluß aber
erheblich gesunken. – Die Abbildung zeigt
«Panopticon», Benthams Entwurf eines
Mustergefängnisses, in dem der Wärter
«alles, was vorgeht, auf einen Blick sieht».*

Mill vertritt in der Wissenschaftstheorie, dem *System der deduktiven und induktiven Logik* (1843), einen radikalen
Empirismus. Dieser befreit sich zwar von
den Scheuklappen einer dogmatischen
Metaphysik, läuft aber Gefahr, selbst zu
einer Dogmatik zu erstarren. Sogar die
Mathematik beruhe auf induktiven Ver-
allgemeinerungen, für die es allerdings
besonders viele empirische Belege gebe,
so daß sie uns psychologisch als notwendig erscheinen. Wissenschaftliche Erklärungen, die auch in den Humanwissenschaften (moral sciences) möglich seien,
bestehen in der Unterordnung von Ein-
zelereignissen unter geeignete (Natur-)
Gesetze.

Von Adam Smith beeinflußt, wendet
sich Mill in den *Grundsätzen der politischen Ökonomie* (1848) gegen utopische
Sozialisten, die den Staat an die Stelle
des freien Wettbewerbs setzen wollen:
Weil die einzelnen ihre Interessen selber

*John Stuart Mill. – Karikatur von ‹Spy›,
1873.*

am besten beurteilen können, bringt die staatliche Nichteinmi-
schung («laisser-faire») eine doppelte Optimierung zustande: die
effizienteste Staatstätigkeit und den stärksten Anreiz zur Entwicklung des einzelnen. Durch eine Reihe neuer Aufgaben wächst das
Gemeinwesen jedoch über den frühliberalen «Nachtwächterstaat»
hinaus: Es soll zwar nicht selber Schulen gründen, aber die Eltern
zwingen, ihre Kinder in eine Schule zu schicken. Es soll, um Ausbeutung und Gesundheitsschäden zu verhindern, die Arbeitszeit
seiner Bürger überwachen. Mit der Förderung von Auswanderung
soll es der Überbevölkerung entgegensteuern, da sie den sozialen
Frieden gefährdet. Es soll gegen Tierquälerei einschreiten und ka-
ritative Treuhandschaften überwachen. Und unter Einfluß von Anhängern des französischen Sozialphilosophen Claude Saint-Simon
(1760–1825) setzt sich Mill für die politische Gleichberechtigung
der Arbeiterschaft, ihre Vereinigungsfreiheit und ihre Beteiligung
an den Betrieben ein sowie für eine Brechung der wirtschaftlichen
und politischen Vormacht des grundbesitzenden Adels.

Der Mathematiker, Soziologe und Philosoph Auguste Comte (1798–1857), zeitweilig Schüler von Saint-Simon, begründet den französischen Positivismus. Nach Comtes Fassung des schon aus der Aufklärung stammenden Dreistadiengesetzes durchlaufen sowohl die einzelnen Menschen als auch die Menschheit notwendig drei Stufen des Wissens (‹Cours de philosophie positive›, 6 Bde., 1830–1842): Im «theologischen Zustand», der sich noch in Fetischismus, Polytheismus und Monotheismus unterteilt, gelten alle Gegebenheiten als Wirkungen übernatürlicher Wesen. Im «metaphysischen Zustand» treten an deren Stelle abstrakte Kräfte, zum Beispiel das Absolute oder der Wille. Schließlich werden im «wissenschaftlichen» oder «positiven Zustand» alle beobachteten Tatsachen dadurch erklärt, daß man sie aufeinander bezieht und daraus Gesetzmäßigkeiten ableitet. In Comtes positivistischer «Religion der Menschheit» (‹Catéchisme positiviste›, 1852) besteht der Glaube in einer Erkenntnis der Gesetze für die Natur und die Menschheit und die Moral in der Aufgabe, «für den anderen zu leben» (vivre pour autrui). Unter der Leitung eines (positivistischen) Priesters, der allen Klassen die Vorteile sozialer Ordnung lehrt, sollen alle Menschen an der Verwirklichung des gemeinsamen Glückes der (hierarchisch gegliederten) Gesellschaft arbeiten. – Zeitgenössische Radierung.

On Liberty (*Über die Freiheit*, 1859), eine Kampfschrift auch gegen den Puritanismus der viktorianischen Gesellschaft, erweitert den sozialen Wirtschaftsliberalismus um einen politischen Liberalismus. Leidenschaftlich verteidigt Mill das Recht eines jeden, seine Überzeugungen frei zu bilden und das eigene Leben nach diesen Überzeugungen frei zu gestalten. Niemand schuldet der Gesellschaft eine Rechenschaft für Handlungen, bei denen es nur um die eigenen Interessen geht. Mit allem Nachdruck lehnt Mill jede «Tyrannei der Mehrheit» ab, insbesondere Comtes Entwurf «einer Zwangsherrschaft der Gesellschaft über das Individuum» (*Auguste Comte and Positivism*, 1865): «Der einzige Zweck, um dessentwillen man Zwang gegen den Willen eines Mitglieds einer zivilisierten Gesellschaft rechtmäßig ausüben darf, ist es, die Schädigung anderer zu verhüten.» Der Staat ist lediglich für Rahmenbedingungen zuständig, die dem einzelnen erlauben, seine Entscheidungen wohlinformiert und wohlüberlegt zu treffen. Auch soll er «die fast despotische Macht der Männer über die Frauen» brechen, indem er

den Frauen «dieselben Rechte und denselben Rechtsschutz» gewährt (*The Subjection* – Unterdrückung – *of Women,* 1869).
   In einem geistreichen Plädoyer für den *Utilitarismus* (1861) sucht
Mill die Schwächen dieser auf Bentham zurückgehenden Ethik zu
überwinden. Die wichtigste Veränderung liegt im «qualitativen Hedonismus». Danach kommt es nicht allein auf den höchsten Genuß, sondern auch auf den humanen Rang der Freuden an; denn es
ist «besser, ein unzufriedener Mensch zu sein als ein zufriedenes
Schwein». Zwei andere Verbesserungsversuche mißlingen. Die (bei
Bentham noch fehlende) Begründung des Leitprinzips erliegt der
Doppeldeutigkeit des Ausdrucks «desirable» und schließt von
«wünschbar», einem Sein, auf «wünschenswert», ein Sollen. Auch
der Versuch, das Kollektivwohl mit dem Gedanken der Gerechtigkeit zu versöhnen, mißlingt. Mill übersieht außerdem die Spannungen, die sich zwischen seiner Verteidigung des Individuums und
dem utilitaristischen Prinzip Kollektivwohl auftun. Weil sich überdies der Lust-Kalkül, eine genaue Bilanz von Freud und Leid, als
kaum praktikabel erweist, hat der Utilitarismus auch im englischen
Sprachraum mittlerweile seine lange Vorherrschaft verloren.

Kritik der politischen Ökonomie: Karl Marx

Setzt man die Wirkung seines Denkens mit der des Marxismus gleich,
so hat Marx (1818–1883) einen weltgeschichtlichen Rang. Er beklagt
zwar jahrzehntelang eine «Verschwörung des Schweigens». Das zum
Teil mit Friedrich Engels ausgearbeitete Werk, eine umfassende Ge-
sellschafts- und Wirtschaftstheorie, beherrscht aber zunächst die
Internationale Arbeiter-Assoziation, die Erste Internationale (1864 in
London gegründet), und später, nach der russischen Oktober-Revo-
lution (1917), in dogmatisierter Form nach und nach eine halbe Welt.
Daß Mill mit seinem sozialen Liberalismus schon damals eine Alter-
native vorgestellt hatte, wird zu wenig beachtet.
   Marx will nichts Geringeres als eine Revolution der Gesellschaft.
Die Aufklärung über die Bedingungen und Ziele der Revolution
nennt er Kritik. In deren Kern, der Kritik der politischen Ökono-
mie, verbindet er Elemente der britischen Nationalökonomie
(Adam Smith, David Ricardo) und des französischen Sozialismus
mit der Hegelschen Dialektik («unbedingt das letzte Wort aller
Philosophie»). Diese Verbindung dient einem einzigen Ziel: der
Aufhebung der menschlichen Entfremdung durch Auflösung des
Widerspruchs von Kapital und Arbeit in Form einer Emanzipation

In der letzten und berühmtesten ‹These(n) über Feuerbach› (1845) stellt Marx sein Lebensprogramm und darüber hinaus auch sich vor: einen selbstbewußten Intellektuellen, der nicht nur von der Leidenschaft der Erkenntnis, sondern auch von einem unbändigen Machtwillen erfüllt ist und Gegner mit einer maßlosen Polemik überzieht. In seinen Berliner Jahren (ab 1837) schließt sich Marx der philosophisch-politischen Avantgarde, den Linkshegelianern, an, um unter Feuerbachs Einfluß Hegels Idealismus «auf (materialistische) Füße zu stellen» (‹Zur Kritik der Hegelschen Rechtsphilosophie›, 1844). Als Mitarbeiter, später Chefredakteur der liberalen ‹Rheinischen Zeitung› (seit 1841) befaßt er sich mit ökonomischen Fragen. In der Pariser (seit 1843), später Brüsseler Emigration (seit 1845) studiert er den französischen Sozialismus, namentlich Pierre-Joseph Proudhon. Er verfaßt ‹Ökonomisch-philosophische Manuskripte›, die sogenannten ‹Pariser Manuskripte› (1844, veröffentlicht erst 1932, wichtig für den undogmatischen Marxismus eines Lukács und Marcuse) und setzt sich für ein Bündnis der Philosophie mit dem Proletariat ein. Zusammen mit Engels schreibt er ‹Die heilige Familie, oder Kritik der kritischen Kritik› (1845) und die ‹Deutsche Ideologie› (1845, veröffentlicht 1932): eine Auseinandersetzung vor allem mit L. Feuerbach, Bruno Bauer und Max Stirner (‹Der Einzige und sein Eigentum›, 1845). Als Staatenloser aus Brüssel ausgewiesen, begibt er sich über Köln nach London, wo er zusammen mit Engels das ‹Manifest der Kommunistischen Partei› (1848) verfaßt und, von Engels finanziell unterstützt, außer der Schrift ‹Zur Kritik der politischen Ökonomie› (1859) sein dreibändiges Hauptwerk erarbeitet: ‹Das Kapital› (die Bde. II und III werden von Engels aus dem Nachlaß herausgegeben). Zugleich erreicht Marx durch seine führende Mitarbeit an der Ersten Internationale den Höhepunkt politischer Wirksamkeit. – Eingangshalle der Humboldt-Universität Berlin mit Marx' letzter These über Feuerbach.

der Arbeiterschaft. Zur Frage, worin die daraus hervorgehende klassenlose und zugleich, wegen der Aufhebung des Privateigentums, kommunistische (lat. communis: gemeinsam) Gesellschaft des näheren besteht, sagt Marx wenig. Die dabei leitende Maxime erinnert an Schopenhauer. «Statt unnütze Systeme für das Glück der Völker aufzustellen, will ich mich darauf beschränken, die Gründe ihres Unglücks zu untersuchen.» Man kann bei Marx allerdings auch eine gnostische Schwarzweißmalerei entdecken, die vor aller Erfahrung schon um die Schlechtigkeit der Welt weiß und sie nur durch eine paradiesähnliche Utopie zu überwinden vermag: «Heute dies, morgen jenes zu tun, morgens zu jagen, nachmittags zu fischen, abends Viehzucht zu treiben, nach dem Essen zu kritisieren, wie ich gerade Lust habe, ohne je Jäger, Fischer, Hirt oder Kritiker zu werden.»

Marx nennt seine Theorie einen wissenschaftlichen Sozialismus. Sie heißt wissenschaftlich, weil sie sich im Gegensatz zum «utopischen», «kleinbürgerlichen» und «doktrinären» Sozialismus Proudhons nicht mit einer «utopischen Auslegung» der bisherigen Nationalökonomie zufriedengibt. Marx übernimmt zwar von Proudhon das Leitziel, die klassenlose Gesellschaft. Sie soll aber aufgrund einer wissenschaftlichen Analyse der die Gesellschaft bestimmenden Gesetze erreicht werden, wobei der Vorrang bei der Wirtschaft liegt. Die Analyse gilt andererseits als sozialistisch, weil sie im Gegensatz zur «bürgerlichen» Nationalökonomie nicht vom Standpunkt der «bürgerlichen Klasse», der Kapitaleigner, vorgenommen wird, sondern aus dem Blickwinkel der im Elend lebenden Arbeiterklasse, des Proletariats. Marx gesteht der überlieferten Nationalökonomie zu, den Mechanismus der Produktionsverhältnisse aufgeklärt zu haben: den Zusammenhang des Privateigentums mit der Trennung von Arbeit und Kapital, mit der Arbeitsteilung, Konkurrenz usw. Er wirft ihr aber eine «fatalistische Ökonomie» vor, die sich nicht mit den Entstehungsbedingungen der Produktionsverhältnisse befasse und deshalb das Gesetz ihrer Veränderung nicht erkenne. Dem stellt er entgegen, was man später den historischen Materialismus («Histomat») nennt.

In den frühen *Pariser Manuskripten* skizziert Marx, wie aus den eigenen Annahmen der bürgerlichen Nationalökonomie nicht der Wohlstand der Gesellschaft folgt, sondern im Gegensatz zu Adam Smith eine Verarmung, schließlich Verelendung des Arbeiters: Die auf Profitsteigerung zielende Kapitalverwertung zerstöre das kleine Kapital, bemächtige sich des Grundbesitzes, führe zu einem Über-

Zu Recht stellt Marx die Lage der Arbeiterschaft in der Mitte des 19. Jahrhunderts als elend dar. Auch ist es nicht falsch, obwohl es unter der Hand geschieht, zwei Begriffe von Entfremdung miteinander zu verschränken: die sozialpsychologische Entfremdung, daß «jemand oder etwas einem fremd wird», und die wirtschaftsrechtliche Entfremdung, daß «jemand Eigentum veräußert». Marx vertritt aber die weitergehende These, beide Entfremdungen seien zwei Seiten eines und desselben Vorgangs. Weil diese These weder begründet wird noch einleuchtet, kann auch das gesellschaftspolitische Ziel nicht überzeugen, daß eine Veränderung der Wirtschaftsform, die Aufhebung des Privateigentums, die sozial-psychologische Veränderung zustandebringe: den nicht mehr entfremdeten Menschen. Im übrigen kommt eine Veränderung der Wirtschaftsform nur über eine Veränderung der Menschen zustande. Wie gegen Hegel, so läßt sich auch gegen Marx einwenden, daß die «objektive Sittlichkeit», die Welt der Institutionen, zur «subjektiven Sittlichkeit», der menschlichen Verantwortung, nur ein Gegenstück, nicht ihr Ersatz ist. Und im Rahmen der objektiven Sittlichkeit überschätzt Marx das Gewicht der Wirtschaft gegenüber dem von Recht und Staat. – Karl Marx. Portraitaufnahme um 1880.

fluß an Arbeit und drücke den Arbeiterlohn unter das Existenzminimum. (Später verabschiedet Marx den Gedanken einer absoluten Verelendung und behauptet nur noch, der Arbeitslohn halte nicht mit dem wachsenden Reichtum der Kapitaleigner Schritt.) Marx weitet sodann die Kritik der Nationalökonomie zu einer philosophischen Anthropologie über die Natur des Menschen und seiner Arbeit aus. Hier spielt er gewissermaßen Hegels Dialektik von Herr und Knecht für die «materielle», wirtschaftliche Grundbeziehung durch, für den «feindlichen Kampf zwischen Kapitalist und Arbeiter»:

Marx macht das Privateigentum an den Produktionsmitteln für eine vierfache Entfremdung verantwortlich: Erstens entfremdet sich der Arbeiter – in abgewandelter Form auch der Kapitaleigner – vom Produkt seiner Arbeit, da er das Produkt, die Ware, nicht selber genießt; außerdem steht ihm die Natur als feindliche Welt gegenüber. Der Arbeiter entfremdet sich zweitens von sich selbst, von seiner Lebenstätigkeit, denn: «Zu Hause ist er, wenn er nicht arbeitet, und wenn er arbeitet, ist er nicht zu Hause.» Auch ist die Arbeit für ihn Zwang; überdies befriedigt sie nicht die eigenen Bedürfnisse, sondern – über die Waren – nur die Bedürfnisse anderer; außerdem gehört der Arbeiter nicht sich, sondern einem anderen, dem Kapitalisten, für den er selber zu einer Ware wird. Drittens entfremdet sich der Mensch von seinem Gattungswesen, da er sich im Werk der Gattung, der bearbeiteten Natur, nicht wiederfindet. Und schließlich entfremdet er sich noch vom Mitmenschen, da dieser ihm nicht als Mensch, sondern lediglich als Arbeiter, mithin als Mittel für das eigene, individuelle Leben entgegentritt.

Marx nennt sein (unabgeschlossenes) Hauptwerk *Kapital*, weil dieses «die alles beherrschende ökonomische Macht der bürgerlichen Gesellschaft» ist. Er beginnt mit der Analyse von Ware und Geld als den sachlichen Voraussetzungen und formalen Elementen des Kapitals. Und er gesteht dem Kapital die welthistorische Aufgabe zu, alle Produktivkräfte der Arbeit zu entwickeln. Andererseits verhindere es aber, daß die Arbeit bzw. der Arbeiter zum Subjekt der gesellschaftlichen Prozesse werde. Durch den Mechanismus der «Verelendung der Massen» soll es zu einer Selbstaufhebung des Kapitals kommen: Im Zuge einer wachsenden Konzentration des Kapitals werden mehr und mehr Kapitaleigner ihrerseits enteignet. Und «es wächst die Masse des Elends, ... aber auch die Empörung der stets anschwellenden ... vereinten und organisierten Arbeiterklasse». Schließlich wird die kapitalistische Hülle gesprengt, alles Privateigentum abgeschafft und statt dessen «das individuelle Eigentum auf Grundlage der Errungenschaft der kapitalistischen Ära» hergestellt: «die Kooperation und der Gemeinbesitz der Erde und der durch die Arbeit selbst produzierten Produktionsmittel».

LEKTÜREEMPFEHLUNG: Bei Schopenhauer kann man mit den *Aphorismen zur Lebensweisheit* anfangen, hier mit Kap. I–IV oder aber Kap. V. Von der *Welt als Wille und Vorstellung* studiere man als erstes die Vorreden zur ersten und zweiten Auflage, sodann das erste Buch. Bei Kierkegaard mag man mit dem *Tagebuch des Verführers* beginnen und *Die Krankheit zum Tode*, 1. Abschn. anschließen. Bei Mill lese man zunächst die ersten zwei Kapitel der Schrift *Über die Freiheit* und bei Marx als erstes die *Pariser Manuskripte*, dann das *Manifest der Kommunistischen Partei* und die *Thesen über Feuerbach*.

XIV. Lebensphilosophien.
Von Nietzsche bis Dewey und Bergson

Große Denker antworten auf die gesellschaftlichen und kulturellen Umbrüche ihrer Zeit. Im 19. Jahrhundert verbinden sich die fortschreitende Industrialisierung und Demokratisierung mit einer Entwertung der bislang herrschenden Werte, mit einem Nihilismus (lat. nihil: nichts). Dazu kommen der Siegeszug der Erfahrungswissenschaften, die sich gegen transzendentale Grundlegungen und dialektische Systeme herzlich gleichgültig verhalten, ferner die Spezialisierung des Wissens, nicht zuletzt im Gefolge von Charles Darwin ein Biologismus. Ein zweites «Quartett» nachidealistischer Philosophie: Friedrich Nietzsche, Wilhelm Dilthey, der amerikanische Pragmatismus und Henri Bergson, antwortet auf diese Herausforderungen höchst unterschiedlich und bereitet mit seinen Antworten heutige Denkkonstellationen vor:

Nietzsches radikale und zugleich umfassende Kritik bietet Alternativen zu den Diagnosen und Therapievorschlägen des ersten «nachidealistischen Quartetts», zu Schopenhauer, Kierkegaard, Mill und Marx: Statt Schopenhauers Mitleidsmoral und Marx' Sozialismus zu folgen, übt Nietzsche an beidem scharfe Kritik; gegen Kierkegaards «Rückkehr zu Gott» erklärt er: «Gott ist tot»; und Mills Utilitarismus hält er entgegen: «Der Mensch strebt *nicht* nach Glück; nur der Engländer tut das.» Ferner setzt er dem Historismus und Nihilismus seiner Zeit das Programm einer Umwertung aller Werte entgegen; und sowohl gegen das Vertrauen in die Wissenschaften als auch in die Demokratisierung hegt er eine tiefe Skepsis.

Dilthey und die Pragmatisten reagieren akademisch-gemäßigter und eher affirmativ. Dilthey tritt gegen die Vorherrschaft der Naturwissenschaften auf und wird in Berlin, am Ort so überragender Historiker wie Barthold Georg Niebuhr, Jacob Grimm, Theodor Mommsen und Leopold von Ranke, zum Theoretiker der Geschichtswissenschaften. Denn sie stellen – behauptet er – einen eigenständigen und, wegen ihres Nutzens für das Leben, unverzichtbaren Wissenschaftsstypus dar.

Der Nordamerikaner Charles S. Peirce kommt dagegen von der Mathematik und den Naturwissenschaften her. Zusammen mit William James und John Dewey entwickelt er eine Philosophie, die ihre europäischen Wurzeln nicht leugnet, sich aber mehr und mehr

Friedrich Nietzsche. – Gemälde von Edvard Munch, 1906.

Kaum ein Naturforscher des 19. Jahrhunderts verändert das Natur- und Menschenbild so einschneidend wie der Begründer der modernen Evolutionstheorie: Charles Darwin (1809–1882). Nach seiner revolutionär neuen Theorie ‹Über den Ursprung der Arten› (1859) verdankt sich die Zweckmäßigkeit in der Natur nicht einem (Schöpfungs-)Plan, sondern einem blinden Naturprozeß («Prinzip Zufall»): Von den im Überfluß entstehenden, geringfügig voneinander abweichenden Individuen überleben diejenigen, die an ihre Lebensbedingungen am besten angepaßt sind («survival of the fittest») und die meisten Nachkommen hervorbringen: das Prinzip der natürlichen Auslese («natural selection») im Kampf ums Dasein («struggle for life»). Analog zur biologischen Evolutionstheorie, aber unabhängig von Darwin nimmt Herbert Spencer (1820 bis 1903) für die menschlichen Kulturen, Staatsformen und die menschliche Moral einen Fortschritt zu immer komplexeren und «besseren» Formen an: Durch Zunahme von Sympathie und Mitleid werden sozialregulative Eingriffe des Staates überflüssig, und unter wechselseitigem Respekt regeln die Menschen ihre Angelegenheiten selber. – Die Evolution des Homo sapiens, nach ‹History of the Primates› von Wilfred LeGros Clarke.

von ihnen löst, um schließlich zu einem ernsthaften Konkurrenten des bislang europäisch dominierten Denkens aufzusteigen. Es ist der Pragmatismus, der generell auf die Wissenschaften und bei Dewey und George Herbert Mead zusätzlich auf die Demokratisierung vertraut. Auch der mit James befreundete Bergson vertritt einen Pragmatismus, widersetzt sich aber dem Wissenschaftsoptimismus der Nordamerikaner und ihrer Metaphysikkritik.

Bei ihnen allen erhält die Psychologie großes Gewicht und spielt der Begriff des Lebens eine entscheidende Rolle. Erstaunlicherweise sieht sogar Peirce, ein Pionier der Mathematischen Logik, im Erkennen keinen Selbstzweck, sondern stellt es in den Dienst am menschlichen Handeln.

Wie das erste, so bleibt auch das zweite «nachmetaphysische Quartett» mit Kant und, schwächer, mit Hegel verbunden. Nietzsche zieht zwar die gesamte abendländische Philosophie seit Sokrates vor sein Gericht, das so gut wie alles bisherige Denken verurteilt. Über Schopenhauer vermittelt, ist ihm aber «der große Chinese von Königsberg»: Kant, eine der wichtigsten Inspirationsquellen und zugleich einer seiner handverlesenen philosophischen «Gegner». Dilthey bringt die seither maßgebliche «Akademie-Ausgabe» von Kants *Gesammelten Schriften* auf den Weg und schreibt eine *Jugendgeschichte Hegels*. Der er-

Charles Darwin

ste Pragmatist, Peirce, nennt Kants *Kritik der reinen Vernunft* sogar «meine Muttermilch in der Philosophie». Der zweite, James, ist vom französischen Neukantianer Charles Renouvier beeinflußt (*Der Personalismus*, 1903). Der dritte große Pragmatist, Dewey, wird mit einer Arbeit zu Kants Psychologie promoviert. Und Bergson setzt sich mit Kants Moralphilosophie auseinander. Gemeinsam ist diesen Denkern auch, daß sie den Menschen in die Unsicherheit des Lebens entlassen. So erklärt Nietzsche mit seinem berühmt-berüchtigten Wort «Gott ist tot», daß es weder für das Erkennen noch das Handeln eine menschenunabhängige, schlechthin objektive Wahrheit gibt.

UMWERTUNG ALLER WERTE: FRIEDRICH NIETZSCHE
Nietzsche ist ein genialer Komponist von philosophisch-literarischen Werken, häufig pathosgeladenen Streitschriften, die für sprachliche Melodien, Rhythmen und einen spannungsvollen Aufbau hochsensibel sind, ohne darüber das Argumentieren zu vergessen. Nach ihrem Gehalt bilden sie einen Höhepunkt der abendländischen Moral- und Metaphysikkritik und zugleich einen Wendepunkt der Moderne: «Wahrheit ist die Art von Irrtum, ohne welche eine bestimmte Art von lebendigen Wesen nicht leben könnte.» Als ein Meister der doppelbödigen Provokation schlägt Nietzsche die intellektuelle und

244 künstlerische Jugend nicht nur Europas in den Bann. Als Theoretiker der Moderne inspiriert er Heidegger, Jaspers, Camus, Foucault und Derrida. Und als Erkenntnis- und Gesellschaftskritiker beeindruckt er sowohl Freud als auch die Frankfurter Schule.

Nietzsche ist ein radikaler Aufklärer. Sein Wille, den Menschen aus selbstverschuldeter Unmündigkeit zu befreien, folgt aber nicht Kants judikativem: richterlich-abwägendem, sondern Voltaires kompromittierendem Modell. Mit Unerbittlichkeit, auch Spott sucht er jene bislang verborgenen Ursachen auf, die die herrschende Moral als unmoralisch entlarven und den Weg für eine bessere Lebensweise freigeben. Durchgeführt im Namen der Moral, ist Nietz-

Der Philologe, Schriftsteller und Philosoph Friedrich Nietzsche (1844–1900), ein intellektueller «Artist, Schamane und Verführer», kommt in einem Pfarrhaus zur Welt. Schon früh, als Schüler der sächsischen Fürstenschule «Zur Pforte» (Schulpforta, 1858 bis 1864), zeigt er in den klassischen Sprachen und der deutschen Literatur eine außergewöhnliche Begabung. Er komponiert, schreibt Gedichte und versucht sich in literarischen Abhandlungen. Ebenso früh zeigen sich auch Symptome einer schwachen Gesundheit. Das Krankenbuch von Schulpforta beschreibt ihn als erblich belastet: «Sein Vater starb jung an Gehirnerweichung», und der Sohn wird «in der Zeit» gezeugt, «wo der Vater schon krank war». Nach dem Studium in Bonn und Leipzig wird Nietzsche im Alter von 24 Jahren als außerordentlicher Professor für klassische Philologie nach Basel berufen. Sein erstes Werk ‹Die Geburt der Tragödie aus dem Geiste der Musik› (1872) löst bei den Philologen Befremden, bei dem von Nietzsche hochverehrten Wagner hingegen Zustimmung aus. Mit der vierten der ‹Unzeitgemäße(n) Betrachtungen› (1873–76), «Richard Wagner in Bayreuth», beginnt jedoch die Entfremdung, die durch ‹Menschliches, Allzumenschliches› (1878) besiegelt wird. Nietzsche findet in diesem Werk zu seiner eigenen Philosophie und ihrer literarischen Form, dem Gedankensplitter oder Aphorismus. Aus Gesundheitsgründen gibt er 1879 sein Lehramt endgültig auf und bewegt sich zwischen Italien (Turin), Frank-

reich und der Schweiz (Sils-Maria im Engadin). Während dieses Nomadenlebens erscheinen in rascher Folge die philosophische Dichtung ‹Also sprach Zarathustra› (1883) und die Prosawerke ‹Morgenröte› (1881), ‹Jenseits von Gut und Böse› (1886) und ‹Zur Genealogie der Moral› (1887), auch das Pamphlet ‹Der Fall Wagner› (1888), ferner, unter Aufgabe des Werkprojekts ‹Der Wille zur Macht›, die ‹Götzen-Dämmerung›, ‹Der Antichrist› und ‹Ecce homo›. Längst kann Nietzsche von sich sagen: «Sie reden alle von mir», und hinzusetzen: «Ich bin kein Mensch, ich bin Dynamit». Er wirkt freilich nur dann aufklärerisch, befreiend, wenn man die Texte mit «jederlei Verschlagenheit, Ironie, Reserve» liest (Thomas Mann). Anfang Januar 1889 erleidet Nietzsche in Turin den endgültigen geistigen Zusammenbruch. Er wird in die Basler Nervenklinik eingeliefert und eine Woche später in die Jenaer Anstalt aufgenommen. In zunehmender geistiger Umnachtung wird er zunächst in Naumburg von seiner Mutter, ab 1897 in Weimar von seiner verwitweten Schwester Elisabeth Förster-Nietzsche gepflegt. Diese gründet ein Nietzsche-Archiv und betreibt mit geschäftlichem Geschick eine von Verfälschungen leider nicht freie Veröffentlichung der Schriften. Nietzsche selbst nimmt nicht mehr wahr, wie er, von der Fama seiner Krankheit mitbegünstigt, kometenhaft zu einer Symbolfigur der europäischen Literatur aufsteigt. – Nietzsche auf dem Krankenlager. Ölskizze von Hans Olde d. Ä., um 1899.

sches Kritik ein moralisches Ereignis. Sie richtet sich gegen jene angeblich seit Platon herrschende «grandiose Dummheit», die den Sinn des Lebens in jenseitigen objektiven Werten und Wahrheiten sucht. Ebenso verwirft Nietzsche die jüdisch-christliche Moral des Mitleids, in deren Geringschätzung er sich mit «Plato, Spinoza, La Rochefoucauld und Kant» einig weiß. Auf der anderen Seite lehnt er auch das schlichte Gegenteil ab, den «Europäer-Buddhismus» bzw. Nihilismus, der alle Verbindlichkeiten leugnet. An die Stelle von Platonismus/Christentum und Nihilismus setzt er ein neues Moralprinzip, das zugleich eine Alternative zu Schopenhauers pessimistischer Lebensphilosophie bildet: die Selbstbejahung und Steigerung des Lebens im «Willen zur Macht».

Dieser oft mißverstandene Begriff ergänzt nach Nietzsches eigenem Bekunden den in der Physik siegreichen Begriff der Kraft der äußeren Welt um eine Kraft der inneren Welt. Der Wille zur Macht meint ein «unersättliches Verlangen nach Bezeigung der Macht; oder Verwendung, Ausübung der Macht», einen schöpferischen Trieb, der im freien Geist zu einem «Ausbruch von Kraft und Willen zur Selbstbestimmung» wird und dem entgegentritt, woran «der moderne Mensch leidet»: einer «Geschwächten Persönlichkeit».

Auf der Grundlage des Willens zur Macht nimmt Nietzsche eine dreifache «Umwertung aller Werte» vor: (1) Bisher hochgeschätzte Werte werden entwertet, zumal sie ihre gestaltende Kraft verloren haben. So wird die Moral der Nächstenliebe als Moral der «Miß-

ratenen, Verstimmten, Schlechtweggekommenen», als eine «Her-den-» und «Sklavenmoral» diskreditiert, die dem Ressentiment der Schwachen und zugleich dem Machtwillen derjenigen entspringt, die die Moral predigen, der Priester. Gleichwohl redet Nietzsche nicht der Mitleidslosigkeit das Wort. Er verwirft das Mitleiden nur als Exklusivziel und Selbstzweck und stellt es in den Dienst einer gesteigerten Persönlichkeit. Zu den Vorbildern der Vergangenheit zählt er nicht bloß den, der «stolz und stark durch dieses Dasein ge-gangen ist», sondern auch den Menschen «mit Erbarmen», und er hält Christus für «den edelsten Menschen». Das christliche «du sollst» muß aber dem dionysischen «ich will» weichen. (2) Über-lieferte Werte, beispielsweise die Gerechtigkeit, erhalten einen neuen Grund der Wertschätzung: «Wenn sich selbst unter dem Ansturm persönlicher Verletzung, Verhöhnung, Verdächtigung die hohe, kla-re, ebenso tief als mildblickende Objektivität des gerechten, des *richtenden* Auges nicht trübt, nun, so ist das ein Stück Vollendung und höchster Meisterschaft auf Erden.» Selbst die asketischen Ide-ale werden nicht rundum verworfen: «Bei Künstlern» bedeuten sie «nichts oder zu vielerlei; bei Philosophen und Gelehrten etwas wie Witterung und Instinkt für die günstigsten Vorbedingungen hoher Geistigkeit.» (3) Schließlich gewinnen bislang geringgeschätzte Werte einen höheren Rang: In Umkehrung des Platonismus wird das Sinnliche zur wahren, das Übersinnliche dagegen zur unwahren Welt. Und die «Sklavenmoral» soll ersetzt werden durch die «Her-renmoral» der «aristokratischen Wertgleichung» von gut mit vor-nehm, mächtig, schön und gottgeliebt.

Nietzsche stellt dem vorherrschenden Durchschnitt das selber Werte schaffende «große Individuum» entgegen. In den frühen Wer-ken heißt es «Genius» und artikuliert sich als «Mundstück Got-tes». Später, nach dem «Tode Gottes», wird es das «souveräne Indi-viduum» oder auch «Übermensch» genannt. Gemeint ist der starke «Typus höchster Wohlgeratenheit», das aus eigener Kraft «ja sa-gende» Wesen, das keine an sich seiende, übersinnliche Welt mehr kennt. Vom Biologismus seiner Zeit beeinflußt, vergleicht Nietz-sche zwar die Steigerung des Menschen zum Übermenschen mit der des Affen zum homo sapiens: «Was ist der Affe für den Menschen? Ein Gelächter oder eine schmerzliche Scham. Und ebendas soll der Mensch für den Übermenschen sein: ein Gelächter oder eine schmerzliche Scham.» Er denkt aber nicht an eine biologische Züchtung, sondern an eine kulturelle Evolution aufgrund einer die Kreativität und Autonomie freisetzenden Selbsterziehung.

Schon für diese Erziehungsarbeit verwendet Nietzsche den provokativen Ausdruck des Züchtens: «Ein Tier heranzüchten, das versprechen darf», ist die «Aufgabe», die «sich die Natur in Hinsicht auf den Menschen gestellt hat». Dabei geht es nicht um das kleine Versprechen: die Verabredung zu irgendeinem Geschäft. Damit die Menschen zur vollen Wirklichkeit gelangen, brauchen sie größere Versprechen: die Fähigkeit, einander Treue zu geloben, sich einer anspruchsvollen Aufgabe zu verschreiben oder ein Gemeinwesen zu bilden, in dem sie «geschützt, geschont, in Frieden und Vertrauen» leben. Um zu derart anspruchsvollen Versprechen fähig zu sein und als «Inhaber eines langen, unzerbrechlichen Willens» tatsächlich für die Zukunft einstehen zu können, muß der Mensch vorab mit Hilfe der «sozialen Zwangsjacke» berechenbar werden. Für diesen schmerzlichen Erziehungsprozeß, der vor langer Zeit, schon in der Vorgeschichte, stattgefunden hat, für diese «Naturgeschichte der Moral», verwendet Nietzsche den Ausdruck «heranzüchten».

Am Ende des Prozesses steht das souveräne, der Zwangsjacke wieder entkommene Individuum. Dank seiner freien Selbstbestimmung wird es nicht mehr durch ein «schlechtes Gewissen» niedergedrückt. Der Angst vor dem Bösen enthoben, folgt es jener Moral des gesteigerten statt des geschwächten Lebens, bei dem der Gegensatz von «gut» nicht «böse», sondern «schlecht» heißt: Das von

«Als Zarathustra dreissig Jahre alt war, verliess er seine Heimat und den See seiner Heimat und gieng in das Gebirge. Hier genoss er seines Geistes und seiner Einsamkeit und wurde dessen zehn Jahre nicht müde. Endlich aber verwandelte sich sein Herz, – und eines Morgens stand er mit der Morgenröthe auf, trat vor die Sonne hin und sprach zu ihr also: «Du grosses Gestirn! Was wäre dein Glück, wenn du nicht Die hättest, welchen du leuchtest!»

Die philosophische Dichtung ‹Also sprach Zarathustra. Ein Buch für Alle und Keinen› (vier Teile, 1883–1885) beschert Nietzsche im 20. Jahrhundert seinen größten literarischen Erfolg. Die hier versammelten Reden, Gleichnisse und Lieder bilden einen Höhepunkt der deutschen Literatur. Der Autor selbst hält sie für sein «bestes Buch», für die «höchste Tat» dionysischer Produktivität, mit der er sogar Dante, Shakespeare und Goethe übertreffe. Im altiranischen Weisen Zarathustra sieht Nietzsche die Alternative zu den Weisen des Judentums, Christentums und Islams und läßt ihn ein Gegen-Evangelium verkünden. Zugleich verkörpert Zarathustra das Ideal jenes großen Menschen der Zukunft, der aus leid- und lustvoller Selbstüberwindung alle bisher bekannte menschliche Größe noch überbietet. Im Gegensatz zum mittelmäßig gewordenen, zum Schaffen unfähigen «letzten Menschen» ist er der Übermensch im Sinne des über sich hinausgewachsenen Menschen: der «freie Geist», der zur «großen Gesundheit» gefunden hat.

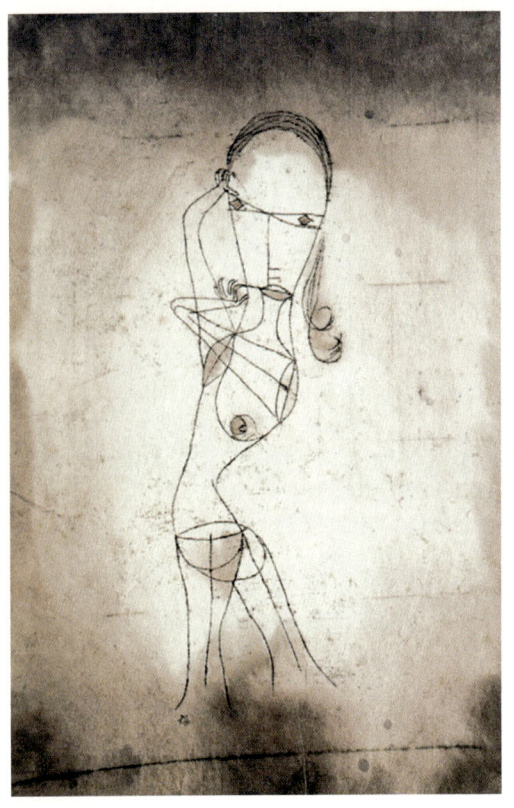

Mit seinen ‹Unzeitgemäßen Betrachtungen› will Nietzsche «gegen die Zeit» und «hoffentlich zu Gunsten einer kommenden Zeit» wirken. Die zweite Betrachtung «Vom Nutzen und Nachteil der Historie für das Leben» (1874) folgt Nietzsches allgemeinem Prinzip der Steigerung des Lebens. Er entlarvt das Ideal historischer Objektivität als Illusion («Geschichte schreibt der Erfahrene und Überlegene»). Mit dem Grundsatz: «Nur soweit die Historie dem Leben dient, wollen wir ihr dienen», kritisiert er ein «Übermaß der Historie», das «dem Lebendigen schade», und führt drei Arten einer lebensdienlichen Historie ein: (1) Die «monumentalische Historie» liefert dem «Tätigen und Strebenden», was er in der Gegenwart vermißt: «Vorbilder, Lehrer, Tröster». (2) Die «antiquarische Historie» erlaubt «dem Bewahrenden und Verehrenden» dorthin «mit Treue und Liebe» zurückzublicken, «woher er kommt», denn «durch diese Pietät trägt er gleichsam den Dank für sein Dasein ab». (3) Die «kritische Historie» gehört schließlich «dem Leidenden und der Befreiung Bedürftigen». Für sie muß der Mensch die Kraft haben, eine Vergangenheit zu zerbrechen, um leben zu können, indem «er sie vor Gericht zieht, peinlich inquiriert, und endlich verurteilt», gemäß Mephistos Wort in Goethes ‹Faust›: «Denn Alles was entsteht, ist werth, dass es zu Grunde geht.» Nietzsche folgt in seinen großen Prosawerken der dritten, kritischen Historie, schreibt er doch eine Vor- und Naturgeschichte der bislang herrschenden Moral, um sie zugunsten einer neuen Moral zu zerbrechen. – Paul Klee: Wissen, Schweigen, Vorübergehen, 1921.

Nietzsche geforderte «Jenseits von Gut und Böse» besteht nicht in einer Amoral, sondern in der Moral von «Gut und Schlecht». Wer sich ihr unterwirft, verbindet die «Herrschaft über sich» mit der «Herrschaft über die Umstände, über die Natur und alle willenskürzeren … Kreaturen». Und allein einem derart souveränen Individuum gebührt das Privileg, große Versprechen abgeben zu dürfen: «‹Der Übermensch› ist der Mensch, der das Sein neu gründet – in der Strenge des Wissens und im großen Stil des Schaffens» (Heidegger); er ist ein geistiger Aristokrat.

AUTONOMIE DER GEISTESWISSENSCHAFTEN: WILHELM DILTHEY
Dilthey (1833–1911), wie Nietzsche ein Pfarrerssohn, gehört mit
Schleiermacher und dem Privatgelehrten Paul Graf Yorck von War-
tenburg (1835–1897) zu den Begründern einer Philosophie der Geisteswissenschaften: der neueren Hermeneutik (griech. Lehre der Auslegung). Mit Hegel ordnet er alle spezifisch menschlichen Tätigkeiten
dem Geist zu: Wissenschaft, Philosophie und Religion, Literatur, Musik und Kunst, nicht zuletzt die Gesellschaft mit ihren Institutionen
wie Familie und Staat. Zu den Geisteswissenschaften zählt er daher
nicht bloß die Geschichts-, Sprach- und Kunstwissenschaften sowie
die Theologie, sondern auch die Pädagogik, die Psychologie und die
Rechts-, Wirtschafts- und Gesellschaftswissenschaften. Obwohl älter,
entfaltet Dilthey seine philosophische Wirksamkeit später als Nietzsche und leider ohne sich mit ihm auseinanderzusetzen: weder mit
dessen Moralkritik noch der «Theorie» der Historie. Wie Nietzsche
erwartet er von den Geschichtswissenschaften und allen anderen Geisteswissenschaften einen Nutzen für das Leben, am deutlichsten im
Fall der Ethik: «Jede wahre Philosophie muß aus ihren theoretischen
Erkenntnissen Prinzipien der Lebensführung des einzelnen und der
Leitung der Gesellschaft ableiten. Wir nennen die Wissenschaft, in
welcher dies geschieht, philosophische Ethik.»

Im Hauptwerk, der *Einleitung in die Geisteswissenschaften*
(1883), will Dilthey Kants Erkenntniskritik auf einen von Kant nicht
behandelten Gegenstandsbereich übertragen und zugleich die Unge-
schichtlichkeit der Transzendentalphilosophie überwinden. Eine
«Kritik der historischen Vernunft» soll die methodische Eigenständigkeit der Geisteswissenschaften sichern, ihren inneren Zusammenhang klären, sogar einen «ontologischen» Vorrang der Geisteswissenschaften vor den Naturwissenschaften begründen und mit der
Devise «Empirie und nicht Empirismus» Comtes Positivismus und
Mills Empirismus zurückweisen. Nach Dilthey lassen sich die
Grundfragen der Erkenntnistheorie nur durch Bezug auf den «ganzen Menschen» in der «Mannigfaltigkeit seiner Kräfte» zufrieden-
stellend beantworten. Die entsprechende Erkenntnistheorie hat er
zwar nie ausgearbeitet. Sein fragmentarisches, aber auch anregendes
Lebenswerk entfaltet dennoch eine reiche Wirkungsmacht: Es inspiriert die philosophische Anthropologie eines Helmuth Plessner, die
geisteswissenschaftliche, «verstehende» Psychologie und Pädagogik
(Hermann Nohl, Theodor Litt, Eduard Spranger), den Pragmatismus von George Herbert Mead und vor allem die Debatten um
Logik und Methodologie der Geisteswissenschaften.

AMERIKANISCHER PRAGMATISMUS

Wie ihre Zeitgenossen Nietzsche und Dilthey, so verzichten auch die nordamerikanischen Pragmatisten auf Letztbegründung und absolute Gewißheit; sie sind antifundamentalistisch. Ebenso stellen sie das Wissen in den Dienst des Lebens und öffnen sich einem methodischen Pluralismus. In ihrem Denk- und Sprachstil weichen sie aber insbesondere von Nietzsche grundlegend ab. Zum einen bleiben sie ihr Leben lang den Wissenschaften verbunden: Peirce als Mathematiker, James als Psychologe und Dewey als Pädagoge. Zum anderen bedienen sie sich bei ihrer Lebensaufgabe, der Grundlegung einer wissenschaftlichen Philosophie, nicht des provokativen Aphorismus, sondern des nüchternen Arguments. Ein Großteil der Pragmatisten stammt aus einer Diskussionsgruppe, die sich wegen ihrer antimetaphysischen Ausrichtung den ironischen Namen «Metaphysical Club» gibt. Ihm gehören neben den Philosophen Peirce und James auch Juristen wie der Rechtsphilosoph und Richter des obersten Bundesgerichts, Oliver W. Holmes, an. Die Ansichten der Pragmatisten reichen von einer Methode der Begriffsklärung über Zeichen-, Handlungs- und Konsenstheorien bis zu einer Lebensphilosophie.

Charles S. Peirce. Der Begründer des Pragmatismus, der auch diesen Ausdruck prägt, Charles S. Peirce (1839–1914), ist ausgebildeter Chemiker, in der Philosophie dagegen Autodidakt. Nach seiner Überzeugung ist «jeder große Fortschritt in der Wissenschaft gleichzeitig eine Lektion in Logik». Deren erste Aufgabe, unsere Grundbegriffe zu klären (*How to Make Our Ideas Clear?*, 1878), löst Peirce aber nicht innerwissenschaftlich, sondern von außen, vom Lebensbezug des Wissens her. Schon der Ansatz ist pragmatisch. Peirce geht zwar wie Descartes vom Zweifel aus, aber nicht vom «vollständigen Zweifel», sondern lediglich vom Zweifel an «all den Vorurteilen, die wir tatsächlich haben». Vom Vertrauen in die Forschung getragen, fordert er die Philosophie auf, die erfolgreichen Wissenschaften nachzuahmen, merkwürdigerweise aber nur die «sciences», die Naturwissenschaften, nicht die Geisteswissenschaften und nicht die Mathematik, obwohl er selber als Mathematiker arbeitet, beispielsweise zur Kontinuumstheorie beiträgt.

Charles Sanders Peirce

Dilthey vergleicht wie schon Schiller die Gesellschaft mit einem «großen Maschinenbetrieb», der «durch die Dienste unzähliger Personen in Gang gehalten wird», ohne daß sie die einschlägigen Kräfte und deren Zusammenhang kennen. Der darin liegenden Entfremdung sollen die Geisteswissenschaften teils durch ein Verstehen entgegentreten, das sich mit der Auslegung von Texten nicht begnügt, teils durch eine Verbesserung der Gesellschaft selbst. Zu Recht sagt Dilthey, einen Vorgang naturwissenschaftlich erklären heißt, ihn von einem Gesetz her erfassen; eine Lebensäußerung verstehen heißt dagegen, Beziehungen innerhalb eines gemeinsamen Lebenszusammenhangs herzustellen. – Charles Chaplin in ‹Modern Times›.

Peirce hält das Denken für eine Tätigkeit, die durch einen Zweifel ausgelöst wird und aufhört, sobald man einen Glauben (belief) im Sinne von Fürwahrhalten bzw. Überzeugung erreicht. Weil das Denken keine andere Aufgabe hat, als eine Überzeugung festzulegen (*The Fixation of Belief*, 1877) und mit ihrer Hilfe eine Verhaltensgewohnheit (habit) auszubilden, nennt Peirce seine Philosophie pragmatisch. Die pragmatische Maxime selbst begründet er aber nicht: daß sich jede theoretische Überzeugung in einer Verhaltensgewohnheit niederschlagen müsse, da der Gehalt eines Begriffes in nichts anderem als der Gesamtheit seiner denkbaren praktischen Wirkungen liege. Warum aber soll man ein chemisches Element wie Wasser- oder Sauerstoff nicht auch durch sein Atomgewicht definieren statt nur durch die Art, wie es sich in gewissen Experimenten verhält? Man kann zwar mit Peirce etwas «hart» nennen, weil es «von vielen anderen Substanzen

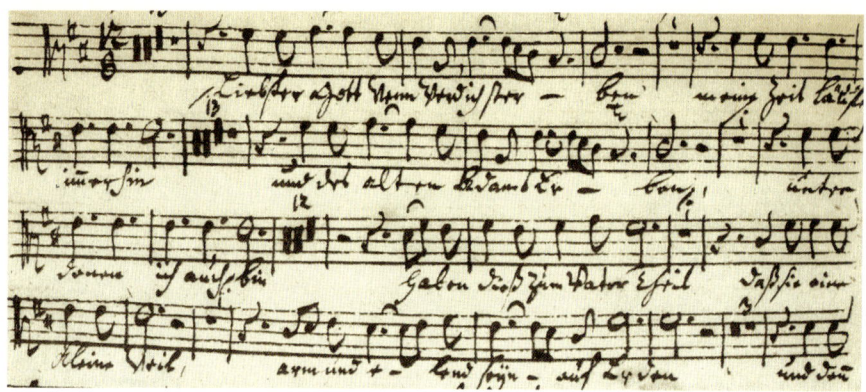

Als Empirist sieht Peirce die Bewußtseins-prozesse aus punktuellen Sinnesempfindungen (sensations) aufgebaut, die im Denken wie die Töne durch eine Melodie zusammengehalten werden: «Denken (thought) ist ein Melodienfaden, der durch die Folge unserer Sinnesempfindungen läuft.» Wie in einem Musikstück alle Stimmen ihre eigenen Melodien haben und trotzdem miteinander harmonieren, so können zwischen denselben Sinnesempfindungen verschiedene Systeme einer geordneten Abfolge zusammen bestehen. Für Peirce ist das Denken lediglich eines von mehreren möglichen Systemen, und zwar jenes, dessen «einziges Motiv, seine Idee und Funktion ist, eine Überzeugung herzustellen». Die Überzeugung wiederum gleicht einem «Halbschluß, der eine musikalische Phrase in der Symphonie unseres geistigen Lebens abschließt». – Notenhandschrift von Johann Sebastian Bach.

nicht verformt werden wird». Die Ergänzung, daß es «absolut keinen Unterschied zwischen einem harten und einem weichen Ding gibt, solange sie nicht auf die Probe gestellt worden sind», überzeugt aber nur als rhetorische Zuspitzung.

Auch das Problem der Willensfreiheit will Peirce pragmatisch lösen. Denn die entscheidende Frage, ob man etwas, dessen man sich schäme, durch eine Willensanstrengung hätte unterlassen können, sei «keine Frage der Tatsachen, sondern nur eine der Anordnung von Tatsachen». Wer herausstellen will, daß man sich des Unrechts schämen sollte, hat nach Peirce völlig recht zu sagen, «daß, wenn ich anders hätte handeln wollen, als ich handelte, ich anders hätte handeln sollen». Will man dagegen eine Versuchung als so mächtig hinstellen, daß man gegen sie nicht mehr ankomme, so sei das ebenso richtig. Bei dieser «Lösung» vermißt man jedoch einen Zusatz: Die Anordnung der Tatsachen steht insofern nicht in unserem Belieben, als der Mensch nur dann im vollen Sinn verantwortlich und ein Moralwesen sein kann, wenn man ihm die Fähigkeit zuspricht, der Versuchung entgegenzutreten, bevor sie übermächtig wird.

Peirce will sogar die Wirklichkeit und die Wahrheit pragmatisch
definieren. Das Wirkliche gilt ihm «als das, dessen Eigenarten unabhängig davon sind, was irgend jemand über sie denken mag».
Und die «Meinung, die vom Schicksal dazu bestimmt ist, daß ihr
letztlich jeder der Forschenden zustimmt, ist das, was wir unter
Wahrheit verstehen». Kants Lehre vom regulativen Gebrauch der
Vernunftideen erfährt hier eine pragmatische Verengung. Eine weit
komplexere Theorie der Wahrheit vereinfacht sich zur Behauptung,
die wahre Erkenntnis sei *nichts anderes* als das, was die unbegrenzte Forschungsgemeinschaft auf lange Sicht («in the long run»)
erkenne. Im übrigen fehlt die pragmatische Pointe; denn über die
Wahrheit entscheidet hier nicht eine Verhaltensgewohnheit, sondern das unbegrenzte Forschen. – Ohne Peirce zu kennen, werden
Max Scheler (1926) den Pragmatismus als Verabsolutierung eines
sonst berechtigten Mittels der Naturbeherrschung und Max Horkheimer (1947) ihn als zweckrationales Hantieren ohne Zielreflexion
verurteilen. Und Popper verwirft die «subjektivistische Wahrheits-
theorie».

William James. Der populärste Vertreter des amerikanischen Pragmatismus, William James (1842–1910), kommt aus der Psychologie.
Im Jahr 1876 gründet er das erste amerikanische Labor für experimentelle Psychologie, ein Jahr nach Wilhelm Wundts entsprechender
Einrichtung in Leipzig. In den *Prinzipien der Psychologie* (2 Bde.,
1890), einem Meilenstein in der Entwicklung der Psychologie zur
Wissenschaft, schlägt James eine Brücke zur darwinistischen Biologie
und unterläuft den Leib-Seele-Dualismus. Im Bewußtsein sieht er
keine vom Körper abgelöste, selbständige Instanz, weder Geist noch
Seele, sondern einen Zustand des Gehirns. Dieser vermittelt zwischen
dem Sinneseindruck und der Verhaltensantwort und steuert den
Organismus so, daß er sich in seiner Umwelt zu behaupten vermag.
James verändert mit dieser Ansicht die vorherrschende Theorie der
Gefühle. Bislang nahm man an, daß die Sinneswahrnehmung eine
Gefühlsäußerung hervorruft, die sich in einer Körperbewegung
niederschlägt; nach James verhält es sich umgekehrt: Der Sinneswahrnehmung folgt eine Körperbewegung, aus deren bewußter Wahrnehmung erst ein Gefühl entsteht. Das Bewußtsein übernimmt also
die Aufgabe, Sinneswahrnehmungen samt den damit zusammenhän-
genden Körperbewegungen zu interpretieren und durch die Interpretation das Verhalten zu lenken.
James unterscheidet zwei Arten von Selbst. Das auf Objekte be-

254   zogene, empirische Ich: *Me*, umfaßt alle Empfindungen, aber auch
Dinge, selbst Ländereien, eine Segeljacht oder das Bankkonto, die
der Handelnde sich selbst zurechnet, und alle Rollen, die er ausfüllt.
Den Kern dieses Ichs bildet das spirituelle Ich: der wesentliche und
unveränderliche Teil des Menschen. Dieses persönliche Ich, im Englischen *I*, das nichtobjektivierbare Selbst, findet seine Einheit in der
unteilbaren Gegenwart des Erlebens. Es steht sowohl im Dienst der
gefühlsmäßigen als auch der gedanklichen, religiösen und ästhetischen Bedürfnisse des Menschen, lenkt durch die Auswahl der äußeren Objekte das Handeln und beobachtet alle sozialen Äußerungen
des Selbst. Es läßt Raum für die Willensfreiheit, die James aber nicht
als Wahlfreiheit, sondern als die Anstrengung versteht, das Chaos
der uns umgebenden Welt zu bewältigen. Das Kriterium für Moral
sieht er im utilitaristischen Nutzen für alle Beteiligten. In seinen Vorlesungen über *Die Vielfalt religiöser Erfahrung* (1902) begründet
James eine Religionspsychologie. Danach liegt der Ursprung der
religiösen Erfahrung in der Totalität der Welt, die der Mensch mit
Bewunderung aufnimmt und die ihn zur Überzeugung führt, nur ein
Gott könne ihr Schöpfer sein.

James verschärft Peirces Empirismus und greift zugleich mit einem Plädoyer für die Leichtigkeit des Denkens der Postmoderne
vor: Weil er die gegenständliche Welt an die Interessen der Menschen zurückgebunden sieht, kennt er keine objektive, vom Menschen unabhängige Wirklichkeit. Als Inbegriff dessen, was der
Mensch im Lichte seiner innersten Beweggründe interpretiert, ist
die Wirklichkeit keine starre Vorgabe, vielmehr sowohl für neue
Einsichten als auch für neue Bedürfnisse offen, nicht zuletzt für
Eingriffe des Menschen, auf daß die Welt ständig reicher und
wohnlicher werde. Und gegen jenen radikalen Skeptizismus, der die
Urteilsenthaltung für die höchste Form von Rationalität ansieht,
plädiert James für eine gewisse Risikobereitschaft: In einer Welt, in
der wir trotz aller Vorsicht nicht allen Irrtümern aus dem Weg gehen können, ist «ein gewisses Maß sorglosen Leichtsinns gesünder
als die übertriebene, nervöse Angst vor Irrtümern».

John Dewey. Der Philosoph, Pädagoge und Sozialreformer John
Dewey (1859–1952) entwickelt sich von der spekulativen Philosophie Kants und Hegels aus zum dritten großen Vertreter des Pragmatismus. Daß er die Philosophie beauftragt, die Menschen zum
Selbstbewußtsein ihrer Freiheit zu bringen, zeigt ihn noch als Anhänger Kants und Hegels. Indem er die Freiheit nur als Fortschritt

im Reichtum an Erfahrungen deutet, erweist er sich dagegen als Le-
bensphilosoph und Pragmatist. Weil Dewey die Erkenntnis lediglich für ein Instrument hält, um bestimmte Zwecke zu erreichen,
nennt er seine Philosophie lieber «Instrumentalismus». Ohne ein
normatives Fundament, selbst ohne eine strenge Logik, allein
mittels Beobachtung, Hypothese und Experiment, soll die Wissenschaft Einzelprobleme in Situationen lösen, die jeweils einzigartig
sind und keine vollständige Sicherheit zulassen. Nach ewigen Wahrheiten auf der Grundlage gesicherten Wissens zu suchen, sei vergeblich (*Die Suche nach Sicherheit*, 1929; *Logik. Theorie der Forschung*,
1936). Jede erreichte Lösung schaffe eine neue Problemsituation, die
es erneut zu lösen gelte, was zu einem unendlichen Prozeß führe, dessen Offenheit Dewey wegen seines Antidogmatismus hochschätzt.
Peirce wirft ihm aber vor, die «normative Wissenschaft» durch eine
«Naturgeschichte des Denkens» zu ersetzen, «was mir als Ausschweifung lockeren Denkens erscheint». Weltweiten Einfluß gewinnt Dewey mit seiner Philosophie der Demokratie und Erziehung
(*Democracy and Education*, 1916), die er in eigenen Reformschulen
exemplarisch zu verwirklichen sucht.

Auch der Sozialphilosoph und Psychologe George Herbert Mead
(1863–1931) hält die Demokratie für die beste Gesellschaftsform.
Mead vertritt einen «Sozialbehaviorismus», der von beobachtbaren Aktivitäten ausgeht, ohne wie der spätere Behaviorismus eines
B. F. Skinner die innere Erfahrung der Individuen zu leugnen. In
Auseinandersetzung mit Darwin und Wilhelm Wundt (*Grundzüge der physiologischen Psychologie*, 1873–74) entwickelt er einen
«symbolischen Interaktionismus» (*Geist, Identität und Gesellschaft*, 1934). Danach zeichnet sich der Mensch vor dem Tier
durch gemeinsames, in sprachlichen Symbolen vermitteltes Handeln aus. Die Demokratie gilt deshalb als beste Sozialform, weil
ihre Institutionen das in der menschlichen Kommunikation ange-
legte Ideal des Diskurses annähernd verwirklichen.
    Bedeutende Vertreter des Pragmatismus sind auch der Erkennt-
nistheoretiker und Logiker C. I. Lewis (*Geist und Weltordnung*,
1923), der Sprachtheoretiker Ch. W. Morris (*Grundlagen der Zei-
chentheorie*, 1938), der britische Philosoph deutscher Herkunft
F. C. S. Schiller und mit der *Philosophie des Als Ob* (1922) Hans
Vaihinger.

Das Kind, das einen unbekannten Gegenstand aufhebt, ihn betastet, in den Mund steckt, darauf beißt, ihn drückt und zu zerlegen versucht, ist für Dewey das Urbild seines Pragmatismus bzw. Instrumentalismus. Die wissenschaftliche Welterkundung sieht er von der kindlichen nur durch die reflektierte Methode unterschieden. Auch die Erziehung soll von der kindlichen Neugier ausgehen. Sie soll die passive (Auswendiglernen) und vornehmliche literarische Denkschulung zugunsten eines handlungsorientierten Lernens («learning by doing») in Projekt- und Gruppenunterricht überwinden, überdies die Trennung von Bildung und Ausbildung, von «Kopf» und «Hand», durch das Lernen handwerklicher Tätigkeiten aufheben («Arbeitsunterricht»). Diesem Erziehungsideal, das an Rousseau, Pestalozzi und Friedrich Fröbel erinnert und vom deutschen Pädagogen Georg Kerschensteiner aufgegriffen wird, entspricht nach Dewey die Demokratie. Denn als eine Lebensform, in der man sich gegenseitig zu überzeugen sucht, dabei zu Kompromissen und ständiger Überprüfung an der Wirklichkeit bereit ist: als eine Experimentiergemeinschaft mündiger Bürger, steigert sie deren Lebenschancen und Entwicklungsmöglichkeiten. Etwas naiv vertraut Dewey auf einen unbegrenzten Fortschritt in einer offenen Gesellschaft. – Pieter Brueghel d. Ä.: Bauernhochzeit, um 1568 (Ausschnitt).

METAPHYSIK IM ZEITALTER DER NATURWISSENSCHAFTEN: HENRI BERGSON

Einen Kontrapunkt zu der von wissenschaftlichem Fortschrittsglauben und Metaphysikkritik bestimmten Zeit entwickelt Bergson (1859–1941), Nobelpreisträger für Literatur. Aus gründlicher Kenntnis der damaligen Naturwissenschaften entwickelt er eine

metaphysische Lebensphilosophie, die Alfred North Whitehead be- 257
einflußt. Im *Versuch über die unmittelbaren Bewußtseinstatsachen*
(1889) zeigt Bergson, daß es zwei Zeitbegriffe gibt, denen eine
psychologisch-medizinisch nachweisbare Verschiedenartigkeit, die
von Reizen und Empfindungen, entspricht: Während sich Reize
quantitativ messen und in Elemente zerlegen lassen, die sich dem
Ursache-Wirkungsdenken fügen, sind Empfindungen dem entzogen.
Aus der Verschiedenartigkeit folgt ein methodischer Dualismus, der
an James erinnert: Dem Reiz entspricht das Ich der Außenwelt, der
Empfindung das Ich der Innenwelt. Dabei erhält die Innenwelt den

*Während seines Physikstudiums macht
Bergson die für ihn entscheidende Entdek-
kung zweier grundverschiedener Zeitbegriffe: Die objektive, meßbare physikalische
Zeit («temps») hat keine Dauer, sondern
läßt sich, wie jede Uhr zeigt, mathematisch-
räumlich in aufeinanderfolgende Momente
abbilden. Zukunft und Vergangenheit gelten als Brechungen der Gegenwart, was
einen Determinismus beinhaltet. Bei der
subjektiven, erlebbaren, aber nicht meß-
baren Zeit gehen die aufeinanderfolgenden,*
*qualitativ verschiedenen Momente fließend
ineinander über. Es ist die Zeit, die unumkehrbar strömt: die Dauer («durée»), die
Fortschritt und Erneuerung einschließt und
Freiheit läßt. Bergsons Zeitanalyse ist Husserl, Heidegger und Merleau-Ponty gegenwärtig und hinterläßt in der französischen
Literatur Spuren, etwa in Prousts großem
Roman ‹Auf der Suche nach der verlorenen
Zeit› (1913–25). – Salvador Dali: Weiche
Uhr im Augenblick der ersten Explosion,
1954.*

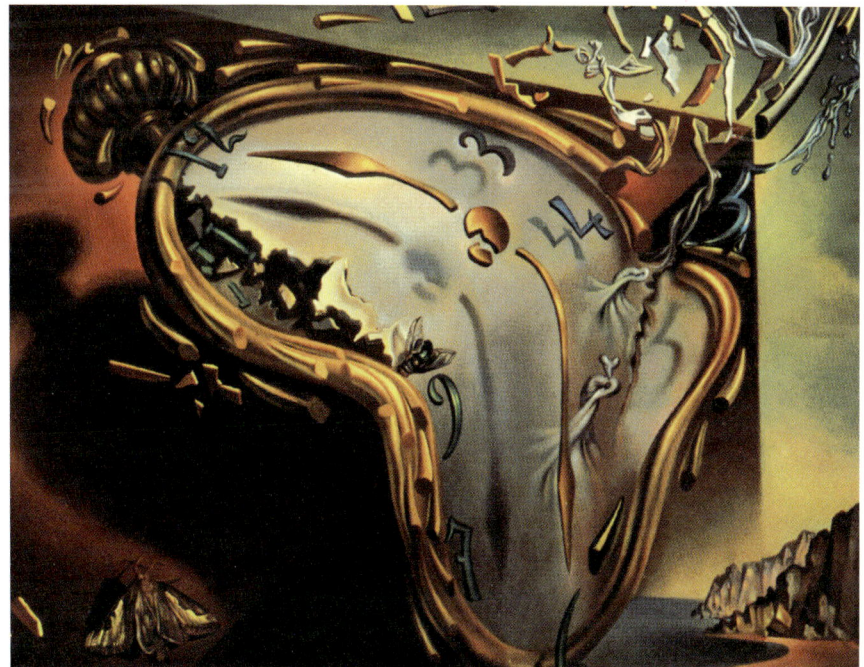

258   Vorrang. Denn unter Einfluß des amerikanischen Pragmatismus hält Bergson die Außenwelt für abhängig von den Lebensfunktionen, die der Mensch zu bewältigen hat.

In seinem zweiten Hauptwerk *Materie und Gedächtnis* (1896) sucht Bergson am Beispiel einer Sprachstörung, der Aphasie, Grenzen der Naturwissenschaft auf: Weil die Aphasie durch die Schädigung des Zentralnervensystems nicht hinreichend erklärt werde, lasse sich das Gedächtnis nicht allein auf materielle Vorgänge verkürzen; psychologisch zeichne es sich durch den nichtphysikalischen Zeitbegriff, die Dauer, aus. In *Zwei Quellen der Moral und der Religion* (1932) unterscheidet Bergson zwischen der geschlossenen, statischen Moral und deren offener, dynamischer Gestalt. Die «geschlossene Moral», der Inbegriff von Pflichten, die das konfliktfreie Zusammenleben ermöglichen und denen auch Kants Ethik zuzuordnen ist, wird von ihm nicht etwa nur als primitive Vorform verstanden. Denn sie dient der Selbsterhaltung einer Gesellschaft und bestimmt zu Recht unser Alltagsverhalten. Die höhere, «offene Moral» überwindet aber gesellschaftliche Verpflichtungen durch Freiheit, Menschlichkeit und Liebe. Nach dem Vorbild der christlichen Heiligen, der Propheten Israels und der buddhistischen Weisen gründet sie letztlich in einer mystischen Begegnung mit Gott.

Weltweit bekannt wird Bergson mit seinem dritten großen Werk ‹Die schöpferische Entwicklung› (1907), einer Verbindung von Ontologie mit Evolutionstheorie. Bergson kritisiert hier gleichermaßen die ältere Metaphysik und die neuere, darwinistische Evolutionstheorie, da sie beide den gemeinsamen Urgrund des Lebens, den Quell all seiner Vielfalt und Evolution, verkennen. Den Urgrund sieht er in einer biologischen Urkraft, dem Lebensdrang («élan vital»), mit dem die erlebbare Zeit schöpferische Kraft erhält. Nach Bergson entfaltet sich die schöpferische Lebensenergie nicht in einer stufenmäßigen Höherentwicklung, sondern in drei gesonderten Bereichen: der Pflanzen-, der Tier- und der Menschenwelt. Und der vierte Bereich, das Mineralische, gilt als eine Versteinerung, als eine Art Abfallprodukt des sich ständig weiterentwickelnden Lebens. Wie in den Bereichen dasselbe Grundprinzip herrscht, besteht zwischen ihnen keine scharfe Trennung. Sowohl der Instinkt des Tieres als auch der Intellekt des Menschen sind Fähigkeiten, Werkzeuge zu schaffen, wobei die Werkzeuge des Instinktes organischer, die des Intellekts anorganischer Natur sind. – Henri Bergson, um 1928.

Sigmund Freud (1856–1939), Nervenarzt, Psychologe und Kulturphilosoph, steht in der Tradition der Aufklärung. Zusammen mit seinem Wiener Kollegen Josef Breuer entwickelt er ein Verfahren, Neurosen zu behandeln, und stellt für deren Entstehung eine Theorie auf, die dem Triebleben und dem ins Unbewußte Verdrängten die entscheidende Bedeutung zuspricht. Das von ihm begründete Verfahren, unbewußte Vorgänge ins Bewußtsein zu heben und zu behandeln: die Psychoanalyse, ist zwar nicht unumstritten. Und als Institution und Bewegung neigt die Psychoanalyse zur Schul- und Sektenbildung. Sie übt aber auf viele Gebiete der Kultur des 20. Jahrhunderts eine kaum abzugrenzende Wirkung aus. Freud selber wendet seine Theorie an auf ‹Die Traumdeutung› (1900), die ‹Psychopathologie des Alltagslebens› (1904) mit Phänomenen wie Vergessen, Verlesen und Verschreiben, auf den ‹Witz und seine Beziehung zum Unbewußten› (1905), auf die Ursprünge des Monotheismus (‹Der Mann Moses und die monotheistische Religion›, 1939) und auf «Übereinstimmungen im Seelenleben der Wilden und der Neurotiker»: ‹Totem und Tabu› (1912/13). Freud behauptet hier, «das Tabu» sei, «obwohl negativ gefaßt und auf andere Inhalte gerichtet, ... in seiner psychologischen Natur doch nichts anderes als der ‹kategorische Imperativ› Kants, der angeblich zwangartig wirken will und jede bewußte Motivierung ablehnt». Einflußreich ist Freuds Einteilung des Psychischen in das Bewußte und das Unbewußte (‹Das Ich und das Es›, 1923). Später kommt als dritter Faktor das Über-Ich hinzu. Dabei vertritt das Es die Triebansprüche («Lustprinzip»), das Ich die Ansprüche der Vernunft auf Ausgleich und Kompromiß («Realitätsprinzip») und das Über-Ich die gesellschaftlichen Ansprüche und Autoritäten. Nach der gleichnamigen Schrift entsteht das ‹Unbehagen in der Kultur› (1930), weil diese die Macht des Eros zurückdrängt und «der Preis für den Kulturfortschritt in der Glückseinbuße durch die Erhöhung des Schuldgefühls liegt». Nur wenige können ihre Triebziele in künstlerische oder intellektuelle Tätigkeit umlenken («sublimieren») und (hohe) Kultur hervorbringen. Für sein kulturkritisches Werk erhält Freud 1930 den Goethe-Preis der Stadt Frankfurt/Main. – Sigmund Freud, kurz vor seinem Tod im Londoner Exil.

LEKTÜREEMPFEHLUNG: Bei Nietzsche kann man mit den Vorreden zu den großen Prosawerken beginnen und die erste Abhandlung der *Genealogie* und das erste Buch von *Zarathustra* anschließen. Für Dilthey empfiehlt sich der erste Band der *Einleitung in die Geisteswissenschaften*, für den amerikanischen Pragmatismus Peirces Abhandlung *Wie unsere Ideen zu klären sind*, dann Deweys *Demokratie und Erziehung* oder *Die Suche nach Gewißheit*. Von Bergson lese man etwa die *Zwei Quellen der Moral*.

XV. Phänomenologie, Existenzphilosophie
und Hermeneutik

NEUKANTIANISMUS

Für ein halbes Jahrhundert, zwischen 1870 und 1920, herrscht in der Philosophie Mitteleuropas der Neukantianismus vor. Ihm gehören nicht nur die wichtigsten akademischen Philosophen und Philosophiehistoriker der Zeit an: Hermann Lotze und Kuno Fischer, Friedrich Albert Lange, Wilhelm Windelband und Hermann Cohen, Hans Vaihinger, Paul Natorp, Heinrich Rickert, Ernst Cassirer und Leonard Nelson. Dem Ruf «Zurück zu Kant!» folgen auch bedeutende Naturwissenschaftler, an ihrer Spitze der Physiologe, Physiker und Mathematiker Hermann von Helmholtz (1821 bis 1894). Sie alle interessieren sich weniger für Kants Neubegründung der Metaphysik als für seine Metaphysikkritik und die Erkenntnis- und Wissenschaftstheorie. Nicht anders als die amerikanischen Pragmatisten suchen sie eine streng wissenschaftliche Philosophie in Form einer Grundlegung der Wissenschaften, sowohl der Naturwissenschaften als auch der Geisteswissenschaften, einschließlich der Soziologie (Ferdinand Tönnies: *Gemeinschaft und Gesellschaft*, 1887, und Georg Simmel: *Philosophie des Geldes*, 1900; *Soziologie*, 1908; *Lebensanschauung*, 1918) und der Rechtswissenschaft (Hans Kelsen: *Reine Rechtslehre*, 1934). Ebensowenig vergessen sie die Ethik und die politische Philosophie. Da der Neukantianismus aber von einer akademischen Erstarrung nicht frei bleibt, bilden sich mächtige Gegenbewegungen heraus: die Phänomenologie, die Existenzphilosophie und die Hermeneutik.

PHÄNOMENOLOGIE

Edmund Husserl. Pünktlich zu Beginn des 20. Jahrhunderts gelingt einem Philosophen strenger Gelehrsamkeit, Edmund Husserl (1859 bis 1938), ein Durchbruch, aus dem bald eine einflußreiche Denkbewegung entsteht: die in sich verzweigte Phänomenologie (wörtl. Lehre der Erscheinungen). Über Scheler wirkt sie auf die philosophische Anthropologie ein, über Heidegger auf die Hermeneutik und über Schütz auf die Sozialphilosophie. Außerdem beeinflußt sie die Existenzphilosophie, den Marxismus und die analytische Philosophie des Geistes.

Kurt Schwitters: Das große Ich-Bild, 1919.

Max Weber (1864–1920), für Jaspers «der größte Deutsche unseres Zeitalters», stellt der europäischen Moderne die bis heute einflußreichste Diagnose. Angeregt durch Nietzsches ‹Genealogie der Moral› und Werner Sombarts Werk ‹Der moderne Kapitalismus› (1902), deckt er in ‹Die protestantische Ethik und der Geist des Kapitalismus› (1905) einen – mittlerweile umstrittenen – Kausalzusammenhang zwischen den religiösen Erlösungsvorstellungen des asketischen Protestantismus, dem erwerbsorientierten «Geist» des klassischen Bürgertums und der Entstehung des modernen Kapitalismus auf. Insbesondere der Calvinismus versetzt den Gläubigen in eine heilspsychologische Spannung, da er das Diesseits vollständig säkularisiert («Entzauberung der Welt»), den jenseitsorientierten Gnadenstand aber an eine innerweltliche Bewährung koppelt. Die daraus hervorgehende «aktivistische Weltverneinung» bringt jenen «Rationalisten des Gelderwerbs» hervor, der in der gottfremden Gesellschaft überlebt. Weber unterscheidet in seinem Schlüsseltext zur politischen Ethik und Philosophie ‹Politik als Beruf› (1919) eine «Verantwortungsethik», die sich am Erfolg orientiert, von der «Gesinnungsethik», in der man ausschließlich nach Maßgabe von (subjektiven) Überzeugungen handelt und die Folgen dem Schicksal überläßt. Entgegen einem verbreiteten Verständnis plädiert Weber aber nicht für die Verantwortungsethik allein, sondern für deren Verbindung mit Gesinnungsethik. Denn nur der innerlich überzeugte Politiker könne auch nach außen überzeugend wirken. Ein guter Politiker muß «Leidenschaft» mit «Verantwortungsgefühl» und «Augenmaß» verbinden. Im epochalen Werk ‹Wirtschaft und Gesellschaft› (1922, postum) untersucht Weber die vielschichtige Kulturlandschaft des «okzidentalen Rationalismus». Im Unterschied zur ‹Protestantischen Ethik› kommt es ihm hier weniger auf geistige und psychologische als auf institutionelle, strukturelle und geopolitische Faktoren an. – Max Weber im Jahre 1917.

Husserl widmet sein Lebenswerk einem sowohl kantischen als auch idealistischen und pragmatischen Programm: der *Philosophie als strenge(r) Wissenschaft* (1911). Gegen eine verbreitete Resignation, die Verkürzung der Philosophie auf «Weltanschauung» oder aber auf eine Wissenschaftstheorie, auch gegen die Anpassung der Philosophie an naturwissenschaftliche Methoden sucht er eine methodisch eigenständige Philosophie, die wieder einmal mit unverfälschtem Blick von vorn anfängt. Sie beginnt mit *Logische(n) Untersuchungen* (1900–1901; später *Formale und transzendentale Logik*, 1929), die sich gegen einen vorherrschenden ‹Psychologismus› richten, dem übrigens Husserl in der *Philosophie der Arithmetik* selber noch (1891) anhängt.

Der Psychologismus weist über Mill zu Hume zurück. Er ist aber auch von der Lebensphilosophie und dem Vorbildcharakter der Naturwissenschaften geprägt. Den Versuch, eine empirische Tatsachenwissenschaft zur universalen Metatheorie zu erheben und selbst die Logik auf psychische Gesetze zurückzuführen, verwirft schon Frege unter Hinweis auf den Unterschied, der zwischen der (objektiven) Wahrheit und dem (subjektiven) Fürwahrhalten besteht: «Es ist kein Widerspruch, daß etwas wahr ist, das von allen für falsch gehalten wird.» Ohne einen Einfluß Freges öffentlich anzuerkennen, folgt Husserl dessen «Lektion»: daß der Psychologismus das Wesen logischer Sätze, eine notwendige und rein ideale Wahrheit, verfehle. Husserl vertritt aber keinen von allem Psychischen losgelösten Objektivismus. Er entwickelt vielmehr eine neuartige, «eidetische» Psychologie: Über eine Beschreibung des «Eidos» (griech. Wesen) innerer Phänomene versucht er die nichtempirische Landschaft des Bewußtseins zu kartographieren. Dabei geht er von einer scheinbar widersprüchlichen Anforderung in unserem Wahrheitsverständnis aus, von der Spannung zwischen objektiver Gül-

Bei Ernst Cassirer (1874–1945) befreit sich der Neukantianismus aus schulphilosophischer Enge und erhält einen weltbürgerlichen Charakter. In der ‹Philosophie der symbolischen Formen› (3 Bde., 1923–29) erweitert Cassirer Kants Vernunftkritik zu einer universalen «Kritik der Kultur». Mit dem nichtdualistischen Begriff der symbolischen Form bezeichnet er «jede Energie des Geistes», durch die «ein geistiger Bedeutungsgehalt an ein konkretes sinnliches Zeichen geknüpft und diesem Zeichen innerlich zugeordnet wird». Sowohl der Mythos bzw. die Religion als auch die Kunst, die Sprache und die Wissenschaft gelten als gleichrangige Kulturbereiche, die, nicht aufeinander zurückführbar, auf analoge Strukturen hin untersucht werden: Die Sprache beginnt als Nachahmung des unmittelbar Gegebenen und gewinnt dann zunehmend distanziertere, abstraktere Formen bis hin zur Naturwissenschaft und zur exakten Mathematik. In all diesen Phasen bleibt sich aber der Kern gleich: die «Wechselbestimmung des Sinnlichen durch das Geistige, des Geistigen durch das Sinnliche». Und der intellektuelle Ausdruck hätte sich aus dem Sinnlichen nicht entwickeln können, wenn er «in diesem nicht schon ursprünglich beschlossen läge». Nach dem zweiten Teil ‹Das mythische Denken› bildet der Mythos «eine eigene Weise der geistigen Formung», den gemeinsamen Mutterboden, aus dem «die theoretischen Grundbegriffe der Erkenntnis, die Begriffe von Raum, Zeit und Zahl, oder die Rechts- und Gemeinschaftsbegriffe, ... weiterhin aber auch die einzelnen Gestaltungen der Wirtschaft, der Kunst, der Technik» hervortreten.

264

tigkeit und subjektiver Gewißheit: Um objektiv gültig zu sein, darf eine wahre Erkenntnis nicht von subjektiven Umständen abhängen; trotzdem muß sich der Erkennende selbst von der Wahrheit überzeugen können. Die durch eigenen Vollzug ausgewiesene, existentielle Erkenntnis nennt Husserl «sachnah» und «originär», auch «leibhaft gegeben», die Erkenntnis ohne Selbstvollzug dagegen «sachfern» und «nichtoriginär». Gemäß der Maxime «Zu den Sachen selbst!» soll nun die Sachferne überwunden und die Philosophie auf einer ursprünglichen Erfahrung gegründet werden.

Die «natürliche Einstellung» zur Welt nimmt einen Gegenstand, etwa ein Buch, in dem Sinn «perspektivisch» wahr, daß sich ihr nur ein Teil, etwa die Titelseite, «leibhaft» darbietet. Trotzdem schreibt sie dem Buch ein «Sein» zu, das die anderen Teile einschließt. Sie «transzendiert» also die tatsächliche Gegebenheitsweise und erliegt dabei einem «Seinsglauben», der ein unabhängig Seiendes postuliert. Ihm gegenüber nimmt der Phänomenologe eine vollständige Urteilsenthaltung, eine *epochē*, vor. Er klammert alle Setzungen einer objektiven Wirklichkeit ein und beschränkt sich auf die tatsächliche Gegebenheitsweise, womit er das nur angenommene Sein auf das tatsächliche Sein-als-Erscheinen, das «Phänomen», zurückführt: «reduziert». Seit dieser «phänomenologischen Reduktion» wird der naive Alltagsrealismus zurückgewiesen. Das Sein verliert sein selbständiges Bestehen und wird zu einem sich in Bewußtseinsverläufen bildenden Sinn: zu einem intentionalen Vorgestelltsein. In drei berühmten Analysen entwickelt Husserl drei Grundannahmen: das innere Zeitbewußtsein (*Vorlesung zur Phänomenologie des inneren Zeitbewußtseins*, 1928), die «intersubjektiv» gemeinsame, sinnhafte Lebenswelt (*Die Krisis der europäischen Wissenschaften*, 1936) und die Welt als ein Horizont für alle Horizonte (*Erfahrung und Urteil*, 1939).

Ein Grundgedanke der Phänomenologie, die Intentionalität, geht auf Franz von Brentano (1838–1917), den «Großvater der Phänomenologie» und zugleich Lehrer vieler österreichischer Philosophen, auch von Freud, zurück: Das Bewußtsein ist nie mit sich allein befaßt, sondern stets auf einen Gegenstand «gerichtet», der im Bewußtsein existiert, aber nur in «Hinwendung»: in In-

Edmund Husserl

Von Husserls Phänomenologie und Bergsons «Fluß des Er-lebens» inspiriert, begründet der Jurist, Sozialwissenschaftler und Philosoph Alfred Schütz (1899 bis 1959) eine «verstehende Soziologie». Anders als Husserl geht er in seinem Hauptwerk ‹Der sinnhafte Aufbau der sozi-alen Welt› (1932) nicht von der phänomenologischen, sondern der «naiv-natürlichen Einstel-lung» aus. Nach dem methodi-schen «Postulat der Adäquanz» gelten nur die soziologischen Theorien als ihrem Gegenstand angemessen, die bei jenen Struk-turen der Lebenswelt ansetzen, die im alltäglichen Handeln ent-stehen und eine Welt beinhalten, in der der Mensch zu Hause sein kann. Den Kern der sozia-len Welt sieht Schütz in intensi-ven Beziehungen hoher Inti-mität, in «Wir-Beziehungen», und in gemeinsamen Erfah-rungswelten, in «Wir-Welten». In ihnen werden typische Hand-lungserwartungen wechselseitig («reziprok») aufgebaut und in die anonymeren «Ihr-Beziehun-

gen» der «Mit-Welt» von Zeitgenossen und der «Vor- und Folgewelt» von Vor- und Nachfahren übertragen. Später gliedert Schütz die soziale Welt in eine Vielfalt von Sinn-bereichen auf: in die Welt des Alltags, des Spiels, des Traums, des Wahns und der Wissen-schaft. – Hiroshige: Menschen auf einer Straße im Mondschein, 1856–58.

tentionalität. Man sieht, denkt, bewertet oder liebt *etwas.* Husserl dynamisiert den zunächst statischen Gegenstandsbezug. Ob in all-täglicher, wissenschaftlicher oder philosophischer Gestalt: das Be-wußtsein sucht Evidenz, nämlich die anschauliche Erfüllung in der «Selbsthabe» des Gegenstandes. Mit dieser Einsicht beantwortet Husserl die Frage der neuzeitlichen Erkenntnistheorie, wie das zu-nächst weltlose Bewußtsein zur jenseits liegenden Außenwelt ge-langt. Nach dem Gedanken der Intentionalität ist das Bewußtsein immer schon auf eine Welt von Gegenständen gerichtet. Der Selbstbezug verbindet sich stets mit Sachhaltigkeit, und die Trennung von Bewußtsein und Außenwelt ist lediglich eine nachträgliche Abstraktion. (Die Phänomenologie findet bedeutende literarische Umsetzungen in Romanen von James Joyce und Virginia Woolf, die den Strom des Bewußtseins «beschreiben».)

Max Scheler. Husserl hält die Wahrnehmung für das Urbeispiel des auf Gegenstände gerichteten, intentionalen Erlebens. Dem widerspricht Max Scheler (1874–1928) mit einer phänomenologischen Untersuchung der «Zentralstämme» des Emotionalen: von Mitgefühl und Einfühlung, von Liebe und Haß und schließlich der Fremderkenntnis *(Wesen und Form der Sympathie,* 1913). Scheler, ein sprühender Geist und «die stärkste philosophische Kraft in der gegenwärtigen Philosophie überhaupt» (Heidegger), läßt sich in seinem ethischen Hauptwerk *Der Formalismus in der Ethik und die materiale Wertethik* (1913–1916) nicht nur von Husserl, sondern auch von der Lebensphilosophie (Nietzsche, Dilthey, Bergson und Simmel) beeinflussen. Für ihn sind die evidenten Wesenseinsichten nicht allein kraft Urteilsenthaltung zu gewinnen, sondern auch durch geistige Askese den störenden Triebkräften abzuringen. Mit Kant lehnt er eine am Nutzen orientierte Erfolgsethik ab. Im Gegensatz zu Kants «intellektualistischem» Prinzip des reinen praktischen Willens beruft er sich aber auf personale Akte eines Wertfühlens, in dessen Mannigfaltigkeit er eine Werthierarchie entdeckt, bei der die menschliche Person Vorrang vor allen Güter- und Sachwerten hat und es mehr auf Liebe als auf Erkenntnis ankommt. Denn im letzten ist der Mensch nicht «Verstand», sondern in Übereinstimmung mit Augustinus und Pascal «Herz». (Schelers Wertethik übt starken Einfluß auf Nicolai Hartmann aus: *Ethik,* 1926.)

Je nach tragender Motivation unterscheidet Scheler verschiedene Formen des Wissens, womit er – zusammen mit Karl Mannheim *(Ideologie und Utopie,* 1929) – die Wissenssoziologie begründet. In der Schrift *Die Wissensformen und die Gesellschaft* (1926) kritisiert er die Erkenntnistheorie des Pragmatismus. Dem in der Neuzeit herrschenden Primat der positiven Wissenschaften, ihrem Herrschafts- und Leistungswissen, stellt er zwei andere Wissensformen voran: Das Bildungswissen der Philosophie dient sowohl der Entfaltung der Person als eines «Mikrokosmos» wie auch der Einheit der positiven Wissenschaften. Den obersten Rang nimmt aber das Erlösungs- und Heilswissen von Propheten, Mystikern und Religionsstiftern ein, da sie den höchsten Wert, das Heilige, suchen.

Scheler führt gegen Ende seines Lebens viele seiner Denkmotive im Projekt einer philosophischen Anthropologie zusammen. In der ‹Stellung des Menschen im Kosmos› (1928) wendet er sich sowohl gegen die (Hegelsche) Verabsolutierung des Geistes am Menschen als auch gegen ein (biologisches) Evolutionsdenken, das die Besonderheit des Menschen aus dem Auge verliert. Vor allem löst er Descartes' erkenntnistheoretischen Dualismus von Körper und Seele durch den von (Lebens-)Drang und Geist ab: Der Mensch steht zwar im Zusammenhang der Naturwesen, ihrem «Drang», der bei Pflanzen in einem «Gefühlsdrang» und bei den Tieren je nach Ranghöhe in Instinkt, assoziierendem Gedächtnis und praktischer Intelligenz besteht. Die Besonderheit des Menschen liegt aber nicht in einer weiteren Stufe vitalen Seins, sondern in einem zum Lebensdrang gleichursprünglichen Neinsagenkönnen, im Geist: in Weltoffenheit, Selbstbewußtsein und Gegenständlichkeit, in Sachlichkeit und der Fähigkeit, an fremdem und über-

singularem Geist Anteil zu nehmen. Für sich allein ohne Macht, ist der Geist allerdings auf den Lebensdrang angewiesen, der seinerseits für sich allein ohne Sinnrichtung bleibt. Für Scheler ist die philosophische Anthropologie ein «Sprungbrett» zur Metaphysik des Absoluten. Einer seiner Schüler, Helmuth Plessner (1892–1985), löst die Anthropologie aus dieser metaphysischen Klammer. Nach seinem Hauptwerk ‹Die Stufen des Organischen und der Mensch› (1928) lebt der Mensch anders als das Tier nicht «zentrisch», aus seiner Mitte heraus, sondern «exzentrisch»: aus Distanz zu sich und seiner Mitwelt. Nach dem «Gesetz der natürlichen Künstlichkeit» ist die Kulturwelt, die sich der Mensch schafft, mehr als ein biologisches Ersatzmittel im Sinne bloßer Lebensfristung. Auch Arnold Gehlen (1904–1976) lehnt die Metaphysik ab. Nach ihm ist der Mensch kein mit Geist begabtes Tier, sondern ein «Sonderentwurf der Natur» (‹Der Mensch, seine Natur und seine Stellung in der Welt›, 1940). Als das nicht festgelegte Wesen hat er Mängel, die zugleich Vorteile sind. Unter der Überschrift «Antriebsüberschuß, Haltungsgefüge, Führungsordnungen» entwirft Gehlen eine Philosophie der Institutionen, die er in ‹Urmensch und Spätkultur› (1956) weiter ausbaut. – Max Scheler. Zeichnung von Otto Dix.

PHILOSOPHIE AM «ENDE DER METAPHYSIK»:
MARTIN HEIDEGGER

Kein Philosoph des 20. Jahrhunderts entwickelt ein so ausgeprägtes Bewußtsein, daß die gegenwärtige Epoche eine End- und Übergangszeit ist, die dem Denken mehr zu fragen als zu antworten aufgibt, als der «heimliche König» (Hannah Arendt) seiner Zeit: Martin Heidegger. Bei seinem Fragen, das den Weg der Beantwortung offenläßt: bei der «Frömmigkeit des Denkens», bringt er es zu einer

268   unnachahmlichen Meisterschaft. Zuvor verfaßt er ein philosophisches Grundbuch der Epoche, *Sein und Zeit,* das wesentliche Motive des modernen Denkens zu einer neuartigen Fundamentalphilosophie verarbeitet.

Von Husserl, dem das Buch gewidmet ist, stammt die phänomenologische Methode. Sie wird aber zu einer Hermeneutik des Daseins, baut im Sammelbegriff der «Geworfenheit» eine Gegeninstanz gegen das Ideal eines vollen Selbstbesitzes und Selbstbewußtseins auf und verstärkt mit derartigen Gedanken das existentielle Gewicht. Während Husserls, auch Cassirers Philosophie mehr im akademischen Raum verbleiben, strahlt Heidegger weit über ihn hinaus. Von der Lebensphilosophie, namentlich Nietzsche, inspiriert, zielt *Sein und Zeit* auf ein sinnhaftes Leben des einzelnen, sofern er sich der Alltäglichkeit, der «Verfallenheit an das Man», entreißt. Von Nietzsche stammt auch das Motiv einer Genealogie der Metaphysik in kritischer Absicht. Heideggers Metaphysikkritik hat allerdings, hier Kant ähnlich, einen transzendentalen Charakter, und sie bezieht sich nicht auf die Moral, sondern auf die abendländische Ontologie. Weil es um deren Ursprung geht, spricht Heidegger von «Fundamentalontologie». Auf Schleiermacher, Dilthey und vor allem Hegel verweisen die Gedanken der Zeitlichkeit und Geschichtlichkeit sowie der Hermeneutik. Sie werden aber weder zum Gedanken eines absoluten Geistes (Hegel) noch zu dem einer Grundlegung der Geisteswissenschaften (Schleiermacher, Dilthey), sondern zu einem Verstehen der für den Menschen charakteristischen Seinsweise, des Daseins. Dieses findet sich in der Zeit vor («Geworfenheit») und sucht in ihr den Sinn seiner Existenz («Geschichtlichkeit»). Darüber hinaus stellt *Sein und Zeit* eine originelle Form philosophischer Anthropologie dar, führt das Werk doch eine Strukturanalyse der unverstellten Erfahrung des eigenen Lebens durch. Diese «Daseinsanalyse» ist wiederum von Aristoteles' Bestimmung der Klugheit *(phronēsis),* aber auch von Kierkegaard inspiriert. Nicht zuletzt relativiert Heidegger in Übereinstimmung mit Kant das selbstzweckhafte Wissen, die Theorie, zugunsten der Freiheit. Aus diesem reichen Strauß von Denkmotiven geht kein Eklektizismus, sondern ein neuer Entwurf von Erster Philosophie hervor:

Gemäß *Sein und Zeit* hat die bisherige Philosophie die Frage nach dem Sein des Seienden, die Seinsfrage, «vergessen» («Seinsvergessenheit»). Denn sie versteht das Sein in einem sehr engen Sinn: als bleibende Gegenwart. Die Neuzeit ändert dieses Verständnis nicht,

sondern radikalisiert es nur. Sie deutet das Seiende als Gegenstand, 269
erklärt das Ich zur bleibenden Grund-Lage aller Gegenständlichkeit
und macht bei Hegel das Sein zur Selbstgegenwart eines der absoluten Selbstreflexion fähigen Geistes. Diesem Seinsverständnis entspricht eine doppelte Bestimmung der Zeit: zum einen, daß nur das
Gegenwärtige «sei», das Vergangene und das Zukünftige nicht mehr
oder noch nicht, zum anderen, daß die flüchtige Gegenwart des
Seienden nur ein schwaches Abbild der reinen, stehenden Gegenwart, der Ewigkeit, darstelle. Um dagegen die Wahrheit des Seins
und der Zeit zutage zu fördern, erörtert Heidegger die beiden Titelbegriffe in ihrer Verschränkung. Er unterscheidet beispielsweise drei
Arten von Weltentwurf, denen drei Arten von Gegenständlichkeit
entsprechen: Der technische Entwurf bezieht sich auf «zuhandenes

*Der Philosoph, der das Denken seiner Epoche
grundlegend verändert, der die Existenzphilosophie Sartres, die Hermeneutik Gadamers und das
Werk von Hans Jonas, Hannah Arendt, Foucault
und Derrida prägt, der in Japan die dort führende
Kyoto-Schule beeinflußt und der in Europa und
den USA sowohl Theologen als auch Literatur-
und Rechtswissenschaftler inspiriert, der nicht zuletzt über die Technik neu zu denken lehrt: Martin
Heidegger (1889–1976), stammt aus dem ober-
schwäbischen Meßkirch. In Freiburg i. Br. absol-
viert er ein hochrangiges, aber traditionelles Studium. Nach Abbruch einer Ausbildung zum ka-
tholischen Priester wendet er sich der Philosophie
zu, wird mit einer Arbeit über die psychologistische
Urteilslehre promoviert, habilitiert sich 1915/16
beim Neukantianer Rickert mit einer Arbeit über
‹Die Kategorien- und Bedeutungslehre des Johannes Duns Scotus› und wird vier Jahre später Assi-
stent bei Husserl. Schon in diesen Jahren und noch
mehr in Marburg (1923–28) entfaltet er sich als ein faszinierender Lehrer, der die klassische Philosophie neu zu lesen lehrt. Durch das (unvollendete) Hauptwerk ‹Sein und Zeit›
(1927) wird er zu einer europäischen Berühmtheit. Seit 1928 als Nachfolger Husserls
wieder in Freiburg, amtet er 1933–34 als nationalsozialistisch engagierter Rektor. Schon
vorher in eine philosophische Krise geraten, veröffentlicht er außer der Schrift ‹Kant und
das Problem der Metaphysik› (1929) und wenigen Kleinschriften über längere Zeit nichts.
Nach dem Zweiten Weltkrieg wird er für einige Jahre mit einem Lehrverbot belegt (bis
1949). Beginnend mit dem ‹Brief über den Humanismus› (1947), erscheinen in rascher
Folge meditativ eindringliche Abhandlungen und Vorlesungen, zum Beispiel ‹Holzwege›
(1950), ‹Was heißt Denken?› (1954), und ‹Nietzsche› (2 Bde., 1961). Heidegger stirbt weltweit berühmt, aber auch philosophisch und politisch umstritten. Seine Vorlesungen, Werke
und unveröffentlichten Abhandlungen erscheinen seit 1975 in einer auf mehr als 80 Bände
veranschlagten Gesamtausgabe. Mit ihr hat eine neue Phase seiner Wirkungsgeschichte
begonnen. – Martin Heidegger. Zeichnung von Hans Jonas, um 1925.*

Seit ‹Sein und Zeit› entwickelt Heidegger eine immer schärfere Kritik am technischen Verfügungsdenken der Neuzeit. Weil er dessen Wurzeln in der abendländischen Metaphysik sieht, hält er in ihrem Rahmen die Ausbildung der Technik für unvermeidlich und «eine freie Beziehung» zu ihr an ein neu zu stiftendes, «nachmetaphysisches» Denken gebunden. Zu dessen Vorbereitung weist er in der Abhandlung ‹Die Frage nach der Technik› (1954) zwei gängige Vorstellungen vom Sinn der «Technik» als unwahr, nämlich als richtig, aber zu oberflächlich zurück: die «instrumentale» Bestimmung der «Technik» als «Mittel für Zwecke» und die «anthropologische» als «ein Tun des Menschen». Das Wesen der modernen Technik sieht Heidegger im «Gestell» und meint damit nicht «ein Gerät, z. B. ein Büchergestell», sondern den Umstand, daß die moderne Technik den Menschen in einem doppelten Sinn «stellt»: Sie fordert ihn sowohl heraus, die Natur «als einen vorausberechenbaren Zusammenhang von Kräften» aufzufassen, als auch, dieser Auffassung gemäß zu handeln. Das «Wasserkraftwerk» beispielsweise «ist in den Rheinstrom gestellt» und «stellt» «an die Natur das Ansinnen ..., Energie zu liefern.» Und «Ackerbau ist jetzt motorisierte Ernährungsindustrie». Darin sieht Heidegger eine Gefahr, von der er zu Recht sagt: «Menschliche Leistung kann nie allein die Gefahr bannen.» Ihm fehlt aber eine Besinnung auf moralische Kriterien, nach denen die von der Technik drohende Gefahr zu beurteilen und ihr entgegenzuwirken ist. Am Ende deutet sich – was Marcuse aufgreift und auch Adorno nicht fremd ist – eine Art von ästhetischer Erlösung durch die «schönen Künste» an. Er glaubt aber auch: «Nur ein Gott kann uns retten.» – Wasserkraftwerk bei Wyhlen am Rhein.

Zeug», der theoretische auf «vorhandene Dinge», während es dem Dasein, bestimmt als das Ergreifen oder Verfehlen der eigenen Möglichkeiten, um die offene Zukunft geht. Beurteilt wird das Dasein nach den Kriterien «uneigentlich» und «eigentlich». Uneigentlich lebt, wer seine Möglichkeiten nur aus dem schöpft, was «man» für reizvoll, machbar und notwendig hält. Der uneigentliche Mensch hat noch nicht sein Eigenes, die Freiheit als Offenheit und unvertretbares Selbstsein, entdeckt. Dazu bedarf er einer doppelten Erfahrung der Angst: der vor dem Selbstsein (Lebensangst) und der vor dem Nicht-sein-Können (Todesangst, «Sein zum Tode»). Schließlich fordert die Angst, die sich im «Ruf des Gewissens» einstellt, zur Übernahme der eigenen Autonomie und damit zur tieferen Erfahrung der Wahrheit des Eigenen auf.

Im Gegensatz zu Scheler schließt sich Heidegger der älteren These vom Ende der Metaphysik an und gibt ihr eine hintergründige Doppelgestalt. In *Sein und Zeit* hält er die neuzeitliche Philosophie der Subjektivität für die letzte gedankliche Konsequenz der europäischen Metaphysik und denkt sie als Phänomenologie des menschlichen Daseins zu Ende. Später nimmt er eine «Kehre» vor, die das Ende der Metaphysik nicht mehr von ihrer Endgestalt aus, sondern von den «ungedachten Ursprüngen» her neu bedenkt. In eindringlichen Interpretationen zu Anaximander, Parmenides und Heraklit über Platon und Aristoteles bis zu Leibniz, Kant, Hegel und Nietzsche werden die großen Denker in einer Weise «zum Sprechen gebracht», daß sowohl ihre Einsichten als auch blinden Flecken zutage treten. Nietzsche beispielsweise erkläre das Übersinnliche zur unwahren Welt, obwohl es «als der Wille zur Macht losgelassen und betrieben» werde.

Wie keinem anderen Denker des 20. Jahrhunderts gelingt es Heidegger zwar, die «Fragwürdigkeit» der abendländischen Philosophie vor Augen zu führen und das metaphysische Denken für andere, nicht mehr metaphysische Denkmöglichkeiten zu öffnen. Im wesentlichen nur mit der theoretischen Philosophie befaßt, sogar vornehmlich auf die Metaphysik und ihre Seinsfrage eingeschränkt, spart Heidegger aber große Bereiche der Philosophie aus. Zweifellos gibt die These von der Metaphysik des Abendlandes als «Voraussetzung seiner planetarischen Herrschaft» Max Webers Rationalitätsanalysen eine spekulative Tiefe. Wie schon bei Husserl bleiben jedoch die Ethik im strengen Sinn weithin (siehe aber *Brief über den «Humanismus»*, 1946; *Gelassenheit*, 1959) und die politische Philosophie vollständig ausgeklammert. Heidegger

Karl Jaspers (1883–1969), der als Psychiater beginnt (‹Allgemeine Psychopathologie›, 1913), tritt in die Philosophie mit seiner ‹Psychologie der Weltanschauungen› (1919), später mit einer Diagnose der ‹Geistige(n) Situation der Zeit› (1931) ein: Der im Massendasein drohenden Auflösung des einzelnen setzt er eine von Kierkegaard inspirierte Existenzerhellung entgegen; sie fordert zu einem Selbstsein in Freiheit auf (‹Philosophie›, Bd. II, 1932). Denn der Mensch zeichnet sich nicht durch ein faktisches Sosein aus, sondern durch das, was er aus sich im Denken und Handeln macht. In Grenzsituationen bricht die vordergründige Geborgenheit im bloßen Dasein auf, und der Mensch findet sich radikal auf sein Selbst zurückgeworfen: Angesichts des Todes wird er zu Tapferkeit und Gelassenheit, angesichts des Kampfes zur Liebe, angesichts der Schuld zur Verantwortung und angesichts des Leidens zum Glück herausgefordert. Jaspers wird im Jahr 1937 zwangsweise pensioniert und erhält ein Publikationsverbot. Nach dem Zweiten Weltkrieg greift er, seit 1948 von Basel aus, vehement in die politischen Debatten Deutschlands ein: ‹Die Schuldfrage› (1946), ‹Die Atombombe und die Zukunft des Menschen› (1958), ‹Wohin treibt die Bundesrepublik?› (1966).

vertraut eher auf die Kunst als auf Recht und Staat. In seinem Spätwerk pflegt er einen bewußt esoterischen Stil, der sich der überlieferten Sprache der Philosophie verweigert. Um Wege ins Ungedachte vorzudenken, läßt er sich auf «das Absonderliche» ein, wie es «alter Brauch des Denkens» ist. Er arbeitet mit Etymologien und Neuschöpfungen und beschwört die Sprache der Dichter, etwa die von Hölderlin (*Erläuterungen zu Hölderlins Dichtung*, 1944; *... dichterisch wohnet der Mensch...*, 1954) und von Hebel (*Hebel – Der Hausfreund*, 1957). Dabei erhält das Sein mit seinen «Schikkungen» eine Übermacht, die *Sein und Zeit* mit der Betonung der Einzigartigkeit des Menschen noch fremd ist.

FRANKREICH: PHÄNOMENOLOGIE, EXISTENZPHILOSOPHIE
UND STRUKTURALISMUS
Bis in die 30er Jahre herrscht in der französischen Universitätsphilosophie ein Rationalismus im Geiste Descartes' und Kants. Durch Einflüsse von Husserl, Scheler und Heidegger, aber auch Kierkegaard, Hegel und dem Marxismus, durch das Interesse an Freud,

nicht zuletzt durch Rückgriff auf die eigene Tradition, etwa Bergson, entsteht dann eine philosophische Debatte, die die gesamten Geistes- und Sozialwissenschaften erfaßt und auf das politische Leben durchschlägt. Zwei der Wortführer, Merleau-Ponty und Sartre, gründen während des Zweiten Weltkrieges den intellektuellen Widerstandskreis «Socialisme et Liberté» und nach Kriegsende die bald führende Zeitschrift der intellektuellen Linke, *Les Temps modernes*. Die genuin philosophische Debatte kreist vor allem um die Begriffe der Freiheit, des Anderen und des *corps:* des Körpers und Leibes, als Medium des Bezugs zur Welt, zum Anderen und zu sich selbst.

Nicht durch Heidegger oder Jaspers wird «der Existentialismus» zu einer weltweiten Mode, sondern durch Jean-Paul Sartre (1905–1980), einen der einflußreichsten Intellektuellen des 20. Jahrhunderts. Sartre vertritt im Gegensatz zum christlichen (Gabriel Marcel, *Geheimnis des Seins,* 1951) einen ausdrücklich atheistischen Existentialismus. Nach der Programmschrift *L'existentialisme est un humanisme* (1946) ist der Mensch im Gegensatz zu einem «Kult der Menschheit», der den Menschen als vorgegebenen Zweck und höchsten Wert ansieht, lediglich das, was er in Freiheit aus sich selbst macht. Im Fall der Dinge geht zwar das Wesen (Essenz) der Existenz voraus, beim Mensch verhält es sich aber umgekehrt: Die Existenz geht der Essenz voraus; denn der Mensch, «dazu verurteilt, frei zu sein», «existiert, bevor er durch irgendeinen Begriff definiert werden kann». Die Freiheit bricht mit der Dingwelt, und die Szene betritt das sich selbst definierende, an Heideggers «Eigentlichkeit» erinnernde Subjekt. Ohne die Leitung durch Moral, Religion oder gesellschaftliche Rollen hat es sich in einer ursprünglichen, allem bewußten Willen vorausgehenden Wahl selber zu wählen.

Daß es sich dabei in einem gewissen Sinn selbst zu erfinden hat, paßt besonders gut auf Sartre selbst. Mit allen Fasern seiner Person ist er ein Schriftsteller, dem das kreative Schreiben die Wirklichkeit neu zu schaffen bedeutet. Außer einer Vielzahl von Romanen (z. B. *Der Ekel,* 1938; *Die Wege der Freiheit,* 1945–49) und Dramen

Jean-Paul Sartre

(z. B. *Die Fliegen,* 1943; *Die schmutzigen Hände,* 1948) verfaßt er auch den «Versuch einer phänomenologischen Ontologie»: *L'Être et le Néant* (*Das Sein und das Nichts,* 1943). Sartre untersucht hier zwei Seinsweisen: das dumpfe und sich selbst undurchsichtige *An-sich* (en-soi) und das spontane, sich in Freiheit und Bewußtsein setzende *Für-sich* (pour-soi). In der Analyse des Anderen (pour-autrui) betont er gegen Husserl und Heidegger, aber mit Hegel die Dialektik von Herr und Knecht: jenen Konflikt in der Beziehung zum Anderen, der bis zum Kampf auf Leben und Tod geht. («Die Hölle sind die anderen» heißt es im Theaterstück *Die geschlossene Gesellschaft,* 1944.) Zu den Weisen, in denen das Für-sich mit der Freiheit des Anderen in Beziehung tritt, gehören nicht nur die Sprache, die Liebe und das Begehren, sondern auch die Gleichgültigkeit und der Haß sowie Masochismus und Sadismus als «Riffe, an denen das Begehren scheitert».

Noch stärker als Sartre befaßt sich sein Weggefährte und späterer Gegner Maurice Merleau-Ponty (1908–1961) mit dem in Husserls «leibhafter» Erkenntnis vorausgesetzten Element, dem Leib. In der *Phänomenologie der Wahrnehmung* (1945) bestimmt er ihn nicht als einen Gegenstand des Bewußtseins, sondern als den Träger und Vermittler (véhicule) des Zur-Welt-Seins (l'être au monde). Selbst die Sprache wurzele in den intentionalen Ausdrucksmöglichkeiten des Leibes, und die Welt stehe ihm nicht gegenüber, sondern sei der Bezugspunkt, auf den sich seine motorischen Möglichkeiten richten. Im Sozialen drängt Merleau-Ponty Sartres Betonung der notwendigen Konflikthaftigkeit zurück: Weil jedes Ich mit dem Anderen sich intentional in der gleichen Welt bewegt, «sind wir in vollkommener Gegenseitigkeit füreinander Mitwirkende».

Durch die Schule von Husserls Phänomenologie und Heideggers Daseinsanalyse geht auch der jüdische Denker Emmanuel Levinas (1905–1995), der Mitübersetzer von Husserls *Cartesianische(n) Meditationen* (frz. 1931). Schon der Begründer der Dialogphilosophie, der jüdische Religionsphilosoph Martin Buber, hatte in *Ich und Du* (1923) dem vergegenständlichenden Ich-Es-Verhältnis das personale Ich-Du-Verhältnis entgegengehalten und die Initiative dafür dem Du eingeräumt. Nach Levinas beruht die Anerkennung des Anderen nicht auf einer freien Entscheidung, vielmehr wird die Freiheit erst durch einen Aufruf «im Angesicht des Anderen» möglich, und dieser Aufruf wird in absoluter Passivität erlitten. Trotzdem ist das Ich dem Anderen nicht nur ausgesetzt, sondern ihm auch verpflichtet (z. B. *Anders als Sein oder jenseits des Wesens,*

Die klassische Phänomenologie ist auf die Wahrnehmung eingeschworen, geht bei aller Anerkennung der Intersubjektivität vom Subjekt aus und sucht in ihrer Erweiterung zur Hermeneutik Sinn zu entschlüsseln. Dort, wo sie von der Wahrnehmung zum Leib übergeht und wo sie das Sinnverstehen auf das Unbewußte ausweitet, überwindet sie unnötige Engführungen, ohne das phänomenologische Programm aufzugeben. Dieses wird erst durch den Strukturalismus, dann aber bis in die Grundfesten erschüttert. Die intellektuelle Bewegung, die nicht aus der Philosophie stammt, sie aber erfaßt, erreicht in den 60er Jahren ihren Höhepunkt. Der Strukturalismus ist so lange noch keine radikale Provokation, wie er als eine Sprachtheorie auftritt, die, teils durch Ferdinand de Saussure (1857–1913), teils durch Roman Jakobson («Prager Schule») inspiriert, die Sprache als ein System von Zeichen begreift, deren Bedeutung sich nur aus der «Struktur» der Beziehungen der Zeichen zueinander erschließt. Die Provokation beginnt aber dort, wo man sich für die Sprache lediglich als ein abstraktes Regelsystem (langue) interessiert, während der Bezug auf Gegenstände (Referenz) und die Äußerungen der Sprache (parole) in den Hintergrund treten. Wird diese Art von Sprachwissenschaft nicht nur wie beim bedeutenden Ethnologen Claude Lévi-Strauss (*1908) zur paradigmatischen Sozialwissenschaft erhoben, sondern als Methode verabsolutiert, dann werden zwei phänomenologische Prämissen geleugnet: sowohl «das Subjekt» als auch ein Sinn, der sich entschlüsseln lasse. Der Psychoanalytiker

Jacques Lacan (1901–1981) ist zunächst von der Phänomenologie, besonders Heidegger, und Kojèves Vorlesungen über Hegels ‹Phänomenologie des Geistes› geprägt. Später öffnet er sich einer «Rhetorik» des Unbewußten, die deren Hauptelemente, die Metapher und Metonymie («Umbenennung»), in ihrem Sinn entschlüsselt. Roland Barthes (1915–1980) weist der Literaturkritik die Aufgabe zu, nicht den Sinn eines Werkes zu enthüllen, sondern die «Regeln und Zwänge bei der Ausarbeitung des Sinnes». Und Michel Foucault (1926–1984) legt in Auseinandersetzung mit dem Strukturalismus, aber auch mit Kant und Nietzsche und aus einer umfassenden Kenntnis der neuzeitlichen Philosophie- und Wissenschaftsentwicklung «eine Archäologie der Humanwissenschaften» vor: ‹Die Ordnung der Dinge› (1966), ‹Wahnsinn und Gesellschaft› (1961), ‹Archäologie des Wissens› (1969) und ‹Geschichte der Sexualität› (1976 und 1984). Foucault betont die grundlegenden Brüche im neuzeitlichen Denken über den Menschen und läuft gegen jeden Versuch Sturm, den Menschen auf eine unveränderliche Wesenheit und souveräne Mitte festzulegen. Foucaults Rede vom «Tod des Menschen» bedeutet, daß der Mensch anders als bisher gedacht werden muß. Demgegenüber soll eine neue Philosophie, auch eine neue Ethik und Politik, sich auf den Menschen nicht, wie er ist, richten, sondern wie er «anders» leben, handeln, denken und seine Beziehungen ‹anders› gestalten kann. – Michel Foucault, Jacques Lacan, Claude Lévi-Strauss und Roland Barthes, gezeichnet von Maurice Henry.

Der Schriftsteller und Philosoph Albert Camus (1913–1960) stellt einen Zwiespalt zwischen dem Sinnanspruch des Menschen, seiner Sehnsucht nach Einheit, Glück und Übereinstimmung mit sich, und dem Schweigen der Welt fest. Aus diesem Zwiespalt sieht er das Lebensgefühl des Absurden entstehen. Verstärkt wird es durch die Zerrissenheit und Fremdheit des Lebens, durch das Ausgeliefertsein an die Zeit und die Unausweichlichkeit des Todes. Angesichts der Frage, ob der Mensch dieses Lebensgefühl auszuhalten vermag oder ob der Selbstmord unausweichlich ist, verwirft Camus sowohl den Selbstmord als auch die Flucht in die Religion (Kierkegaard) und die Rückkehr zur Rationalität (Phänomenologie). Statt dessen fordert er auf, die «condition absurde» anzunehmen. Prototypen eines sich in Auflehnung und Freiheit vollziehenden Lebens sind der Verführer, der Schauspieler und der Eroberer: Don Juan ersetzt die unmögliche «ewige Liebe» durch die immer wieder neu gegenwärtige Erfüllung; der Schauspieler verkörpert die unendliche Vielfalt wechselnder Gestalten; und der Eroberer setzt der Hoffnung auf das Ewige die geschichtliche Tat entgegen. Noch intensiver nimmt aber der Künstler das Lebensgefühl des Absurden an: in seiner Schöpfung ohne ein Morgen. Camus' Vorbild ist Sisyphos (1942): Von den Göttern verurteilt, ewig und vergeblich einen Felsblock einen Berg hinaufzurollen, wird er, sobald er sein absurdes Geschick annimmt, zu dessen Herrn: «Der Kampf gegen Gipfel vermag ein Menschenherz auszufüllen. Wir müssen uns Sisyphos als einen glücklichen Menschen vorstellen.» In dem Essay ‹Der Mensch in der Revolte› (1951) ergänzt Camus den ‹Mythos von Sisyphos› durch den Mythos von Prometheus, dem ewigen Empörer. Im Gegensatz zur «metaphysischen Revolte …, mit der ein Mensch sich gegen seine Lebensbedingung und die ganze Schöpfung auflehnt», und der «historischen Revolte», die ein utopisches Endziel der Geschichte mit Gewalt anstrebt, geht es der «Prometheischen» Revolte um eine gemeinsame Front gegen die Sinnlosigkeit der Welt: um die Liebe zum leidenden Menschen, um Solidarität. – Die Arbeit des Sisyphos. Vasenmalerei, um 330 v. Chr.

1974), und die Menschenrechte gelten als «das Maß jeden Rechtes». Jacques Derrida (*1930) fordert, «den Fremden» in seiner
«Andersheit zu erkennen und anzunehmen» (*Gesetzeskraft*, 1991).
Im Schnittfeld von Phänomenologie und Hermeneutik bewegt
sich Paul Ricœur (*1913). In einer großangelegten *Philosophie des
Willens* legt er das Musterbeispiel einer existentialen Phänomenologie vor. Ihr zweiter Band *Finitude et culpabilité* (Endlichkeit und
Schuld, 1960) befaßt sich in einer Eindringlichkeit mit dem Phänomen des Bösen, die im 20. Jahrhundert ihresgleichen sucht. In einer
Interpretation der Ursymbole: Makel, Sünde und Schuld, und der
Mythen des Bösen erweitert Ricœur den traditionellen Gegenstandsbereich der Hermeneutik. Und im «Versuch über Freud»: *De
l'interprétation* (1965) integriert er in sie auch die Psychoanalyse.

HERMENEUTIK
Der im Vergleich zu Sartre weniger unbotmäßige Erbe Heideggers
und zugleich Urheber einer «Urbanisierung der Heideggerschen
Provinz» (Habermas): Hans-Georg Gadamer (*1900), erhebt für die
philosophische Hermeneutik einen Universalitätsanspruch, durch
den sie zur neuen Grunddisziplin werden soll. Nicht eine Phänomenologie des Leibes oder ein Strukturalismus, auch keine Theorie der
Vorstellungen, eine Erkenntnistheorie, beerbt hier die Metaphysik,
sondern die Theorie des Verstehens von Sätzen und deren Kontex-
ten, die des Sinnverstehens. Dem entspricht in der Person Gadamers
eine enge Verbindung der Philosophie mit der Philosophiegeschichte und der Philologie. In Vorlesungen und Studien vor allem zur Antike, namentlich Platon, aber auch zu Hegel und dem eigenen Lehrer Heidegger, führt Gadamer eine Kunst der Auslegung vor, die die
Platonische Gesprächskunst zu einer existentiellen Vergegenwärti-
gung klassischer Texte werden läßt: In einer Zeit, da sich die Überlieferung weder von selbst versteht noch ganz fremd geworden ist,
soll ein besonnenes Verstehen helfen, nicht (nur) zu erfahren, wie es
gewesen ist, sondern (auch) zu lernen, wer wir sind.
    Die methodischen Grundlagen entfaltet Gadamer in seinem
Hauptwerk *Wahrheit und Methode* (1960). Als Theorie der Gei-
stes- und Humanwissenschaften will es sie vom Zwang befreien,
sich dem Vorbild der scheinbar erfolgreicheren Naturwissenschaften zu unterwerfen. Da das für die Geisteswissenschaften charakteristische Verstehen auch außerhalb der Wissenschaft, in der Kunst
und im Gespräch, gefordert ist, weitet sich das Programm zu ei-

Hans-Georg Gadamer ner universalen Hermeneutik aus, die «ein Jenseits des Selbstbewußtseins» betont: die unaufhebbare Geschichtlichkeit menschlicher Welterfahrung und deren unaufhebbare Sprachlichkeit. «Sprechenlernen und den Erwerb von Weltorientierung» muß man «als das unauflösbare Gewebe der Bildungsgeschichte des Menschen ansehe(n)». Gadamer geht aber weder auf gesellschaftliche Institutionen und Strukturen noch auf das Unbewußte ein. Er erweitert zwar das «historische Bewußtsein» um ein «wirkungsgeschichtliches Bewußtsein», denn «jedes Buch, das auf die Antwort des Lesers wartet», ist «die Eröffnung eines ... Gesprächs». Bei ihm droht aber auch die Gefahr, daß bei historischen und philologischen Untersuchungen die Wahrheitsfrage, die nach dem eigentlichen Textgehalt, in den Hintergrund tritt. Mit Heidegger betont Gadamer das der Kunst eigene Potential existentieller Wahrheit. (In diesem Sinn endet Rilkes Gedicht «Archaischer Torso Apollos» mit den Worten: «Du mußt dein Leben ändern.») Andererseits erhält die Überlieferung als Quelle ständiger Sinnerneuerung («jedes Verstehen ein *anders* Verstehen») ein Übergewicht, gegen das sich der eigene Zukunftsentwurf schwertut.

Andere Philosophen weiten das Programm einer philosophischen Hermeneutik aus. Bei Joachim Ritter (1903–1974) wird sie zu einer Auslegung der geschichtlichen Welt. Trotz der Geschichtslosigkeit und der Verdinglichung, die die Moderne bedrohen, gibt

Ritter Hegels Vermutung nicht auf, das Bestehende sei vernünftig, erkennbar sowohl in der *Subjektivität* (1974) des modernen Menschen als auch in den Institutionen des modernen Staates *(Hegel und die französische Revolution*, 1957). Walter Schulz (1912–2000) ist skeptischer; er sieht die Welt in Wirklichkeiten zerfallen, die sich einer einheitlichen Deutung versperren: *Philosophie in der veränderten Welt* (1972). Bei Hans Blumenberg (1920–1999) verbindet sich eine Hermeneutik der Moderne mit einer historischen Phänomenologie. In der *Legitimität der Neuzeit* (1966) verteidigt er diese Epoche gegen den Verdacht der Illegitimität, denn erst der Neuzeit gelingt es dauerhaft, die spätantike, weltverneinende Gnosis durch Weltbejahung zu überwinden. In der *Arbeit am Mythos* (1979) untersucht Blumenberg die Leistungen des «Unbegrifflichen» (Bilder, Mythen, Fabeln und Gleichnisse) für das menschliche Selbst- und Weltverständnis: Dank einer eigenen Rationalität gewinnt der Mythos Distanz zum «Absolutismus der Wirklichkeit». Von der «Namengebung» über die «Gewaltenteilung» zwischen verschiedenen Göttern bis zur «Verrechtlichung» der Beziehungen zwischen Göttern und Menschen durch Verträge zeigt sich in Mythen eine Lebenskunst der Entlastung. Statt mit der unberechenbaren Wirklichkeit gibt man sich mit selbstgeschaffenen Stellvertretern ab.

LEKTÜREEMPFEHLUNG: Zur Einführung in die Phänomenologie bieten sich Heideggers *Sein und Zeit*, § 7, und Husserls *Philosophie als strenge Wissenschaft* an. Von Husserl kann man *Die Krisis der europäischen Wissenschaften* anschließen; bei Heidegger ist *Sein und Zeit* unverzichtbar, wozu der 1924 gehaltene Vortrag *Der Begriff der Zeit* eine Hinführung bietet. Heideggers Interpretationskunst erlebt man exemplarisch in den Abhandlungen zu Hegel, Nietzsche und Anaximander der *Holzwege*. Von Max Scheler empfiehlt sich *Die Stellung des Menschen im Kosmos*, von Jaspers die *Einführung in die Philosophie*, von Sartre die Abhandlung *Ist der Existentialismus ein Humanismus?* und von Camus *Der Mythos von Sisyphos*. Bei Gadamer beginnt man mit dem Vorwort zur 2. Auflage von *Wahrheit und Methode* und der «Einleitung», um dann etwa die «Grundzüge einer Theorie der hermeneutischen Erfahrung» zu lesen. Und bei Blumenberg empfiehlt sich zum Einstieg die «Einleitung» in den *Prozeß der theoretischen Neugierde*.

Krg Wrt

Sp.

XVI. Analytische Philosophie.
Von Frege bis Wittgenstein

Seit der Philosophie der Renaissance verstärkt sich eine Entwicklung, die zunächst nur durch so universale Philosophen wie Leibniz und Kant, später aber auch durch den Neukantianismus und den Pragmatismus durchbrochen wird: Die Ausdifferenzierung der Wissenschaftsbereiche schlägt auf die Philosophie durch und führt zu deren Aufspaltung in zwei Richtungen. Die Aufspaltung fällt nicht so streng aus, daß jede wechselseitige Beeinflussung und Kritik entfielen. Sie läßt aber zwei konkurrierende Richtungen entstehen. Gegen eine Philosophie, die sich an der erlebbaren Welt und an den Geisteswissenschaften orientiert: Phänomenologie, Existenzphilosophie und Hermeneutik, setzt sich eine andere Richtung ab, die von Logik, Mathematik und den Naturwissenschaften geprägte Analytische Philosophie. Gemeinsam ist beiden ein Protest gegen die idealistische, insbesondere Hegelsche Metaphysik. Während die Phänomenologie ihr vorwirft, nicht die richtigen Sachprobleme zu behandeln, bedient sie sich nach der (Sprach-)Analytischen Philosophie einer nicht überprüften Sprache. Die zweite Richtung wendet sich daher der Sprache zu («linguistic turn») und privilegiert eine Aufgabe, der sich die Philosophie seit ihren Anfängen und in der Neuzeit seit Bacons Ideologiekritik immer wieder stellt: die Sprachkritik. Diese sucht «die Herrschaft des Wortes über den menschlichen Geist zu brechen, indem sie Täuschungen aufdeckt, die durch den Sprachgebrauch über die Beziehungen der Begriffe oft fast unvermeidlich entstehen» (Frege). In der Regel ist die Richtung in einem doppelten Sinn analytisch: methodisch, weil sie die Sprache analysiert (zergliedert), und inhaltlich, weil sie der Philosophie nur analytische Aussagen und nicht das synthetische Apriori der Metaphysik zutraut.

Vom Empirismus beeinflußt, pflegt die Analytische Philosophie eine tiefe Skepsis gegen Metaphysik; Aristoteles und Kant werden aber hochgeschätzt. Und Analytiker wie Moore wissen, daß eine Bedeutungsanalyse die Erkenntnis erweitert, also nach Kantischem Verständnis nicht bloß analytisch ist. Ihre beiden Grundlagen, die moderne, mathematische Logik und die Semantik (Bedeutungslehre), schafft Frege. Ihm wissen sich die «Nachfolger» verpflichtet: in

In der analytischen Sprachkritik versucht die Philosophie, von aller Metaphysik frei zu werden. – Paul Klee: Karge Worte des Sparsamen, 1924.

282   Cambridge Bertrand Russell und in Wien sowohl Rudolf Carnap
        als auch Ludwig Wittgenstein. Schon vorher weckt Frege Husserl
        aus dem psychologistischen Schlummer auf. Die bedeutenden
        Vorarbeiten eines Zeitgenossen Hegels aber, des Mathematikers
        und Philosophen Bernard Bolzano (1781–1848), bleiben lange
        unbeachtet.
            Schon in der Frühzeit der Analytischen Philosophie entstehen
        zwei «Unter-Richtungen». Auf der einen, der «ideal-» bzw. «formal-
        sprachlichen» Seite greifen Frege und Russell Leibniz' Programm
        einer formalen Universalsprache auf. Sie nehmen freilich die Ethik
        und politische Philosophie aus, während sie der Wiener Kreis in
        sein Programm der Einheitswissenschaft integriert. Bisweilen über-
        schätzt man zwar die philosophische Tragweite der hier gewonne-
        nen Einsichten, zumal im Unterschied etwa zu Cassirer und zur
        philosophischen Hermeneutik die nichtwissenschaftliche Sprache
        lange Zeit mißachtet bleibt (erst Nelson Goodman, *Languages of
        Art*, 1968). Es läßt sich aber nicht leugnen, daß der Begriff der lo-
        gischen Ableitbarkeit erweitert wird, daß die Unterschiede zwi-
        schen Begriff und Urteil, grammatischer und logischer Form eines
        Satzes und zwischen Wahrheit und Widerspruchsfreiheit schärfer
        gefaßt werden und daß man das Besondere einer (natur-)wissen-
        schaftlichen Theorie besser versteht. Die andere, «normal-», «all-
        tags-» oder «umgangssprachliche» Richtung ist gegen eine forma-
        le Universalsprache skeptisch. Der Cambridger Philosoph Moore
        vertraut lieber auf den gesunden Menschenverstand. Wittgenstein
        dagegen inspiriert beide Richtungen; sein früher *Tractatus* beein-
        flußt die formalsprachliche, seine späteren *Philosophischen Unter-
        suchungen* die umgangssprachliche Seite.
            Im Oxford der 40er und 50er Jahre bildet sich, von Wittgenstein,
        aber auch von Brentano und Frege, Moore und Russell beeinflußt,
        die Analytische Philosophie der Umgangs- bzw. Alltagssprache her-
        aus («ordinary language philosophy»). Wie bei Russell, im Wiener
        Kreis und beim frühen Wittgenstein dient sie der Sprachkritik. Die-
        se erfolgt aber nicht mit Hilfe einer idealen Kunstsprache, sondern
        der aus dem Alltag bekannten, gewöhnlichen Sprache.
            Merkwürdigerweise richtet Gilbert Ryle (1900–1976) seine Kritik
        der philosophischen Tradition nicht gegen die entwickelteren An-
        sichten von Kant oder dem Deutschen Idealismus. In seinem Haupt-
        werk *Der Begriff des Geistes* (1949) greift er vielmehr den älteren
        Leib-Seele-Dualismus Descartes' an: das «Dogma vom Geist in der
        Maschine». Danach durchlebe jeder Mensch eine doppelte Ge-

schichte: eine öffentliche, die sich im beobachtbaren Verhalten, und eine private, die sich in den seelischen Erlebnissen abspiele. Nach Ryle liegt dem ein Kategorienfehler zugrunde, da man die Begriffe des Geistigen demselben Begriffstyp wie dem des Körperlichen zuordne, als ob der Geist ein Ding sei, wenn auch vom Körper verschieden. Tatsächlich sprechen Aussagen über Geistiges von Dispositionen zu beobachtbarem Verhalten. Damit wird das Geistige intersubjektiv zugänglich und die Gefahr des Solipsismus vermieden. John L. Austin (1911–1960) unterscheidet in seiner Schrift *How to do Things with Words* (1962, postum) drei Arten von Sprachfunktionen (Sprechakten): «lokutionäre» oder «konstative», mit denen man etwas aussagt, «illokutionäre» bzw. «performative», mit denen man zugleich etwas tut (z. B. «ich verspreche, daß …»), und «perlokutionäre», mit denen man bei anderen eine Wirkung erzielt (z. B. jemanden warnen). Peter F. Strawson (*1919) knüpft in *Individuals*, einem «Versuch in deskriptiver Metaphysik» (1959), vor allem an Aristoteles' Substanzontologie an: Unter den verschiedenen Gegenständen gebührt dem materiellen Einzelding, sei es ein wahrnehmbarer Körper, sei es eine Person, der Vorrang, allerdings nicht schlechthin, sondern nur in Hinsicht auf die Identifikation. Der Begriff der Person, für die etwa Lachen, Schmerzhaben und Nachdenken charakteristisch sind, ist für Strawson ein ursprünglicher (primitiver) Begriff. In seiner Kant-Interpretation *The Bounds of Sense* (1966) erweitert Strawson die deskriptive Metaphysik um eine transzendentale Komponente.

LOGIK UND SEMANTIK: GOTTLOB FREGE
Der Mathematiker, Logiker und vor allem auch Philosoph Frege (1848–1925) findet unter den Zeitgenossen noch wenig Resonanz. Denn den Philosophen erscheint er als zu mathematisch, den Mathematikern als zu philosophisch. Durch Kenner wie Russell wird er aber zu einer internationalen Berühmtheit, und seit der Mitte des 20. Jahrhunderts erkennt man seine Gedanken weithin als bahnbrechend an. Freges *Begriffsschrift* (1879) ist nach Aristoteles' *Ersten Analytiken* der wichtigste Text der Logik; mit ihm beginnt ihre moderne Gestalt, die Frege in *Funktion und Begriff* (1891) fortbil-

Gottlob Frege

284 det. (Auch George Boole und Augustus De Morgan verfassen bedeutende Werke zur Logik.) Frege hält nicht etwa die Philosophie für einen Teil der Logik, sondern umgekehrt diese für einen Teil der Philosophie: Wie Kant sucht er jene objektive Vernunft zu bestimmen, die sichere Erkenntnis möglich macht. Weil er glaubt, dies sei nur mit logischen Mitteln zu erfüllen, erfindet er, von Leibniz inspiriert, eine voll formalisierte Kunstsprache. Ihr fehlt jede Ähnlichkeit mit den grammatischen Formen der natürlichen Sprache, außer daß auch sie über eine Syntax verfügt, also über Regeln, die

Der Untertitel von Freges ‹Begriffsschrift› nennt das Charakteristische der modernen symbolischen Logik. Sie ist «Eine der arithmetischen nachgebildete Formelsprache des reinen Denkens». Angeblich folgen die vertikal über die Seiten erstreckten Formeln, wie ein damaliger Rezensent bemängelt, «der japanischen Sitte». Tatsächlich handelt es sich um eine übersichtliche Symbolik, die mittlerweile zwar durch einfachere Schreibweisen ersetzt wurde, in ihrem Aufbau jedoch für jede symbolische Logik grundlegend bleibt. Freges Logik kommt mit vier logischen Operatoren aus, mit Zeichen für die Verneinung einer Aussage (heute: ¬p), für die Folge-Beziehung

zwischen Aussagen («wenn …, dann …»: p → q), für die Selbigkeit (Identität: a = b) und für die Allgemeingültigkeit («für alle x gilt …»: ∀x). Die Logik gründet allerdings nicht in sich selbst, sondern auf «Urgesetzen» oder «Urwahrheiten», die der gewöhnlichen menschlichen Vernunft durchsichtig sein müssen. Für Frege bestehen sie in einem elementaren Schlußgesetz, dem Modus ponens und den bekannten Denkgesetzen der Identität, des Widerspruchs und des ausgeschlossenen Dritten. – Die Abbildung aus Freges «Begriffsschrift» beinhaltet die Aussage: «Wenn dieser Strauß ein Vogel ist und nicht fliegen kann, dann folgt, daß manche Vögel nicht fliegen können.»

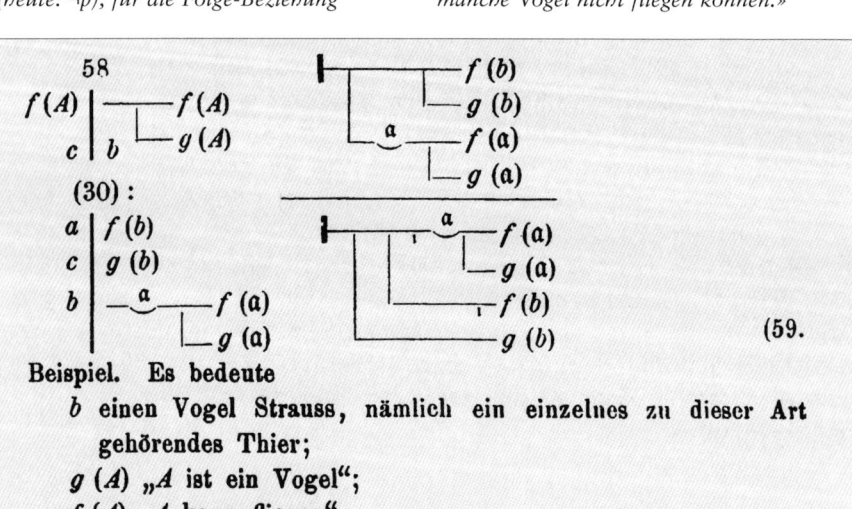

Beispiel. Es bedeute

b einen Vogel Strauss, nämlich ein einzelnes zu dieser Art gehörendes Thier;

g (A) „A ist ein Vogel“;

f (A) „A kann fliegen“.

Dann haben wir das Urtheil:

„wenn dieser Strauss ein Vogel ist und nicht fliegen kann, so ist daraus zu schliessen, dass einige Vögel *) nicht fliegen können.“

angeben, welche Sätze der Sprache wohlgeformt sind und welche
nicht. Frege entwickelt aus einem Minimum an Elementen eine universal verwendbare Logik von Aussagen: eine Aussagenlogik. Sie
erlaubt, einfache Aussagen zu einer komplexen Aussage so zu ver-
knüpfen (lat. iungere, daher auch Junktorenlogik), daß deren
Wahr- oder Falschsein, ihr «Wahrheitswert», lediglich von den
Wahrheitswerten der einfachen Aussagen abhängt. Frege legt darüber hinaus die Grundlage für die Prädikaten- bzw. Quantorenlogik
erster Stufe, die im Unterschied zur Aussagenlogik auch auf die
Binnenstruktur der einfachen Aussagen achtet, insbesondere auf
die «Quantoren» «alle» (Allquantor) und «einige, mindestens einer» (Existenz- oder Einsquantor ∃x).

Die auf Aristoteles zurückgehende Logik gliedert eine Aussage
bzw. einen Satz (p) in Subjekt (S) und Prädikat (P): «P kommt S
zu» bzw. «S ist P» (z.B. «Sokrates ist sterblich»). Frege orientiert
sich dagegen am Vorbild der Mathematik und gliedert in Funktion, Argument und Wert. Eine Funktion (Zuordnung: «Fx») wie
« $2 \cdot x^3 + x$ » oder «die Hauptstadt von x» enthält Leerstellen
(Variable). Ihretwegen ist sie wie ein Torso ergänzungsbedürftig
oder ungesättigt. Das Argument, dort eine Zahl, hier ein Staat, ist
die Eingangsgröße, die die Leerstelle ausfüllt. Und was dabei her-
auskommt: die Ausgangsgröße, ist der (logische) Wert. Die erste
Funktion erhält für das Argument «1» den Wert «3 (= $2 \cdot 1^3 + 1$)»
und die zweite Funktion für das Argument «Deutschland» den
Wert «Berlin» (= Hauptstadt Deutschlands).

Nach Kant beruht die Mathematik weder auf einer logischen Analyse noch auf Erfahrung, vielmehr auf einer apriorischen Anschauung; nach Mill handelt es sich dagegen um empirische Verallgemein-
erungen. Frege widerspricht Mill ganz und Kant mindestens zur
Hälfte. Während auch er für die Geometrie eine apriorische Anschauung für nötig hält, vertritt er für die Arithmetik einen «Logizismus», der alle mathematischen Begriffe durch rein logische Begriffe zu definieren und alle mathematischen Sätze allein aus logischen
Grundgesetzen zu beweisen hofft. Die Hoffnung wird aber durch die
Zermelo-Russellsche Antinomie erschüttert und durch den Unvoll-
ständigkeitssatz des Mathematikers und Logikers Kurt Gödel (1930)
zunichte gemacht.

Bei Identitätsaussagen gibt es zwei Arten: den analytischen Satz «a = a» und die oft neue Erkenntnis «a = b», beispielsweise daß der Morgenstern (a) derselbe Planet wie der Abendstern (b) ist. Frege führt deshalb in der Grundschrift der modernen Semantik ‹Über Sinn und Bedeutung› (1892) eine Unterscheidung ein: Jeder Ausdruck, der einen Gegenstand bezeichnet, ein (Eigen-) Name, hat sowohl einen Sinn als auch eine Bedeutung. Die Bedeutung ist der bezeichnete Gegenstand (der Planet Venus), der Sinn die Art, wie er gegeben ist, entweder als Morgen- oder als Abendstern. Bei Aussagen (Sätzen, Behauptungen) besteht der Sinn im «Gedanken»: dem behaupteten Inhalt (Sachverhalt, Proposition), die Bedeutung dagegen im Wahrheitswert: im Umstand, daß die Behauptung des Inhaltes wahr oder falsch ist. Der Begriff, hier «Planet», bezeichnet schließlich eine Klasse von Gegenständen. – Mond und Planet Venus.

GROSSBRITANNIEN

George Edward Moore. Die Analytische Philosophie beginnt in Großbritannien zunächst unabhängig von Frege, aus Opposition gegen den britischen Idealismus von Francis H. Bradley und John McTaggart. Durch McTaggarts Leugnung der Wirklichkeit der Zeit provoziert, unternimmt George Edward Moore (1873–1958) *Die Widerlegung des Idealismus* («die Wirklichkeit ist geistig») und *Eine Verteidigung des gesunden Menschenverstandes* (1925). Er erklärt, mit Sicherheit zu wissen, daß es eine bewußtseinsunabhängige Wirklichkeit gibt. Die Grundlage bildet eine erneute Analyse der Wahrnehmung (*Die Widerlegung des Idealismus*, 1903). Gegen Berkeleys Prinzip: «Sein ist Wahrgenommenwerden» unterscheidet Moore das Bewußtsein der Wahrnehmung und deren Gegenstand (z. B. Blau oder Grün) und behauptet, die Idealisten (einschließlich der Empiristen und der Psychologisten) setzten zu Unrecht den Gegenstand der Wahrnehmung mit der Wahrnehmung des Gegenstandes gleich. In Wahrheit werde der Gegenstand als vom Bewußtsein unabhängig erfahren, so daß, wer etwas wahrnehme, bereits aus dem Kreis des eigenen Bewußtseins herausgekommen sei. Mit den einflußreichen *Principia Ethica* (1903) bereitet Moore eine neue moralphilosophische Richtung, die Metaethik, vor. Moore behauptet, «gut» sei

keine komplexe, sondern eine schlechthin einfache, analyseresisten-
te Eigenschaft: undefinierbar und nur einer geistigen Intuition zugänglich. Bislang habe man aber «gut» mit anderen Eigenschaften
gleichgesetzt, entweder mit naturalen wie «nützlich» (Utilitarismus), «lustvoll» (Hedonismus), «lebensdienlich» (Evolutionismus)
oder mit metaphysischen, die einer übersinnlichen Wirklichkeit an-
gehören (Idealismus). Gegen diesen «naturalistischen Fehlschluß»
führt er das «Argument der offenen Frage» an: Wo man «gut» etwa
mit «nützlich» gleichsetzt, bleibe die Frage offen, ob das Nützliche
auch unter allen Umständen gut sei.

Bertrand Russell (1872–1970) tritt zuerst als Mathematiker und
Philosoph, später mehr und mehr als politischer Intellektueller hervor. Wie Moore sucht er nach einem Wissen, «das so sicher ist, daß
kein vernünftiger Mensch es bezweifeln kann». Dabei nimmt er
sich wie der Rationalismus seit Descartes die Mathematik zum Vorbild. Zusammen mit seinem früheren Lehrer Whitehead verfaßt er
das monumentale Werk der Logik und Mathematik, die *Principia
Mathematica* (3 Bde., 1910–13). In ihm wird «die gesamte reine
Mathematik aus rein logischen Prämissen», insbesondere aus einer
Logik der Relationen, abgeleitet. Dabei soll ein Problem von Freges
Logizismus gelöst werden, die Zermelo-Russellsche-Antinomie:
Man stelle sich eine Menge all der Mengen vor, die sich selbst nicht
als Mitglied enthalten. Enthält diese Menge sich selbst als Mitglied? Wenn ja, so widerspricht es der Bedingung, sich selbst nicht
als Mitglied zu enthalten, wenn nein, so widerspricht es der Bedingung, die Menge all der betreffenden Mengen zu sein. Russell löst
die Paradoxie nicht, sondern schlägt eine Vermeidungsstrategie vor.
Sie unterscheidet verschiedene Stufen (Typen) von Gegenständen
(«Typentheorie») und «verbietet», eine Menge auf dieselbe Stufe
wie ihre Elemente zu stellen.

Bradley argumentierte, daß alles, woran der gewöhnliche Menschenverstand glaubt, bloße Erscheinung ist; wir wendeten uns dem entgegengesetzten Extrem zu und meinten, daß alles das wirklich ist, was der gesunde
Menschenverstand, unbeeinflußt von Philosophie oder Theologie, für wirklich hält. Mit dem Gefühl, einem Gefängnis entronnen zu sein, gestatteten
wir uns zu meinen, daß Gras grün ist, daß die Sonne und die Sterne existieren würden, auch wenn niemand sie wahrnähme, und auch, daß es eine
pluralistische zeitlose Welt platonischer Ideen gibt.

Russell über Moore und sich selbst: ‹Meine geistige Entwicklung›, 1944

Russell befaßt sich seit seiner Jugend auch mit dem, was sein Freund Moore «ephemeren Kleinkram der internationalen Politik» nennt. Seine erste Veröffentlichung behandelt die deutsche Sozialdemokratie (1896). Schon lange vor dem Ersten Weltkrieg tritt er gegen die imperialistische Politik seines Landes auf und setzt sich für das Frauenwahlrecht ein. Er verteidigt den Sozialismus, kritisiert aber dessen bolschewistische Form. Er begründet eine eigene Schule, Beacon Hill, in der man bewußt unchristlich und frei lebt, sich gleichwohl gegen Alexander Sutherland Neills Summerhill-Schule, absetzt. Als strenger Pazifist setzt sich Russell für nukleare Abrüstung (1957) ein und gründet sowohl eine Friedensstiftung (1960) als auch ein Internationales Kriegstribunal (1966). Für seine glänzend geschriebenen populärwissenschaftlichen, moralistischen und politischen Texte (z. B. ‹ABC of Atoms›, 1923; ‹Marriage and Morals›, 1929; ‹Power›, 1938) erhält er den Nobelpreis für Literatur (1950) und wird zu einer weltweit anerkannten moralisch-politischen Autorität. Auch wenn Russell selber seine Stellungnahmen nie als wissenschaftlich-philosophisch begründet ausgibt, wird ihr Gewicht doch durch den philosophischen Ruhm des Autors erhöht. – Bertrand Russell beim Sitzstreik gegen Atomrüstung, 1961.

Für Russell bilden die *Principia Mathematica* auch die Grundlage einer Gegenstandstheorie, des «logischen Atomismus». Dieser verbindet Erkenntniskritik mit Sprachkritik. Von Wittgensteins *Tractatus* beeinflußt und mit Leibniz' Gedankenalphabet im Hintergrund, sollen sich alle Gegenstände, sogar das Selbst, der Geist und die Materie, durch «logische Konstruktionen» aus kleinsten Bausteinen, den nicht physischen, sondern logischen Atomen, aufbauen lassen. Dem Aufbau geht eine Analyse voraus, die einem von Ockhams Rasiermesser inspirierten Grundsatz folgt: Wo immer möglich, ersetze man Schlüsse auf unbekannte Wesenheiten (Entitäten) durch Konstruktionen aus bekannten. Während Moore bei alltäglichen Gewißheiten ansetzt, folgt Russell dem zu seiner Zeit vorherrschenden Empirismus Locke-, Hume- und Millscher Prägung. Er setzt die logischen Atome mit atomaren Sinnesdaten (über Farbe, Gestalt, Härte ...) gleich. «Die Welt» ist nichts anderes als das, was aus der letzten unbezweifelbaren Grundlage allen Wissens, den Sinnesdaten, mit Hilfe der Logik der *Principia Mathematica* konstruiert werden kann. In der Ergänzung zur Logik, der

Erkenntnistheorie, unterscheidet Russell ein «Wissen durch (unmittelbare) Bekanntschaft» (by acquaintance) von einem «Wissen
durch Beschreibung» (by description). Während sich im ersten Fall
Sinnesdaten mit einigen Allgemeinbegriffen (z. B. «ist verursacht
von») zur letzten, unbezweifelbaren Grundlage allen Wissens verbinden, weiß man von physikalischen Gegenständen und von anderen Personen («other minds») nur aufgrund von Beschreibungen.

*Der Mathematiker und Philosoph Alfred North Whitehead (1862–1947) gehört zunächst
zur idealsprachlichen Avantgarde der Analytischen Philosophie. Er verfaßt eine ‹Abhandlung über universale Algebra› (1898) und arbeitet zusammen mit Russell die ‹Principia Mathematica› aus. Später widersetzt er sich den neuen Entwicklungen durch eine eigenwillige
Naturphilosophie und Metaphysik, bleibt aber der Hochschätzung der Mathematik treu:
«Philosophie ist der Poesie verwandt, beide versuchen den letzten guten Sinn auszudrük-
ken, den wir Zivilisation nennen ... Die Poesie bindet sich an das Metrum, Philosophie an
die mathematischen Muster.» Im systematischen Hauptwerk ‹Process and Reality› (1929)
greift er auf die Metaphysik von Platon und Leibniz zurück. Auf dem Weg einer «imagi-
nativen Verallgemeinerung» naturwissenschaftlicher Einsichten, besonders der Quanten-
und der Relativitätstheorie, entwirft er eine spekulative Kosmologie. Im Gegensatz zum
vorherrschenden Mechanismus versteht er die gesamte Wirklichkeit gleichsam biologisch,
nämlich als ein ständiges Werden (Prinzip Kreativität), und ihre Bausteine sieht er in Ele-
mentarprozessen, die sich wie Elementarsubjekte zueinander verhalten. Der Subjektivitätsphilosophie von Descartes bis Leibniz wirft Whitehead vor, das Subjekt als eine einfache
und autarke Substanz zu verstehen. Nach seinem «reformierten subjektivistischen Prinzip»
gelten alle wirklichen
Wesen, auch Gegenstände
wie ein Apfel, als Subjekte,
die wiederum als komplexe
Gesellschaften aufzufassen
sind. Das Werk gipfelt in
einer Theorie der Doppel-
natur Gottes. Er ist ein
Schöpfergott, der aber nicht
einmal, sondern dauernd
schafft und sich als werdender Gott selber verändert:
«Der Zweck der Philoso-
phie ist die Rationalisierung
der Mystik; nicht durch
Wegerklärung, sondern
durch die Einführung neuer
sprachlicher Charakterisie-
rungen, die rational geordnet werden.» – Die Abbil-
dung zeigt ein Stern-Entste-
hungsgebiet im Gebiet der
der Magellanschen Wolke.*

$E = h \cdot \nu$ und $E = m \cdot c^2$

Um die Wende vom 19. zum 20. Jahrhundert finden in der Physik zwei revolutionäre Veränderungen statt. Beide fordern die Philosophie der Natur und der Naturwissenschaften heraus. Die von Max Planck begründete und von Albert Einstein, Nils Bohr, Werner Heisenberg und Erwin Schrödinger vertiefte Quantentheorie verändert im atomaren Bereich («Mikrokosmos») das Verständnis der Materie (Dualismus von Welle und Teilchen), die Erwartung von Stetigkeit (Quantenprinzip) und von Meßgenauigkeit (Heisenbergs Unschärferelation: $E = h \cdot \nu$) und das Verständnis der Kausalität: Die bislang «deterministischen» Naturgesetze werden zu Wahrscheinlichkeitsgesetzen. Die spezielle

Relativitätstheorie, von Ernst Mach, Hendrik Antoon Lorentz und Henri Poincaré vorbereitet, von Einstein geschaffen und von ihm und anderen Physikern ausgebaut, verändert im astronomischen Bereich («Makrokosmos») das Verständnis von Bewegung, Masse, Raum und Zeit: Die Lichtgeschwindigkeit c ist eine unüberschreitbare Grenzgeschwindigkeit, die Masse m eines Körpers nimmt mit seiner Geschwindigkeit zu, und seine Energie E bemißt sich nach der Formel $E = m \cdot c^2$. Nach der allgemeinen Relativitätstheorie führen Gravitationsfelder zu einer Krümmung des Raumes, so daß im Bereich der Astronomie der dreidimensionale, euklidische Raum seine Gültigkeit verliert.

WIENER UND BERLINER KREIS

Im Jahr 1895 wird in Wien die erste wissenschaftstheoretische Professur des deutschen Sprachraums geschaffen. Ihr Inhaber, der Mathematiker, Physiker und Erkenntnistheoretiker Ernst Mach (1838–1916), vertritt einen Empirismus, auf dem der «Wiener Kreis der wissenschaftlichen Weltauffassung» aufbaut. Dieser «Wiener Kreis» bildet sich in den 20er Jahren um Moritz Schlick aus bedeutenden Mathematikern (Kurt Gödel, Hans Hahn, Karl Menger), Physikern (Philipp Frank), Wirtschafts- und Sozialwissenschaftlern (Otto Neurath) sowie Philosophen (Gerhard Bergmann, Herbert Feigl, Friedrich Waismann, später auch Rudolf Carnap, übrigens einem der wenigen Hörer Freges). Weil sie in der Philosophie ein «Chaos von Systemen» sehen, deren Absolutheitsansprüche von der modernen Wissenschaft entweder widerlegt oder aber gar nicht überprüfbar sind, lehnen sie alle Philosophie ab mit Ausnahme einer Grundlegung bzw. Logik der Wissenschaften. Zu einem ähnlichen Kreis um Hans Reichenbach, der Berliner «Gesellschaft für empirische (später: wissenschaftliche) Philosophie», gehört Carl Gustav Hempel. Auf ihn und auf Paul Oppenheim geht das einflußreiche Modell einer «deduktiv-nomologischen» Erklärung zurück, das H-O-Modell (engl.

covering-law-model): Ein Ereignis ist dann erklärt, wenn der es beschreibende Satz aus allgemeinen Gesetzen («nomologisch») und aus Beschreibungen der besonderen Anfangsbedingungen logisch abgeleitet ist («deduktiv»). Bei Wahrscheinlichkeitsgesetzen tritt an die Stelle der Ableitung ein Wahrscheinlichkeitsschluß.

Durch die eigene Zeitschrift *Erkenntnis* und durch Kongresse für «Einheit der Wissenschaft», nicht zuletzt durch bedeutende Gäste wie den Logiker Alfred Tarski von der Lemberg-Warschauer Schule (zu ihr gehören auch Jan Łukasiewicz und Tadeusz Kotarbiński), den Pragmatisten Charles W. Morris und die Philosophen Willard Van Orman Quine und Alfred J. Ayer (*Sprache, Wahrheit und Vernunft*, 1936) erhält der Wiener Kreis weltweites Ansehen. Durch die Auswanderung von Feigl (1931) und Carnap (1935) in die USA und die Flucht Neuraths und Waismanns nach England (1938) wird er für einige Zeit zur wichtigsten Strömung in der englischsprachigen und auch skandinavischen Welt. Die Mitglieder sind sich in drei Ansichten einig: (1) In Übereinstimmung mit Kant halten sie die Philosophie für nutzlos, wenn sie sich nicht als exakte Wissenschaft etabliert und bleibende Ergebnisse erbringt. (2) Zu diesem Zweck bedarf es einer exakten Methode, deren Kern im Unterschied zu Kant die formale Logik, näherhin deren von Frege und Russell entwickelte Gestalt bildet. (3) Da sie Kants Gedanken eines synthetischen Apriori ablehnen, bleiben nur zwei Klassen wahrer Aussagen übrig: die analytisch wahren Sätze der Logik und der Mathematik und die empirischen bzw. synthetisch-aposteriorischen Sätze der Erfahrungswissenschaften. Der darauf aufbauende «logische» Empirismus will den «unwissenschaftlichen» Empirismus von Hume und Mach ersetzen. Im Gegensatz zu Kant, aber mit Frege und Russell hält der «logische» Empirismus die mathematischen Aussagen für schon logisch wahr, Prinzipien der Physik wie das Kausalprinzip dagegen für Konventionen und die Aussagen der Metaphysik nicht für falsch, aber für sinnlos; Welträtsel gibt es nicht.

Ein Grundelement des Wiener Kreises, das *empiristische Sinnkriterium*, soll die sinnvollen Aussagen der (Natur-)Wissenschaften gegen die sinnlosen Aussagen der Metaphysik abgrenzen. Der Sache nach stellt schon Hume ein Sinnkriterium auf, freilich für Begriffe, die letztlich aus der Erfahrung in Form von äußeren und inneren Sinneseindrücken stammen sollen. Auch Kants Vernunftkritik und in anderer Weise Peirces pragmatische Maxime haben sinnkritische Bedeutung. Wittgenstein erklärt im *Tractatus* apodiktisch: «Der Sinn eines Satzes ist seine Verifikation» (Überprüfung). Carnap übernimmt dieses Kriterium, wenn er nur die Aussagen für sinnvoll erklärt, die sich in empirischer Überprüfung als wahr oder falsch erweisen lassen (*Scheinprobleme in der Philosophie,* 1928). Schon die in den Wissenschaften überall verwendeten Dispositionsbegriffe, zum Beispiel «in Wasser löslich», lassen sich aber nicht unmittelbar empirisch überprüfen. Roman Ingarden (1934) macht zusätzlich auf die Schwierigkeit der Selbstanwendung aufmerksam: daß das Kriterium, weil weder analytisch wahr noch empirisch überprüfbar, selbst sinnlos werde. Und nach Popper (1935) lassen sich wissenschaftliche Hypothesen an der Erfahrung nicht positiv überprüfen (Verifikation), sondern allenfalls als falsch ausweisen (Falsifikation).

LUDWIG WITTGENSTEIN

Wittgenstein versteht die Philosophie als «Kampf gegen die Verhexung des Verstandes», die sich in der Sprache einnistet. Da er die im ersten Werk, dem *Tractatus,* «mitgeteilten Gedanken» für «unantastbar und definitiv» erklärt, später aber «schwere Irrtümer» einsieht, verwundert es nicht, daß er vor allem die Philosophen für verhext hält: «Nur wenn man noch viel verrückter denkt als die Philosophen, kann man ihre Probleme lösen.» Der *Tractatus* handelt über die Grenzen der Sprache, die zugleich die Grenzen des Denkens und der Welt bilden. Denn die Wirklichkeit erschließt sich nur über die Sprache, als deren einzig sinnvolle Sätze die der Naturwissenschaft gelten: «Die Gesamtheit der wahren Sätze ist die gesamte Naturwissenschaft.» Die Sätze der Logik hält Wittgenstein für Tautologien, also für nichtssagend, und in den Sätzen der Metaphysik sollen gewisse Wörter keine Bedeutung haben.

Nach Wittgenstein beruhen alle philosophischen Probleme «auf dem Mißverständnis der Logik unserer Sprache». Im Gegensatz zum verbreiteten Mißverständnis, die Welt bestehe aus Gegenständen bzw. Dingen (Ding-Ontologie bzw. Substanz-Metaphysik), erklärt Wittgenstein die Welt zur «Gesamtheit der Tatsachen». Den bloßen Gegenständen – Bäumen, Büchern, Häusern ... – fehlt dagegen Selbständigkeit; sie *sind* nur in einer strukturierten Verbindung mit anderen Gegenständen. Im Unterschied zu den Dingen der Alltagswelt sind die «Gegenstände», die nach Wittgenstein die letzten Bestandteile der Welt bilden, die «logischen Atome», einfach und unzerstörbar. Denn eine Aussage wird nicht dadurch falsch, daß die behandelten Dinge zerstört sind. Ein Beispiel für die

*Gegen Engführungen des Logischen Empirismus
entwickelt Karl Popper (1902–1994) einen «Kritischen Rationalismus». Dieser fordert, sowohl
in der Wissenschaft (‹Logik der Forschung›,
1935) als auch der Politik (‹Die offene Gesellschaft und ihre Feinde›, engl. 1945), auf absolute
Gewißheiten zu verzichten und statt dessen eine
rationale und kritische Prüfung vorzunehmen.
Die klassische Erkenntnistheorie mit ihrer teils
rationalistischen, teils empiristischen Suche nach
absoluter Gewißheit führe zu drei nicht gangbaren Wegen. Sie bilden das schon vom Kantianer
Jakob Friedrich Fries (1773–1843) erkannte
«Münchhausen-Trilemma» (Hans Albert): Bei
Begründungen geht man entweder unbegrenzt
weiter zurück (infiniter Regreß), oder man dreht
sich im Kreis (logischer Zirkel), oder man bricht
das Verfahren ab. Poppers Alternative besteht in
einem konsequenten Fallibilismus, nach dem keine Erkenntnis irrtumsfrei (infallibel) ist. Die offene Gesellschaft, die Popper für die Politik for-
dert, orientiert sich nicht an einem utopischen Ideal absoluter Gerechtigkeit. Statt dessen
sucht sie durch freien Wettbewerb der Ansichten und durch ständige Reformbereitschaft sowohl konkrete Übelstände auszumerzen als auch mehr und mehr Freiheit herbeizuführen.*

logischen Atome führt Wittgenstein aber nicht an. In der Erkenntnistheorie vertritt er eine Bildtheorie, die er später aufgibt: daß die
Verbindung von Gegenständen eine logische Struktur hat, die in der
Aussage wiedergegeben werden soll: «Der Satz ist ein Bild» bzw.
«ein Modell der Wirklichkeit, so wie wir sie uns denken.»

Häufig liest man den *Tractatus* lediglich als Beitrag zur Logik
und positivistischen Metaphysikkritik. Tatsächlich sagt Wittgenstein zwar: «Wovon man nicht sprechen kann, darüber muß man
schweigen.» Der Satz verweist aber auch auf ein Jenseits der (lo-
gisch-wissenschaftlichen) Sprache, auf jene Fragen nach dem Sinn
der Welt und des Lebens und nach der Erfahrung des Transzendenten, auf die Wittgenstein durchaus eine Antwort andeutet: «Wenn
man unter Ewigkeit nicht unendliche Zeitdauer, sondern Unzeitlich-
keit versteht, dann lebt der ewig, der in der Gegenwart lebt.» Nach
seinem *Vortrag über Ethik* gibt es drei Erlebnisse, die die Erfahrung
des Unsagbaren, des Ethischen oder Mystischen ausmachen: das
Staunen, daß die Welt existiert, das Gefühl absoluter Geborgenheit
und das Schuldgefühl. Diesseits des Mystischen aber gilt: «Alles, was
gesagt werden kann, kann klar gesagt werden.»

Ludwig Wittgenstein (1889–1951), die überragende Gestalt der Analytischen Philosophie, prägt sowohl ihre idealsprachliche als auch ihre alltagssprachliche Richtung. In diesem doppelten Einfluß spiegelt sich eine tiefgreifende Veränderung seines Denkens wider, deutlich sichtbar in zwei sachlich und literarisch grundverschiedenen Werken: dem frühen ‹Tractatus logico-philosophicus› (1921) und den späten ‹Philosophische(n) Untersuchungen› (postum 1953). Wittgenstein stammt aus einer österreichischen Industriellenfamilie und studiert zunächst in Berlin und Manchester Maschinenbau. Von Frege in seiner Neigung zur Philosophie bestärkt, geht er auf dessen Rat nach Cambridge, wo er bald großen Einfluß entfaltet, etwa auf den Mathematiker und Philosophen Frank P. Ramsey und vor allem auf seinen Lehrer Russell. Seine einzige größere Veröffentlichung, der mittels Dezimalzahlen (von 1, 1.1 und 1.11 bis 6.53, 6.54 und 7) streng logisch aufgebaute ‹Tractatus›, läßt sich als Auseinandersetzung vor allem mit Frege und Russell lesen; er wirkt auch auf Mitglieder des Wiener Kreises. Weil Wittgenstein «die Probleme im Wesentlichen endgültig gelöst zu haben» meint, gibt er seine philosophische Tätigkeit auf, verschenkt sein Vermögen und ist nacheinander als Volksschullehrer, Gärtner und Architekt tätig. Von Russell und Moore wieder nach Cambridge geholt, entwickelt er seit den dreißiger Jahren in Notizen für seine Studenten (‹The Blue Book/The Brown Book›, 1933–35) Zug um Zug eine neue Philosophie. Deren Summe bilden die ‹Philosophische(n) Untersuchungen› (I: 1935–45, II: 1947–49, Erstdruck 1953). Sie wenden sich vom Vorbild des ‹Tractatus›, einer idealen Kunstsprache, ab und gehen von der Umgangssprache aus. Nach eigenem Bekunden stellt sich Wittgenstein mit seinem gesamten Lebenswerk außerhalb «des großen Stromes der europäischen und amerikanischen Zivilisation. Der Geist dieser Zivilisation, deren Ausdruck die Industrie, Architektur, die Musik, der Faschismus und der Sozialismus unserer Zeit ist, ist dem Verfasser fremd und unsympathisch.»

Obwohl das zweite Hauptwerk, die *Philosophische(n) Untersuchungen*, literarisch gesehen bloß ein Zettelkasten ist, verändert es die Philosophie grundlegend, insbesondere die Philosophie des Geistes, der Sprache und der Mathematik sowie die Handlungstheorie. Wittgenstein bleibt der Metaphysikkritik des *Tractatus* treu, da die Metaphysik den Unterschied zwischen sachlichen und begrifflichen Untersuchungen verwische. Auch hält er an der eigenen, aber uneingestandenen Metaphysik fest, einer Zweiweltenlehre, die unter der Oberfläche der Erscheinungen jenes Wesen der Sprache und des Denkens verborgen sieht, die «Tiefengrammatik», die die philosophische Analyse an den Tag heben soll. An die Stelle einer verbindlichen Norm und eines Monopols der Naturwissenschaften tritt jedoch die Beschreibung einer Vielfalt (Pluralismus) von ineinandergreifenden «Sprachspielen». Es sind Geflechte sprachlicher Ausdrücke (deren Bedeutung nicht mehr ein Gegenstand, sondern ihr Gebrauch ist) mit nichtsprachlichen Handlungen. Den Geflechten entsprechen jeweils Lebensformen, die von der mathematischen bis zur religiösen Praxis reichen. Wie für die Sprachspiele, so gilt auch für viele Begriffe, daß ihre Gemeinsamkeit nicht in wesentlichen («essentiellen») Eigenschaften besteht (Essentialismus), sondern in Familienähnlichkeiten. Beispielsweise werden die Wörter «zusammengesetzt» und «einfach» in «einer Unzahl verschiedener, in verschiedenen Weisen mit einander verwandten, Arten benützt». Die Sprache ist für Wittgenstein keine Schöpfung des Geistes, sondern der menschlichen Entwicklung: «Befehlen, fragen, erzählen, plaudern gehören zu unserer Naturgeschichte so, wie gehen, essen, trinken, spielen.» Darin versteckt sich ein weiteres uneingestandenes Stück von Metaphysik: eine nicht mehr kritisierbare Faktizität.

Berühmt ist Wittgensteins Kritik an einer Privatsprache. Russell und der frühe Carnap halten die Privat- oder Empfindungssprache für die logisch primäre Sprache. Den darin liegenden Solipsismus und darüber hinaus die gesamte neuzeitliche Subjektivitätsphilosophie spitzt Wittgenstein zur Paradoxie einer Sprache zu, die nur ein einziger versteht. Und ihr, einer strengen Privatsprache, nicht nur einer Geheimsprache, hält er das Argument entgegen: Es gebe durchaus «meinen Schmerz» und «meine Freude», die Sprache über meine Erlebnisse gehörte aber nicht mir allein: Denn sie setze Regeln über die Verwendung der Wörter voraus, und von Regeln könne man nur sprechen, wenn sie öffentlich kontrolliert würden.

LEKTÜREEMPFEHLUNG: Zu Frege kann man mit *Sinn und Bedeutung* beginnen, zu Russell mit der Abhandlung *Über das Kennzeichnen*. Bei Moore empfehlen sich *Die Widerlegung des Idealismus* und die *Principia Ethica*, zunächst Vorwort und Kapitel 1. Eine Einführung in die Philosophie des Wiener Kreises bieten die Abhandlung von Carnap, Hahn und Neurath *Wissenschaftliche Weltauffassung – Der Wiener Kreis* und Schlicks Vorlesungen *Die Probleme der Philosophie in ihrem Zusammenhang* (1933/34, veröffentlicht 1986). Bei Wittgenstein beginne man mit dem *Tractatus* und kontrastiere ihn mit den ersten Paragraphen der *Philosophischen Untersuchungen*. Von Popper empfehlen sich aus der *Logik der Forschung* nach dem Vorwort die Kapitel I, IV–V und X.

XVII. Zur theoretischen Philosophie
der Gegenwart

Die Spezialisierung der Wissenschaften macht vor der Philosophie nicht halt. Das zeitgenössische Denken besteht in einer derartigen Fülle von systematischen Richtungen und philosophiegeschichtlicher Forschung, daß es auf den ersten Blick wie ein Flickenteppich aussieht, in dem kleinere mit größeren und schwächer mit stärker leuchtenden Anteilen um Aufmerksamkeit kämpfen. Um sich einen ersten Überblick zu verschaffen, sind mancherorts noch einfache Fronten beliebt: Analytische kontra kontinentaleuropäische Philosophie oder systematisches gegen historisches Denken. Undogmatische Philosophen bringen aber verschiedene Richtungen in ein Gespräch und halten sich zusätzlich für die Philosophiegeschichte offen; denn nicht selten erinnert sie an vergessene Einsichten. Ohnehin ist innerhalb der Analytischen Philosophie die anfängliche Euphorie verflogen, mittels Logik, Sprachkritik und dem vielerorts vorherrschenden Physikalismus ließen sich alle Probleme abschließend lösen. Nach ihren Themenbereichen und Erkenntnisinteressen unterscheidet man in der neueren Philosophie besser die theoretische von der praktischen Philosophie; allerdings gibt es fließende Übergänge.

Zu den Wegbereitern der neueren theoretischen Debatten gehört der Logiker, Mathematiker und Philosoph Willard Van Orman Quine (1908–2000). Er versucht, Peirces Pragmatismus mit den Errungenschaften der Analytischen Philosophie, namentlich Russells und Whiteheads, zu verschmelzen. Er bezeichnet Carnap als seinen größten Lehrer und übt doch scharfe Kritik am Wiener Kreis. In *Zwei Dogmen des Empirismus* (1951) verwirft er die Annahme, zwischen tatsachenunabhängigen, analytischen Wahrheiten und davon abhängigen synthetischen Wahrheiten gebe es einen grundlegenden Unterschied. Außerdem lehnt er den Reduktionismus ab: die Annahme, jede sinnvolle Aussage lasse sich auf Aussagen unmittelbarer Erfahrung zurückführen. Bei Quine verschwindet die «angebliche Grenze zwischen spekulativer Metaphysik und Naturwissenschaft». Unter Einfluß des französischen Physikers und Wissenschaftstheoretikers Pierre Duhem vertritt er ähnlich wie der Wiener Neurath einen ganzheitlichen (holistischen) Pragmatismus: Der ursprüngliche Träger von Bedeutung besteht weder in Begrif-

Max Ernst: Die Erfindung – Vogel des Unendlichen, 1921.

fen noch Sätzen, sondern in einem System von Sätzen: in einem Netz von Aussagen, in dessen Zentrum die Logik und die Ontologie und an dessen Rand die Beobachtungssätze sich befinden; und der empirische Gehalt verteilt sich über das ganze Netz. Obwohl im Prinzip alle Sätze revidierbar sind, lassen sich die Sätze am Rand: die Beobachtungssätze, mit geringerem Aufwand ändern als die Sätze im Zentrum. Quine vertritt einen Naturalismus, demzufolge selbst die Erkenntnistheorie einen Teil der empirischen Wissenschaften bildet, assimiliert der empirischen Psychologie. Im Hauptwerk *Word and Object* (*Wort und Gegenstand*, 1960) entwickelt er eine naturalistische und behavioristische Sprachtheorie. Die Sprache gilt als eine soziale Kunstfertigkeit, die sich als Reaktion auf Reizungen unseres Wahrnehmungsapparates ausbildet. Nach der These der *Ontologische(n) Relativität* (1969) setzt, wer einen Gegenstandsbezug angibt, eine Rahmensprache voraus. Eine Übersetzung in andere Sprachen ist ohne Unbestimmtheit nicht möglich; der Gegenstandsbezug bleibt letztlich unerforschlich.

W. V. O. Quine

LOGIK

Die formale Logik bildet sich in zwei Hauptrichtungen fort, ohne dabei ihr durch Frege und Russell gewonnenes Übergewicht zu behalten: Ihre frühere Hochschätzung, wohl auch Überschätzung, weicht einer Wertschätzung in Bescheidenheit. Die eine Hauptrichtung, die formale Logik im strengen Sinn, baut im Anschluß an Russell und Whitehead jene Modallogik aus, die sich seit Aristoteles mit den Modalitäten «notwendig», «tatsächlich» und «möglich» befaßt. Seit Clarence I. Lewis (1883–1964) läßt man sich dabei auf wiederholte («iterierte») Modalitäten wie «notwendigerweise möglich» oder «notwendigerweise notwendig» ein. In sehr technischen Beiträgen geht man beispielsweise der Frage nach, wie sich die wirkliche Welt in logischer Hinsicht zur Menge aller möglichen Welten (einem Begriff von Leibniz) verhält. David Lewis (*1941) vertritt dabei die umstrittene Ansicht, die Existenzweise

unserer aktualen Welt unterscheide sich nicht grundsätzlich von der
anderer möglicher Welten. Nach Vorarbeiten von Carnap, Stig
Kanger und Richard Montague, auch Georg Henrik von Wright
und Jaakko Hintikka, weist Saul Kripke (1959) die Vollständigkeit
und Korrektheit der modallogischen Aussagen- und Prädikaten-
logik nach. Darüber hinaus wird eine Fülle von speziellen Logiken
weiterentwickelt, beispielweise die Zeitlogik, die epistemische Logik, mehrwertige Logiken, die neben wahr und falsch noch andere
Wahrheitswerte zulassen, und die deontische Logik, die sich mit
den logischen Eigenschaften von Sollensaussagen befaßt. Eine «fuz-
zy (‹krause›, ‹verschwommene›) logic» befaßt sich schließlich mit
Fragen, bei denen die Grenzen zwischen den beiden Wahrheitswerten («wahr oder falsch») fließend sind.

Der anderen Hauptrichtung, der informellen Logik, gelingt nach
Ansicht ihrer Vertreter eine wissenschaftliche Revolution. Sie verabschiedet das bisherige Paradigma der Logik, den deduktiven
Schluß, der mit einer standardisierten Kunstsprache, einem Kalkül,
arbeitet und sich die Mathematik zum Vorbild nimmt. Statt dessen
untersucht man seit Stephen E. Toulmin (*Der Gebrauch von Argumenten*, engl. 1958) – bei ihm mit der Jurisprudenz als Vorbild –
das «menschliche» Schließen. Es arbeitet unter Ungewißheit, bei
unvollständiger Information, teilweise ohne Annahme der Widerspruchsfreiheit und unter Verwendung von Analogien.

Aus der Zusammenarbeit eines Mathematikers und Logikers,
Paul Lorenzen (1915–1995), mit einem Theologen und Vertreter
der philosophischen Anthropologie, Wilhelm Kamlah (1905 bis
1976), entsteht ein neuer Versuch zu systematischem Denken: die
Erlanger, später zusätzlich Konstanzer Schule des Methodischen
Konstruktivismus. In einer Zeit «monologischen Drauflosschrei-
bens und Aneinandervorbeiredens» schlagen die beiden Gründer
eine Disziplinierung des Denkens und des Redens vor, die sich von
der als belastet eingestuften Bildungssprache nachdrücklich absetzt. Ihre «Vorschule vernünftigen Redens», die *Logische Propädeutik* (1967), besteht im schrittweisen und zirkelfreien Aufbau
(«Konstruktion») von Grundregeln und Grundbegriffen vernünftigen Argumentierens und in einer Dialog- und Konsenstheorie der
Wahrheit: Eine Elementaraussage, beispielsweise «Der Vogel
singt», gilt dann als wahr, wenn ihr jeder Sachkundige, «Normal-
sinnige» und Gutwillige zustimmen würde. Auf der *Propädeutik*
baut die *Konstruktive Logik, Ethik und Wissenschaftstheorie*
(1973) von Paul Lorenzen und Oswald Schwemmer auf. Mittler-

300   weile ist eine «Darstellung des philosophischen Wissens, historisch
und systematisch bearbeitet», die *Enzyklopädie Philosophie und
Wissenschaftstheorie*, erschienen (hrsg. v. Jürgen Mittelstraß, 4 Bde.,
1980–1996).

WISSENSCHAFTSTHEORIE ALS WISSENSCHAFTSGESCHICHTE
Der Logische Empirismus trennt die logisch entscheidende Begründung einer wissenschaftlichen Theorie von ihrer zufälligen sozialen
und psychischen Entdeckung (Hans Reichenbach, 1938). Dabei
nimmt man nicht erst im Wiener Kreis, sondern schon von Bacon
über Kant bis zum amerikanischen Pragmatismus wie selbstver-
ständlich an, die (Natur-)Wissenschaften erfreuten sich eines konti-
nuierlichen Fortschritts (Kontinuitäts- und Akkumulationsannah-
me). Gegen beide Annahmen werden Bedenken angemeldet. Aus

*Der Soziologe Niklas Luhmann (1927–1998) gehört zu den Nachbarwissenschaftlern, die
auf die Philosophie großen Einfluß ausüben. Zunächst tritt er als Konkurrent zu Habermas' Gestalt der Kritischen Theorie hervor (Habermas/Luhmann: ‹Theorie der Gesellschaft oder Sozialtechnologie? – Was leistet die Systemforschung?›, 1971). Dabei arbeitet
er mit der hochabstrakten Unterscheidung von System und Umwelt: Die auf Funktionen
spezialisierten, universalistisch auf alle Handlungen ausgreifenden Systeme der modernen
Weltgesellschaft (Wirtschaft, Recht, Politik, Wissenschaft, Kunst …) müssen in einer Umwelt zurechtkommen, die so komplex ist, daß sie sich Habermas' Alternative entzieht: der
technischen Kontrolle vergegenständlichter Prozesse oder der praktischen Verständigung
zwischen Subjekten. Später entwickelt Luhmann im Rahmen einer umfassenden System-
theorie der Gesellschaft (u.a. ‹Die Wissenschaft der
Gesellschaft›, 1990) eine naturalistische Wissenschaftstheorie. Gegen den pragmatischen Naturalismus von Quine und seinen Nachfolgern vertritt
er aber keine Kohärenz-, sondern ähnlich wie
Gadamer, Apel, auch Habermas eine Kommuni-
kationstheorie des Wissens und der Wahrheit: Das
Wissen wird zwar durch das Bewußtsein ständig
irritiert und kann durch grundlegend neue Gedanken in revolutionäre Abenteuer gestürzt werden.
Die schönsten Gedanken sind aber als Wissen völlig wertlos, wenn ihre kommunikative Mitteilung
nicht gelingt. Wissen ist durch und durch sozial;
Wahrheit ist kommunikativ geprüftes Wissen. An
die Stelle eines gesellschaftsexternen Subjektes tritt
der kommunizierende Beobachter, der den Beobachter beobachtet und sehen kann, was dieser
nicht sieht. Zugleich fällt das «cartesische Subjekt-
privileg»: die auf Descartes zurückgehende Annahme eines von aller Gesellschaft unabhängigen Subjekts, von dem her sich alle Erkenntnis begründe.*

Studien zum Übergang von der Newtonschen zur Einsteinschen Physik entwickelt Thomas Kuhn ein dreistufiges Modell der *Struktur wissenschaftlicher Revolutionen* (engl. 1962): (1) In der «vornormalen» Phase herrscht eine Mannigfaltigkeit von Ansätzen, die die sogenannten Tatsachen unterschiedlich gewichten. (2) Sobald sich ein wissenschaftlicher Ansatz durchsetzt, beginnt die «normale Phase»: Die Forscher richten ihre wissenschaftlichen Entscheidungen an dem anerkannten Ansatz, dem «Paradigma» (Vorbild), aus: einem Geflecht von theoretischen Annahmen, Gesetzen und Methoden. Im Laufe der Zeit entsteht daraus ein kanonisiertes Wissen, das sich in Lehrbüchern zusammenfassen läßt. (3) In der «revolutionären Phase» tauchen Anomalien auf: Entdeckungen, die mit den bislang anerkannten Theorien nicht zu vereinbaren sind. Aus dieser Krise des bisherigen Paradigmas geht schließlich ein neues Paradigma hervor, in der Physik beispielsweise die Quanten- und die Relativitätstheorie mit ihren gegenüber Newton grundlegend neuen Auffassungen von Raum, Zeit, Materie und Kausalität. Wegen dieser Neuartigkeit behauptet Kuhn nicht bloß einen Umbruch (Diskontinuität), sondern sogar eine Unvergleichlichkeit (Inkommensurabilität) der Paradigmen, und derentwegen gebe es kein Kriterium, um noch von Erkenntnisfortschritt reden zu können. Kritiker verteidigen aber einen allgemeinen, «überparadigmatischen» Rationalitätsbegriff und können sich dabei auf die tatsächliche Wissenschaftsgeschichte berufen. Denn selbst eine revolutionär neue Theorie setzt sich nur deshalb auf Dauer durch, weil sie entweder besser bestätigt ist oder in Erweiterung der früheren Theorie mehr Phänomene umfaßt oder auch bislang getrennte Bereiche vereinigt.

Sprachpragmatik

Vertreter der Analytischen Philosophie teilen die Welt der Philosophie gern in zwei Hemisphären ein: in die eigene Welt und in den «Kontinentalphilosophie» genannten stolzen «Rest» aus Phänomenologie und Existenzphilosophie, aus Transzendentalphilosophie, Dialektik und Hermeneutik. Karl-Otto Apel (*1922) hilft diese Spaltung zu überwinden. Zunächst in der Philosophie Heideggers und der nichtanalytischen Sprachphilosophie zu Hause, nimmt er unter dem Einfluß von Peirce und dem späten Wittgenstein und im Gedankenaustausch mit Habermas eine großflächige *Transformation der Philosophie* vor (2 Bde., 1973). Sie mündet in eine «Transzendentalpragmatik» und beansprucht eine transzen-

Karl-Otto Apel

dentale Letztbegründung. Apel erhebt Peirces Wahrheitskriterium, die Übereinstimmung (Konsens) der unbegrenzten Forschergemeinschaft, in den Rang eines Apriori. Mit ihm soll der nicht nur bei Descartes, sondern angeblich auch bei Kant herrschende «methodische Solipsismus» überwunden werden: daß das einsame Ich den Grund aller objektiven Geltung ausmache. Für Apel ist die unbegrenzte Kommunikationsgemeinschaft: die idealiter universale Gemeinschaft mündiger und von gesellschaftlichen Zwängen emanzipierter Individuen, das unhintergehbar letzte Prinzip sowohl des Erkennens (Konsenstheorie der Wahrheit) als auch des Handelns (Konsens- oder Diskursethik der Moral). Es kann nur «bei Strafe eines (pragmatischen) Selbstwiderspruchs» abgelehnt werden. Soweit Apel das Erbe von Kants transzendentaler Logik antreten will, ist ihm entgegenzuhalten, daß dessen substantieller Reichtum weitgehend verlorengeht: Es fehlt an Untersuchungen zu Raum und Zeit, zur Kausalität und der Mathematisierung der Naturwissenschaft.

NATURALISIERUNG DES GEISTES?

Seit mehr als einer Generation verlagert sich in der Analytischen Philosophie der Schwerpunkt von der Sprachphilosophie zur Philosophie des Geistes («philosophy of mind»). An die Stelle der Frage nach dem Verhältnis von Sprache und Welt («linguistic turn») tritt die nach dem Verhältnis von Geist und äußerer Wirklichkeit («cognitive turn»). Dabei knüpft man nicht an die hochentwickelten Bewußtseins- und Selbstbewußtseinstheorien von Kant und dem Deutschen Idealismus oder an Husserls Phänomenologie an. Man befaßt sich vielmehr mit dem auf Descartes zurückgehenden Leib-Seele-Problem, jetzt freilich als Körper-Geist-Problem. Und in der Regel folgt man insofern der empiristischen Tradition, als man sich mehr von den «Naturwissenschaften des Geistes» inspirieren läßt: von «Kognitionswissenschaften» wie Linguistik,

Psychologie, Neurobiologie und Hirnforschung, auch Informatik.
Die Erlebnisseite des Bewußtseins wird dagegen lange Zeit zurück-
gestellt: daß man Farben empfindet, Schmerzen fühlt oder ein Musikstück als ein sich in der Zeit entwickelndes Ganzes empfindet.
Außerdem übernehmen viele Philosophen das vom Wiener Kreis
vertretene Programm einer Einheitswissenschaft und zusätzlich
Quines Naturalisierung der Erkenntnistheorie.

Nach einem bescheidenen, «nicht-reduktiven Naturalismus»
läßt sich das Geistige («Mentale») zwar nicht auf das Körperliche
zurückführen («nicht-reduktiv»). Es stellt aber keinen von ihm unabhängigen, eigenständigen Seinsbereich dar («Naturalismus»).
Gedanken und Empfindungen werden nach dem Vorbild der Naturwissenschaften kausal erklärt: Mentale Zustände werden von
der Außenwelt verursacht («Kausalismus») und schlagen sich in
entsprechenden Handlungen nieder: Die Gründe, die wir haben,
sind zugleich auch Ursachen unseres Handelns (Donald Davidson,
Handlung und Ereignis, engl. 1980). Selbst die Beziehung auf
Gegenstände, die «Referenz» sprachlicher Ausdrücke und Gedanken, sogar die heutige Verwendung eines Eigennamens wie «Moses» oder «Julius Caesar» lasse sich kausal erklären. Nach Kripkes
«kausaler Namentheorie» (*Naming and Necessity*, 1972) finde zunächst, entweder durch Beschreiben oder aber Hinzeigen, eine
«Taufe» der Gegenstände statt. Dann werde der Name in einer
Kommunikationsgemeinschaft weitergegeben, wobei die in der ursprünglichen «Taufe» verwendete Beschreibung des Gegenstands
belanglos werden könne. Bei den meisten Eigennamen läßt sich
aber die Kommunikationskette nicht bis zur Taufsituation zurück-
verfolgen. Dennoch bleibt die Referenz abhängig von der Kausal-
kette, in der der Name weitergegeben worden ist. Weil in diesen
Theorien der Gehalt eines sprachlichen Ausdrucks oder eines geistigen Zustandes von der «Außenwelt» abhängt, bezeichnet man
sie als «semantischen Externalismus» (Kripke, Tyler Burge und die
Quine-«Schüler» Hilary Putnam und Davidson). Dem widerspricht
der «semantische Internalismus» mit der Ansicht, der Gehalt hän-
ge allein vom jeweiligen Zustand des Subjekts ab.

Der semantische Externalismus bzw. Kausalismus hat Schwierigkeiten mit falschen Aussagen: Die Überzeugung, ein Pferd zu sehen,
müßte von einem Pferd verursacht sein, tatsächlich könnte es aber
eine Kuh sein, die man aufgrund ungünstiger Lichtverhältnisse für
ein Pferd hält. Nach der schlichten Kausaltheorie müßte das geistige Symbol «Pferd», wenn es durch eine Kuh verursacht wird, das

Der Naturalismus erfährt scharfe Kritik in Robert Brandoms pragmatischer Diskurstheorie (‹Making it Explicit›, 1994). Sie verknüpft die Philosophie der Sprache mit der des Geistes und ist in der Sache mit dem Erlanger Konstruktivismus und Apels Transzendentalpragmatik verwandt. Wie schon Quine, so vertritt auch Brandom einen Holismus; bei ihm heißt Sprechen, mit Sätzen andere Sätze rechtfertigen. Deshalb kann beispielsweise ein Papagei nicht sprechen, auch wenn er angesichts einer Pflaume die Laute hervorbringt: «Das ist eine Pflaume». Denn er weiß nicht, daß sein Satz einen Grund für den anderen Satz abgibt: «Das ist eine Frucht, keine Nuß.» Wer eine Behauptung aufstellt oder bestreitet, navigiert im normativ verfaßten «Raum der Gründe». (Zur Besonderheit der Erfahrungswelt des Menschen im Unterschied zu der des Tieres vgl. auch John McDowell, ‹Mind and World›, 1994.) Bei Brandom wird aus der «deskriptiven» Frage, was Wahrheit ist, die «performative» Frage, wie die Mitglieder einer Sprachgemeinschaft etwas als wahr behandeln. Dabei wird jedoch der Unterschied zwischen (theoretischen) Tatsachen und (moralischen) Normen nivelliert. – Emil Nolde: Papageien.

Kuh-sein bezeichnen, so daß «Pferd» meist ein Pferd, gelegentlich aber auch eine Kuh bedeute. Eine mögliche Lösung dieser Schwierigkeit (Ruth G. Millikan, Fred Dretske) liegt in der evolutionären Verankerung unserer geistigen und sprachlichen Fähigkeiten sowie in der Unterscheidung einer Lern- von einer Reifephase der Individuen: Dort lerne man die richtige Verwendung des Symbols, hier könne es zu Verwechslungen kommen. Es bleibt jedoch fraglich, ob die vollständige Naturalisierung der Semantik gelingt.

Um die «mysteriöse Beziehung» zwischen Körper und Geist zu verstehen, vertritt Hilary Putnam (*1926) zunächst einen «Funktionalismus»: daß sich Körper und Geist ähnlich zueinander verhalten wie bei einem Computer das Gerät (Hardware) und das Programm (Software). Später entwickelt er einen «internen Realismus». Mit

ihm richtet er sich gegen einen «metaphysischen Realismus», der aus
der Welt der Sprache ganz heraustreten und deren Beziehung zur
Welt von außen, «wie mit den Augen Gottes», betrachten will. In
Wahrheit beziehe sich unser Denken auf die wirkliche, nicht bloß ge-
dachte Welt («Realismus»), aber stets innerhalb («intern») einer dem
Menschen möglichen Sprache. Putnam hält der Gegenposition ein
Gedankenexperiment entgegen: Man stelle sich den menschlichen
Geist als ein Gehirn vor, das in der Mitte eines flüssigkeitsgefüllten
Behältnisses, eines Tankes, frei schwebe, durch eine Nährflüssigkeit
physiologisch versorgt und durch einen «super-wissenschaftlichen
Computer» mit vorgetäuschten Sinnesdaten gefüttert werde. Einem
derartigen «Gehirn im Tank» fehlt der direkte kausale Kontakt mit
den Gegenständen der Welt, einschließlich mit sich selbst, dem Gehirn, und mit dem Tank. Infolgedessen könne sich die Aussage «Ich
bin ein Gehirn in einem Tank» nur auf eine vorgegaukelte Welt beziehen. In dieser ist es aber kein Gehirn im Tank, so daß die Aussage in der eigenen Sprache falsch ist. Daraus schließt Putnam e contrario, daß das «Ich» aus der Sprache nicht heraustreten und kein
Gehirn im Tank sein kann.

Gegen den Versuch, auch die Erlebnisseite, das sogenannte phä-
nomenale Bewußtsein, rein naturwissenschaftlich, letztlich aus Ge-
hirnzuständen, zu erklären, sprechen zwei Argumente: Nach einem
Gedankenexperiment von Frank Jackson lernt eine naturwissenschaftliche Expertin für Farbsehen, die bislang in einer schwarz-
weiß-grauen Umgebung eingesperrt war, beim Anblick einer reifen
Tomate etwas ganz Neues, nämlich «wie es ist», eine rote Farb-
empfindung zu haben. Zu diesem «Argument des unvollständigen
Wissens» kommt das «Argument der Erklärungslücke» (Joseph Le-
vine): daß die Erlebnisqualität beispielsweise von Schmerz nicht
rein kausal, etwa als «Feuern» einer bestimmten Art von Nerven-
fasern, erklärbar sei.

Wer von derartigen Argumenten überzeugt wird, gibt das Programm einer Naturalisierung des Geistes auf und wendet sich Alter-
nativrichtungen zu: (1) Nach dem «eliminativen Materialismus»
spielt das Geistige entweder keine kausale Rolle oder es gilt als gar
nicht existierend (z.B. P.M.Churchland, *Die Seelenmaschine*, engl.
1995). (2) Ein «Dualismus» nimmt zwei Gegenstandsbereiche, das
Körperliche und das Geistige, an. Nach Thomas Nagel (*Der Blick
von nirgendwo*, engl. 1986) sind menschliche Welt- und Selbstdeu-
tungen von einem variationsreichen Wechselspiel objektiver Grundsätze und subjektiver Blickrichtungen geprägt. Zur Selbsttranszendie-

306   rung aufgefordert und auch fähig, kann der Mensch den subjektiven Blick nie ablegen. Wenn Nagel die «transzendental-idealistische» Gründung des Objektiven im Subjektiven ablehnt, schöpft er aber deren Potential nicht ganz aus. (3) Nach einem nicht mehr auf die Naturwissenschaft fixierten, «naiven Naturalismus» gehört das Geistige zur natürlichen Ausstattung des Menschen. Es hat zwar auch körperliche Eigenschaften, die sich aber nicht mit dem Forschungsgegenstand der «Naturwissenschaften des Geistes» decken. (4) Von Kant, Fichte und Hegel inspirierte Theorien (z.B. Dieter Henrich, *Bewußtes Leben*, 1999) zeichnen ein reiches Bild der «Naturausstattung» des Geistigen: Der Mensch lebt nicht einfachhin, vielmehr bilden Bewußtsein und Selbstbewußtsein den unhintergehbaren Grund aller Welt- und Sozialbeziehung, ohne Urheber ihrer selbst zu sein. Der Mensch hat Pläne, Absichten und Ziele, auf die hin er sein Leben «organisiert». Dabei treten Täuschungen und Konflikte auf, die nicht immer aufzulösen sind: Die Freiheit hängt von Voraussetzungen ab, die nicht in der Macht der Menschen liegen.

(5) Phänomenologen knüpfen beispielsweise an Husserls Analysen zur Wahrnehmung an: Man empfindet ein Musikstück deshalb als ein sich in der Zeit entwickelndes Ganzes, weil die Wahrnehmung des gegenwärtigen Augenblicks mit einer Wahrnehmung der näheren Vergangenheit (Retention) und mit einer der unmittelbar bevorstehenden Zukunft (Protention) zusammenwirkt. Und Hermann Schmitz (*1928) erhebt Einspruch gegen eine Teilung der Welt in subjektive und objektive Tatsachen, in der das «bloß» Subjektive, die Gefühle und «Atmosphären», weitgehend ihres Wirklichkeitscharakters beraubt sind. In seiner «Neuen Phänomenologie» sind Emotionen oder Ahnungen in gleichem Maße, nur auf andere Weise «real» wie physikalische Gegenstände.

ERKENNTNISTHEORIE

Lange Zeit schien eine Kernaufgabe der theoretischen Philosophie, die Erkenntnistheorie, in anderen Disziplinen aufgegangen zu sein: in Wissenschaftstheorie, Diskurstheorie und philosophischer Hermeneutik. Seit neuem versuchen zahlreiche Philosophen aber, sie wiederzubeleben. Dabei versteht man unter dem Wissen eine Meinung, die nicht nur zufällig wahr ist, und untersucht deren Begründung bzw. Rechtfertigung. Wer in Übereinstimmung mit dem Naturalismus die Rechtfertigung aller Wahrheitsansprüche auf natürliche, wissenschaftlich erfaßbare Tatbestände zurückführt, gibt zwei Annahmen der klassischen Erkenntnistheorie auf oder schwächt sie zumindest ab: daß es auf die normative Frage ankommt, welchen Gründen die Kraft der Rechtfertigung innewohnt, und daß die Antworten apriorischen Charakter haben. Nach dem sogenannten «epistemischen Externalismus» ist eine objektive Rechtfertigung in Abhängigkeit von Bedingungen möglich, die dem erkennenden Subjekt extern sind, namentlich von subjekt-unabhängigen Tatsachen. Der «epistemische Internalismus» beruft sich dagegen auf die Innenperspektive des erkennenden Subjekts: auf Bedingungen, die diesem als wahrheitszuträglich erscheinen, ohne es sein zu müssen (z. B. Laurence BonJour, *The Structure of Empirical Knowledge*, 1985). Wegen Schwierigkeiten beider Richtungen versucht es eine dritte, die «Vereinigungstheorie», mit einem Kompromiß bzw. einer Doppelstrategie. Danach gelten die objektive und die subjektive Rechtfertigung als berechtigt, allerdings nicht zugleich, sondern in unterschiedlichen Zusammenhängen.

Weil auch bei diesem Kompromiß der internalistische, vom Subjekt abhängige Begriff der Rechtfertigung noch eine entscheidende Funktion übernimmt, lebt als vierte Richtung der erkenntnistheoretische Skeptizismus wieder auf, der die Möglichkeit von Wissen generell bestreitet. Im einzelnen werden sowohl ein Wissen über die Außenwelt aufgrund von Sinneswahrnehmungen in Zweifel gezogen als auch ein Wissen über die Erlebnisse anderer aufgrund einer Wahrnehmung ihres Verhaltens. Dabei beruft sich der Skeptizismus vor allem auf zwei in der Grundform schon von Descartes bekannte Möglichkeiten: Nach der «Dämonhypothese» sind wir Spielbälle eines betrügerischen Geistes, der uns ständig falsche Meinungen eingibt, ohne daß wir es bemerken. Nach der «Traumhypothese» träumen oder halluzinieren wir, ohne dies aufgrund gewisser Erfahrungsmerkmale feststellen zu können. Beide Hypothesen tragen aber nur dann zu einem Skeptizismus bei, wenn man die Wahrheit nicht als inneren Zusammenhang (Kohärenz) oder als Zustimmung (Konsens) bestimmt, sondern «realistisch», als Übereinstimmung mit der Wirklichkeit als Korrespondenz bzw. Adäquation. Außerdem sprechen die beiden Hypothesen nur für die Möglichkeit eines universellen Irrtums, nicht für dessen Unvermeidbarkeit. Die Frage, wer die Beweislast trägt, der Skeptiker oder sein Gegner, ist durchaus offen. Denn die normative, vielleicht sogar dezisionistische Antwort genügt nicht: daß wir uns gegen den Skeptizismus entscheiden sollen, weil wir nur so auf ein gehaltvolles Bild der Welt hoffen können. Wenn nämlich die Hoffnung unbegründet ist, warum

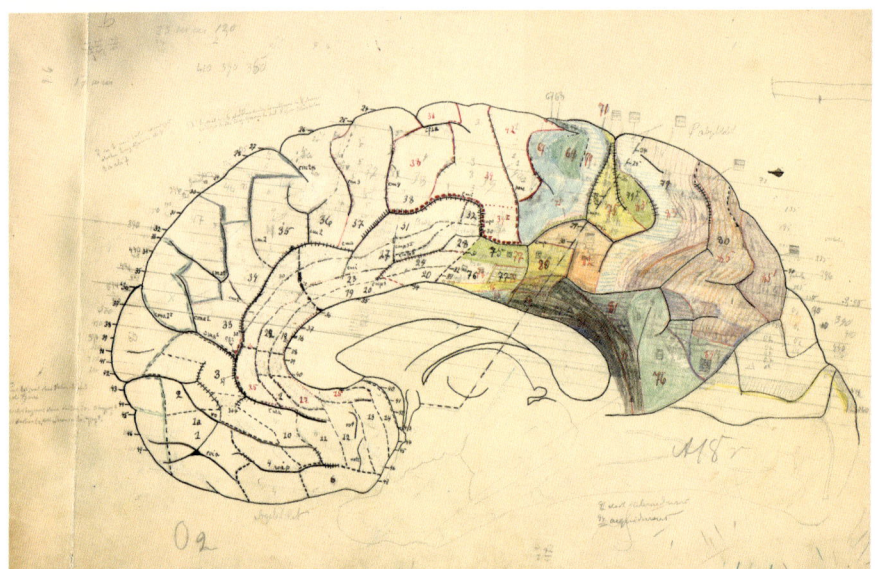

*Ein Beispiel für die Relevanz der Neuro-
wissenschaften: Die Entdeckung von
«Spiegelneuronen» kommt der neuronalen
Grundlage des menschlichen Geistes weiter
auf die Spur. Die Fähigkeit, sich in andere
hineinzuversetzen und ihr Verhalten zu verstehen, wird durch Schaltkreise erklärbar,
die sowohl mit den sprachlichen als auch
den motorischen Zentren des Gehirns verknüpft sind und beim Menschen dann aktiv
werden, wenn er Handlungen beobachtet
oder sie sich nur vorstellt. Die Menschen
werden also nicht als egozentrische Monaden geboren, sondern verfügen von Geburt
an über kommunikative Fähigkeiten. Die
Spiegelneuronen stützen auch die lang ge-
hegte Annahme, daß sich die Lautsprache
des Menschen aus einer Gebärdensprache
entwickelt hat. – Karte der Hirnrinden-
oberfläche nach C. und O. Vogt (vor 1919).*

sollten wir sie dann teilen? Hat aber der epistemologische Internalismus recht, sind wir darauf angewiesen, die skeptische Position
zurückzuweisen, denn andernfalls könnten wir uns nicht als rationale Wesen begreifen.

   In die Auseinandersetzung mit dem Skeptizismus spielt die Frage
herein, ob es Meinungen bzw. Überzeugungen gibt, die selbst keiner
Begründung bedürfen. Der erkenntnistheoretische, dann entweder
rationalistische oder aber empiristische Fundamentalismus nimmt
derart basale Überzeugungen als gegeben an (Roderick M. Chis-
holm). Die Gegenposition, die holistische und zugleich kohärenz-
theoretische Annahme eines Netzes von Begründungen, bestreitet es
und setzt auf eine möglichst große Vernetzung und Vereinheitlichung
unserer Überzeugungen (L. BonJour).

LEKTÜREEMPFEHLUNG: Von Quine lese man zuerst *Unterwegs zur Wahrheit*. Zur neueren Entwicklung der Logik kann man mit Kripkes *Name und Notwendigkeit* (1. Vortrag) und Toulmins *Gebrauch von Argumenten*, «Einleitung» und Kap. 1, beginnen und zur Erlanger Schule mit der *Logischen Propädeutik* von Kamlah und Lorenzen. Zur «historischen Wissenschaftstheorie» empfiehlt sich Kap. 9 aus Kuhns *Struktur wissenschaftlicher Revolutionen*, zu Luhmann *Soziale Systeme* (Einführung und erste Kapitel) und zu Apels Sprachpragmatik «Von Kant zu Peirce» und «Das Apriori der Kommunikationsgemeinschaft» aus der *Transformation der Philosophie* (Bd. II). Zur Frage der Naturalisierung des Geistes empfiehlt sich Davidsons Abhandlung «Geistige Ereignisse» aus dessen Sammelband *Handlung und Ereignis* und zur neueren Erkenntnistheorie Fred Dretskes *Über Berechtigung*.

XVIII. Zur praktischen Philosophie der Gegenwart

Drei Diskussionsströme wirken im Bereich der praktischen Philosophie, also der Ethik, Sozialphilosophie und Politischen Philosophie, bis in die Gegenwart nach: die Kritische Theorie, eine Analytische Ethik im weiteren Sinn und verschiedene Richtungen, die sich zu einer Rehabilitierung der praktischen Philosophie bündeln. Wegen neuer Entwicklungen in der wissenschaftsgeprägten Zivilisation erhält zusätzlich die angewandte Ethik mehr und mehr Gewicht.

KRITISCHE THEORIE

In den späten zwanziger Jahren entsteht am «Frankfurter Institut für Sozialforschung» eine Gesellschaftstheorie, die «Frankfurter Schule», die Gedanken von Kant, Hegel, Schopenhauer und Nietzsche im Lichte von sozialistischen Interessen, teilweise auch jüdischem Messianismus und Freuds Psychoanalyse fortbildet. Sie selbst nennt sich «Kritische Theorie». Ihr Verständnis des Marxismus ist von Georg Lukács' Buch *Geschichte und Klassenbewußtsein* (1923) geprägt. Angesichts des geringen Widerstandes der Arbeiterschaft gegen den Nationalsozialismus und angesichts der Stalinistischen «Säuberungen» gibt die Kritische Theorie aber eine wichtige Annahme des Marxismus auf: daß die Humanisierung der Gesellschaft durch ein kollektives Subjekt vorangetrieben werde. Statt dessen betont sie die Selbständigkeit der Theorie gegenüber der Praxis. Zur Kritischen Theorie im weiteren Sinn gehören die Philosophen Max Horkheimer, Theodor W. Adorno und Herbert Marcuse, später vor allem Jürgen Habermas, ferner der Literaturwissenschaftler Leo Löwenthal, der Kulturphilosoph Walter Benjamin, die Juristen Franz Neumann und Otto Kirchheimer, der Nationalökonom Friedrich Pollock und der Psychoanalytiker Erich Fromm.

Nach Max Horkheimers (1895–1973) programmatischer Abhandlung *Traditionelle und kritische Theorie* (1937) geht es nicht so sehr um den Gegensatz zum neueren Denken: zu Kant, dem Deutschen Idealismus und der nachidealistischen Philosophie, als um den Gegensatz zu Descartes. Dessen «traditionelle Theorie» werde nämlich in den Fachwissenschaften bis heute praktiziert: eine nur scheinbar wertfreie Erkenntnis der Wirklichkeit, der es in Wahrheit

Die politische Ethik entdeckt wieder das Thema Gerechtigkeit. – «Justitia» am Berner Gerechtigkeitsbrunnen.

Max Horkheimer

Theodor W. Adorno

Während des Exils beginnt der Aufstieg der Frankfurter Schule zur einflußreichsten Gestalt des westlichen Marxismus. Die seit 1961 ausgetragene Debatte zwischen Adorno, unterstützt durch Habermas, und dem kritischen Rationalismus von Popper und Albert beschäftigt als ‹Der Positivismusstreit in der deutschen Soziologie› (1969) für mehr als ein Jahrzehnt die Sozialwissenschaften. In der beinahe welt-

weiten Studentenbewegung der «68er» werden «Frankfurter» Gedanken sogar zu einer politischen Macht, auch wenn Adorno und Horkheimer sich stets für intellektuelle Aufklärung und gegen politischen Aktivismus einsetzen. Ein so bedeutender Vernunftkritiker wie Foucault behauptet, hätte er die Frankfurter Schule rechtzeitig gekannt, so hätte er sich manchen Unsinn und manchen Umweg erspart.

auf die wissenschaftlich-technisch angeleitete Naturbeherrschung ankomme: «Die Menschen bezahlen die Vermehrung ihrer Macht mit der Entfremdung von dem, worüber sie Macht ausüben.» Statt die ungerechten Gesellschaftsverhältnisse zu zementieren, will die Kritische Theorie die Wirklichkeit zugunsten einer Welt verändern, die den Bedürfnissen und Kräften des nicht-entfremdeten Menschen gerecht wird. Zu diesem Zweck macht sie (1) auf verborgene Unterdrückung und Ausbeutung aufmerksam, (2) erklärt deren Herkunft und (3) entwirft einen Zustand, der entweder, so die bescheidenere Utopie, von der bestehenden, oder, so die große Utopie, von aller Entfremdung frei ist. Der maßgebliche Denker einer Philosophie von Utopie und Hoffnung gehört aber nicht der «Frankfurter Schule» an: Ernst Bloch (*Geist der Utopie*, 1918; *Das Prinzip Hoffnung*, 3 Bde., 1954–1959.)

Die Kritische Theorie versteht sich als Aufklärung im Dienst von 313
Emanzipation: mit Marx als Befreiung von wirtschaftlicher und politischer, mit Freud als Befreiung von individueller Unterdrückung
durch die eigene Triebstruktur. Sie untersucht beispielsweise den
Umschlag der die Wirtschaft durchherrschenden Begriffe: Hinter
dem gerechten Tausch verberge sich eine tiefere soziale Ungerechtigkeit; in der angeblich freien Wirtschaft herrsche das Monopol;
die produktive Arbeit finde in produktionshemmenden Verhältnis-

*Horkheimer verfaßt zusammen mit Adorno die ‹Dialektik der Aufklärung› (1947), eine
materialistische und zugleich pessimistische Geschichte der Vernunft; denn sie stellt diese
als Verfallsgeschichte dar: «Die vollends aufgeklärte Erde strahlt im Zeichen triumphalen
Unheils.» Kritiker sehen darin einen gegenaufklärerischen Mythos. Der systematisch wich-
tigere, erste Teil ist dem «Begriff der Aufklärung» gewidmet. Merkwürdigerweise setzt er
sich nur mit der instrumentellen, auf Naturforschung verpflichteten Vernunft und nicht
auch mit der moralischen, welche die politische einschließt, auseinander: Statt unabhängig
von der Natur zu werden, gerate der Mensch mehr und mehr in ihre Abhängigkeit. Damit
– so die Dialektik – schlage die Absicht, das Natürliche dem (selbstherrlichen) Subjekt zu
unterwerfen, in die Herrschaft des Natürlichen über das Subjekt um. Als ein früher Aufklärer gilt Odysseus, insofern er die Verführungskünste der todbringenden Sirenen nur
dadurch überlistet, daß er sich durch Stricke am Mastbaum fesseln läßt: Seine Selbstbehauptung erfolgt in Form von
Triebverzicht, sogar Selbstver-
stümmelung. Und seine
Mannschaft – hier stellvertretend für die moderne Arbeiterschaft – sorgt für die materielle Grundlage der Selbsterhaltung ihres Herrn, indem
sie diesen an den Mastbaum
fesselt, selbst aber durch
Wachs in den Ohren den Gesang der Sirenen nicht einmal
hört. Im zweiten Teil ‹Kultur-
industrie. Aufklärung als
Massenbetrug› soll die gesamte Massenkultur von
Funk und Fernsehen, von
Operette, Schlager, Spielfilm
und Stars als «Verblendungs-
zusammenhang» und «Mas-
senbetrug» entlarvt werden.
Die Entlarvung geschieht
allerdings nicht ohne einen
Beigeschmack von kulturellem
Großbürgertum. – Max Ernst:
Wenn die Vernunft schläft,
singen die Sirenen, 1960.*

sen statt; und die Erhaltung des Lebens der Gesellschaft führe zur Verelendung ganzer Völker. Das ursprüngliche Ziel, die «Aufhebung der Klassenherrschaft», wird allerdings zur «Aufhebung des gesellschaftlichen Unrechts» (Horkheimer) abgemildert.

Obwohl die Protagonisten als Juden ins Exil gehen müssen und dort in den Vorteil liberaler Demokratien, den Schutz der Menschenrechte, gelangen, fixieren sie sich noch lange Zeit auf eine Kritik der kapitalistischen Wirtschaftsform, statt sie um eine Theorie der liberalen Demokratie zu ergänzen. Damit kontrastiert die intellektuelle Entwicklung von Hannah Arendt (1906–1975): Die Schülerin von Heidegger, Bultmann und Jaspers, die mit einer apolitischen Studie über den *Liebesbegriff bei Augustinus* (1929) beginnt, erarbeitet sich unter dem Eindruck des Exils eine bemerkenswerte Philosophie des Politischen: *The Human Condition (1959)* und *Lectures on Kant's Political Philosophy* (postum 1982). Ihr geht eine Analyse des nationalsozialistischen und des stalinistischen Totalitarismus voran (1951), denen gegenüber die bisherigen Entartungen des Politischen: Tyrannis, Despotie und Diktatur, als harmlos gelten.

Theodor W. Adorno (1909–1969) ist nicht bloß ein Philosoph, sondern auch ein hochgebildeter Sozial-, Musik- und Literaturtheoretiker (*Philosophie der neuen Musik*, 1949; *Noten zur Literatur*, I–III, 1957, 1961, 1965). Gegen seinen Hauptgegner, Heideggers Ontologie und dessen *Jargon der Eigentlichkeit* (1964), rechtfertigt er in seinem systematischen Hauptwerk *Negative Dialektik* (1966) die eigene Art des Philosophierens. (Heidegger stimmt freilich in seiner Philosophie der Technik mit einem Motiv der Frankfurter Schule, der Kritik an der Naturbeherrschung, überein.) Selber nicht frei von Manierismen, sucht Adorno «mit der Kraft des Subjekts den Trug konstitutiver Subjektivität zu durchbrechen»: «Von der ewigen Idee, an der das Seiende teilhaben oder durch die es bedingt sein sollte, ist nichts übrig als die nackte Affirmation dessen, was ohnehin ist: Bejahung der Macht.»

Adorno stellt sich in die Tradition von Kant und dem Deutschen Idealismus, versteht sich aber zugleich als deren bestimmte Negation. Er will nämlich zeigen, wie die Kraft des denkenden Subjekts sich nur in einer Kritik erhält, die die Gesellschaft ihrer Unfähigkeit überführt, Vernunft zu verwirklichen. Statt etwa den Gedanken der Menschenrechte oder die Ablösung der Privatjustiz durch ein Gerichtswesen auf ihre Vernunft hin zu untersuchen, erklärt er, Freiheit lasse sich nur im Aufweis konkreter Unfreiheit, also negativ, bestimmen. In diesem Sinn setzen die *Minima Moralia* (1951), eine

Sammlung von Aphorismen im Stile Nietzsches, an die Stelle einer 315
Aristotelischen Lehre vom guten Leben ihre «Reflexionen aus dem
beschädigten Leben». Denn nur im Festhalten der Negativität über-
lebe die Sehnsucht nach realer Versöhnung. Adorno steht durchaus
noch in der Tradition der deutschen Romantik. Im Gegensatz zu
Kierkegaard hält er die Kunst für den Ort authentischer, wenngleich
nur gleichnishafter Erfahrung (*Ästhetische Theorie*, postum 1970).
Weil er diese unter den gegenwärtigen Verhältnissen «im wirklichen
Leben» für nicht möglich hält, versteht er sein gesamtes Werk als
eine «Flaschenpost», die sich an keinen gegenwärtig aufweisbaren
Hoffnungsträger wendet. Trotzdem darf Philosophie «nicht abdan-
ken, wenn nicht Stumpfsinn in verwirklichter Widervernunft triumphieren soll».

*Einer der einflußreichsten Intellektuellen der Gegenwart, der Soziologe (‹Zur Logik der
Sozialwissenschaften›, 1970), politische Essayist und vor allem Philosoph Jürgen Habermas (* 1929), führt die Kritische Theorie aus ihrer «negativistischen Engführung» heraus.
Denn er verbindet die Theorie mit einer Demokratietheorie (‹Strukturwandel der Öffentlichkeit›, 1962), mildert die Skepsis gegen die Wissenschaften ab und gibt die negative Geschichtsphilosophie auf. Das genuine Merkmal des Menschen sieht er nicht mehr in Marx'
Begriff des Gattungswesens, sondern in der sprachlich vermittelten Verständigung (‹Theorie des kommunikativen Handelns›, 2 Bde., 1981). Unter Rückgriff auf Kants universali-
stische Ethik überwindet Habermas auch die auf Hegel zurückgehende Skepsis gegen jede
Moralphilosophie und stellt ihr – zusammen mit Apel – die Diskursethik entgegen:
Moralische Ansprüche lassen sich in einem gewaltfreien Diskurs rechtfertigen (‹Moral-
bewußtsein und kommunikatives Handeln›, 1983). In der Schrift ‹Der philosophische
Diskurs der Moderne› (1985) kritisiert er die postmoderne Vernunftkritik als eine nur
halbherzige und inkonsequente Überwindung der neuzeitlichen Subjektphilosophie.
Und in Beiträgen zur Diskurstheorie des Rechts und des demokratischen Rechtsstaates:
‹Faktizität und Geltung› (1992),
verabschiedet er endgültig das
Prinzip der Herrschaftsfreiheit
und verkoppelt das Recht mit
der Demokratie. Statt das Recht
auch philosophisch zu begründen – etwa als eine Vernunft-
form des Zusammenlebens, die
durch die Anerkennung der
Menschenrechte eine gewisse
Vollendung erreicht –, erklärt
Habermas es aber zu einem
Faktum der Evolution. Und die
Volkssouveränität will er von
substantiellen moralischen
Vorgaben entlasten, obwohl sie
doch, um legitim zu sein, sich
den Menschenrechten zu unterwerfen hat.*

316   Der Sozialphilosoph Herbert Marcuse (1898–1979) studierte
zunächst Germanistik, später bei Husserl und Heidegger Philosophie. In seinem originellsten Werk *Eros und Kultur* (engl. 1955)
sucht er drei Gedanken zu verbinden: das romantische Programm
einer ästhetischen Vernunft (Schiller, Schelling), Freuds Trieblehre
und eine marxistische Gesellschaftstheorie. Nach Marcuse ist die
zeitgenössische Gesellschaft durch Herrschaft verformt und folgt
als letztem Ziel erotischen Strebens Freuds Todestrieb: einer De-
struktion im Dienst verewigter Herrschaft. Eine nichtrepressive
Kultur werde dagegen erst in einer vollständig herrschaftsfreien Gesellschaft möglich. Marcuses «Studien zur Ideologie der fortge-
schrittenen Industriegesellschaft»: *Der eindimensionale Mensch*
(engl. 1964) werden für die Studentenbewegungen der «68er» zu
einem Kultubuch.

ETHIK UND POLITISCHE PHILOSOPHIE

Nach dem Zweiten Weltkrieg entwickeln sich Ethik und Politische
Philosophie zunächst in getrennten Debatten. In der englischsprachigen Ethik herrscht lange Zeit eine Metaethik vor, die die Sprache der Moral vom Standpunkt eines neutralen Beobachters untersucht. Unter dem Einfluß des Logischen Empirismus folgt die
Metaethik einem Nonkognitivismus, demzufolge die Moral keiner
objektiven Erkenntnis (lat. cognitio) fähig ist. Nach dem Emoti-
vismus schon der dreißiger Jahre (z. B. Ayer und Charles L. Steven-
son) drücken moralische Urteile lediglich subjektive Gefühle (lat.
emotiones) oder Einstellungen der Billigung bzw. Mißbilligung aus
und versuchen sie bei anderen zu beeinflussen. Die abgeschwäch-
te Position des Präskriptivismus stellt eine Übergangsform zum
Kognitivismus dar, der das Moralische für objektiv erkennbar
hält. Nach Richard M. Hare besteht *Die Sprache der Moral* (1952)
in Empfehlungen (lat. praescriptiones), die aufgrund von Tatsachen und im Licht allgemeiner Gründe gewonnen werden, etwa
der Goldenen Regel oder dem Prinzip der Verallgemeinerung. In
der neueren Metaethik tritt der erkenntnistheoretische Gegensatz
von Kognitivismus und Nonkognitivismus hinter den «ontologischen» Gegensatz von Realismus und Antirealismus zurück: Nach
dem Realismus gibt es moralische Tatsachen, die vor und unabhängig von den moralischen Urteilen existieren, was der Antirealismus – ähnlich wie der mittelalterliche Nominalismus – bezweifelt.

In der normativen Ethik bildet sich der Utilitarismus zu einem Re-
gel- statt Handlungsutilitarismus fort und nähert sich damit Kants
Prinzip der Verallgemeinerung an: Um dem Einwand zu begegnen,
daß moralische Pflichten wie das Gebot, Versprechen zu halten, und
das Verbot, einen Unschuldigen zu bestrafen, grundsätzlich gelten,
soll das utilitaristische Prinzip unmittelbar nicht auf einzelne Handlungen, sondern auf deren Regeln angewandt werden. Und diese sind
ausnahmslos zu befolgen, erlauben also keine Abweichung im Namen des utilitaristischen Prinzips vom größten Gemeinwohl. Bernard
Williams (geb. 1929) bleibt gegen den Utilitarismus skeptisch. Von
Nietzsche inspiriert, verteidigt er neuerdings die archaische Moral
der Scham, unnötigerweise aber als Alternative statt als Ergänzung
zur modernen Moral der Autonomie.

Gertrude E. M. Anscombe (1919–2001), eine Schülerin von Ryle
und Wittgenstein, öffnet mit ihrem Werk *Intention* (1957) die
sprachanalytische Philosophie für die Handlungstheorie. Unter
Rückgriff auf Aristoteles und Thomas von Aquin versteht sie das
menschliche Handeln von einer Absicht (engl. intention) her und
kritisiert damit den Logischen Empirismus. Denn als Grund (rea-
son) der Handlung bildet die Absicht eine eigene, praktische Art
von Wissen: ein Wissen ohne Beobachtung, das sich in der Handlung selbst zeigt. Der Zusammenhang von Gründen einer Handlung und dieser selbst stellt Anscombe als praktischen Syllogismus
dar. Dessen erster Vordersatz bezeichnet etwas als begehrenswert,
der zweite Vordersatz enthält die das Begehrende verwirklichende
Handlung, und der Schlußsatz gibt an, «was zu tun ist». Georg
Henrik von Wright (*Erklären und Verstehen*, engl. 1971) sieht in
diesem Syllogismus das für die Humanwissenschaften typische Er-
klärungmodell, mit dem er im Methodenstreit zwischen Empirismus und Hermeneutik vermitteln will.

Im Schnittfeld von Philosophie und Ökonomie bildet sich ein eigener Forschungsbereich heraus: die Theorien rationaler Wahl bzw.
Entscheidung, einschließlich der Spieltheorie und der Wohlfahrts-
ökonomie. Diese Richtungen schränken die Rationalität auf eine
Nutzenkalkulation ein: auf die Richtigkeit von Mitteln angesichts
vorgegebener Ziele oder Vorlieben (Präferenzen). Eine wichtige Rolle spielt die als Gefangenendilemma bezeichnete «Rationalitätsfal-
le»: Ein aufgeklärtes Selbstinteresse schadet so lange sich selbst,
wie es nicht durch äußere Faktoren wie etwa die Moral, das Recht
oder den Staat zu einer wechselseitigen Kooperation mit anderen
herausgefordert wird.

3 1 8   Nach John Rawls (*1921) verbleiben aber noch Schwierigkeiten
mit der Gerechtigkeit. Ihretwegen entwickelt er eine systematische
Alternative zum Utilitarismus: *Eine Theorie der Gerechtigkeit* (engl.
1971), die sich vor allem auf die Grundordnung einer Gesellschaft
und nur subsidiär auf die Gerechtigkeit einer Person richtet. Das
monumentale Werk, der wohl bedeutendste Beitrag des 20. Jahrhunderts zur politischen Ethik, öffnet die englischsprachige Debatte für
die kontinentaleuropäische Tradition, denn es erneuert die Theorie
des Gesellschaftsvertrags von Rousseau und vor allem Kant. (Andere
Vertragstheorien stammen von James Buchanan, einem Nobelpreisträger für Wirtschaftswissenschaften: *Die Grenzen der Freiheit*, engl.
1975, von Robert Nozick: *Anarchie, Staat, Utopia*, engl. 1974, und
Otfried Höffe: *Politische Gerechtigkeit*, 1987.) Weil Rawls sich da-
bei der Theorien rationaler Wahl bedient, gewinnt er auch auf die
Wirtschafts- und Sozialwissenschaften weltweit großen Einfluß.
Nach dem Grundgedanken der rationalen Wahl sucht man zwar das
Gegenteil von Gerechtigkeit: eine Maximierung des Selbstinteresses.
Da Rawls aber Grundsätze einer Gesellschaft wählen läßt und die
Wählenden über die eigene Lage und Fähigkeiten in Unkenntnis hält
(«Schleier des Nichtwissens»), entscheiden sie sich notgedrungen unparteiisch, folglich gerecht. Nach Rawls' intuitivem Grundgedanken,
der Gerechtigkeit als Fairneß, gilt die Gesellschaft als ein System der
Zusammenarbeit, dessen Gewinne, aber auch Lasten so zu vertei-
len sind, daß jeder einzelne einen möglichst großen Vorteil erhält.
Und zur Verteilung kommen nicht die üblichen Güter, sondern jene
gesellschaftlichen Grundgüter, die als Bedin-
gungen unterschiedlichster Lebenspläne für jedermann unverzichtbar sind: Rechte und Freiheiten, Einkommen und Wohlstand, erstaunlicherweise auch die Selbstachtung.

In methodischer Hinsicht will Rawls wohl-
überlegte Gerechtigkeitsurteile mittels allgemeiner Grundsätze, der Gerechtigkeits-
grundsätze, in einen widerspruchsfreien Zusammenhang, das Überlegungsgleichgewicht
(reflective equilibrium), bringen. Die beiden
Grundsätze, die im Zentrum der *Theorie der
Gerechtigkeit* stehen, lauten:

1. Jedermann hat gleiches Recht auf das
umfangreichste Gesamtsystem gleicher
Grundfreiheiten, das für alle möglich ist.

John Rawls

2. Soziale und wirtschaftliche Ungleichheiten müssen (a) unter der Einschränkung des gerechten Spargrundsatzes dem am wenigsten Begünstigten den größtmöglichen Vorteil bringen und (b) mit Ämtern und Positionen verbunden sein, die allen gemäß fairer Chancengleichheit offenstehen.

In seinem zweiten Hauptwerk, *Politischer Liberalismus* (1993), zeigt Rawls, wie freie und gleiche Bürger sich bis in die Tiefe ihrer religiösen, philosophischen und moralischen Lehren unterscheiden und trotzdem zu einer Übereinstimmung, einem «übergreifenden Konsens», fähig sind.

Kommunitarismus nennt sich eine Großfamilie von gesellschaftstheoretischen und moralphilosophischen Ansätzen, die das Gewicht kleiner und gewachsener Gemeinschaften (communities) betonen: ihre kulturellen Besonderheiten und deren Wert für die Ausbildung von Moral, für die Integrität der Personen und für ihr Wir-Gefühl (der Ausdruck erinnert an Schütz). Nicht in den anonymen, pluralistischen Gesellschaften und am wenigsten in einer Weltgesellschaft, sondern nur in überschaubaren, auf gemeinsame Werte verpflichteten Gemeinschaften sei ein solidarisches Zusammenleben und ein greifbarer, die Ängste und Leiden der Menschen lösender Lebenssinn möglich. Der nordamerikanische Kommunitarismus (z. B. Alasdair MacIntyre, Michael Sandel, Michael Walzer) geht mit Ausnahme von Charles Taylor kaum auf philosophische Vorläufer wie Hegel oder Tönnies ein. Zu Recht fordert er zu Gemeinsinn und Bürgertugend auf. Kritikwürdig ist aber, wenn er dem liberalistischen Vorrang des Gerechten vor dem Guten widerspricht und sich vornehmlich für eine «Ethik des guten Lebens» einsetzt. Einige Vertreter wenden sich etwas voreilig gegen die Aufklärung und zweifeln an einer geschichts- und kulturunabhängigen Begründung der Moral, selbst der Gerechtigkeit. Andere werfen dem Liberalismus vor, von einem geschichts- und gesellschaftslosen Subjekt, einem «ungebundenen Selbst», auszugehen. Als Kontrapunkt berechtigt, unterschätzt der Kommunitarismus sowohl die Gerechtigkeit als gemeinsames Erbe der Menschheit als auch den begrifflichen Unterschied zwischen einem Kern universalistischer Moral und ihrer für unterschiedliche Kulturen offenen Ausprägung. Nicht zuletzt übersieht er, daß eine Gemeinschaft das letzte Maß, die einzelne, aber nicht vereinzelte Person, auch beengen, sogar unterdrücken kann. In der Sache vertritt auch Odo Marquard (*1928) einen Kommunitarismus, wenn er von Hegels Gedanken der substantiellen Sittlichkeit aus die Traditionsvergessenheit der Kritischen Theorie kritisiert und für Üblichkeiten plädiert.

320   Fast bis zum Ende des 20. Jahrhunderts besteht ein rechtsphilo-
sophischer Grundlagenstreit: zwischen einem Naturrecht, das das
Recht mit guten Gründen an ein moralisch richtiges Recht bindet,
und einem Rechtspositivismus, der diese Bindung abstreitet. Ein nur
methodischer Rechtspositivismus versteht sich freilich lediglich als
Theorie einer autonomen Rechtswissenschaft und vertritt eine bescheidene Trennungsthese: daß sich das positiv geltende vom moralisch wünschbaren Recht begrifflich unterscheidet. Gegen einen
mehr als nur methodischen Rechtspositivismus tauchen dagegen
teils gerechtigkeitsinspirierte Bedenken auf: sowohl gegen Hans Kelsen, der das Recht auf einer autorisierten Macht beruhen sieht (*Reine Rechtslehre*, 1936), als auch gegen Herbert L. A. Hart, der sich
zusätzlich auf die faktische Anerkennung der Betroffenen verläßt
(*Der Begriff des Rechts*, engl. 1961), und gegen Niklas Luhmann,
der sich auf eine generelle Bereitschaft zur Anerkennung durch Verfahren beruft (*Legitimation durch Verfahren*, egl. 1969). Liberale
Demokratien entgehen dem Positivismus, insofern sie ihre Verfahren
an normative Vorgaben wie das Demokratieprinzip und die Menschenrechte binden (Ronald Dworkin, *Bürgerrechte ernstgenommen*,
engl. 1977), mancherorts zusätzlich an die Überprüfung von Gesetzen auf ihre Verfassungsmäßigkeit.

      Nach Luhmann folgen Gesellschaftsbereiche wie die Wirtschaft
(«Eigentum und Geld»), die Politik («Macht») und die Wissenschaft ihrer eigenen, funktionsspezifischen Normativität. Weil die
Moral dagegen in einer funktions*un*spezifischen Normativität bestehe, habe sie ihr Lebensrecht verloren. Tatsächlich gibt es aber für
die jeweiligen Bereiche auch eine funktionsspezifische Moral, beispielsweise die Menschen- und Grundrechte für Recht und Politik.
Darüber hinaus lassen sich für die funktionsspezifischen Moralen
funktionsunspezifische Gemeinsamkeiten finden, für alle Sozialmoral beispielsweise die Gegenseitigkeit und die Verallgemeine-
rungsfähigkeit.

ANGEWANDTE ETHIK

Luhmanns Diagnose von der Entmachtung («Neutralisierung») der
Moral wird durch die Lebenswirklichkeit dementiert: durch eine
vielseitige «Rehabilitierung der praktischen Philosophie». In Deutschland speist sie sich zunächst aus phänomenologischen, existenz- und
transzendentalphilosophischen Quellen, setzt dabei historisch an, erhält aber bald systematisches Gewicht: in der Politischen Philosophie

bei Hermann Lübbe (z. B. *Theorie und Entscheidung*, 1971), in der 321
Ethik durch die Erlanger Schule, später Apel, Habermas, Robert
Spaemann (z. B. *Glück und Wohlwollen. Versuch über Ethik*, 1989)
und Ernst Tugendhat (z. B. *Vorlesungen über Ethik*, 1993). Schließlich mündet sie in einen breiten Strom angewandter Ethik. Gelegentlich geht diese aus der ethischen Grundlagenreflexion hervor. Häufig
ist sie aber von ihr unabhängig und läßt mancherorts eine Richtung
wie den Utilitarismus überleben (z. b. bei Peter Singer), obwohl er in
der Grundlagendebatte längst scharf kritisiert ist.

Angestoßen vor allem durch Schwierigkeiten der wissenschaftlich-technischen Zivilisation und ihrer Wirtschaftsdynamik, wird
angewandte Ethik mittlerweile weltweit betrieben. Ihre Themen reichen von der Technik-, der Wissenschafts- und der Medizinethik
über die Umwelt-, die Wirtschafts-, die Energie- und die Tierethik
bis zur Rechts-, Staats- und Friedensethik. Weil neue Probleme
schon auftauchen, bevor die älteren gelöst sind, erfreuen sich ihre
Überlegungen einer Konjunktur, um deren Stabilität und Dauer jeder Wirtschaftspolitiker sie beneidet. Der Ethikskeptiker sieht darin
eine ungerechtfertigte Moralisierung: die Anwendung zu strenger
oder sogar sachfremder Moralkriterien. Der oberflächliche Gegner,
der Moralist, behauptet eine zunehmende Mißachtung anerkannter
Kriterien: eine wachsende Gewissenlosigkeit und den Verlust der
einstmals «vollen Menschlichkeit». Überzeugender ist eine dritte
Diagnose: daß Technik, Medizin und Wirtschaft der Moderne das
Leben zwar erleichtern, verlängern und verbessern, daß sie aber
auch neue Gefahren und Mißbrauchsmöglichkeiten in die Welt setzen, außerdem Allmachtsphantasien veranlassen, die die Begehrlichkeit steigern und den Raubbau an der Natur erleichtern. Infolgedessen gibt es insgesamt weit mehr Möglichkeiten, sich moralisch zu
verfehlen, und die moral-anfälliger gewordene Gesellschaft muß die
«Moral als Preis der Moderne» anerkennen. Dabei spielt die Gerechtigkeit gegen die künftigen Generationen eine besondere Rolle.
Sie spricht gegen eine zunehmende Staatsverschuldung, gegen den
sträflich leichtfertigen Umgang mit der natürlichen Umwelt und gegen den wachsenden Anteil konsumtiver Staatsaufgaben (Sozialhil-
fe, Renten, große Teile des Gesundheitswesens usw.) zu Lasten inve-
stiver Staatsaufgaben wie der Verbesserung der Infrastruktur und
der Sorge für die Bildung.

Hans Jonas (*Das Prinzip Verantwortung*, 1979) plädiert im Anschluß an Heideggers Analyse der «Sorge als Sein des Daseins» für
eine «Heuristik der Furcht» und gibt damit eine späte, gnostisch ein-

Die wachsende Belastung, oft schon Zerstörung der natürlichen Umwelt zeugt nicht nur von kollektiver Torheit, sondern verstößt auch gegen die «neue soziale Frage»: die Gerechtigkeit zwischen den Generationen. Für sie spricht schon die ausgleichende Gerechtigkeit: Solange die Menschen Kinder, ohne sie zu fragen, in die Welt setzen, tragen sie für deren lebenswerte Verhältnisse Verantwortung. Dazu kommt, daß der Mensch die Natur nicht geschaffen hat, er folglich nicht ihr Eigentümer im nachdrücklichen Sinn, sondern nur ihr Nutznießer sein kann. Als eine Vorgabe für die Menschheit ist die Erde samt ihren Früchten und Schätzen ein Gemeineigentum: eine alle Generationen übergreifende Allmende oder ein Kapital, von dessen Zinsen jede Generation neu lebt, ohne daß sie das Kapital antasten dürfte.

gefärbte Antwort auf Blochs *Prinzip Hoffnung*. Zu Heideggers Daseinsanalyse gehören aber auch die zur Sorge kontrapunktischen Begriffe «Entwurf» und «Seinkönnen». Als Grundeinstellung legt sich deshalb eher das Doppelprinzip «Furcht und Hoffnung» nahe. Methodisch entspricht ihm eine das Für und Wider abwägende judikative (richterliche) Kritik, die die Krisenphänomene der modernen Lebenswelt und die neuartigen Möglichkeiten der Technik und Medizin im Licht anerkannter moralischer Grundsätze beurteilt. Nicht selten sind dabei schwierige Güterabwägungen vorzunehmen. Damit man sich nicht zu spät darauf einläßt, braucht es zusätzlich eine «Kultur der Rechtzeitigkeit»: Denn wenn die Eule der Weisheitsgöttin Athene schon nur am Abend fliegt, warum dann nicht am Abend vorher?

Aus der angewandten Ethik ist ein Grundlagenstreit über die Frage entstanden, ob den Rahmen eine anthropozentrische, eine pathozentrische oder aber eine biozentrische Ethik bilden solle. Nach der ersten Ansicht zählt letztlich nur der Mensch (griech. *anthropos*), nach der zweiten jedes des Leidens (*pathos*) fähige Wesen, nach der dritten alles Leben (*bios*). Die Biozentrik hat nur Recht, wenn sie *allem* Leben einen hohen Wert beimißt. Spricht sie deshalb von der «Heiligkeit des Lebens» (Albert Schweitzer, Jonas), so übersieht sie aber, daß in der Natur alles Leben von anderem Leben lebt. Die Pathozentrik fordert zu Recht, die Leidensfähigkeit von Tieren zu berücksichtigen. Und die Anthropozentrik muß keineswegs den ihr vorgeworfenen Gattungsegoismus beinhalten. Ihr ist vielmehr darin zuzustimmen, daß nur der Mensch sich sowohl gegen Art- als auch Nichtartgenossen moralisch verhalten kann, ferner darin, daß bei Fragen von Leben und Tod das Leben eines Menschen absoluten Vorrang verdient.

Die moralischen Leitgrundsätze für das medizinische Handeln stammen schon aus der Antike («hippokratischer Eid»). Auch heute noch liegt im Wohl des Patienten das höchste Gesetz (salus aegroti suprema lex) und darf man dem Patienten keinesfalls schaden (nil nocere). Dazu kommt die Forderung nach aufgeklärter Zustimmung. Diese Grundsätze genügen aber nicht, um die aus dem medizinischen Fortschritt entstandenen neuartigen Fragen zu beantworten, beispielsweise zum Lebensende: Ist es erlaubt, noch lebende Organe aus unumkehrbar im Koma liegenden Patienten zu entnehmen? Oder: Ist eine Embryonenforschung zulässig, bei der man zwar Leben vernichtet, längerfristig aber auch therapeutischen Zwecken dient? Für derartige Fragen braucht es einen zweistufigen «sittlich-politischen Diskurs»: Ein «gesetzgebender» Diskurs vor allem mit Moralphilosophen und Juristen gibt die Richtung, vielleicht sogar Regeln vor, und ein «klinischer» Diskurs richtet sich auf Anwendungsfragen.

LEKTÜREEMPFEHLUNG: Für die Kritische Theorie empfiehlt sich als Einstieg Horkheimers programmatische Abhandlung «Traditionelle und kritische Theorie», an die sich die *Dialektik der Aufklärung* von Adorno und Horkheimer oder Marcuses *Eros und Kultur*, schließlich von Habermas die Abhandlungen «Erkenntnis und Interesse» und «Erläuterungen zur Diskursethik» anschließen können. Zur sprachanalytischen Ethik kann man mit Hares *Sprache der Moral* beginnen; für die politische Ethik ist Teil I von Rawls' *Theorie der Gerechtigkeit* unverzichtbar. Zum Kommunitarismus lese man in MacIntyres *Der Verlust der Tugend*, für Grundfragen angewandter Ethik in Jonas' *Das Prinzip Verantwortung* («Vorwort» und Kapitel I) und als Kontrapunkt: O. Höffe, *Moral als Preis der Moderne*.

Ausblick. Philosophie in der einen Welt

Der oberflächliche Blick in die Geschichte findet «zuvorderst die Philosophie als ein Ungeheuer mit vielen Köpfen, deren jeder eine andere Sprache redet» (Schopenhauer). Statt einer Anarchie von Überzeugungen bemerkt aber der genauere Blick eine Fülle von Zusammenhängen, Abhängigkeiten und Gemeinsamkeiten, überdies von Einsichten, die dank der vorgetragenen Argumente überzeugen. Für den Rest empfiehlt sich Wittgensteins Maxime: «Man kann in gewissem Sinn mit philosophischen Irrtümern nicht vorsichtig genug umgehen: Sie enthalten so viel Wahrheit.»

Die Geschichte zeigt auch, daß kein Philosoph schlechthin originell ist. Jeder steht vielmehr auf den Schultern großer Vorgänger, dabei die ersten, die Vorsokratiker, auf den Schultern von vor- und außerphilosophischen Denkern, die auch später immer wieder inspirierend wirken. Unterschätzen darf man die Originalität freilich nicht. Großen Philosophen gelingt es, die Welt grundlegend neu zu interpretieren und dadurch ebenso grundlegend zu verändern. Sie stiften ein neues Verhältnis: eine begriffliche und argumentative, folglich zur allgemeinen Gültigkeit fähige Beziehung des Menschen zur Natur, zur Gesellschaft und zu sich selbst. Zu Beginn provokativ neu, wird das neugestiftete Verhältnis nach und nach vertraut: die Ablösung mythischer Weltbewältigung durch eine Haltung der Aufklärung; der Gedanke einer allen Menschen gemeinsamen Vernunft; das Verständnis der Natur nicht als einer geheimnisvollen Macht, sondern als Inbegriff zu erforschender Gesetze und Prinzipien. Auch die Grundsätze eines moralisch guten Lebens und die eines gerechten Gemeinwesens sowie die Theorie des Völkerrechts und der Gedanke von Menschenrechten gehen auf Philosophen zurück. Bei all diesen Aufgaben erweist sich der Philosoph als Anwalt einer allgemeinen Menschenvernunft, «worin ein jeder seine Stimme hat» (Kant).

Man spricht heute von Globalisierung und meint vor allem die weltweit offenen Wirtschafts- und Finanzmärkte. In Wahrheit ist die Globalisierung umfassender und älter zugleich. Sie ist älter, weil sich von Kleinasien, später Athen, das philosophische Weltverhältnis zunächst über den Mittelmeerraum, dann nach und nach über den gesamten Globus ausbreitet. Klassiker der Philosophie wie Platon und Aristoteles, Hobbes und Descartes, Kant und Hegel wer-

326   den schon zu einer Zeit weltweit studiert, als an eine Globalisierung der Wirtschafts- und Finanzmärkte nicht einmal gedacht wird. Und neben den Computern stehen in den gebildeten Häusern der Welt zusätzlich die Werke von Augustinus oder Thomas von Aquin, von Pascal, Nietzsche, Heidegger und Wittgenstein. Diese und viele andere Gestalten einer begrifflich-argumentativen Weltbeziehung strahlen eine so gut wie unüberwindliche Suggestion aus: Werden sie nicht gewaltsam unterdrückt, so erobern sie sich, ohne erobern zu müssen, die ganze Welt.

Im Zeitalter einer umfassenden Globalisierung drängen sich «interkulturelle Diskurse» auf: Gespräche der verschiedenen Kulturen sowohl über ihre Eigenarten als auch über Gemeinsamkeiten des Zusammenlebens. Relativ früh läßt sich beispielsweise von japanischer Seite Kitarō Nishida (1870–1945) auf ein Gespräch mit dem westlichen Denken ein. Zu Recht läßt er sich von der europäischen Philosophie inspirieren und bringt doch die seiner Kultur eigene Denktradition und Wirklichkeitserfahrung ein. Denn statt die anderen Kulturen am Maßstab der eigenen («Ethnozentrismus»), insbesondere der europäisch-amerikanischen Kultur zu messen, sind alle Kulturen in ihrer unverwechselbaren Besonderheit ernst zu nehmen.

Zu den interkulturellen Diskursen gehört die Vor- und Grundfrage, ob die Philosophie nicht bloß – mit vorgriechischen Vorläufern – in Griechenland entsteht, sondern auch an Eigenarten der griechischen Kultur gebunden ist: Handelt es sich um eine Philosophie nicht nur *aus* Griechenland, sondern auch um eine *griechische*, mittlerweile europäisch-amerikanische Philosophie? Sind folglich neben ihr eine afrikanische, eine asiatische, eine indianische und eine islamische Philosophie als gleichberechtigt denkbar? Zweifellos haben alle Kulturen ein «Recht auf Andersheit»: ein «Recht auf Differenz». Und so, wie die europäische Kultur seit den Griechen von der eigenen Tradition und Erfahrung aus über die Natur und den Menschen nachgedacht hat, dürfen die anderen Kulturen ebenfalls vorgehen. In diesem Sinn, als das eigene Denken angesichts eigener Tradition und Erfahrung, kann es kulturspezifische Philosophien geben. Muß man aber erwarten, daß sie sich selbst im Kernbereich des Philosophierens wesentlich unterscheiden? Ein extremer Kulturrelativismus, beispielsweise bei Richard Rorty (*1931, z.B. *Kontingenz, Ironie und Solidarität*, engl. 1989), rechnet mit einer positiven Antwort und führt alle theoretischen und praktischen Geltungsansprüche auf die geschichtlich gewachsenen

Normen der je eigenen Kultur zurück. Gegen das extrem relativistische Verständnis sät aber die Geschichte der Philosophie Zweifel.

Ein erster Zweifel sagt: Soweit sich außerhalb Europas ein Philosophieren im strengen Sinn von Begriff und Argument findet, bildet es einen selbstverständlichen Teil des universalen philosophischen Diskurses. Anderes Denken ist aber häufig eng mit Religion verknüpft und gehört dann in den Kernbereich der jeweiligen Kultur, außerdem zum kulturellen Erbe der Menschheit, aber nicht notwendig in den Kernbereich der Philosophie. Zweitens zeigt die Geschichte, daß sich verschiedene Religionen gleichermaßen auf dieselbe Philosophie beziehen können: Griechischer und römischer Polytheismus, die christlichen Kirchenväter, später Vertreter des Islam und des Judentums – sie alle (und ebenso Agnostiker und Atheisten) greifen auf das Denken vor und seit Platon und Aristoteles zurück und lernen dabei, eine besondere göttliche Offenbarung von der allen Menschen gemeinsamen natürlichen Vernunft zu unterscheiden. Ein dritter Zweifel findet die Philosophie im Gespräch mit der Religion nicht bloß auf der neue Fragen empfangenden, sondern auch auf der sie aufwerfenden Seite, beispielsweise: «Wie läßt sich eine personale Gottheit denken?» Oder das Gespräch von Philosophie und Religion verschärft schon bekannte Fragen: «Reicht die Freiheit bis zu einer Willensfreiheit?» und «Ist das moralisch Schlechte als moralisch Böses zu denken?». Zweifelsohne können derartige Innovationen auch von anderen Kulturen ausgehen. Den Rang einer Philosophie erreichen sie allerdings erst, wenn sie zu allgemein kontrollierbaren Begriffen und Argumenten finden und damit «von selbst» in eine wahrhaft kosmopolitische Philosophie eingehen: in die eine Philosophie der einen Welt.

Ein weiterer Zweifel erinnert daran, daß sich auch die Lebensweisheit aus einer allgemeinmenschlichen, folglich gemeinsamen Vernunft und Erfahrung speist. Man denke etwa an die Goldene Regel («Was du nicht willst, daß man dir tu, das füg' auch keinem andern zu»), die sich in allen Kulturen findet. Besonders reich ist das gemeinsame Erbe im Bereich von Recht und Gerechtigkeit: Der Grundgedanke von Unparteilichkeit namentlich der Richterschaft, Prinzipien der Verfahrensgerechtigkeit, der strafrechtliche Schutz der elementaren Rechtsgüter Leib und Leben, Eigentum und guter Name («Ehre») und die Unschuldsvermutung bei Strafverfahren finden sich in so gut wie allen Kulturen aller Epochen. Schließlich beruft sich die Rechtsphilosophie weder bei den normativen Grundsätzen noch bei den empirischen Umständen auf europäisch-ameri-

Die Postmoderne beginnt in der Architektur und den bildenden Künsten als «Aufstand» gegen die Klassische Moderne. In der Philosophie besteht die Postmoderne aus dem Abschied von den «großen Rahmenerzählungen», in denen sich das Selbstbewußtsein der Moderne ausspricht. Philosophen wie Jean-François Lyotard (‹Das postmoderne Wissen›, frz. 1979; ‹Der Widerstreit›, frz. 1983) richten sich nicht etwa gegen das aufklärerische «Projekt der Moderne» (Habermas), wohl aber gegen dessen Ideologie, gegen imaginäre Einheitsrahmen wie: Emanzipation der Menschheit, Zusichselbstkommen des Geistes oder Hermeneutik des Sinnes. Sie verabschieden die Sehnsucht nach dem Einen und Allgemeinen zugunsten einer Anerkennung des Vielen und Besonderen, um «das Denken nach dem Tod der Sonne [also Platons höchster Idee] zu ermöglichen». An die Stelle von Übereinstimmung (Konsens) tritt Widerstreit (Dissens), auf daß – wie etwa schon bei Aristoteles, Diderot, Kant und dem späteren Wittgenstein – dem Besonderen in seiner Verschiedenheit Gerechtigkeit widerfahre. (Ähnlich Gianni Vattimo ‹Das Ende der Moderne›, ital. 1985.) Gerechtigkeit verdient allerdings auch das Allgemeine. Gegen den Vorwurf einer «Tyrannei» des Allgemeinen ist an den Unterschied von Universalität und Uniformität («Gleichschaltung») zu erinnern: Ohne universale Menschenrechte erhalten die Minderheiten kein «Recht auf Differenz». Ohnehin setzt sich eine umsichtige Gestalt der Postmoderne sowohl gegen einen «Alltags-Postmodernismus», gegen eine Beliebigkeit des Denkens, als auch gegen eine «anarchistische Erkenntnistheorie» ab, nach der «alles geht» (anything goes; Paul Feyerabend, ‹Wider den Methodenzwang›, engl. 1970). Statt dessen stimmt sie Wittgenstein zu: «Im Rahmen der Philosophie gewinnt, wer am langsamsten laufen kann. Oder: der, der das Ziel zuletzt erreicht». Zur Postmoderne in einem weiteren Sinn gehört auch Odo Marquards ‹Philosophie des Stattdessen› (2000). Sie erklärt geisteswissenschaftliche Orientierungen für unabdingbar, um den beschleunigten Wandel der modernen Welt durch den Rückgriff auf kulturelle Bestände zu «kompensieren». Wer kompensiert, «tut etwas statt dessen»; er bewältigt Mängel nicht direkt, sondern über Umwege, die die Modernisierungsschäden allerdings nicht beseitigen, wohl aber lindern. – «Hundertwasserhaus», Wien, erbaut 1986.

kanische Besonderheiten und kann nur deshalb andere Kulturen, obwohl diese ein Recht auf Differenz haben, auf Gemeinsamkeiten verpflichten. In bewußter Bescheidenheit entwickelt sie keine ausbuchstabierte Rechtsordnung, sondern nur formale Prinzipien, die zwar ohne Alternativen gültig sind, sich bei der konkreten Ausgestaltung aber für Erfahrung, Klugheit und besondere Traditionen offenhalten.

In drei Dimensionen entwickelt sich die Menschheit mehr und mehr zu einer globalen Gesellschaft: in der «globalen Kooperationsgemeinschaft» (von der Philosophie und Wissenschaft über die Kultur bis zur Wirtschaft), in der «globalen Gewaltgemeinschaft» (wegen der Reichweite der Waffen, der organisierten Kriminalität und der Umweltschäden) und in der «globalen Gemeinschaft von Leid und Not». Alle drei Dimensionen melden einen globalen Handlungsbedarf an, der den Einzelstaat relativiert und auf eine die gesamte Menschheit umfassende politische Ordnung hindrängt. Gemäß dem politischen Projekt der Moderne, dem demokratischen Verfassungsstaat, ist

diese Ordnung auf Freiheitsrechte und Gewaltenteilung, soziale und ökologische Mindestkriterien, auf ein Weltkartellamt und ein Weltstrafgericht zu verpflichten. Statt die Einzelstaaten und großregionalen Zwischeneinheiten wie Europa aufzulösen, baut sich die in Zukunft zu stiftende Weltordnung aber aus ihnen auf (Prinzip Föderalismus) und beläßt ihnen möglichst viele Zuständigkeiten (Prinzip Subsidiarität). Auf seiten der Bürger drängt sich daher eine neuartige dreifache Staatsbürgerschaft auf: Man ist Deutscher, Franzose oder Senegalese, zusätzlich Europäer oder Afrikaner und schließlich Weltbürger: Bürger einer föderalen und subsidiären Weltrepublik.

330   Die heute aktuelle, kosmopolitische Philosophie beschränkt sich nicht auf interkulturelle Diskurse. Weitere Aufgaben lassen sich im Stichwort «humane Existenz» bündeln: Wie kann der einzelne, wie können Gruppen, wie können die Gemeinwesen sowohl für sich als auch mit- und gegeneinander ein gutes und gerechtes Leben führen? Wie lassen sich globale Kräfte wie Wirtschaft und Technik in dieses Leben einbinden, und wie lassen sich deren negative Nebenfolgen bewältigen? Auch stellt sich die Frage nach einer gerechten Weltordnung. Bei all diesen Themen ist die Philosophie als ein «Anwalt der Menschheit» gefordert, der die Besonderheiten zugunsten von Allgemein-Menschlichem übersteigt und sich, wo erforderlich, nicht scheut, das Goethe-Wort zu bestätigen: «Wer philosophiert, ist mit den Vorstellungen seiner Zeit nicht einig.»

Eine andere Aufgabe folgt aus einer älteren Entwicklung: der zunehmenden Aufgliederung der Wissenschaften. Heute ist die Vielfalt von Natur- und Geistes- bzw. Kulturwissenschaften sowie von Medizin und Technik so weit fortgeschritten, daß die einzelnen Fachvertreter immer mehr über immer weniger wissen. In dieser Situation denkt die Philosophie über gemeinsame Strukturen der Wissenschaften, über gemeinsame Qualitätskriterien und über einen gemeinsamen Sinn nach. Auf diese Weise hilft sie den Wissenschaften, eine neue Integration und neue Identität zu finden. Nicht zuletzt ist die Philosophie die älteste Geistes- und Kulturwissenschaft. Philosophen haben daher die Aufgabe, ihren Anteil am kulturellen Erbe der Menschheit lebendig zu halten, indem sie ihr Erbe immer wieder neu vergegenwärtigen.

Über all diesen Dienst-Leistungen darf die Philosophie aber ihre «weltbürgerliche Bedeutung» (Kant) nicht vergessen, die Auseinandersetzung mit den Grundfragen der Menschheit: Was kann man wissen; was soll man tun; was darf man hoffen? Ohne mit ewig gültigen Antworten zu rechnen, sucht die Philosophie derartige Fragen zu klären und Antworten zu geben, auf daß das menschliche Wissen zu einer gewissen Vollendung gelange. Denn nicht nur im Künstler, Naturforscher, Staatsmann oder Wohltäter erreicht das Menschsein eine Höchstform, sondern auch in jener Suche nach einem uneingeschränkten Wissen, das begrifflich-argumentative Klarheit mit methodischer Strenge verbinde. Und diese Suche heißt seit den Griechen Philosophie.

Als erstes lese man die Philosophen selbst, zum Anfang gemäß den Lektüre-
empfehlungen der einzelnen Kapitel.
Verschiedene Verlage bieten wohlfeile Taschenbuchausgaben an, z. B. Fischer
(Frankfurt/M.), die Philosophische Bibliothek Meiner (Hamburg), Reclam
(Stuttgart), Rowohlt (Reinbek bei Hamburg) und Suhrkamp (Frankfurt/M.).
Kant, Fichte und Nietzsche erscheinen auch bei de Gruyter (Berlin).
Eine Auswahl von Texten enthält die *Geschichte der Philosophie in Text und
Darstellung*, hrsg. von R. Bubner, 8 Bde., Stuttgart: Reclam, 1978–1981;
siehe auch das *Lesebuch zur Ethik*. *Philosophische Texte von der Antike
bis zur Gegenwart*, hrsg. von O. Höffe, München: Beck, ²1999.
Zur Interpretation der wichtigsten Texte siehe die kooperativen Kommenta-
re der Reihe *Klassiker Auslegen*, hrsg. von O. Höffe, Berlin: Akademie Ver-
lag, bislang 23 Bde. von Platon und Aristoteles über Augustinus, Hobbes,
Kant und Hegel bis zu Nietzsche, Wittgenstein und Rawls.
Ebenfalls empfehlenswert sind die Bände der englischen Reihe *The Cambridge Companion*, z. B. zu Platon (Cambridge University Press, 1992),
Aristoteles (1995), Augustinus (2001), Thomas von Aquin (1995), Ockham
(1999), Leibniz (1995), Bacon (1996), Hobbes (1996), Schopenhauer
(1999), Mill (1998), Kierkegaard (1998), Freud (1995), Arendt (2000) und
Foucault (1995).
Leben, Werk und Wirkung der Großen stellen in Einzelbänden die Autoren
der Reihe *Denker* vor, hrsg. von O. Höffe, München: Beck, 1980 ff., mittlerweile 64 Bde.
Zur Geschichte der Philosophie gibt es z. B. eine Sammlung kleiner Mono-
graphien mit reichhaltigen Bibliographien: *Klassiker der Philosophie*, hrsg.
von O. Höffe, München: Beck, Bd. I: Von den Vorsokratikern bis David
Hume, ³1994; Bd. II: Von Kant bis Jean-Paul Sartre, ³1995.
Umfangreicher ist die achtbändige Reihe *Philosophen des...*, von *Philosophen
des Altertums* bis *Philosophen des 20. Jahrhunderts*, Darmstadt: Primus
1990, 1998–2000.
Eine Geschichte mit Quellentexten: *Geschichte der Philosophie*, 7 Bde., hrsg.
von K. Vorländer (Bde. I–V) und J. E. Erdmann (Bde. VI–VII), Reinbek:
Rowohlt, 1963–1971.
Geschichte der Philosophie in 12 Bänden, hrsg. von W. Röd, bisher Bde. I–IV,
VII–VIII und X, München: Beck, 1976 ff., z.T. zweite Auflagen.
Immer noch lesenswert: G. W. F. Hegel, *Vorlesungen über die Geschichte der
Philosophie*, in: Werke in zwanzig Bänden, Bde. XVIII–XX, Frankfurt/M.:
Suhrkamp, 1971.
Gute Einführungen finden sich innerhalb des *Grundkurs Philosophie*, Bde.
6–10, Stuttgart u.a.: Kohlhammer, 1982 ff.
Sehr gelehrt ist der «neue Ueberweg»: Friedrich Ueberweg, *Grundriß der Ge-
schichte der Philosophie*, Basel: Schwabe, I. *Die Philosophie der Antike*,
Bd. 2,1: Sophistik, Sokrates, Sokratik, Mathematik, Medizin, 1998; Bd. 3:

Ältere Akademie, Aristoteles – Peripatos, 1983; Bd. 4: Die hellenistische Philosophie, 1994; III. *Die Philosophie des 17. Jahrhunderts*; Bd. 1: Allgemeine Themen, Iberische Halbinsel, Italien, 1998; Bd. 2: Frankreich und Niederlande, 1993; Bd. 3: England, 1988.

Nicht minder gelehrt ist *The Cambridge History of Philosophy*; bislang erschienen sind Bände zu Spätantike und frühem Mittelalter (1967), Spätmittelalter (1982), Renaissance (1988) und 17. Jahrhundert (2 Bde., 1998).

Ein Standardhandbuch mit bio-bibliographischem Teil: P. Schulthess und R. Imbach: *Die Philosophie im lateinischen Mittelalter*, Zürich: Artemis und Winkler, 1996.

Zur Geschichte der Politischen Philosophie: *Pipers Handbuch der politischen Ideen*, 5 Bde., hrsg. von I. Fetscher und H. Münkler, München: Piper, 1985–1993.

Über die vergangenen fünfzig Jahre informiert: *Philosophie der Gegenwart in Einzeldarstellungen*, hrsg. von J. Nida-Rümelin, Stuttgart: Kröner, 1991.

Hilfreiche Nachschlagweke sind:

Großes Werklexikon der Philosophie, hrsg. von F. Volpi, 2 Bde., Stuttgart: Kröner, 1999.

Historisches Wörterbuch der Philosophie, hrsg. von J. Ritter, später auch von K. Gründer, bisher 10 Bde. (A–T), Basel: Schwabe, 1971 ff.

Enzyklopädie Philosophie und Wissenschaftstheorie, hrsg. von J. Mittelstraß, 4 Bde., Mannheim: Bibliographisches Institut, 1980–1996.

Enzyklopädie Philosophie, hrsg. von H. J. Sandkühler, 2 Bde., Hamburg: Meiner, 1999.

The Routledge Encyclopedia of Philosophy, hrsg. von E. Craig, London: Routledge 1998, auch als CD-ROM.

Nur im Internet verfügbar ist *The Stanford Encyclopedia of Philosophy*, hrsg. von Edward N. Zalta, http://plato.stanford.edu/.

Lexikon der Ethik, hrsg. von O. Höffe, 5. Aufl., München: Beck, 1997.

Abbildungsnachweise

7 Raffael: Fresko, Vatikan • 8 Foto: Leonardo Bezzola • 9 AKG • 13 C.H.
Beck • 14 AKG • 16 Raffael: Astronomie. Deckenfresko, Vatikan • 18
Thales: Nationalmuseum, Neapel. Pythagoras: Kapitolinisches Museum,
Rom. Abb. nach Karl Schefold: Die Bildnisse der antiken Dichter, Redner
und Denker, Basel 1997. Heraklit: Neg. DAI Athen «Kreta 207» • 21 Phil
Jude/Science Photo Library, Agentur Focus, Hamburg • 25 AKG • 28 AKG
/ Erich Lessing • 31 Privatbesitz. Foto: Peter Neumann • 32 AKG / Erich Less-
ing • 34 AKG / Erich Lessing • 35 AKG / Erich Lessing • 36 Staatliche An-
tikensammlungen und Glyptothek, München. Foto: Chr. Koppermann • 40
AKG/Erich Lessing • 44 Kunsthistorisches Museum, Wien. Nach Schefold:
Die Bildnisse der antiken Dichter, Redner und Denker, Basel 1997 • 48
AKG/Battaglini • 49 C.H. Beck • 53 Bildarchiv preussischer Kulturbesitz/In-
grid Geske • 54 AKG/John Hios • 56 Foto: Joachim Blauel – Artothek • 59
AKG / Erich Lessing • 60 Archäologisches Nationalmuseum, Neapel • 62 ©
VG Bild-Kunst, Bonn 2000 • 64 AKG • 65 nach: Skizzenheft Die Hand, Paris
2000 • 66 AKG / Erich Lessing • 67 AKG • 68 British Museum, London •
69 © Helmut Schober • 70 nach Karl Schefold: Die Bildnisse der antiken
Dichter, Redner und Denker, Basel 1997 • 72 Victoria and Albert Museum,
London • 75 AKG / Erich Lessing • 76 nach Brian P. Katz: Mythologie der
Chinesen, Japaner und Inder, Kettweg 1997 • 77 Koreanisches Nationalmu-
seum, Seoul, nach: Korea. Die Alten Königreiche. München 1999 • 79 AKG
/ Werner Forman • 80 C.H. Beck • 82 C.H. Beck • 84 Bundesdenkmalamt
Wien • 86 AKG • 88 AKG • 89 AKG / Cameraphoto • 92 AKG • 93 Staats-
bibliothek München • 94 Gregorius Reisch: Margarita Philosophica,
Straßburg 1504 (Titelblatt) • 96 Chorschranke im Bamberger Dom. Foto:
Ingeborg Limmer • 97 Handschrift von Mechelen, Bibliothèque Royale Albert I.er, Brüssel • 98 AKG • 101 British Library, London • 102 Titelblatt
einer lateinischen Ausgabe des «Kanons in der Medizin», Pavia 1510–1512 •
104 Bibliothèque Nationale, Paris • 108 AKG • 109 AKG • 111 Athanasius
Kircher: Oedipus Aegyptiacus, Rom 1653 • 112 AKG • 114 Königliche Bibliothek, Brüssel • 116 AKG / Erich Lessing • 117 AKG / Erich Lessing • 118
Roger Bacon: Perspectiva, 1614 • 120 Staatsgalerie Stuttgart • 121 AKG •
124 Bibliothèque Nationale, Paris • 126 University of Cambridge, Gonville
and Caius College, MS 464 / 571 f.69r • 128 AKG • 129 Regensburg-Prüfe-
ning. Klosterkirche St. Georg. Foto: Wilken-Spitta, Lohham • 130 AKG /
Erich Lessing • 131 AKG / Erich Lessing • 136 AKG / Erich Lessing • 138
AKG • 139 AKG • 140 AKG • 141 AKG / Erich Lessing • 142 AKG • 144
AKG • 145 AKG • 146 AKG • 148 AKG • 150 AKG • 151 AKG • 153 AKG
• 156 AKG • 158 Descartes: Principia philosophiae, 1644 • 159 AKG • 160
Thomas Hobbes: Leviathan, London 1651 • 162 AKG • 163 AKG • 164
AKG • 165 AKG • 166 John Locke: A Letter Concerning Toleration. London
1689 • 168 AKG • 171 AKG • 172 links AKG • 172 rechts AKG • 173
AKG • 176 Bildarchiv Preussischer Kulturbesitz, Berlin • 177 AKG • 181

334

AKG • 183 links AKG • 183 rechts AKG • 184 nach J. und P. Jones: A Hotbed of Genius, Edinburgh 1986 • 188 AKG • 191 C.H. Beck • 192 © VG Bild-Kunst, Bonn 2000 • 196 © VG Bild-Kunst, Bonn 2000 • 199 Bildarchiv Preussischer Kulturbesitz, Berlin • 201 AKG • 204 AKG • 206 Stadtmuseum Tübingen. Foto: Peter Neumann • 208 AKG • 209 AKG • 211 Bilderdienst Süddeutscher Verlag • 213 links AKG • 213 rechts AKG • 217 AKG • 221 © VG Bild-Kunst, Bonn 2000 • 222 AKG • 224 National Gallery, London. Foto: Artothek • 226 AKG • 227 AKG • 230 AKG • 231 Staatliche Graphische Sammlung, München. Foto: Engelbert Seehuber • 232 nach Jeremy Bentham: Panopticon, London 1791 • 233 Ann Ronan Picture Library • 234 AKG • 236 AKG / Dieter E. Hoppe • 238 AKG • 240 Foto: AKG, © The Munch Museum/The Munch Ellingsen Group/VG Bild-Kunst, Bonn 2000 • 242 aus: Wilfred Le Gros Clark: History of the Primates, London 1970 • 243 Süddeutscher Verlag Bilderdienst • 245 AKG • 248 Wissen, Schweigen, Vorübergehen, 1921, 137, Ölpause und Aquarell auf Papier auf Karton; 44,8 x 29,3 cm; Die Sammlung Berggruen in den Staatlichen Museen zu Berlin, © VG Bild-Kunst, Bonn 2000 • 250 C.H. Beck • 251 Cinetext Bildarchiv • 252 AKG • 256 AKG • 257 © Demart pro Arte B.V./VG Bild-Kunst, Bonn 2000 • 258 AKG • 259 AKG • 260 Museum Ludwig, Köln © Rheinisches Bildarchiv • 262 AKG • 263 AKG • 264 Ullstein Bilderdienst • 265 Sammlung Baur, Genf • 267 Bildarchiv Foto Marburg • 269 Hannah Arendt Bluecher Literary Trust • 270 EnergieDienst GmbH • 272 Foto: Fritz Eschen. Süddeutscher Verlag Bilderdienst • 273 Süddeutscher Verlag Bilderdienst • 275 © Elda Henry • 276 AKG • 278 Foto: AKG/Philipp Rothe • 280 Karge Worte des Sparsamen, 1924, 249, Aquarell und Ölpause auf Papier auf Karton; 44,8 x 29,3 cm; Die Sammlung Berggruen in den Staatlichen Museen zu Berlin, © VG Bild-Kunst, Bonn 2000 • 283 AKG • 284 aus: Gottlob Frege: Begriffsschrift und andere Aufsätze, Hildesheim 1964, S. 51 • 286 Süddeutscher Verlag Bilderdienst • 288 Süddeutscher Verlag Bilderdienst • 289 MPI für Astronomie • 293 Horst Tappe/Süddeutscher Verlag Bilderdienst • 294 AKG / Moritz Nähr • 296 © VG Bild-Kunst, Bonn 2000 • 298 Associated Press • 300 Süddeutscher Verlag Bilderdienst • 302 © Andreas Pohlmann • 305 Ada und Emil Nolde Stiftung, Seebüll • 308 Prof. Dr. med. K. Zilles/Forschungszentrum Jülich • 310 Archiv des Verfassers • 312 links AKG • 312 rechts AKG • 313 Bayerische Staatsgemäldesammlung München (Theo Wormland-Stiftung). Foto: Artothek, © VG Bild-Kunst, Bonn 2000 • 315 Süddeutscher Verlag Bilderdienst / Anna Weise • 318 nach: T.W. Pogge: John Rawls, München 1994 • 322 © H.W. Silvester/Focus • 324 NASA • 328 AKG / Erich Lessing • 329 © Pictor International

Register

Otfried Höffe im Verlag C.H.Beck

OTFRIED HÖFFE
Demokratie im Zeitalter der Globalisierung
1999. 476 Seiten. Leinen

OTFRIED HÖFFE
Aristoteles
2., überarbeitete Auflage. 1999. 334 Seiten mit 7 Abbildungen. Paperback
Beck'sche Reihe Band 535
Reihe «Denker»

OTFRIED HÖFFE
Immanuel Kant
5., überarbeitete Auflage. 2000. 334 Seiten mit 8 Abbildungen. Paperback
Beck'sche Reihe Band 506
Reihe «Denker»

OTFRIED HÖFFE (Hrsg.)
Klassiker der Philosophie
Band 1: Von den Vorsokratikern bis David Hume
3., überarbeitete Auflage. 1994. 571 Seiten mit 23 Abbildungen. Leinen
Band 2: Von Immanuel Kant bis Jean-Paul Sartre
3., überarbeitete Auflage. 1994. 565 Seiten mit 23 Abbildungen. Leinen

OTFRIED HÖFFE (Hrsg.)
Lexikon der Ethik
In Zusammenarbeit mit Maximilian Forschner, Alfred Schöpf
und Wilhelm Vossenkuhl
5., neubearbeitete und erweiterte Auflage. 1997. 364 Seiten. Paperback
Beck'sche Reihe Band 152

OTFRIED HÖFFE (Hrsg.)
Lesebuch zur Ethik
Philosophische Texte von der Antike bis zur Gegenwart
2. Auflage. 1999. 438 Seiten. Paperback
Beck'sche Reihe Band 1341

Verlag C.H. Beck

In gleicher Ausstattung liegen vor:

HAGEN SCHULZE
Kleine deutsche Geschichte
Mit Bildern aus dem Deutschen Historischen Museum
100. Tsd. 1998. 276 Seiten mit 122 teils farbigen Abbildungen. Gebunden

HANS-JOACHIM GEHRKE
Kleine Geschichte der Antike
1999. 243 Seiten mit 124 teils farbigen Abbildungen. Gebunden

WOLFGANG BENZ
Geschichte des Dritten Reiches
2000. 288 Seiten mit 150 teils farbigen Abbildungen. Gebunden

in Vorbereitung:

MANFRED GÖRTEMAKER
Kleine Geschichte der Bundesrepublik Deutschland
September 2001. Etwa 420 Seiten mit circa 200 teils farbigen Abbildungen

UWE M. SCHNEEDE
Die Geschichte der Kunst im 20. Jahrhundert
September 2001. Etwa 300 Seiten mit circa 155 teils farbigen Abbildungen

Verlag C.H. Beck